中华传世藏书

【图文珍藏版】

孔子家语

[春秋]孔子⊙原著　马博⊙主编

通解

线装书局

【原文】

丘作《孝经》,文成道立,齐以白天,则玄云踊北紫宫。开北门。角亢显北落司命、天使书题。号孝经篇。云神星裔,孔丘知元,命使阳衢乘紫麟,下告地主要道之君。后年麟至,口吐图文,北落郎服,书鲁端门,隐形不见。子夏往观,写得十七字,除①字灭消,其余文飞为赤乌,翔摩青云。[孝经中契御览六百十引]

【注释】

①"余字灭消",其余文路史,《余论》卷五引作"余文二十消灭"。

【释义】

孔子著《孝经》,文章齐备,大道成立,斋戒告之于天。这时玄色的云涌向北方,紫微宫北门大开,角元星落向北方,司命天使写书名,号为"孝经篇"。说:神星的后裔孔子知道原始大道,今使阳衢乘紫色麒麟所驾的车,下到地界,告诉要道之君。后年麟来,口中吐出图文,向北落在郎服,写在鲁端门上,即隐形不见了。子夏去看,写着十七个字,其余的字都消灭看不见。其余的字飞去,化为赤色之乌鸟,高飞上天,上接青云。

【原文】

孔子夜梦丰沛邦,有赤烟气起,颜回、子夏侣往观之。驱车到楚西北范氏之庙,见刍儿捶麟,伤其前左足,束薪而覆之。孔子曰:"儿,来!汝姓为谁?"曰:"吾姓为赤松子,时①桥,名受纪。"孔子曰:"汝岂有所见乎?"儿曰:"吾所见一禽,如麛羊头,头上有角,其末有肉,方以是西走。"孔②子发薪下,麟视孔子而往,麟蒙其耳,吐三卷书。孔子精而读之。[孝经右契初学记二十九引,又御览八百八十九引]

【注释】

①《事类赋》二十注引《孝经纬援神契》作字峙侨。

②《事类赋》注作"孔子发薪下,麟视"无"孔子而往"四字。

【释义】

孔子梦见在丰沛附近,有三棵槐树高耸入云,其间红色的烟雾蒸腾而出,孔子连忙呼喊颜回、子夏结伴去看。车驾来到楚国西北范氏宗庙,见一个小孩在打一只麒麟,麒麟的前蹄被打伤,然后用柴薪将麒麟盖住。孔子问他:"小孩,你叫什么名字?"小孩说:"我姓赤松,字时侨,名叫受纪。"孔子问:"刚才你看见什么东西没有?"小孩说:"看见一只野兽,像鹿,却是羊头,头上有角,角末端还长着肉,正准备往西走呢。"孔子发现麒麟在柴薪下,麒麟看着孔子过来,蒙住耳朵,吐出三卷书来。孔子拿着这三本书,后来穷尽一生仔细研读。

【原文】

制作《孝经》,道备,使七十二弟子向北辰星而磬折,使曾子抱《河》《洛》,事北面。孔子衣绛单衣,向北辰星而拜者也。[孝经右契北堂书钞八十五拜辑引]

【释义】

孔子制成《孝经》,让七十二弟子面向北辰,磬折而立,让曾子抱着《河》《洛》两书,北面而事。孔子穿着绛色单衣,向着北辰星的方向跪拜。

【原文】

鲁国之法,鲁人有赎臣妾于诸侯者,取金于府。子贡赎人于诸侯,而远其金。孔子闻之曰:"赐失之矣。圣人之举事也,可以移风易俗,而教导可施于百姓,非适其身

之行也。今鲁国富者寡而贫者众，赎而受金则为不廉，不受则后莫复赎。自今以来，鲁人不复赎矣。"〔说苑·政理〕

【释义】

鲁国法律规定，如有鲁国人为人从别国赎回当臣妾的亲人，可从官府取得赏金。子贡为别人自别国赎回亲属，却不要政府的赏金。孔子听说这件事后说："赐这件事做错了呀。圣人之行事，可以移风易俗，而百姓可受其教导，不是只要适合自己的情况就行了。现在鲁国富人少而贫者多，（有子贡的榜样在先），赎人而接受赏金，就是不廉，赎人而没有赏金，（白白出钱出力），以后就没人做这事了。从今往后，鲁国没有做这事的人了。"

【原文】

孔子见季康子，康子未说。孔子又见之，宰予曰："吾闻之夫子日，王公不聘不动。今①吾子之见司寇也，少数矣。"孔子曰："鲁国以众相凌，以兵相暴之日久矣，而有司不治，聘我者孰大乎？"于是鲁人闻之曰："圣人将治，可以不先自为刑罚乎？"自是之后，国无争者。孔子谓弟子曰："违山十里，蟪蛄之声犹尚存耳，政事无如膺之矣。"〔说苑·政理〕

【注释】

①今以下多误脱家语作今夫子之于司寇也日少而屈节数矣。

【释义】

孔子去求见季康子，季康子不高兴，不见。孔子再次求见，宰予说："以前我曾听老师说：'王公不邀请我，我不去见他。'现在老师做了大司寇，日子不长，而屈己求见的事已经好多次了。难道不可以不去吗？"孔子说："鲁国仗着人多欺负人少的，仗着武力凌暴手无寸铁的,出现这些情形已经很久了,而相关部门不去治理,(时局)需要我负责办理这事,这难道不比任何邀请都更重要吗?"鲁国人听到后说道:"圣人在位治国,何不先自远刑罚?"从此以后,国内无相争之人了。孔子对弟子说:"距离山谷有十里远了,但是蟪蛄的鸣叫声像在耳边响起一样,所以政事必须谨慎施行,不可掩人听闻。"

【原文】

鲍龙跪石而登嶬,孔子为之下车。［说苑·尊贤］

【释义】

鲍龙跪石头而蹬嶬,孔子为此下车(以表敬意)。

【原文】

齐景公问于孔子曰:"秦穆公其国小,处僻而霸,何也?"对曰:"其国小而志大,虽处僻而其政中,其举果,其谋和,其令不偷,亲举五羖大夫于保缧之中,与之语三日而授之政。以此取之,虽王可也,霸则小矣。"［说苑·尊贤］

【释义】

齐景公问孔子说:"秦穆公的国土面积小,并且地处偏僻,却能成就霸业,为什么呢?"孔子说:"他的国土面积虽小而志向远大,他的任何举动,都可以达到预期效果,他的谋划,都能得到大家的支持,他的政令,从无朝发夕改。他亲自将五羖大夫从囚徒中间提拔起来,跟他谈了三天,终于把为政大权交给他。以这样的君主来干事业,就是王道也能成就,霸业还是小的哩。"

【原文】

哀公问于孔子曰:"人何若而可取也?"孔子对曰:"毋取拑者,毋取健者,毋取口锐者。"哀公曰："何谓也?"孔子曰："拑者大给利,不可尽用;健者必欲兼人,不可以为法也;口锐者多诞而寡信,后恐不验也。夫弓矢和调,而后求其中焉;马悫愿顺^①,然后求其良材焉;人必忠信重厚,然后求其知能焉。今人有不忠信重厚,而多知能,如此人者,譬犹豺狼与,不可以身近也。是故先其仁信之诚者,然后亲之。于是有知能者,然后任之。故曰:亲仁而使能。夫取人之术也,观其言而察其行。夫言者所以抒其智而发其情者也,能行之士,必能言之,是故先观其言而揆其行。夫以言揆其行,虽有奸轨之人,无以逃其情矣。"哀公曰："善。"[说苑·尊贤]

【注释】

①顺下当有服字。

【释义】

哀公问孔子说："怎样的人才可以选用?"孔子说："不要选用喜欢用势力胁迫别人的人,不要选用好胜心极强的人,不要选用伶牙俐齿夸夸其谈的人。"哀公说："为什么呢?"孔子说："喜欢胁迫别人的人,能得到众多好处,但是他用不完;好胜心极强的人总想超过别人,这样的人不可以效法;伶牙俐齿夸夸其谈的人,不讲信用,他说的恐怕以后也不会应验。弓箭要先调整好弦,然后才能命中;马首先要驯服它,使它忠厚温顺,然后才能要求它负重远行;人一定要忠信厚道,然后再要他有学问,有能力。现在有人不忠信厚道,但是有学问,有能力,这样的人,就好像豺狼一样,不可以去接近他。所以首先要选择确实信守仁义的人,然后再去接近他。在他们当中发现有学问、有能力的人,然后再去任用他们。所以说:一定要亲近信守仁义的人,任用有才能的人。至于选用人才的方法,首先先听他讲的话,然后再观察他的行为。言语是抒发人心中情感的,能够做到的人就一定能够说到,所以先观察他的言语,然后再揣度他的行为。通过一个人的言语来揣度一个人的行为,即使有想做坏事的人,也没法掩饰他的表情。"哀公说："好。"

【原文】

　　鲁哀公问于孔子曰："当今之时,君子谁贤?"对曰："卫灵公。"公曰："吾闻之:其闺门之内,姑姊妹无别。"对曰："臣观于朝廷,未观于堂陛之间也。灵公之弟曰公子渠牟,其知足以治千乘之国,其信足以守之,而灵公爱之;又有士曰王林,国有贤人必进而任之,无不达也,不能达,退而与分其禄,而灵公尊之;又有士曰庆足,国有大事,则进而治之,无不济也,而灵公说之;史鳅去卫,灵公邸①舍三月,琴瑟不御,待史鳝之人也而后入。臣是以知其贤也。"[说苑·尊贤]

【注释】

　　①邸当作郊。

【释义】

　　鲁哀公问孔子说："当今,哪位国君最贤能?"回答说："卫灵公。"哀公说："我听说:他们闺门里边,姑姊妹都没有区别。"回答说:"我看见的是朝廷上的政事,没有看到后宫堂阶里的情况。灵公的弟弟叫公子渠牟,他的才智足以治理拥有千辆兵车的国家,他的信义也能守住这样的国家,灵公很喜欢他;又有个士人叫王林,专为国家举荐贤能之士任国君选用,举荐之人多数被任用,万一推荐没有被任用的,退回来后和他共享他的那份俸禄,灵公尊敬他;又有个士人叫庆足,只要国家有重大事情,他就出来治理,没有不成功的,灵公喜欢他;史鳅离开卫国,灵公官邸里三个月没有音乐声音,等到史鳅回来了,然后乐器才能进入官邸。我凭这些知道他贤能。"

【原文】

　　介子推行年十五而相荆,仲尼闻之,使人往视。还,曰:"廊下有二十五俊士,堂上有二十五老人。"仲尼曰:"合二十五人之智,智于汤武;并二十五人之力,力于彭祖。

以治天下,其固免矣乎!」[说苑·尊贤]

【释义】

介子推十五岁的时候就做了荆相,仲尼听到了,派人去看看。派的人回来了,说:"走廊下有二十五位俊士,堂上有二十五位老人。"孔子说:"集中二十五个人的智慧,这个智慧超过汤武;集合二十五个人的力量,这个力量超过彭祖。用这样子来治理天下,这当然能免于祸乱了!"

【原文】

孔子闲居,喟然而叹曰:"铜鞮伯华而无死,天下其有定矣!"子路曰:"愿闻其为人也何若。"孔子曰:"其幼也,敏而好学;其壮也,有勇而不屈;其老也,有道而能以下人。"子路曰:"其幼也,敏而好学,则可;其壮也,有勇而不屈,则可;夫有道又谁下哉?"孔子曰:"由不知也。吾闻之,以众攻寡,而无不消也;以贵下贱,无不得也。昔者周公旦,制天下之政,而下士七十人,岂无道哉?欲得士之故也。夫有道而能下于天下之士,君子乎哉!"[说苑·尊贤]

【释义】

孔子闲居在家,叹息说:"如果铜鞮伯华不死的话,天下差不多安定下来了。"子路说:"我想听听这个人为人怎么样。"孔子说:"他年纪小的时候,聪明又用功;壮年的时候,勇猛不屈;老年的时候,道德高尚又能礼贤下士。"子路说:"他小时候,聪明好学是可以的。壮年时,勇敢不屈也是可以的,至于晚年道德高尚礼贤下士他又要尊重谁呢?"孔子说:"你不知道。我听说,用多数人攻打少数人,没有不被消灭的;地位高的人尊重地位低的人,没有什么得不到的。从前周公治理天下大政,被他尊重的士人有七十个,难道没有原因吗?那是想要得到人才的缘故。道德高尚的人又能尊重天下的士人,真是君子啊!"

【原文】

孔子之郯,遭程子于途,倾盖而语终日。有间,顾子路曰:"取束帛一以赠先生。"子路不对。有间,又顾曰:"取束帛一以赠先生。"子路屑然对曰:"由闻之也,士不中而见,女无媒而嫁,君子不行也。"孔子曰:"由,《诗》不云乎:'野有蔓草,零露溥兮,有美一人,清扬婉兮,邂逅相遇,适我愿兮。'今程子天下之贤士也,于是不赠,终身不见。大德毋逾闲,小德出入可也。"〔说苑·尊贤〕

【释义】

孔子到郯地去,在路上遇到程子,两人倾车相看,畅谈终日。过了一会,孔子命子路道:"拿束帛来赠给先生。"子路没有回答。过了一会,孔子又回过头对子路说:"拿束帛来赠给先生。"子路很在意地回答说:"我听说,男人没有中介而见面,女子没有媒人而出嫁,君子不认为是礼仪之交。"孔子说:"子由,《诗经》上不是说了吗?'旷野里有蔓草,落下圆圆的露珠,有位美人站在那里,眉清目秀气度婉约。不期相遇漫漫长道,正好畅谈我心寂寥。'当今,程子乃天下贤达之士,如果今天不能有所馈赠,可能终生不再相见。大事情不能超过限定,小事情有些出入是可以的。"

【原文】

齐桓公使管仲治国。管仲对曰:"贱不能临贵。"桓公以为上卿,而国不治。桓公曰:"何故?"管仲对曰:"贫不能使富。"桓公赐之齐国市租一年,而国不治。桓公曰:"何故?"对曰:"疏不能制亲。"桓公立以为仲父,齐国大安,而遂霸天下。孔子曰:"管仲之贤,不得此三权者,亦不能使其君南面而霸矣。"〔说苑·尊贤〕

【释义】

齐桓公派管仲治理国家。管仲回答说:"地位低贱的人不能管理地位高的人。"桓公任他做上卿，但国家仍然治理不好。桓公说："这是什么缘故呢？"管仲回答说："穷人不能命令富人。"桓公就把齐国一年的市租都赐给他，国家仍然没有治好。桓公说："这是什么缘故？"回答说："关系疏远的人不能制约关系亲近的人。"齐桓公就把管仲尊为仲父，齐国因此太平，于是称霸天下。孔子说："即使像管仲这样的贤能，如果不能取得以上三种权力，也不能使他的国君向南再称霸。"

齐桓公

【原文】

子路问于孔子曰："治国何如？"孔子曰："在于尊贤而贱不肖。"子路曰："范中行氏尊贤而贱不肖，其亡何也？"曰："范中行氏尊贤而不能用也，贱不肖而不能去也。贤者知其不己用而怨之，不肖者知其贱己而仇之。贤者怨之，不肖者仇之，怨仇并前，中行氏虽欲无亡得乎？"〔说苑·尊贤〕

【释义】

子路问孔子说："怎样治理国家？"孔子说："在于尊重贤能的人，轻视不贤能的人。"子路说："范中行氏尊重贤人轻视不贤能的人，他的灭亡是什么原因呢？"回答说："范中行氏尊重贤能的人但不能任用他们，轻视不贤能的人但又不离开他们。贤能的人知道他不用自己埋怨他，不贤能的人知道他看不起自己仇恨他，贤能的人埋怨他，不贤能的人仇恨他，埋怨和仇恨都摆在他面前，中行氏想不遭灭亡，办得到吗？"

【原文】

谏有五：一曰正谏，二曰降谏，三曰忠谏，四曰戆谏，五曰讽谏。孔子曰："吾其从

讽谏矣乎！"［说苑·正谏］

【释义】

劝谏的方法有五种：一是正谏，二是降谏，三是忠谏，四是戆谏，五是讽谏。孔子说："我大体赞成讽谏吧。"

【原文】

楚昭王欲之荆台游，司马子綦进谏曰："荆台之游，左洞庭之陂，右彭蠡之水，南望猎山，下临方淮，其乐使人遗老而忘死。人君游者，尽以亡其国。愿大王勿往游焉。"王曰："荆台乃吾地也，有地而游之，子何为绝我游乎？"怒而击之。于是令尹子西驾安车四马，径于殿下，曰："今日荆台之游，不可不观也。"王登车而抚其背曰："荆台之游，与子共乐之矣。"步马十里，引辔而止，曰："臣不敢下车，愿得有道，大王肯听之乎？"王曰："第言之。"令尹子西曰："臣闻之，为人臣而忠其君者，爵禄不足以赏也；为人臣而谀其君者，刑罚不足以诛也。若司马子綦者，忠臣也；若臣者，谀臣也。愿大王杀臣之躯，罚臣之家，而禄司马子綦。"王曰："若我能止听，公子独能禁我游耳。后世游之，无有极时，奈何？"令尹子西曰："欲禁后世易耳，愿大王山陵崩阤，为陵于荆台，未尝有持钟鼓管弦之乐而游于父之墓上者也。"于是王还车，卒不游荆台，令罢先置？孔子从鲁闻之，曰："美哉令尹子西，谏之于十里之前，而权之于百世之后者也。"［说苑·正谏］

【释义】

楚昭王想要到荆台去游玩，司马子綦上前进谏说："荆台左面有洞庭湖，右面是洪泽湖，南面可以看到猎山，向下可以看见方淮，这种快乐使人忘记了老和死。到那里去游玩的国君都因此亡了国。希望大王不要到那里去游玩。"昭王说："荆台是我的土地，到那个地方玩一下，你如何不让我去玩呢？"一气之下就打了司马子綦。这时令尹子西驾着一辆四匹马拉的车子,一直驱车到昭王的宫殿门前,说:"今天君王要到荆台去,我们不能不去看看。"昭王登上车拍着子西的脊背说:"到荆台去游玩,我们一同快乐快乐。"车子走了十里,令尹子西拉住马辔停下来,子西说:"我不敢下车,想谈谈大的道理,君王肯听吗?"昭王说:"你不妨说来听听。"令尹子西说:"我听说,做人臣的如果忠于他们的君王,高官厚禄的赏赐对于他都不多;做人臣谄谀他的君王的,就是杀死他都算便宜他。像司马子綦这样的人,就是一位忠于君王的大臣;像我这样的人,就是一位谀臣。希望大王杀掉我,把我的家财赏给司马子綦。"昭王说:"我听你的话,不去玩了,但你仅能说服我不去玩了,后代人去游玩,没有穷尽,又怎么办呢?"令尹子西说:"想要禁止后代人去游玩很容易,希望大王百年之后,在荆台建筑陵园,后代总不会拿着钟鼓管弦等乐器到祖坟上去游玩吧。"于是昭王掉转车头,终于决定不去荆台游玩,并且命令撤去先前准备的一切。孔子从鲁国听到这件事,说:"令尹子西真好啊,在十里路的前面劝谏君王,却考虑到百世以后的得失。"

【原文】

孔子曰:"良药苦于口利于病,忠言逆于耳利于行。故武王谔谔而昌,纣嘿嘿而亡。君无谔谔之臣,父无谔谔之子,兄无谔谔之弟,夫无谔谔之妇,士无谔谔之友,其亡可立而待。故曰:君失之,臣得之;父失之,子得之;兄失之,弟得之;夫失之,妇得之;士失之,友得之。故无亡国、破家、悖父、乱子、放兄、弃弟、狂夫、淫妇、绝交败友。"

[说苑·正谏]

【释义】

孔子说:"好的药虽然苦得难以进口,但对病有好处,正直的话听起来不顺耳,但对做事有帮助。所以周武王有直言劝谏的臣子,国家昌盛,商纣王身边是些不敢说话的臣子,国家就灭亡了。君王没有直言争辩的大臣,父亲没有直言不讳的儿子,哥哥没有直言不讳的弟弟,丈夫没有直言不讳的妻子,士人没有直言不讳的朋友,他们的失败马上就会来到。所以说：君王有失误的地方，臣子要去劝谏他；父亲有失误的地方，儿子要去提醒他；哥哥有错误的地方，弟弟要去告诉他；丈夫有错误的地方，妻子要去劝说他；士人有错误的地方，朋友要去纠正他。这样就不会有亡国的君王、破落的家庭、谬误的父亲、叛逆的儿子、放任的哥哥、遗弃的弟弟、狂妄的丈夫、淫荡的妻子、断绝交好伤害感情的朋友。"

【原文】

孔子读《易》，至于《损》《益》，则喟然而叹。子夏避席而问曰："夫子何为叹？"孔子曰："夫自损者益，自益者缺，吾是以叹也。"子夏曰："然则学者不可以益乎？"孔子曰："否。天之道，成者未尝得久也。夫学者以虚受之，故曰①得。苟接②知持满，则天下之善言不得入其耳矣。昔尧履天子之位，犹允恭以持之，虚静以待下，故百载以逾盛，迄今而益章。昆吾自臧而满意，穷高而不衰，故当时而亏败，迄今而逾恶。是非损益之征与？吾故曰：'谦也者，致恭以存其位者也。'夫丰明而动，故能大；苟大，则亏矣。吾戒之，故曰：'天③下之善言不得入其耳矣。'日中则昃，月盈则食，天地盈虚，与时消息。是以圣人不敢当盛，升舆而遇三人则下，二人则轼，调其盈虚，故能长久也。"子夏曰："善。请终身诵之。"[说苑·敬慎]

【注释】

①曰当作日。

②接不之误。

③天以下十一字衍。

【释义】

孔子读《易经》，读到《损卦》和《益卦》时，就长长叹息。子夏离座位问孔子说："老师为什么要叹息？"孔子说："自己谦虚的人受益，自己骄傲的人会有缺失，我因此而叹息。"子夏说:"既然这样,那么求学也不能使人进步吗?"孔子说:"不是这样。上天的道理,成功了的不会长久。求学的人虚心求取知识,所以叫做得。如果不知道在极满的时候该怎么办,那么天下的好话就听不到了。从前尧登上了天子位,尚且保持着诚实恭敬,虚心静气对待下面的人,所以百年以后还很兴盛,到今天功德更加显著。昆吾自己说自己好,认为自己的至高无上的地位不会衰败,所以当时就溃败了,到今天名声更加坏了。这不就是损和益的特征吗?所以说:'谦虚就是恭谨地尽自己的力量做好本职工作。'由于光明的变动,所以才能广大;如果真正广大了,那就要开始亏损。我警戒这件事,所以说:'如果自满,天下的好话就听不到了。'太阳过了中午就偏西了,月亮圆了就开始损缺,天地的盈和虚,跟随时间在消长。所以圣人不敢处于最兴盛的地位,登上车子如果遇到三个人就下车致敬,遇到两个人就靠着车前横木行礼,这是调和它的盈亏,所以才能长久。"子夏说:"好。我将终身记住它。"

【原文】

孔子观于周庙,而有欹器焉。孔子问守庙者曰:"此为何器?"对曰:"盖为右坐之器。"孔子曰:"吾闻右坐之器,满则覆,虚则欹,中则正。有之乎?"对曰:"然。"孔子使子路取水而试之,满则覆,中则正,虚则欹。孔子喟然叹曰:"呜呼!恶有满而不覆者哉!"子路曰:"敢问持满有道乎?"孔子曰:"持满之道,挹而损之。"子路曰:"损之有道乎?"孔子曰:"高而能下,满而能虚,富而能俭,贵而能卑,智而能愚,勇而能怯,辩而能讷,博而能浅,明而能暗,是谓损而不极。能行此道,唯至德者及之。"《易》曰:"不损而益之,故损,自损而终故益。"〔说苑·敬慎〕

【释义】

孔子去参观周朝的宗庙,里面有一个倾斜的器皿。孔子问守庙的人:"这是什么器皿?"守庙人说:"这是右座的器皿。"孔子说:"我听说右座的器皿,水满了就倒覆,里面空虚就倾斜,恰好一半就端正。有这样的事吗?"答复说:"是这样。"孔子叫子路打水试验,果然水满了的时候,器皿就倒覆过来,水盛得刚好一半的时候,器皿就端端正正立着,水倒空的时候,器皿就倾斜着。孔子感慨地叹息说:"啊!哪里有满而不倒覆的事呢?"子路说:"请问,有保持盈满而不倒覆的方法吗?"孔子说:"保持盈满而不倒覆的方法,就是抑制贬损它。"子路问:"贬损它有方法吗?"孔子说:"高的能够低一点,满的能够空一点,富有的能够亏空一点,尊贵的能够卑贱一点,聪明的能够愚笨一点,勇敢的能够怯弱一点,有辩才的能够说话笨拙一点,学问渊博的能够肤浅一点,明察的人能够糊涂一点,这就是说减损一点不让它太满,能够执行这些方法的,只有品德最好的人才能做到。"《易经》上说:"满了的自己不损抑一点反而增加的,后来必定要受到损失,能够自己损抑一点的并且持之以恒,终究会得到好处。"

【原文】

孔子曰:"存亡祸福皆在己而已,天灾地妖,亦不能杀也。昔者殷王帝辛之时,爵生乌于城之隅。工人占之曰:'凡小①以生巨,国家必祉,王名必倍。'帝辛喜爵之德,不治国家,亢暴无极,外寇乃至,遂亡殷国。此逆天之时,诡②福反为祸。至殷王武丁之时,先王道缺,刑法弛,桑谷俱生于朝,七日而大拱。二人占之曰:'桑谷者,野物也。野物生于朝,意朝亡乎?'武丁恐骇,侧身修行,思昔③先王之政,兴灭国,继绝世,举逸民,明养老之道。三年之后,远方之君重译而朝者六国。此迎天时,得祸反为福也。故妖孽者,天所以警天子诸侯也;恶梦者,所以警士大夫也。故妖孽不胜善政,恶梦不胜善行也。至治之极,祸反为福。故《太甲》曰:'天作孽,犹可违,自作孽,不可逭。'"

[说苑·敬慎]

【注释】

①小以字倒。

②诡,违也。

③昔字衍。

【释义】

孔子说："存亡祸福,都在于自身的所作所为,国君如贤明,即使有天灾地祸,也不会伤害他。从前,殷王帝辛的时候,麻雀在城墙的角落里生出一只乌鸦。二人占卦说:'大凡小动物生出大动物,国家一定吉祥,国王的名声也定会加倍的好。'帝辛沾沾自喜于麻雀带来的福分,再也不去治理国家了,横暴没有限制,外国的侵犯也就来了,殷国于是被灭亡了。这是违背天意,得到福兆反而成了祸患。在殷王武丁的时候,先王的仁政没有了,刑法也废弛了,朝廷里长出桑谷,七天就有一人合抱那样粗大。二人占卦说:'桑谷是野生植物,朝廷里长出野生植物,估计是要亡国了。'武丁害怕得很,小心谨慎地修养自己的品德,施行先王的仁政,复兴灭亡的国家,延续断绝了的后代,举用隐居的贤人,阐明尊敬老人的办法。三年以后,远方的国君因语言不通要经过多次翻译来朝见的有六个国家,这是顺应天时,得到祸兆反而成了福祥。所以,异常的灾象是上天用来警戒天子和诸侯的,恶梦是用来警戒士大夫的。所以妖孽不能战胜仁政,恶梦不能战胜善行,政治真正走上轨道的时候,祸反而变成了福。所以《太甲篇》说:'上天造成的灾害,还可以避开,自己造成的祸害,就不可逃脱了。'"

【原文】

鲁哀公问孔予曰:"予闻忘之甚者,徙而忘其妻,有诸乎?"孔子对曰:"此非忘之甚者也,忘之甚者忘其身。"哀公曰:"可得闻与?"对曰:"昔夏桀贵为天子,富有天下,不修禹之道,毁坏辟法,裂绝世祀,荒淫于乐,沈酗于酒。其臣有左师触龙者,谄谀不止。汤诛桀,左师触龙者身死,四支不同坛而居,此忘其身者也。"哀公愀然变色曰:"善。"[说苑·敬慎]

【释义】

鲁哀公问孔子说:"我听说忘性大的人,搬家忘记了把妻子带来,有这种事吗?"孔子回答说:"这不是忘性最大的人,忘性最大的人忘记了自己。"哀公说:"可以说给我听听吗?"孔子回答说:"从前!夏桀贵为天子,拥有天下的财富,但是他不遵循夏禹的治国大道,破坏国法,灭绝世祀,终日荒淫于娱乐,沉溺酒色。他的大臣左师触龙,专门阿谀逢迎,不匡正国君,结果商汤杀了夏桀,左师触龙也被杀了,四肢都被分解了,这就是忘记了他自己。"哀公忧伤地改变了脸色说:"说得对。"

【原文】

孔子之周,观于太庙。右陛之前,有金人焉,三缄其口,而铭其背曰:"古之慎言人也。戒之哉!戒之哉!无多言,多言多败,无多事,多事多患。安乐必戒,无行所悔。勿谓何伤,其祸将长;勿谓何害,其祸将大;勿谓何残,其祸将然;勿谓莫闻,天妖伺人。荧荧不灭,炎炎奈何;涓涓不壅,将成江河,绵绵不绝,将成纲罗;青青不伐,将寻斧柯。诚不能慎之,祸之根也;曰是何伤,祸之门也。强梁者不得其死,好胜者必遇其敌,盗怨主人,民害其贵。君子知天下之不可盖也,故后之,下之,使人慕之,执雌持下,莫能与之争者。人皆趋彼,我独守此,众人惑惑,我独不从;内藏我知,不与人论技;我虽尊高,人莫害我。夫江河长百谷者,以其卑下也。天道无亲,常与善人。戒之哉!戒之哉!"孔子顾谓弟子曰:"记之!此言虽鄙,而中事情。《诗》曰:'战战兢兢,如临深渊,如履薄冰。'行身如此,岂以口遇祸哉!"[说苑·敬慎]

【释义】

孔子到周的国都去,到周天子的太庙参观。祖庙右边的台阶前面,有一个金属铸的人像,嘴被牢牢封闭着,背上有一篇铭文,写道:"这是古代说话谨慎的人。警戒啊!警戒啊!不要多说话,多说话多坏事,不要多事,多事多祸患。安于享乐的人一定要警惕,不要做下后悔的事情。不要说这有什么妨碍,那个祸患将要增长;不要说这有什么害处,那个祸患将要扩大;不要说这有什么伤害,那个祸患将要像烈火一样燃烧;不要说没有人听见,天妖正在窥伺着人。如果荧荧小火不扑灭,形成了炎炎烈火就没

中华传世藏书

孔子家语 通解

孔子言行录

有办法了;如果涓涓细流不堵塞,就会形成浩瀚的江河;如果绵绵的丝线不扯断,将会织成罗网;如果荒杂小树不伐去,就会长成大树,非要斧子才能伐柯。如果说话不谨慎,就是一切祸患的根源;认为这没什么妨碍,就是敞开了灾祸的大门。强横的人不得好死,好胜的人一定会遭逢对手,盗贼怨恨主人,人民厌恶权贵。君子知道天下之大不能完全遮盖,所以退后一点,低下一点,让人家美慕,面对敌对一方退让一步,反而没有人与他抗争。人家都趋向那边去,我只守在这里。众人都感迷惑,我独不去;内心暗藏智慧,不和别人盘道论技;我虽然处于尊高地位,没有人来害我。江河能够汇集百条山谷的流水,因为它低下。上天之道是不分亲疏的,它经常帮助好人。警戒啊! 警戒啊!"孔子回头对弟子们说:"你们要记住! 这些话虽然鄙俗,但合乎事理。《诗经》说:'小心谨慎,就像面临深渊一样,就像走在薄冰上一样。'一个人立身处世能够这样,难道还会因为说话遭遇灾祸吗?"

【原文】

孔子行游,中路闻哭者声,其音甚悲。曰:"驱之,驱之,前有异人音。"少进见之,丘吾子也,拥镰带索而哭。孔子辟车而下问曰:"夫子非有丧也,何哭之悲也?"丘吾子对曰:"吾有三失。"孔子曰:"愿闻三失。"丘吾子曰:"吾少好学问,周遍天下还,后吾亲亡,一失也;事君奢骄,谏不遂,是二失也;厚交友,而后绝,三失也。树欲静乎,风不定。子欲养乎,亲不待。往而不来者,年也,不可得再见者,亲也。请从此辞。"则自刎而死。孔子曰:"弟子记之,此足以为戒也。"于是弟子归养亲者十三人。[说苑·敬慎]

【释义】

孔子与众弟子出游,途中听到有人哭,哭声特别悲切。孔子说:"快赶车,快赶车,前面有奇人异士的声音。"一会儿看见了,是丘吾子,正抱着镰刀带着绳索哭泣。孔子下车问道:"先生并没有丧事,为什么哭得如此悲伤?"丘吾子回答道:"我有三大过失。"孔子说:"愿意听听你的三大过失。"丘吾子说:"我年少时爱好学问,周游天下,等我回来,双亲已经亡故,这是一大过失。所事君王奢侈骄横,不纳谏,是第二大过失。交友广阔,之后又都绝交,是第三大过失。树想要静止下来,但风还在刮。孩子想要奉养双亲,而双亲已经不在人世。过去了就不会再来的是岁月,永不能再见的是故去的亲人。让我就此辞别吧。"随后自刎而死。孔子说:"弟子们记住,要以此为戒啊。"由此孔子弟子中归家奉养双亲的有十三人。

【原文】

孔子论《诗》,至于《正月》之六章,惧然曰:"不逢时之君子,岂不殆哉!从上依世,则废道;违上离俗,则危身。世不与善,己独由之,则曰非妖则孽也。是以桀杀关龙逄,纣杀王子比干。故贤者不遇时,常恐不终焉。《诗》曰:'谓天盖高?不敢不跼。谓地盖厚?不敢不踏。'此之谓也。"[说苑·敬慎]

【释义】

孔子讲解《诗经》,到《正月》第六章,忧惧地说:"君子生不逢时,能不危险吗?顺从君王依从世俗,废弃了所追寻的道义;违背君王背离世俗,则自身难保。世人都不好好善待的,自己独自坚持,则会被视为妖孽。因此夏桀杀了关龙逄,商纣王杀了王子比干。所以圣贤的人如果生不逢时,常常是不能善终的。《诗》言道:'说天何以这样高,却不敢不弯腰。说地何以这样厚?却不敢不小心走路。'说的就是这个道理。"

【原文】

孔子见罗者,其所得者,皆黄口也:孔子曰:"黄口尽得,大爵独不得,何也?"罗者对曰:"黄口从大爵者,不得;大爵从黄口者,可得。"孔子顾谓弟子曰:"君子慎所从。不得其人,则有罗纲之患。"[说苑·敬慎]

【释义】

　　孔子看见用网捕捉麻雀的人,抓到的都是小麻雀。孔子问道:"为什么抓到的都是小麻雀,大麻雀却捉不到?"捕雀的人回答说:"小麻雀跟着大麻雀的,捉不着。大麻雀跟着小麻雀的,容易捉到。"孔子回头对弟子们说:"君子要谨慎地选择跟随的人。如果跟错了人,则会误入歧途,像麻雀有罗网之灾一样。"

【原文】

　　颜回将西游,问于孔子曰:"何以为身?"孔子曰:"恭敬忠信,可以为身。恭则免于众,敬则人爱之,忠则人与之,信则人恃之。人所爱、人所与、人所恃,必免于患矣。可以临国家,何况于身乎?"[说苑·敬慎]

【释义】

　　颜回要向西游学,问孔子道:"怎样才能立身?"孔子说:"做到恭敬忠信,就可以立身了。恭,就不会被众人所诟痛;敬,人人都会友爱你;忠,人人都能交付你;信,众人都信赖你。人人都友爱都能交付和信赖的人,一定会免于忧患。能做到恭敬忠信,都可以治理国家了,何况于立身呢?"

【原文】

　　赵襄子谓仲尼曰:"先生委质以见人主,七十君矣。而无所通,不识世无明君乎?意先生之道固不通乎?"仲尼不对。异日,襄子见子路曰:"尝问先生以道,先生不对。知而不对,则隐也。隐则安得为仁? 若信不知,安得为圣?"子路曰:"建天下之鸣钟而撞之以挺,岂能发其声乎哉? 君问先生,无乃犹以挺撞乎。"[说苑·善说]

【释义】

　　赵襄子问孔子道:"先生致力于游说君王,已经见过七十个君王了,都没能通达,难道不知道世上没有明君吗？还是先生所持的道本来就不对呢？"孔子不回答他；过了几天，襄子见到子路说："曾经问先生关于道的事，先生不回答。知道而不回答，是故意隐瞒，故意隐瞒怎么称得上仁呢？如果确实不知道，又怎么算得上是圣贤呢？"子路说："铸造一个能鸣响天下的大钟，而用棍棒来撞击它，怎么能让它发出洪亮的声音呢？你问道于先生，难道不是像用棍棒敲击大钟吗。"

【原文】

子路问于孔子曰："管仲何如人也？"子曰："大人也。"子路曰："昔者管子说襄公，襄公不说，是不辩也；欲立公子纠，而不能，是无能也；家残于齐，而无忧色，是不慈也；桎梏而居槛车中，无惭色，是无愧也；事所射之君，是不贞也；召忽死之，管仲不死，是无仁也。夫子何以大之？"子曰："管仲说襄公，襄公不说，管子非不辩也，襄公不知说也；欲立公子纠，而不能，非无能也，不遇时也；家残于齐，而无忧色，非不慈也，知命也；桎梏居槛车，而无惭色，非无愧也，自裁也；事所射之君，非不贞也，知权也；召忽死之，管仲不死，非无仁也。召忽者，人臣之材也，不死则三军之虏也；死之，则名闻天下。夫何为不死哉？管子者，天子之佐，诸侯之相也。死之，则不免为沟中之瘠；不死，则功复用于天下。夫何为死之哉？由，汝不知也。"［说苑·善说］

【释义】

子路问孔子道："管仲是什么样的人？"孔子说："是成大事的人。"子路说："管仲曾经游说襄公，襄公不为所动，是没有辩才。想要立公子纠，没有成功，是他没有能力。家人在齐国受到伤害而不表现出担心，是不仁慈。身戴脚镣手铐在囚车之中，而没有羞愧之色，是不知道惭愧。侍奉的君王是自己曾经要射杀的人，是不忠贞。召忽死了，管仲却不死，是不仁义。先生为何说他是成大事的人？"孔子说："管仲游说襄公，襄公不为所动，不是管仲没有辩才，而是襄公没有领会管仲的意图。想要立公子纠，没有成功，不是没有能力，是没有遇到好时机。家人在齐国受到伤害而不担心，不是不仁慈,不过是接受命运的安排罢了。身戴脚镣手铐在囚车之中,而没有羞愧之色,不是不知道惭愧,而是当作自我惩罚。奉自己曾经要射杀的人为君王,不是不忠贞,是知道权重。召忽死了,管仲却不死,不是不仁义。召忽是做臣子的人才,如果不死不过是做了俘虏,死了却可以名闻天下。哪管仲为什么不死呢? 管仲是天子的辅佐,诸侯的相国之才,死了不过是沟中的泥土,不死,则可以发挥自己的才能,有用于天下,为什么要死呢? 子路,你不明智呀。"

【原文】

赵简子曰:"晋有铎鸣、犊仇,鲁有孔丘,吾杀此三人,则天下可图也。"于是乃召铎鸣、犊仇,任之以政而杀之。使人聘孔子于鲁。孔子至河,临水而观曰:"美哉,水洋洋乎! 丘之不济于此,命也夫?"子路趋进曰:"敢问奚谓也?"孔子曰:"夫铎鸣、犊仇,晋国之贤大夫也。赵简子之未得志也,与之同闻见。及其得志也,杀之而后从政。故,丘闻之:'刳胎焚天,则麒麟不至;乾泽而渔,蛟龙不游;覆巢毁卵,则凤凰不翔。'丘闻之君子重,伤其类者也。"[说苑·权谋]

【释义】

赵简子说:"晋国有铎鸣、犊仇,鲁国有孔丘,我把这三人杀了,就可以图谋天下了。"于是他把铎鸣、犊仇招来,任命他们为官,后来把他们杀了。又派人去鲁国聘请孔子。孔子到了黄河,在岸边慨叹到:"多么壮美的滔滔河水啊! 我孔丘在此无法过河,是命运的安排吧?"子路上前问道:"敢问先生为何这样说呢?"孔子说:"铎鸣、犊仇,是晋国贤良的大夫。赵简子没有显达的时候,与他们一样名闻天下。等到他显达的时候,却把他们杀掉自己做了大官。原来孔丘曾听说,剖腹焚烧幼胎,就不会有麒麟;为了捕鱼而放干湖泽之水,蛟龙也无法游走;倾覆鸟巢毁灭卵蛋,凤凰也无法飞翔。现在孔丘又听到君子一旦显赫,就伤害同类的事了。"

孔子与齐景公坐，左右白曰："周使来言，周庙燔。"齐景公出，问曰："何庙也?"孔子曰："是釐王庙也。"景公曰："何以知之?"孔子曰："《诗》云:'皇皇上帝，其命不忒。天之与人，必报有德。'祸亦如之。夫釐王，变文武之制，而作玄黄，宫室舆马，奢侈不可振也。故天殃其庙，是以知之。"景公曰："天何不殃其身，而殃其庙乎?"子曰："天以文王之故也。若殃其身，文王之祀无乃绝乎? 故殃其庙，以章其过也。"左右入报，曰："周釐王庙也。"景公大惊，起，再拜曰："善哉，圣人之智，岂不大乎!"[说苑·权谋]

【释义】

孔子与齐号公坐谈，齐景公手下禀告："周天子的使者来报告说周朝的王庙着火了。"齐景公出来，问道："是哪个王庙?"孔子说："是釐王庙。"景公说："怎么知道的呢?"孔子说："《诗经》说:'皇天上帝，任命不会有差错。天授君权，必与有德之人。'祸患也是这样。釐王改变了文王武王的制度，宫室车马，奢侈靡丽，不可救药。所以上天让他的王庙遭殃，因此而知。"景公说："上天为什么不将报应落到他身上，而是损毁他的王庙?"孔子说："上天是因为文王的缘故。如果报应到釐王身上，文王的后嗣不是就断绝了? 损毁釐王庙，以惩罚他的过错。"齐景公手下又前来禀告道："是周釐王庙。"景公大为惊奇，站起来又拜道："好啊，圣人的智慧真是强大啊。"

【原文】

鲁公索氏将祭，而亡其牲。孔子闻之，曰："公索氏，比及三年必亡矣。"后一年而亡。弟子问曰："昔公索氏亡牲，夫子曰比及三年必亡矣。今期年而亡，夫子何以知其将亡也?"孔子曰："祭之为言，索也。索也者，尽也。乃孝子所以自尽于亲也。至祭而亡其牲，则余所亡者多矣。吾以此知其将亡也。"[说苑·权谋]

【释义】

鲁国的公索氏将要举行祭祀，但用来祭祀的牺牲却丢失了。孔子听说了，说道："公索氏，等到三年必定消亡。"一年后，公索氏就消亡了。弟子问道："以前公索氏丢失祭祀的牲口，先生说等到三年定消亡。现在一年后就消亡了，先生怎么知道他将要消亡呢？"孔子说："祭在语言文字中，是索的意思。索，就是穷尽。所以孝子自尽以祭祀双亲。到要祭祀的时候丢失祭祀的牺牲，那么其他的要丢失的更多。所以我据此推测他将要消亡。"

【原文】

齐桓公将伐山戎孤竹，使人请助于鲁。鲁君进群臣而谋，皆曰："师行数十①里入蛮夷之地，必不反矣。"于是鲁许助之，而不行。齐已伐山戎孤竹，而欲移兵于鲁，管仲曰："不可，诸侯未亲，今又伐远而还诛近邻②，邻国不亲，非霸王之道。君之所得，山戎之宝器者，中国之所鲜也，不③可以不进周公之庙乎。"桓公乃分山戎之宝，献之周公之庙。明年起兵伐莒，鲁下令丁男悉发，五尺童子皆至。孔子曰："圣人转过为福，报怨以德，此之谓也。"〔说苑·权谋〕

【注释】

①十千之误。

②邻字恐衍。

③不字衍。

【释义】

齐桓公要讨伐山戎孤竹，派人向鲁国求助。鲁王与群臣商议，都说："派军队行进数千里深入蛮夷之地，一定不会成功而返。"于是鲁国答应帮助，但却不派兵。齐王讨伐完山戎孤竹，想要进攻鲁国，管仲说："不行，诸侯都没有交好，现在刚远征完又进攻近邻，邻国都不与你友善，这不是成就霸业之道。国君讨伐山戎所得的宝物器皿，中原很少得见，不能不进献给周公之庙。"桓公于是把讨伐山戎得到的宝物，分给鲁国一部分。第二年齐国起兵讨伐莒国，鲁国下令男子全部派发，连没有成年的少年也在列。孔子说："圣人把过失转为福，以德报怨，就是说的这个呀。"

【原文】

中行文子出亡至边，从者曰："为此啬夫者，君人也，胡不休焉，且待后车者？"文子曰："异日吾好音，此子遗吾琴。吾好佩，又遗吾玉。是不非吾过者也，自容于我者也，吾恐其以我求容也。"遂不入。后车入门，中行文子问啬夫之所在，执而杀之。仲尼闻之曰："中行文子背道失义，以亡其国，然后得之，犹活其身。道不可遗也若此。"［说苑·权谋］

【释义】

中行文子逃亡到了边境，随从的人说："担任这里啬夫官职的人，是你的手下，何不去那里休息一会儿，再等待后面的车辆？"文子说："以前，我喜好音乐，这个人就送给我琴。我喜欢佩戴装饰物，他又送我玉佩。这是不指责我的过错的人，是求我容纳的人，我恐怕他会出卖我来求得晋君的接纳和任用。"于是就不进去。后面的车子进了门，文子问清啬夫的处所，抓来把他杀死。仲尼听到此事说："中行文子违背道德失去正义，从他的国家里逃出来，但以后重获道义，还能保全自身。道德不可遗弃就像这样呀。"

【原文】

孔子问漆雕马人曰："子事臧文仲、武仲、孺子容三大夫者，孰为贤？"漆雕马人对曰："臧氏家有龟焉，名曰蔡。文仲立，三年为一兆焉；武仲立，三年为二兆焉；孺子容立,三年为三兆焉;马人见之矣。若夫三大夫之贤不,马人不识也。"孔子曰:"君子哉,漆雕氏之子。其言人之美也,隐而显;其言人之过也,微而著。故智不能及,明不能见,得无数卜乎?"[说苑·权谋]

【释义】

孔子问漆雕马人说:"你事奉臧文仲、武仲、孺子容三位大夫,他们中的哪一位贤能呢?"漆雕马人回答说:"臧氏家中有只龟,名叫蔡。文仲主持政事,三年占卜一次;武仲主持政事,三年占卜两次;孺子容主持政事,三年占卜三次。我见到的就是这些。至于说三位大夫的贤能与否,我就不知道了。"孔子说:"真是君子啊,漆雕氏家的这个人。他说别人的优点,看来隐约,实际却很明显;他说别人的缺点,看来微小,实际却很显眼。所以说,智慧不能虑及,聪明不能预见.难道不要多次占卜吗?"

【原文】

楚共王出猎,而遗其弓,左右请求之。共王曰:"止。楚人遗弓,楚人得之,又何求焉?"仲尼闻之曰:"惜乎,其不大。亦曰,人遗弓,人得之而已,何必楚也。"[说苑·至公]

【释义】

楚共王外出打猎,遗失了他的弓。他的手下要去寻找。共王说:"不用。楚国人丢失弓,还是楚国人得到,又何必再去找呢?"孔子听说后道:"可惜啊,眼界不大。应该说人丢失了弓,还是人得到,何必限于楚人呢。"

【原文】

夫子行说七十诸侯,无定处。意欲使天下之民各得其所,而道不行,退而修《春秋》,采豪毛之善,贬纤介之恶,人事浃,王道务,精和圣制,上通于天而麟至,此天之知夫子也。于是喟然而叹曰:"天以至明为不可蔽乎,日何为而食? 地以至安为不可危乎,地何为而动?"天地而尚有动蔽,是故贤圣说于世而不得行其道,故灾异并作也。〔说苑·至公〕

【释义】

孔子周游列国,游说七十国诸侯,居无定处。他的目的是希望天下百姓都能安居乐业,但他伟大的志向却无法推行,只得退居故乡整理《春秋》,褒扬毫末般的善事,贬斥纤介般的恶事,人事得以融洽,五道得以完备,这种精诚平和神圣的举动感动了上苍,以致出现了麟这样的瑞兽,这是上天也知道孔子啊。孔子于是叹息说:"天光明极致,难道不会被遮蔽吗,那么为什么会出现日食? 地安定极致,难道不会出现危险吗,那么为什么会有地震发生? 天地尚有震动和被蒙蔽的时候,所以圣贤游说于世而大道不被采用也就不奇怪了,也因此灾祸变异就一齐而至了。"

【原文】

孔子为鲁司寇,听狱必师断,敦敦然皆立,然后君子进曰:"某子以为何若? 某子以为云云。"又曰:"某子以为何若? 某子曰云云。"辩矣,然后君子[1]:"几当从某子云云乎。"以君子之知,岂必待某子之云云然后知所以断狱哉? 君子之敬让也。文辞有可与人共之者,君子不独有也。〔说苑·至公〕

【注释】

[1]子下脱曰字。

【释义】

孔子在鲁国任司寇时,审案必定在众人面前公开审判,态度恳切地向大家解释案情,并说:"某人认为应这样处理,某人认为应那样处理。"又重复一遍说:"某人认为应这样处理,某人认为应那样处理。"大家讨论后,孔子才宣布:"应该听从某人的说法。"以孔子的学问智慧,哪用得上等某个人发表意见后才裁决案件呢？这是君子谦让恭敬的表现。文章词采有可以和大家共同探讨的地方,君子是不会专行独断的。

【原文】

子羔为卫政,则人之足。卫之君臣乱,子羔走郭门。郭门闭,刖者守门,曰:"于彼有缺。"子羔曰:"君子不逾。"曰:"于彼有窦。"子羔曰:"君子不遂。"①曰:"于此有室。"子羔人。追者罢。子羔将去,谓刖者曰:"吾不能亏损主之法令,而亲刖子之足。吾在难中,此乃子之报怨时也,何故逃我？"刖者曰:"断足,固我罪也,无可奈何。君之治臣也,倾侧法令先、后,臣以法,欲臣之免于法也,臣知之。狱诀罪定,临当论弄,君愀然不乐,见于颜色,臣又知之。君岂私臣哉,天生仁人之心,其固然也。此臣之所以脱君也。"孔子闻之,曰:"善为吏者,树德;不善为吏者,树怨。公行之也,其子羔之谓钦。"[说苑·至公]

【注释】

①遂当作隧。

【释义】

子羔在卫国主政,曾断人足。卫国君臣发生内乱,子羔从城门逃走。城门已经关闭,就是那个曾受断足之刑的人在守门。他说:"那儿有个缺口。"子羔说:"君子是不会去翻越的。"又说:"那儿有个洞穴。"子羔说:"君子是不会进去的。"守门人又说:"这儿有个房间。"子羔进去躲避,追兵寻不见只好离去。子羔将要离去时,对受刑之人说:"我不能不执行君王的法令,亲自下令对你行断足之刑。现在我遇难了,正是你报复的时候,为什么帮我逃走呢？"受断足之刑的人说:"砍断我的腿,是我罪有应得,没有办法。大人治理我们时,法令颁布在先。后来我触犯法律,大人也是想要避免对我用刑,我是知道的。当罪名确定,就要行刑时,大人悲戚忧愁都表现在脸上,我也是知道的。大人难道是对我有私心吗?只不过是你天生仁爱之心,本来就是这样做。所以我才会帮你逃脱。"孔子听说后,说道:"善于为官的人,树立美德;不会做官的,集聚怨恨。如果能做到,不就像子羔那样吗。"

【原文】

孔子北游,东上农山,子路、子贡、颜渊从焉。孔子喟然叹曰:"登高望下,使人心悲。二三子者各言尔志,丘将听之。"子路曰:"愿得白羽若月,赤羽若日。钟鼓之音,上闻乎天,旌旗翩翩,下蟠于地。由且举兵而击之,必也。攘地千里,独由能耳。使夫二子为我从焉。"孔子曰:"勇哉,士乎愤愤者乎!"子贡曰:"赐也愿齐楚合战于莽洋之野,两垒相当,旌旗相望,尘埃相接,接战掮兵。赐愿著缟衣白冠,陈说白刃之间,解两国之患,独赐能耳。使夫二子者为我从焉。"孔子曰:"辩哉,士乎僊僊者乎!"颜渊独不言,孔子曰:"回,来,若独何不愿乎?"颜渊曰:"文武之事,二子已言之,回何敢与焉!"孔子曰:"若鄙心不与焉,第言之。"颜渊曰:"回闻鲍鱼兰芷不同箧而藏,尧舜桀纣不同国而治。二子之言,与回言异。回愿得明王圣主而相之,使城郭、不修,沟池不越,锻剑戟以为农器,使天下千岁无战斗之患。如此,则由何愤愤而击,赐又何僊僊而使乎?"孔子曰:"美哉德乎!姚姚者乎!"子路举手问曰:"愿闻夫子之意。"孔子曰:"吾所愿者,颜氏之计,吾愿负衣冠而从颜氏子也。"[说苑·指武]

【释义】

孔子北游到鲁国北部,向东登上了农山,子路、子贡、颜渊跟随着他。孔子很有感慨地叹息说:"登高俯视,使人心悲。你们几个人都谈谈你们的志向,我来听听。"子路回答说:"我希望白色羽毛像月亮一样白,赤色羽毛像太阳一样红,击钟擂鼓,声音一直传到天上,旌旗飞舞,旗尾扫到地面,派人率领这支军队去攻打敌人,只有我有这种本事。我率领军队向敌人攻击,必定可以夺得上千里土地,这种事只有我子路能做到。他们两个可以做我的随从。"孔子说:"你是一个勇士啊! 内心有所不平吧?"子贡说:"我愿意齐楚大战于千里原野,两军旗鼓相当,旌旗招展,尘埃四起,短兵相接。这时我穿着白色的衣服,戴着白色的帽子,于白刃交加中劝说他们,解除两国的战祸,这种事只有我子贡能做到,他们二人可以做我的随从。"孔子说:"真是能言善辩啊,如此轻而易举就完成了任务。"只有颜渊默不作声,孔子说:"颜回,你过来,你为什么不愿说呢?"颜渊说:"文武之事,他们两位已说过了,我哪里还敢表达意见呢?"孔子说:"你是否鄙夷那些事,内心不赞成呢? 只管说一说吧。"颜渊回答说:"我听说腐臭的鱼不与兰、茝两种香草共同放在一个箱子里,桀纣不与尧舜同时治理天下。他们两位所说的和我不同。我希望找到一个圣明的君王,做他的卿相,说服他不要建筑城墙,不要挖掘护城河,把兵器都拿来铸造农器,让天下千年无战争的忧患。如果这样,子路何必愤愤不平的要出兵呢? 子贡又何必去逞口舌之利呢?"孔子说:"多么完美的道德啊! 是自得其意的人了!"子路举手发问说:"我们愿意听听老师的意见。"孔子说:"我所希望的,就是颜渊刚才所讲的志向,我愿意背着衣冠行李,跟随着颜渊。"

【原文】

鲁①哀公问于仲尼曰:"吾欲小则守,大则攻,其道若何?"仲尼曰:"若朝廷有礼,上下有亲,民之众皆君之畜也,君将谁攻? 若朝廷无礼,上下无亲,民众皆君之仇也,君将谁与守?"于是废泽梁之禁,弛关市之征,以为民惠也。[说苑·指武]

【注释】

①薛据《孔子集语》引,此以为见韩非子,今韩非子无此文。

【释义】

鲁哀公问孔子说:"我想国力弱小时就以防御为主,国力强盛时就以向外进攻为主,该怎么才能做到这一点呢?"孔子说:"如果朝廷能做到符合礼义,上下亲近一心,百姓都像国君的子女一样,那么您将进攻谁呢?如果朝廷所做不合礼义,上下相怨,百姓都像国君的仇敌,您又和谁来防守自己的国家呢?"于是鲁哀公就废除了湖泊鱼梁的禁令,放松了关卡和市场的征税,用来施恩惠于人民。

【原文】

孔子为鲁司寇,七日而诛少正卯于东观之下。门人闻之,趋而进至①者②,不言其意皆一也。子贡后至,趋而进曰:"夫少正卯者,鲁国之闻人矣,夫子始为政,何以先诛之?"孔子曰:"赐也,非尔所及也。夫王者之诛有五,而盗窃不与焉:一曰心辨而险,二曰言伪而辩,三曰行辟③而坚,四曰志愚而博,五曰顺非而泽。此五者,皆有辨知聪达之名,而非其真也。苟行以伪,则其知足以移众,强足以独立,此奸人之雄也,不可不诛。夫有五者之一则不免于诛,今少正卯兼之,是以先诛之也。昔者,汤诛蠋沐,太公诛潘阯,管仲诛史附里,子产诛邓析,此四子未有不诛也。所谓诛之者,非为其昼则攻盗,暮则穿窬也,皆倾覆之徒也。此固君子之所疑,愚者之昕惑也。《诗》云:'忧心悄悄,愠于群小。'此之谓矣。"[说苑·指武]

【注释】

①至字当在闻之下。

②者字恐衍。

③辟与僻同。

【释义】

孔子做鲁国司寇,七天后在东观下诛杀了少正卯。学生们听到了,都跑来见孔子,来的人虽不说话,但心里所想是一致的。子贡最后才到,他跑进来问:"少正卯是鲁国的知名人士,老师您刚掌刑法之政,为什么就先杀了他呢?"孔子说:"子贡,这不是你所能了解的。君王应该杀的人有五种,这还不包括强盗和小偷。第一种是明白事理但居心险恶的人，第二种是言语浮夸而爱好诡辩的人，第三种是行为乖僻又顽固不化的人，第四种是心志愚劣但见闻广博的人，第五种是为非作歹但表面爱施恩惠的人。这五种人都有善辨识广、聪明通达的名声，但却不是真实的。如果允许他们施行自己的虚伪之道，那么他们的思想足以迷惑民众，他们的势力足以独立于世，这是奸人之中的英雄，不能不杀。这五种恶行居其一，都不免于被诛杀，现在少正卯兼有这五种，所以先把他诛杀了。过去商汤杀蠋沐，太公杀潘阯，管仲杀史附里，子产杀邓析，这四个人，圣贤没有不诛杀他们的。所以诛杀他们，不是因为他们白天为盗。晚上为偷，而是因为他们都是使国家产生倾亡祸乱的人啊。我这样做，本来就是君子们所疑心，愚昧的人所困惑的。《诗经》说：'忧心忡忡，对那些小人感到愤怒。'就是说的这种情况吧。"

【原文】

水名盗泉，孔子不饮。［说苑·谈丛］

【释义】

有一处水，因名叫盗泉，孔子从不饮用。

【原文】

子贡问孔子曰："赐为人下，而未知所以为人下之道也。"孔子曰："为人下者，其犹土乎！种之则五谷生焉，掘之则甘泉出焉，草木植焉，禽兽育焉，生人立焉，死人入焉，多其功而不言。为人下者，其犹土乎。"［说苑·臣术］

【释义】

子贡同孔子说："我做人家的下人，但不知做下人的方法。"孔子说："做人家的下人，如同泥土一样。在泥土上面种植就会长出五谷，向下面挖掘就会涌出甘泉，草木依靠它生长,禽兽依靠它生存,活人依靠它生活,死人依靠它埋葬,它的功劳很多但不表白。做人家的下人,就像泥土一样。"

【原文】

子路为蒲令,备水灾,与民春修沟渎。为人烦苦,故与人一箪食,一壶浆。孔子闻之,使子贡复之。子路忿然不悦,往见夫子曰:"由也以暴雨将至,恐有水灾,故与人修沟渎以备之。而民多匮于食,故与人一箪食一壶浆。而夫子使赐止之,何也? 夫子止由之行仁也。夫子以仁教,而禁其行仁也,由也不受。"子曰:"乐以民为饿,何不告于君,发仓廪以给食之? 而以尔私馈之,是汝不明君之惠,见汝之德义也。速已则可矣,否则尔之受罪不久矣。"子路心服而退也。[说苑·臣术]

【释义】

子路做蒲地长官,为了防备水灾,帮助百姓在春季开始修整沟渠。因为百姓辛苦,所以给每个人一竹篮饭和一壶水。孔子听说了,派子贡去制止他。子路生气很不高兴,去见孔子说:"我因为暴雨将要来临,恐怕发生水灾,所以帮助百姓修整沟渠来做预防。但百姓多数人没有饭吃,所以给百姓一篮饭一壶水。老师派人阻止我,是什么缘故? 老师阻止我做仁义的事了。老师用仁义教导人,又禁止人去做仁义的事,我不能接受。"孔子说:"你认为百姓饥饿了,为什么不报告国君,发放仓库的粮食给百姓吃呢? 而你用自己的粮食送给百姓,这样你就是不向百姓宣扬国君的恩惠,却显扬你的仁义。赶快停下来还可以,否则你马上就会受到惩罚。"子路心服口服地离开了。

【原文】

孔子曰:"君①子务本,本立而道生。"[说苑·建本]

【注释】

①《论语·学而篇》以此为有子言。

【释义】

孔子说："君子致力于根本,根本建立了,治国做人的道理就会产生。"

【原文】

孔子曰:"行身有六本,本立焉然后为君子。立体有义矣,而孝为本;处丧有礼矣,而哀为本;战阵有队矣,而勇为本;治政有理矣,而能为本;居国有礼矣,而嗣为本;生才有时矣,而力为本。置本不固,无务丰末,亲戚不悦,无务外交;事无终始,无务多业;闻记不言,无务多谈,比近不说,无务修远。是以反本修迩,君子之道也。"〔说苑·建本〕

【释义】

孔子说："立身处世有六件根本大事,根本立住了,然后才能称作君子。立身有准则,以孝为本;居丧有礼节,尽哀是根本;作战有阵列,勇敢是根本;处理政事要有条理,才能是根本;统治国家有礼仪,立嗣是根本;增加财富要按时令,人力、物力是根本。把根本的事物放置一边不去巩固它,大事、小事都做不好,家属相处都不愉快,就不能从事外交活动;做事情不能善始善终,就不能从事多项活动;所说的话说不清楚,就不要多谈,身边的人都不喜悦,就不能向远方人修好。因此要从根要做起,从近处做起,这是君子立身处世的道理。"

【原文】

夫子亦云:"人之行莫大于孝。"〔说苑·建本〕

【释义】

孔子也说:"人的行为没有比孝行更大的了。"

【原文】

曾子芸瓜而误斩其根。曾皙怒，援大杖击之。曾子仆地，有顷苏，蹶然而起，进曰："曩者，参得罪于大人，大人用力教参，得无疾乎？"退屏鼓琴而歌，欲令曾皙听其歌声，令知其平也。孔子闻之，告门人曰："参来勿内也。"曾子自以无罪，使人谢孔子。孔子曰："汝①闻瞽叟有子名曰舜？舜之事父也，索而使之，未尝不在侧；求而杀之，未尝可得。小箠则待，大箠则走，以逃暴怒也。今子委身以待暴怒，立体而不去，杀身以陷父不义，不孝孰是大乎？汝非天子之民邪？杀天子之民罪奚如？"［说苑·建本］

【注释】

①《御览》四百十三引闻上有不字。

【释义】

曾参以瓜田里锄草，不小心锄断了瓜根。曾皙发怒，拿起大木杖就打他。曾参被打倒在地，过了一会儿才苏醒过来，很快爬起来，赶上前说："刚才我得罪了父亲，父亲用力教导我，有没有受伤啊？"退到屏风后面弹琴唱歌，想要使曾皙听到他的歌声后，知道他心里很平静：孔子听说这件事，告诉门人说："曾参来了，不要让他进来。"曾参自以为没有错，派人询问孔子。孔子对他说："你没有听说瞽叟有个儿子名叫舜？舜侍奉他的父亲。如要找他使唤他。舜没有不在父亲身边的时候；如要杀他，总是找不到。小鞭子打几下就等待挨打，大鞭子打就赶快跑走，用来逃避父亲的一时冲动。现在你甘心情愿让你父亲去打，站立着不走开，一旦你被打死了，就会使你父亲陷于不义。不孝还有比这更大的吗？你不是天子的臣民吗？杀害天子的臣民应该是什么罪？"

【原文】

孔子曰："可以与人终日而不倦者，其惟学乎！其身体不足观也，其勇力不足惮也,其先祖不足称也,其族姓不足道也,然而可以开四方而昭于诸侯者,其惟学乎。"
[说苑·建本]

【释义】

孔子说:"可以与人谈论一整天而不令人感到疲倦的,大概只有学问吧。它的容颜体态不值得观看,它的勇力不值得畏惧,它的先祖也不值得谈论,它的族姓不值得称述,然而可以使天下人知道,使诸侯都明白的,大概只有学问吧。"

【原文】

孔子曰:"鲤,君子不可以不学,见人不可以不饰,不饰则无根,无根则失理,失理则不忠,不忠则失礼,失礼则不立。夫远而有光者,饰也;近而逾明者,学也。譬之如污池,水潦注焉,菅蒲生之,从上观之,知其非源也。"[说苑·建本]

【释义】

孔子说:"鲤,君子不可以不学习,见到人不可以不文饰,不文饰就没有根本,没有根本就失理,失理就不忠,不忠就失礼,失礼就无法在世上立足。要想远大而有光辉形象就要用文饰,越近而愈加光明就只有学习了。譬如污秽的池子,各种水都流到里面去,菅草蒲苇生长在里面,从上面看来,谁知道它不是源流。"

【原文】

孔子谓子路曰:"汝何好?"子路曰:"好长剑。"孔子曰:"非此之问也。请以汝之所能,加之以学,岂可及哉!"子路曰:"学亦有益乎?"孔子曰:"夫人君无谏臣则失政,士无教友则失德。狂马不释其策,操①弓不返②于檠。木受绳则直,人受谏则圣。受学重问,孰不顺成? 毁仁恶士,且近于刑。君子不可以不学。"子路曰:"南山有竹,弗揉自直,斩而射之,通于犀革,又何学为乎?"孔子曰:"括而羽之,镞而砥砺之,其人不

益深乎?"子路拜曰:"敬受教哉。"［说苑·建本］

【注释】

①操当作揉。

②返当作逻古文退字。

【释义】

孔子对子路说:"你喜欢什么?"子路说:"喜欢长剑。"孔子说:"不是问你这个,是说用你的才能,再认真学习,还有比这更好的吗?"子路说:"学习也有益处吗?"孔子说:"一个国君如没有敢于直言劝谏的大臣,就会失去政权,一个读书人如没有规劝过失的朋友,就会失去道德。狂奔的马不能丢弃马鞭子,已经定型的弓就不必再进行校正。树木接受绳墨的规划就会笔直,人接受别人的规劝就能完美。接受知识,注重学问,还有什么不能顺利成功? 毁弃仁义,厌恶读书人,将要走向犯罪。所以君子不能不学习。"子路说:"南山有竹子,不去揉弄它就长得很直,砍下来做箭杆,可以射穿犀牛的皮,又哪里需要学习呢?"孔子说:"在箭尾上装上羽毛,把箭头磨得很锋利,射进去不是更深吗?"子路作揖说:"恭敬地接受老师的教诲。"

【原文】

子路问于孔子曰:"请释古之学而行由之意,可乎?"孔子曰:"不可。昔者。东夷慕诸夏之义,有女,其夫死,为之内私婿,终身不嫁。不嫁则不嫁矣,然非贞节之义也。苍梧之弟,娶妻而美好,请与兄易。忠则忠矣,然非礼也。今子欲释古之学而行子之意,庸知子用非为是,用①是为非乎? 不顺②其初,虽欲悔之,难哉。"［说苑·建本］

【注释】

①用上当有不字。

②顺当作慎。

【释义】

子路问孔子说："请放弃古礼而照我的意思去做，可以吗？"孔子说："不可以。从前，东夷仰慕我们华夏的礼义，有个女子，她的丈夫死了，有人替她找个妍夫，她就终身不嫁。不嫁是不嫁，但不符合贞节的含义。苍梧的弟弟，娶了一个妻子很美丽，要和他的兄长交换。忠心虽是忠心，但不合乎礼。如今你要放弃古礼照你的意思去做，哪里知道你不以非为是，以是为非呢？不按照古礼去做，即使懊悔了，也很难挽救啊。"

【原文】

孔子曰："不慎其前而悔其后，虽悔无及矣。"［说苑·建本］

【释义】

孔子说："开始不谨慎，后来懊悔，即使后悔也来不及了。"

【原文】

子贡问为政。孔子曰："富之。既富，乃教之也，此治国之本也。"［说苑·建本］

【释义】

子贡问如何管理政事。孔子说："使人民富有。人民富裕起来后，于是进行教育，这是治理国家的根本。"

【原文】

楚伐陈，陈西门燔，因使其降民修之。孔子过之；不轼。子路曰："礼，过三人则下车,过二人则轼。今陈修门者人数众矣,夫子何为不轼?"孔子曰:"丘闻之,国亡而不知,不智;知而不争,不忠;忠而不死,不廉。今陈修门者,不行一于此,丘故不为轼也。"〔说苑·立节〕

【释义】

楚国攻打陈国,陈国西门坏了,楚国派陈国投降的老百姓去修理。孔子经过时,不低头伏在车前横木上向他们表示敬意。子路说:"按照礼的规矩,车子经过三人就要下车,经过二人就低头伏在车前横木上表示敬意。现在陈国修城门的百姓这么多,您为什么不伏在车前横木上表示敬意呢?"孔子说:"国家将要灭亡却不知道,这是不聪明;知道国家将要灭亡而不提意见,这是不忠;对国家忠诚而不去死,这是不勇敢。修城门的人虽然多,这三条一条都不能做到,因此我不向他们表示敬意。"

【原文】

孔子见齐景公,景公致廪丘以为养,孔子辞不受,出,谓弟子曰:"吾闻君子当功以受禄,今说景公,景公未之行,而赐我廪丘,其不知丘亦甚矣。"遂辞而行。〔说苑·立节〕

【释义】

孔子去见齐景公,景公把廪丘送给他作为食邑,孔子辞谢不接受,走出门来,告诉弟子们说:"我听说君子凭功劳接受爵禄,现在游说齐景公,景公还没有照我的主张去做,就把廪丘送给我,他是太不了解我了。"于是辞别景公上路了。

【原文】

曾子衣敝衣以耕,鲁君使人往致邑焉,曰:"请以此修衣。"曾子不受。反,复往,又不受。使者曰:"先生非求于人,人则献之,奚为不受?"曾子曰:"臣闻之,受人者畏

人，予人者骄人。纵子有赐，不我骄也，我能勿畏乎？"终不受。孔子闻之曰："参之言，足以全其节也。"［说苑·立节］

【释义】

曾子穿着破旧衣服耕田，鲁国国君派人去送他一处食邑，说："请用这处食邑的收入添办衣服。"曾子不肯接受。反复地送了几次，曾子还是不肯接受。使者说："先生没有向人家要，是人家献给你的，为什么不肯接受？"曾子说："我听说接受别人东西的人，要敬畏别人，给人东西的人，总是骄傲的样子。纵然君王赏赐给我，不在我面前骄傲，我能不怕吗？"终于不肯接受。孔子听到这件事说："曾子的话，完全能够保全他的人格。"

【原文】

孔子曰："吾于甘棠，见宗庙之敬也甚。尊其人必敬其位，顺安万物，古圣之道几哉。"［说苑·贵德］

【释义】

孔子说："我从甘棠树那里，就看到宗庙的十分尊严。尊敬这个人，一定要尊敬他的地位，使各项事物顺利平安，这和古代圣人的理想差不多。"

【原文】

季康子谓子游（中略）曰："郑子产死，郑人丈夫拾块珮，妇人舍珠珥，夫妇巷哭，三月不闻竽瑟之声。仲尼之死，吾不闻鲁国之爱夫子，奚也？"子游曰："譬子产之与夫子，其犹浸水之与天雨乎！浸水所及则生，不及则死。斯民之生也，必以时雨。既以生，莫爱其赐。故曰：譬子产之与夫子也，犹浸水之与天雨乎！"［说苑·贵德］

【释义】

　　季康子对子游……说："郑国的子产死了，郑国人男子摘去挂在身上的玉制装饰品，女子摘下耳朵上的珍珠耳饰，男男女女都在街巷里痛哭，三个月听不到音乐的声音。孔子死的时候，我没有听说鲁国人这样爱孔子，这是为什么？"子游说："譬如子产和孔子，他们就像浸水和天雨啊！浸水渗到的地方，那里就能生长，浸水渗不到的地方就不能生长。百姓的生存，一定要靠适时的天雨。既然生育了他们，就不要吝啬对他们的赏赐。因此说：把子产和孔子打个比方，他们就如同浸水和天雨啊！"

【原文】

　　孔子之楚，有渔者献鱼甚强，孔子不受。献鱼者曰："天暑远市，卖之不售，思欲弃之，不若献之君子。"孔子再拜受，使弟子扫除，将祭之。弟子曰："夫人将弃之，今吾子将祭之，何也？"孔子曰："吾闻之，务施而不腐余财者，圣人也。今受圣人之赐，可无祭乎？"［说苑·贵德］

【释义】

　　孔子到楚国去，有一个渔夫执意献鱼给孔子，孔子不肯接受。献鱼的人说："天气热，市场远，卖又卖不掉，想把它扔掉，不如奉送给君子。"孔子行过礼后就收下了，叫弟子们扫除一番，准备祭祀。弟子们说："那位渔人想要扔弃它，如今先生却要祭祀，为什么？"孔子说："我听说，注意施舍不让多余的财产浪费掉的人是圣人。现在我接受圣人的赏赐，能够不进行祭祀吗？"

【原文】

　　子路持剑，孔子问曰："由，安用此乎？"子路曰："善古①者固以善之，不善古者固以自卫。"孔子曰："君子以忠为质，以仁为卫，不出环堵之内，而闻千里之外，不善以忠

化,寇暴以仁围,何必持剑乎?"子路曰:"由也请摄齐以事先生矣。"[说苑·贵德]

【注释】

①古当作由,下同。

【释义】

子路拿着剑,孔子问他说:"仲由,为什么拿着剑呢?"子路说:"善待我的人,我一定友好地对待他,不善待我的人,我可以用剑来自卫。"孔子说:"君子以忠为本质,用仁来自卫,人不走出家门,然而千里之外的人都知道他,对待不善良的人就用忠诚来感化他,遭到侵犯或凶暴之人,就用仁德来抵御,何必非要拿着剑呢?"子路说:"我将提起衣服恭恭敬敬地事奉先生。"

【原文】

孔子曰:"北方有兽,其名曰蹷,前足鼠,后足兔。是兽也,甚矣其爱蛩蛩、巨虚也,食得甘草,必智以遗蛩蛩、巨虚。蛩蛩、巨虚见人将来,必负蹷以走。蹷非性之爱蛩蛩、巨虚也,为其假足之故也。二兽者,亦非性之爱蹷也,为其得甘草而遗之故也。夫禽兽昆虫,犹知比假而相有报也,况于士君子之欲兴名利于天下者乎?"[说苑·复恩]

【释义】

孔子说:"北方有种野兽,它的名字叫作蹷,前脚像老鼠的脚,后脚像兔子的脚。这种野兽非常爱护蛩穷、巨虚,当它食到甘草时,它一定嚼碎了喂蛩蛩和巨虚。蛩蛩和巨虚看到有人来了,一定背着蹷一起走。蹷本不是天性来爱护蛩蛩、巨虚,而是因为蹷要借助它们的脚才能行走。蛩蛩和巨虚也不是天性喜欢蹷,也是因为蹷得到甘草总是喂它们。禽兽昆虫还知道相互借重相互报答,何况对于士人君子要在天下建

【原文】

赵襄子见围于晋阳，罢围，赏有功之臣五人，高赫无功而受上赏，五人皆怒。张孟谈谓襄子曰："晋阳之中，赫无大功，今与之上赏，何也？"襄子曰："吾在拘厄之中，不失臣主之礼，唯赫也。子虽有功，皆骄寡人。与赫上赏，不亦可乎？"仲尼闻之曰："赵襄子可谓善赏士乎！赏一人而天下人臣，莫敢失君臣之礼矣。"［说苑·复恩］

【释义】

赵襄子被围困在晋阳，解困以后，奖赏五名有功的大臣，高赫没有战功，反而受到重赏，那五位有功之臣都非常生气。张孟谈对襄子说："晋阳的战斗中，高赫没有战功，现在给他重赏是什么缘故呢？"襄子说："我在被围困的时候，不失君臣礼节的只有高赫。你们虽然有战功，但都很骄傲，我给高赫重赏，不也是应该的吗？"孔子听到后说："赵襄子可以称之为善于奖赏士人！奖赏一个人，天下做臣子的没有一个人敢失去君臣的礼节了。"

赵襄子

【原文】

东闾子尝富贵而后乞。人问之曰："公何为如是？"曰："吾自知。吾尝相六七年，未尝荐一人也；吾尝富三千万者再，未尝富一人也。不知士出身之咎然也。"孔子曰："物之难矣，小大多少，各有怨恶，数之理也，人[①]而得之在于外假之也。"［说苑·复恩］

【注释】

①人,恐内之误。

【释义】

东闾子曾经富贵过,而后穷了沦为乞丐。有人问他:"你为什么会这样呢?"他回答说:"我自己明白。我曾经做过六七年的宰相,都没有推荐过一个人;我曾经两次拥有过几千万的财富,却没有使一人富足。这应归罪于我不了解士人运数变化的规律。"孔子说:"事物是难以预测的,大小多少都各有怨恶,这是命运的规律,人想要得到富贵,必须依赖于外部条件。"

【原文】

卫灵公谓孔子曰:"有语寡人:'为国家者,谨之于庙堂之上,而国家治矣。'其可乎?"孔子曰:"可。爱人者则人爱之,恶人者则人恶之。知得之己者,亦知得之人。所谓不出于环堵之室,而知天下者,知反之己者也。"[说苑·政理]

【释义】

卫灵公问孔子说:"有人告诉我:'治理国家的人,只要在朝廷上谨言慎行,就能把国家治理好。'真的可以吗?"孔子说:"可以的。爱护别人的人,别人也爱护他,厌恶别人的人,别人也厌恶他。知道怎样对待自己的人,也知道怎样对待别人。所谓不出家门,就能知道天下的大理,这就是知道反省自己的结果。"

【原文】

子贡问治民于孔子。孔子曰:"懔懔焉,如以腐索御奔马。"子贡曰:"何其畏也?"孔子曰:"夫通达之国皆人也,以道导之,则吾畜也。不以道导之,则吾仇也。若何而

【释义】

子贡问孔子关于治理百姓的方法。孔子说:"小心谨慎畏惧的样子,就好像用腐朽了的绳索驾驭着狂奔的马。"子贡问:"为什么那样畏惧呢?"孔子说:"四通八达的国家到处都是人,用道义来引导他们,他们就能成为遵纪守法的百姓。不用道义引导他们,他们就会成为我的仇人。治理百姓怎能不谨慎畏惧呢?"

【原文】

齐桓公出猎,逐鹿而走,入山谷之中,见一老公,而问之曰:"是为何谷?"对曰:"为愚公之谷。"桓公曰:"何故?"对曰:"以臣名之。"桓公曰:"今视公之仪状,非愚人也,何为以公名?"对曰:"臣请陈之。臣故畜牸牛,生子而大,卖之而买驹。少年曰:'牛不能生马。'遂持驹去。傍邻闻之,以臣为愚,故名此谷为愚公之谷。"桓公曰:"公诚愚矣!夫何为而与之?"桓公遂归,明日朝,以告管仲。管仲正衿再拜曰:"此夷吾之愚也。使尧在上,咎繇为理,安有取人之驹者乎?若有见暴如是叟者,又必不与也。公知狱讼之不正,故与之耳。请退而修政。"孔子曰:"弟子记之。桓公霸君也,管仲贤佐也,犹有以智为愚者也,况不及桓公、管仲者也?"[说苑·政理]

【释义】

齐桓公外出打猎,因为追赶野鹿走进一座山谷,遇见一位老人,就问他说:"这叫什么山谷?"老人回答说:"这里叫愚公谷。"桓公说:"为什么叫愚公谷?"回答说:"是用我的名字命名的。"桓公说:"现在看你的样子,并不像愚蠢的人,为什么要用你的名字来命名呢?"回答说:"请让我说明原因。我过去养过母牛,生了头小牛,小牛长大了,卖掉了小牛买了匹小马。有一少年说:'牛不能生马。'就把小马牵走了。邻居们知道此事,都认为我愚蠢,所以把这个山谷叫愚公谷。"桓公说:"你也实在太愚蠢了!

你为什么要把小马驹给他呢?"桓公回来,第二天上朝的时候,把这件事告诉管仲。管仲整理一下衣裳行礼说:"这是我的过失。假使让尧做国君,咎繇负责司法工作,怎么会有人敢把别人的小马驹牵走呢? 即使出现了这样的事情,这个老人也一定不会让他牵走。老人知道我们国家狱讼不公正,所以才让他牵走了。我们要认真地反省修明政治。"孔子说:"弟子们记住了。齐桓公是统霸天下的君王,管仲是贤明的辅佐大臣,他们还把聪明的人当作愚蠢的人呢,何况不如桓公、管仲的人呢?"

【原文】

鲁有父子讼者,康子曰:"杀之。"孔子曰:"未可杀也。夫民不知子父讼之不善者久矣。是则上过也。上有道,是人亡矣。"康子曰:"夫治民以孝为本,今杀一人以戮不孝,不亦可乎?"孔子曰:"不孝[1]而诛之,是虐杀不辜也。三军大败,不可诛也;狱讼不治,不可刑也。上陈之教,而先服之,则百姓从风矣。躬行不从,而后俟之以刑,则民知罪矣。夫一仞之墙,民不能逾;百仞之山,童子升而游焉,凌[2]迟故也。今是仁义之凌迟久矣,能谓民弗逾乎?《诗》曰:'俾民不迷。'昔者君子导其百姓不使迷,是以威厉而不至,刑错而不用也。"于是讼者闻之,乃请无讼。〔说苑·政理〕

【注释】

①孝当作教。
②凌当作陵,下同。

【释义】

鲁国有父子两个人打官司,季康子说:"杀掉他们。"孔子说:"不可以杀。老百姓不知道父子打官司是不义的事已经很久了。这是由于在上位的人丧失了正道。在上位的人如果具有正道,这样的人就不会有了。"季康子说:"管理百姓在于推行孝道,现在杀一个没有仁义的人,用来警告不孝的行为,不可以吗?"孔子说:"不教育百姓孝顺却杀不孝顺的人,等于是杀无罪的人。军队打了败仗,就不可以诛杀他们。判决案件不正确,就不可以用刑罚处置他们。在上位的人陈述国家的教令,而且带头实行,老百姓就会顺从教化;如果带头实行了政令,有的老百姓还不顺从教化,就用刑罚处置他们,他们就会知道自己的罪过了。一仞高的墙,老百姓不能超越过去;百仞的高山,小孩子却能登上去游玩,是由于山顺着斜坡慢慢低下来。现在仁义的衰微已经很久了,还能说老百姓不能超越吗?《诗经》说:'使老百姓不迷惑。'从前的君子教化百姓使他们不产生迷惑,所以不用威厉,不用刑罚。"打官司的人听到了,都不去打官司了。

【原文】

鲁哀公问政于孔子,对曰:"政有使民富且寿。"哀公曰:"何谓也?"孔子曰:"薄赋敛则民富,无事则远罪,远罪则民寿。"公曰:"若是,则寡人贫矣。"孔子曰:"《诗》云:'凯悌君子,民之父母。'未见其子富而父母贫者也。"〔说苑·政理〕

【释义】

鲁哀公向孔子询问怎样治理政事,孔子回答说:"治理政事在于使百姓既富足又长寿。"哀公说:"怎样才能做到这一点?"回答说:"减少税收,百姓就会富有,不生事扰民,百姓就少犯罪,少犯罪就能长寿。"哀公说:"如果像这样子,那么我就贫穷了。"孔子说:"《诗经》说:'道德高尚并且爱接近人的领导,是百姓的父母。'从来没听说过儿子富有了父母贫穷的事。"

【原文】

仲尼见梁君,梁君问仲尼曰:"吾欲长有国,吾欲列都之得,吾欲使民安不惑,吾欲使士竭其力,吾欲使日月当时,吾欲使圣人自来,吾欲使官府治,为之奈何?"仲尼对曰:"千乘之君,万乘之主,问于丘者多矣,未尝有如主君问丘之术也。然而尽可得也。丘闻之,两君相亲,则长有国;君惠臣忠,则列都之得;毋杀不辜,毋释罪人,则民不惑;

益士禄赏,则竭其力;尊天敬鬼,则日月当时;善为刑罚,则圣人自来;尚贤使能,则官府治。"梁君曰:"岂有不然哉!"[说苑·政理]

【释义】

仲尼见到梁君,梁君问他:"我想永远保住我的国家,我想永远保住我的都城,我想使人民安居乐业,我想使士人为我尽心竭力,我想使日月运行合乎时令,我想使圣人投奔我这来,我想使官府治理得好,应该怎么做呢?"仲尼回答说:"各类大小诸侯询问我的人太多了,从来没有像君王这样问我的。但是这些都可以得到。我听说,两国君王互相友好,就能永远保有国家;君给臣恩惠,臣对君尽忠,就能永远保都城;不要杀害无罪的人,不要放走有罪的人,那么人民就会安定不乱。对有功的士人赏赐俸禄,他们就能为你尽力;尊敬上天,敬重鬼神,日月运行就能适时;刑罚运用恰当,圣人就会自来;尊敬贤人,使用能人,那么国家就会得到治理。"梁君说:"哪有不是这样的呢!"

【原文】

子贡曰:"叶公问政于夫子,夫子曰,'政在附近而来远'。鲁哀公问政于夫子,夫子曰,'政在于谕臣'。齐景公问政于夫子,夫子曰,'政在于节用'。三君问政于夫子,夫子应之不同,然则政有异乎?"孔子曰:"夫荆之地广而都狭,民有离志焉,故曰在于附近而来远;哀公有臣三人,内比周公①以惑其君,外障距诸侯宾客以蔽其明,故曰政在谕臣;齐景公奢于台榭,淫于苑囿,五官之乐不解②,一旦而赐人百乘之家者三,故曰政在于节用。此三者,政也。诗不云乎,'乱离斯瘼,爰其适归',此伤离散以为乱者也;'匪其止共,惟王之邛',此伤奸臣蔽主以为乱者也;'相③乱蔑资,曾莫惠我师',此伤奢侈不节以为乱者也。察此三者之所欲政,其同乎哉?"[说苑·政理]

【注释】

①公字衍。

②解与懈通。

③相当作丧。

【释义】

子贡(对孔子)说:"叶公问夫子应如何为政,夫子说,'为政的关键在使近地的人归附,使远方的人归来'。鲁哀公问夫子应如何为政,夫子说,'为政的关键在于告诫约束臣子'。齐景公问夫子应如何为政,夫子说,'为政的关键在于节约用度'。这三位君主问夫子为政之道,夫子的回答各个不同,难道为政之道还有不同吗?"孔子说:"荆楚之地广而都市面积狭窄,老百姓心存离意,所以我说'为政的关键在使近地的人归附,使远方的人归来'。鲁哀公有臣三人,在朝廷内结党营私迷惑其君,在外则拒障诸侯宾客蒙蔽其君,所以我说'为政的关键在于告诫约束臣子'。齐景公为造台榭花费大量金钱,贪图园囿之游览,五官的享乐没有休止,一高兴就赐人百乘之家,已经三次,所以说'为政的关键在于节约用度'。《诗经》不是说吗,'乱离斯瘼,爰其适归',这就是老百姓不愿离散,所以作乱;'匪其止共,惟王之邛',这就是奸臣当道,君主蒙蔽,所以致乱;'相乱蔑资,曾莫惠我师',这就是穷奢极侈,没有节制致乱。看这三个君主的实际情形,他们要达到好的政治,岂能用相同的办法呢?"

【原文】

孔子谓宓子贱曰:"子治单父而众说,语丘所以为之者。"曰:"不齐父其父子其子,恤诸孤而哀丧纪。"孔子曰:"善小节也,小民附矣。犹未足也。"曰:"不齐也,所父事者三人,所兄事者五人,所友者十一人。"孔子曰:"父事三人可以教孝矣,兄事五人可以教弟矣,友十一人可以教学矣。中节也,中民附矣。犹未足也。"曰:"此地民有贤于不齐者五人,不齐事之,皆教不齐所以治之术。"孔子曰:"欲其大者,乃于此在矣。昔者尧舜清微其身以听观天下,务来贤人。夫举贤者,百福之宗也,而神明之主也,不齐之所治者小也,不齐所治者大,其与尧舜继矣。"[说苑·政理]

孔子对宓子贱说:"你将单父大治,获得众人的好评,可以告诉我,你是怎么做到的吗?"宓子贱回答说:"不齐以孝养自己父亲的态度,来对待百姓的父亲;以爱护自己子女的态度,来对待百姓的子女,抚恤孤儿,并为百姓家的丧事而哀痛。"孔子听了说:"做得不错,但这只是小的善行,可以使老百姓亲附你,但若要论使地方大治,这还不够。"子贱接着说:"在单父,可以让不齐当作父亲一样的贤者有三个人;可以当作兄长一样的贤者有五个人;可以结交为友的贤者有十一个人。"孔子说:"当作父亲来对待的有三人,这足以教导如何孝顺父母了;当作兄长来对待的有五人,这足以教导如何孝悌长上了;值得结交为友的有十一人,这足以教如何互相学习了。这些都是中等的善行,可以使地方上的中等阶层亲附你,若论大治,这恐怕还是不够。"子贱又说:"单父这个地方,比弟子不齐更贤能的有五人,不齐虚心谦下地向他们请教,他们都竭尽所能,将个人所学的治术全部传授给不齐。"孔子说:"一个人想要做大事,关键就在这一点了。从前尧、舜圣君,虽贵为君上,仍放下身段、礼贤下士,来观察、了解天下的人才,且致力于招揽所有贤者。应用贤能,是所有福佑之源头,也是神明最重视的啊。只可惜不齐所治理的地方太小,倘若不齐所治理的地方有全天下这么大,他的政绩将足可继尧舜明君之后了啊!"

【原文】

宓子贱为单父宰,辞于夫子。夫子曰:"毋迎而距也,毋望而许也。许之则失守,距之则闭塞。譬如高山深渊,仰之不可极,度之不可测也。"子贱曰:"善。敢不承命乎?"[说苑·政理]

【释义】

宓子贱到单父担任邑宰,孔子说:"不要迎接他又拒绝他,也不要一望见他就答应他。轻易地答应他就容易失去自己的立场,拒绝则可能使自己处于闭塞的境地。要像高山深渊一样,抬头看不到顶,测量也测不到底。"子贱说:"是的,怎么敢不接受您的教诲?"

【原文】

孔子弟子有孔蔑者,与宓子贱①皆仕。孔子往过孔蔑,问之曰:"自子之仕者,何得何亡?"孔蔑曰:"自吾仕者,未有所得,而有所亡者三:曰王事若袭学焉,得习以是学不得明也,所亡者一也;奉②禄少,鬻鬻不足及亲戚,亲戚益疏矣,所亡者二也;公事多急,不得吊死视病,是以朋友益疏矣,所亡者三也。"孔子不说。而复往见子贱,曰:"自子之仕,何得何亡?"子贱曰:"自吾之仕,未有所亡,而所得者三:始诵之文,今履而行之,是③学日益明也,所得者一也;奉禄虽少,鬻鬻得及亲戚,是以亲戚益亲也,所得者二也;公事虽急,夜勤吊死视病,是以朋友益亲也,所得者三也。"孔子谓子贱曰:"君子哉若人,君子哉若人。鲁无君子也,斯焉取斯。"[说苑·政理]

【注释】

①皆与偕通。

②奉与俸通。

③是下当有以字。

【释义】

孔子有个弟子叫孔蔑,与孔子的弟子宓子贱当时同在做官。孔子有一次,前去看望孔蔑,向他问道:"自从你做官以来,有什么收获,什么损失吗?"孔蔑答道:"没有什么收获,却有三个损失:做官以后,公事纷至沓来,所学的没有时间去温习它,学问更加荒芜了;俸禄微少,亲戚们得不到一碗稀饭的帮助,与我越加疏远了;公事往往很急迫,就连吊唁死者、慰问病者的时间都没有,因此朋友之间交情也淡漠了。这就是我做官以来的三个损失。"孔子听后不高兴。后来,孔子去探望弟子宓子贱,问道:"自从你做官以来,有什么收获,什么损失吗?"宓子贱答道:"自从弟子来这里做了官,并没有什么损失,却得到了三个益处:过去从书本上读到的知识,如今能够在施政中得到运用,因而对所学的更加明了,这是其一;俸禄虽然比较少,但是有俸禄可以帮助亲戚们,故亲人与我更加亲密了,这是其二;虽然公事繁忙紧迫,但仍兼顾对死者的吊唁与生者的慰问,因而朋友之间的友谊反越加深厚了,这是其三。"孔子对宓子贱说:"你真是君子啊! 你真是君子啊! 鲁国要是没有君子的话,你又是从哪里学到的呢?"

【原文】

子路治蒲,见于孔子曰:"由愿受教。"孔子曰:"蒲多壮士,又难治也。然吾语汝:恭以敬可以摄勇,宽以正可以容众,恭以洁可以亲上。"[说苑·政理]

【释义】

子路要去治理蒲地,(临行)去见孔子,说:"我愿意受老师的教诲。"孔子说:"蒲地多壮士,又很难治理。但我告诉你:态度恭敬,可以收摄勇武之士,待人宽而正,可以容众,恭敬而廉洁,可以亲近上层。"

【原文】

子贡为信阳令,辞孔子而行。孔子曰:"力之顺之,因子之时,无夺无伐,无暴无盗。"子贡曰:"赐少而事君子。君子固有盗者邪?"孔子曰:"夫以不肖伐贤,是谓夺也;以贤伐不肖,是谓伐也;缓其令,急其诛,是谓暴也;取人善以自为己,是谓盗也。君子之盗,岂必当财币乎? 吾闻之曰,知为吏者,奉法利民;不知为吏者,枉法以侵民。此皆怨之所由生也。临官莫如平,临财莫如廉,廉平之守,不可攻也。匿人之善者,是谓蔽贤也;扬人之恶者,是谓小人也;不内相教而外相谤者,是谓不足亲也;言人之善者,有所得而无所亡伤也;言人之恶者,无所得而有所伤也。故君子慎言语矣。毋先

己而后人,择言出之,令口如耳。"［说苑·政理］

【释义】

　　子贡去做信阳县令,临上任时向孔子告辞,孔子说:"你要爱惜民力,顺应天时,不要掠夺,不要攻伐,不要暴虐,不要偷盗。"子贡说:"我自小的时候就侍奉老师,作为君子还有偷盗的吗?"孔子说:"用不肖之人代替贤才,这就叫掠夺;用贤才代替不好的人,这就叫攻伐;下达命令很缓慢,但对人处罚却很急促,这就叫暴虐。把别人的好处占据为自己的,这就叫偷盗。君子的偷盗行为,难道一定是偷盗财物吗? 我听说,懂得做官的人,遵奉法律而利于民众,不懂得做官的人,违犯法律而侵扰民众,百姓怨恨都是由这里产生的。做官要公平,理财要廉洁,公平而廉洁的官员是不可战胜的。隐匿别人的优点,这就是嫉贤妒能。宣扬别人缺点的人,是小人行为。私下不相互告诫而是在外互相诽谤,这种人是不值得亲近的;宣扬别人好处的人,自己有所得而没有损失;宣扬别人坏处的人,自己没有所得反而有损失。因此君子言语要谨慎,不要先想到自己再想到别人。说话之前要先考虑,说的时候也要听听自己说了什么。"

【原文】

　　齐侯问于晏子曰:"为政何患?"对曰:"患善恶之不分。"公曰:"何以察之?"对曰:"审择左右,左右善则百僚各得其所宜而善恶分。"孔子闻之曰:"此言也,信矣。善言进,则不善无由入矣;不进善言,则善无由入矣。"［说苑·政理］

【释义】

　　齐侯问晏子说:"为政之害是什么?"晏子说:"为政之害,是善恶不分。"齐侯问:"通过什么来观察善恶呢?"晏子说:"要审慎选择左右的臣子,左右的臣子善,则百官各在其应在的位置,善恶也就分明了。"孔子听到这件事说:"这话对呀。臣子能进善言,则不善就不能进了;若不进善言,则善也无从进了。"

【原文】

孔子说《春秋》曰:"政以不由王出,不得为政,则王君出政之号也。"[《尚书大传》郑玄注]

【释义】

孔子针对《春秋》说:"法令不是国君发出的,就不是法令,这是国君制定法令的号令。"

【原文】

孔子曰:"以①友辅仁。"[《朱文公文集·策问》]

【注释】

①《论语·颜渊篇》为曾子之言。

【释义】

孔子说:"用朋友来帮助修养仁德。"

【原文】

孔子云:"日者,天之明;月者,地之理。阴契制,故月上属为天,使妇从夫,放月纪。"[《周礼·天官·九嫔》郑玄注疏云孝经纬援神契之文]

【释义】

孔子说:"太阳,是天之明;月亮,是地之理。月乃天契制所使,所以月上属于天,随日而行,妇人与丈夫就寝,要根据每月的不同时间而定。"

【原文】

仲尼长。〔荀子·非相篇〕

【释义】

孔子个子高。

【原文】

仲尼之状,面如蒙倛。〔荀子·非相篇〕

【释义】

孔子的形状,脸好像蒙上了一个难看的面具。

【原文】

孔子曰:"巧而好度,必节。勇而好同,必胜。知而好谦,必贤。"〔荀子·仲尼篇〕

【释义】

孔子说:"灵巧而又爱好法度,就能恰到好处。勇敢而又能同心协力,就一定能胜利。聪明而又喜欢谦虚,就一定会有德才。"

【原文】

仲尼将为鲁司寇,沈犹氏不敢朝饮其羊,公慎氏出其妻,慎溃氏逾境而从,鲁之粥牛马者不豫贾,必①蚤②正以待之也。居于阙党,阙党之子弟罔不分,有亲者取多,孝弟以化之也。〔荀子·儒效篇〕

【注释】

①必字衍。

②蚤正修正之误。

【释义】

孔子将要担任鲁国的司寇,沈犹氏不敢在早晨喂自己的羊喝水了,公慎氏休掉了自己的妻子,慎溃氏越境搬走了,鲁国卖牛马的也不敢漫天要价了,因为孔子总是预先用正道去对待人们。孔子住在阙党的时候,阙党的子弟将网获的猎物进行分配时,有父母亲的子弟就多得一些,这是因为孔子用孝顺父母尊敬兄长的道理感化了他们。

【原文】

孔子曰:"周公其盛乎。身贵而愈恭,家富而愈俭,胜敌而愈戒。"[荀子·儒效篇]

【释义】

孔子说:"周公很伟大。他身份高贵而更加谦逊,家里富裕而更加节约.战胜了敌人而更加警惕。"

【原文】

孔子曰:"大节是也,小节是也,上君也。大节是也,小节非一出焉,一入焉,中君也。大节非也,小节虽是也,吾无观其余矣。"[荀子·王制篇]

【释义】

孔子说:"大节对,小节也对,这是上等的君主。大节对,小节有些出入,这是中等的君主。大节错了,小节即使对,我也不要再看其余的了。"

【原文】

孔子曰:"知①者之知,固以②多矣,有以守少,能无察乎? 愚者之知,固以少矣,有以守多,能无狂乎?"[荀子·王霸篇]

【注释】

①知,智也。
②以、已通。

【释义】

孔子说:"智者的知识,本来已经很多了,又因为管的事很少,能不明察吗? 蠢人的知识,本来已经很少了,又因为管的事很多,能不混乱吗?"

【原文】

孔子曰:"审①吾所以适人,适②人之所以来我也。"[荀子·王霸篇]

【注释】

①审,慎也。
②适字衍。

【释义】

孔子说:"想弄清楚我到别人那里怎样,只要看别人来我这里怎样就行了。"

【原文】

孔子曰:"天下有道,盗其先变乎。"[荀子·正论篇]

【释义】

孔子说:"社会政治清明,盗贼会首先转变吧!"

【原文】

子谓子家驹续然大夫,不如晏子;晏子,功用之臣也,不如子产;子产,惠人也,不如管仲;管仲之为人,力功不力义,力智不力仁,野人也,不可以为天子大夫。[荀子·大略篇]

【释义】

孔子说子家驹是能让君主明察的大夫,比不上晏子;晏子,是有成效的臣子,比不上子产;子产,是个给人恩惠的人,比不上管仲;管仲的为人,致力于功效而不致力于道义,致力于智谋而不致力于仁爱,是个缺乏礼义修养的人,不能做天子的大夫。

【原文】

子贡问于孔子曰:"赐倦于学矣,愿息事君。"孔子曰:"《诗》云:'温恭朝夕,执事有恪。'事君难,事君焉可息哉?""然则赐愿息事亲。"孔子曰:"《诗》云:'孝子不匮,永锡尔类。'事亲难,事亲焉可息哉?""然则赐愿息于妻子。"孔子曰:"《诗》云:'刑于寡妻,至于兄弟,以御于家邦。'妻子难,妻于焉可息哉?""然则赐愿息于朋友。"孔子曰:"《诗》云:'朋友攸摄,摄以威仪。'朋友难,朋友焉可息哉?""然则赐愿息耕。"孔子曰:"《诗》云:'昼尔于茅,宵尔索绹,亟其乘屋,其始播百谷。'耕难,耕焉可息哉?""然则赐无息者乎?"孔子曰:"望其圹,皋如也,填如也,鬲如也,此则知所息矣。"子贡曰:"大哉,死乎! 君子息焉,小人休焉。"[荀子·大略篇]

【释义】

子贡问孔子说:"我对学习感到厌倦了,希望休息一下去侍奉君主。"孔子说:

《诗经》说：'早晚温和又恭敬，做事认真又谨慎。'侍奉君主不容易，侍奉君主怎么可以休息呢？"子贡说："那么我希望休息一下去侍奉父母。"孔子说："《诗经》说：'孝子之孝无穷尽，永远赐你同类人。'侍奉父母不容易，侍奉父母怎么可以休息呢？"子贡说："那么我希望到妻子儿女那里休息一下。"孔子说："《诗经》说：'先给妻子做榜样，然后影响到兄弟，以此治理家和邦。'和妻子儿女在一起不容易，在妻子儿女那里怎么可以休息呢？"子贡说："那么我希望到朋友那里休息一下。"孔子说："《诗经》说：'朋友之间相辅助，相助都用那礼节。'和朋友在一起不容易，在朋友那里怎么可以休息呢？"子贡说："那么我希望休息下去种田。"孔子说："《诗经》说：'白天要去割茅草，夜里搓绳要搓好，急忙登屋修屋顶，又要开始播种了。'种田不容易，种田怎么可以休息呢？"子贡说："那么我就没有休息的地方啦？"孔子说："远望那个坟墓，高高的样子，山顶般的样子，鼎鬲似的样子，看到这个你就知道可以休息的地方了。"子贡说："死亡嘛，可就大啦！君子休息了，小人也休息了。"

【原文】

孔子观于鲁桓公之庙，有欹器焉。孔子问于守庙者曰："此为何器？"守庙者曰："此盖为宥坐之器。"孔子曰："吾闻宥坐之器者，虚则欹，中则正，满则覆。"孔子顾谓弟子曰："注水焉。"弟子挹水而注之。中而正，满而覆，虚而欹。孔子喟然而叹曰："吁！恶有满而不覆者哉？"子路曰："敢问持道有道乎？"孔子曰："聪明圣知，守之以愚；功被天下，守之以让；勇力抚世，守之以怯；富有四海，守之以谦。此所谓挹而损之之道也。"[《荀子·宥坐篇》]

【释义】

孔子去参观周朝的宗庙，里面有一个倾斜的器皿。孔子问守庙的人："这是什么器皿？"守庙人说："这是宥座的器皿。"孔子说："我听说宥座的器皿，水满了就倒覆，里面空虚就倾斜，恰好一半就端正。"孔子回头对学生说："向里面灌水吧！"学生舀了水去灌它。灌了一半就端正了，灌满后就翻倒了，空了就倾斜着。孔子感慨地叹息说："啊！哪里有满而不倒覆的事呢？"子路说："请问，有保持盈满而不倒覆的方法吗？"孔子说："保持盈满而不倒覆的方法，就是抑制贬损它。"子路问："贬损它有方法吗？"孔子说："聪明的人，要用愚昧的态度自持；功劳惠及天下的人，要用谦让来自持；勇敢有力而能压住世人的人，要用胆怯来自持；富足得拥有了天下的人，要用节俭来自持。这就是所谓的抑制并贬损满的方法啊。"

【原文】

孔子为鲁摄①相，朝七日而诛少正卯。门人进问曰："夫少正卯，鲁之闻人也。夫子为政而始诛之，得无失乎？"孔子曰："居！吾语汝其故。人有恶者五，而盗窃不与焉：一曰心达而险，二曰行辟②而坚，三曰言伪而辩，四曰记丑而博，五曰顺非而泽。此五者，有一于人，则不得免于君子之诛，而少正卯兼有之。故居处足以聚徒成群，言谈足以饰邪营③众，疆足以反是独立，此小人之桀雄也，不可不诛也。是以汤诛尹谐，文王诛潘止，周公诛管叔，太公诛华仕，管仲诛付里乙，子产诛邓析、史付。此七子者，皆异世同心，不可不诛也。《诗》曰：'忧心悄悄，愠于群小。'小人成群，斯足忧矣。"［《荀子·宥坐篇》］

《荀子》书影

【注释】

①摄相——作相摄。

②辟读为僻。

③营读为荧。

【释义】

孔子做鲁国的代理宰相，上朝听政才七天就杀了少正卯。他的学生问孔子说："少正卯，是鲁国的名人啊。先生当政而先把他杀了，没有弄错吧？"孔子说："坐下！我告诉你其中的缘故。人有五种罪恶的行为，而盗窃不包括在里面：一是脑子精明而用心险恶，二是行为邪僻而又顽固，三是说话虚伪却很动听，四是记述丑恶的东西而十分广博，五是顺从错误而又加以润色：这五种罪恶，在一个人身上只要有一种，就不能免掉君子的杀戮，而少正卯却同时具有这五种罪恶。他居住下来就能够聚集门徒而成群结队，他的言谈足够用来掩饰邪恶而迷惑众人，他的刚强足够用来反对正确的东西而独立自主，这是小人中的豪杰，是不可不杀的。因此商汤杀了尹谐，周文王杀了潘止。周公旦杀了管叔，姜太公杀了华仕，管仲杀了付里乙，子产杀了邓析、史付。这七个人，都是处在不同的时代而有同样的邪恶心肠，是不能不杀的。《诗经》说：'忧愁之心多凄楚，被一群小人所怨怒。'小人成了群，那就值得忧虑了。"

【原文】

孔子为鲁司寇，有父子讼者，孔子拘之，三月不别也。其父请止，孔子舍之。季孙闻之，不悦，曰："是老也欺予，语予曰：'为国家必以孝。'今杀一人以戮不孝，又舍之。"冉子以告。孔子慨然叹曰："呜呼！上失之，下杀之，其可乎？不教其民而听其讼，杀不辜也。三军大败，不可斩也；狱犴不治，不可刑也；罪不在民故也。嫚令谨诛，贼也；今①有②时，敛也无时，暴也；不教而责成功，虐也。已此三者，然后刑可即也。《书》曰：'义刑义杀，勿庸以即，予维曰：未有顺事。'言先教也。故先王既陈之以道，上先服之。若不可，尚贤以綦之；若不可，废不能以单之。綦③三年而百姓往④矣。邪民不从，然后俟之以刑，则民知罪矣。《诗》曰：'尹氏大师，维周之氏。秉国之均，四方是维。天子是庳⑤，卑民不迷。'是以威厉而不试，刑错而不用。此之谓也。今之世则不然。乱其教，繁其刑，其民迷惑而堕焉，则从而制之，是以刑弥繁而邪不胜。三尺之岸而虚车不能登也,百仞之山任负车登焉,何则? 陵迟故也。数仞之墙而民不逾也,百仞之山而竖子冯而游焉,陵迟故也。今夫世之陵迟亦久矣,而能使民勿逾乎?《诗》曰:'周道如砥,其直如矢。君子所履,小人所视。睠焉顾之,潜焉出涕。'岂不哀哉?"[《荀子·宥坐篇》]

【注释】

①今字当在嫂令谨诛上。

②有上当有生也二字。

③綦当作蓁。

④往当作从。

⑤庳读为毗辅也卑读为俾。

【释义】

孔子做鲁国的司寇,有父子打官司的,孔子拘留了儿子,三个月了也不加判决。他的父亲请求停止诉讼,孔子就把他的儿子释放了。季桓子听说了这件事,很不高兴,说:"这位老先生欺骗我,他曾告诉我说:'治理国家一定要用孝道。'现在只要杀掉一个人就可以使不孝之子感到羞辱,却又把他放了。"冉求把这些话告诉了孔子。孔子感慨地叹息说:"哎呀! 君主丢了正确的政治原则,臣子把他们都杀了,行吗? 不进行教育就判决案件,等于是杀无罪的人。军队打了败仗,就不可以诛杀他们;判决案件不正确,就不可以用刑罚处置他们。因为这是罪责不在民众身上的缘故啊。放松法令而严加惩处,这是残害;作物生长有一定的季节,而征收赋税却不时在进行,这是残酷;不进行教育却要求成功,这是暴虐。制止了这三种行为,然后刑罚才可以施加到人们身上。《尚书》说:'按照合宜的原则用刑、按照合宜的原则杀人,不要拿刑罚来迁就自己的心意,我们只能说:自己还没有把事情理顺。'这是说要先进行教育啊。所以在上位的人陈述国家的教令,自己就先遵行它。如果不能做到这一点,就推崇贤德的人来教导民众;如果不能做到这一点,就废黜无能的人来畏慑民众。至多三年,百姓就都趋向于圣王的政治原则了。奸邪的人不依从,然后才用刑罚来处置他们,那么人们就知道他们的罪过了。因此刑罚的威势虽然厉害却可以不用,刑罚可以搁置一边而不实施。《诗经》说:'尹太师啊尹太师,你是周室的基石。掌握国家的政权,四方靠你来维持:天子由你来辅佐,要使民众不迷失。'说的就是这种道理啊:现在的社会却不是这样。君主把教化搞得混乱不堪,把刑法搞得五花八门,当民众迷惑糊涂而落入法网,就紧接着制裁他们,因此刑罚虽然更加繁多而邪恶却不能被克服。三尺高的陡壁,就是空车也不能上去;上百丈的高山,有负荷的车也能拉上去,什么道理呢? 是因为坡度平缓的缘故啊:几丈高的墙,人不能越过;上百丈的高山,小孩也能登上去游玩,这也是坡度平缓的缘故啊。现在社会上类似坡度平缓的现象也已出现好久了,能使人不越轨吗?《诗经》说:'大路平如磨刀石,它的笔直像箭杆:它是贵人走的路,百姓只能抬头看。回头看啊回头看,刷刷流泪糊了眼。'这难道不可悲吗?"

【原文】

《诗》曰:"瞻彼日月,悠悠我思。道之云远,曷云能来。"子曰:"伊稽首不? 其有来乎?"[《荀子·宥坐篇》]

【释义】

《诗经》说:"看那日子过得快,深深思念在我怀。道路又是那么远,他又怎么能回来?"孔子说:"她磕头了没有? 他又回来了吗?"

【原文】

孔子观于东流之水。子贡问于孔子曰:"君子之所以见大水必观焉者,是何?"孔子曰:"夫水大①,徧与诸生而无为也,似德;其流也埤②下,裾③拘必循其理,似义;其洸④洸乎不淈尽,似道;若有决行之,其应佚⑤若声响,其赴百仞之谷不惧,似勇;主⑥量必平,似法;盈不求概,似正;淖⑦约微达,似察;以出以入,以就鲜絜,似善化;其万拆⑧也必东,似志。是故君子见大水必观焉。"[《荀子·宥坐篇》]

【注释】

①大字衍。

②埤读为卑。

③裾与倨同方也拘读为钩曲也。

④洸读为滉。

⑤佚读为呋。

⑥主读为注。

⑦淖读为绰。

⑧拆析之讹。

【释义】

孔子观赏向东流去的河水。子贡问孔子说:"君子看到大河大川,必要观望,为什么?"孔子说:"那流水浩大,普遍地施舍给各种生物而无所作为,这像德;流行在卑下的地方,直行或曲行都遵循着条理,这像义;它浩浩荡荡没有穷尽,这像道;如果有人掘开堵塞物而使它通行,它随即奔腾向前,好像回声应和原来的声音一样,它奔赴深谷,毫不迟疑,又像勇;它注入量器时一定很平,好像法度;它注满量器后不需要用刮板刮平,好像公正;它柔软得能到达所有细微的地方,好像明察;各种东西在水里出来进去地淘洗,便渐趋鲜美洁净,好像善于教化;它千曲万折而一定向东流去,好像意志。所以看到大河大川,必要观望了。"

【原文】

孔子曰:"吾有耻也,吾有鄙也,吾有殆也。幼不能强学,老无以教之,吾耻之。去

其故乡,事君而达,卒遇故人,曾无旧言,吾鄙之。与小人处者,吾殆之也。"[《荀子·
宥坐篇》]

【释义】

孔子说:"我对有的事有耻辱感,我对有的事有卑鄙感,我对有的事有危险感。年
幼时不能努力学习,老了没有什么东西可以用来教给别人,我以为这是耻辱。离开自
己的故乡,侍奉君主而显贵了,突然碰到过去的朋友,竟然没有怀旧的话,我以为这是
卑鄙的。和小人混在一起,我以为这是危险的。"

【原文】

孔子曰:"如垤而进,吾与之;如丘而止,吾已矣。今学曾未如肬赘,则具然欲为人
师。"[《荀子·宥坐篇》]

【释义】

孔子说:"成绩像蚂蚁洞口一样微小,但只要向前进取,我就赞许他;成绩即使像
大土山一样大,但如果停滞不前了,我就不赞许了。现在有些人学到的东西还不如个
赘疣,却自满自足地想做别人的老师。"

【原文】

孔子南适楚,厄于陈、蔡之间,七日不火食,藜羹不糁[1],弟子皆有饥色。子路进问
之曰:"由闻之:'为善者,天报之以福;为不善者,天报之以祸。'今夫子累德积义怀
美,行之日久矣,奚居之隐也?"孔子曰:"由不识,吾语汝。汝以知[2]者为必用邪?王
子比干不见剖心乎。女以忠者为必用邪?关龙逢不见刑乎。女以为谏者为必用邪?
吴子胥不磔姑苏东门外乎夫。遇不遇者,时也;贤不肖者,材也。君子博学深谋不遇
时者多矣。由是观之,不遇世者众矣。何独丘也哉?夫芷兰生于深林,非以无人而不

芳。君子之学,非为通^③也,为穷而不困,忧而意不衰也,知祸福终始而心不惑也。夫贤不肖者,材也;为不为者,人也;遇不遇者,时也;死生者,命也。今有其人不遇其时,虽贤,其能行乎? 苟遇其时,何难之有? 故君子博学深谋修身端行以俟其时。"孔子曰:"由! 居! 吾语汝。昔晋公子重耳霸心生于曹,越王勾践霸心生于会稽,齐桓公小白霸心生于莒,故居不隐者思不远,身不佚^④者志不广。女庸安知吾不得之桑落之下乎哉?"[《荀子·宥坐篇》]

【注释】

①糁与糁同。

②知智也。

③也字衍。

④佚与逸同。

【释义】

孔子向南到楚国去,在陈国蔡国边境被围困,七天没有吃饭,喝的藜草汤里面连米糁子都没有,学生们的脸上也都露出饥饿的神情。子路向前对孔子说:"我听说:'做好事的人,上天用幸福回报他;做恶事的人,上天用灾祸回报他。'现在老师不停地积累仁义道德,做好事的时间已经很久了,为什么生活还是这么穷困啊?"孔子说:"仲由你不懂,我告诉你吧。你以为智慧的人就一定会被任用吗? 王子比干被挖心死掉了。你认为忠诚的人一定会被任用吗? 关龙逄被杀了。你以为敢于进谏的人一定会被任用吗? 伍子胥的眼球被抠出来挂在吴国的东门上。君主相投不相投是时机的问题,贤不贤能是人的材质问题。君子虽然有广博的学识、深远的谋虑,没有遇着好时机的人很多。由此看来,不被社会赏识的人是很多的了! 哪里只是我孔丘呢? 兰草芷草生长在茂密的森林里,不会因为没有人看见而不芬芳。君子探求学问并非为了求得显达,而是为了在遭遇穷厄的时候不感到困苦,遭遇忧患的时候意志不会衰颓,预先知道祸福的终始,内心不感到迷惑。有德才还是没有德才,在于资质;是做还是不做,在于人;是得到赏识还是得不到赏识,在于时机;是死还是生,在于命运:现在有了理想的人才却碰不到理想的时机,那么即使贤能,他能有所作为吗?如果碰到了理想的时机,那还有什么困难呢?所以君子广博地学习、深入地谋划、修养心身、端正品行来等待时机。"孔子又说:"仲由!坐下!我告诉你。从前晋公子重耳的称霸之心产生于流亡途中的曹国,越王勾践的称霸之心产生于被围困的会稽山,齐桓公小白的称霸之心产生于逃亡之处莒国。所以处境不窘迫的人想得就不远,自己没奔逃过的人志向就不广大,你怎么知道我在这叶子枯落的桑树底下就不能得意呢?"

【原文】

子贡观于鲁庙之北堂,出而问于孔子曰:"乡者赐观于太庙之北堂,吾亦未辍,还复瞻被①九盖,皆继,被有说邪?匠过绝邪?"孔子曰:"太庙之堂亦常②有说,官致良工,因丽节文,非无良材也,盖曰贵文也。"[《荀子·宥坐篇》]

【注释】

①被九盖皆继被有说邪当作彼九盖皆断彼有说邪。
②常尝通。

【释义】

子贡参观了鲁国宗庙的北堂,出来后问孔子说:"刚才我参观了太庙的北堂,我也没停步,回转去再观看那九扇门,都是拼接的,那有什么讲究吗?是因为木匠过失而把木料弄断的吗?"孔子说:"太庙的北堂当然是有讲究的,官府招来技艺精良的工匠,依靠木材本身的华丽来调节文采,这并不是没有好的大木头。大概是因为看重文采的缘故吧。"

【原文】

鲁哀公问于孔子曰:"子从父命,孝乎? 臣从君命,贞乎?"三问,孔子不对。孔子趋出,以语子贡曰:"乡者,君问丘也,曰:'子从父命,孝乎? 臣从君命,贞乎?'三问而丘不对,赐以为何如?"子贡曰:"子从父命,孝矣;臣从君命,贞矣。夫子有奚对焉?"孔子曰:"小人哉,赐不识也。昔万乘之国有争臣四人,则封疆不削;千乘之国有争臣三人,则社稷不危;百乘之家有争臣二人,则宗庙不毁。父有争子,不行无礼;士有争友,不为不义。故子从父,奚子孝? 臣从君,奚臣贞? 审其所以从之之谓孝、之谓贞也。"[《荀子·子道篇》]

【释义】

鲁哀公问孔子说:"儿子服从父亲的命令,就是孝顺吗? 臣子服从君主的命令,就是忠贞吗?"问了三次,孔子不回答。孔子小步快走而出,把这件事告诉给子贡说:"刚才,国君问我,说:'儿子服从父亲的命令,就是孝顺吗? 臣子服从君主的命令,就是忠贞吗?'问了三次而我不回答,你认为怎样?"子贡说:"儿子服从父亲的命令,就是孝顺了;臣子服从君主的命令,就是忠贞了。先生又能怎样回答他呢?"孔子说:"真是个小人,你不懂啊! 从前拥有万辆兵车的大国有了诤谏之臣四个,那么疆界就不会被割削;拥有千辆兵车的小国有了诤谏之臣三个,那么国家政权就不会危险;拥有百辆兵车的大夫之家有了诤谏之臣两个,那么宗庙就不会毁灭。父亲有了诤谏的儿子,就不会做不合礼制的事;士人有了诤谏的朋友,就不会做不合道义的事。所以儿子一味听从父亲,怎能说这儿子是孝顺? 臣子一味听从君主,怎能说这臣子是忠贞? 弄清楚了听从的是什么才可以叫作孝顺、叫作忠贞。"

【原文】

子路问于孔子曰:"有人于此,夙兴夜寐,耕耘树艺,手足胼胝,以^①养其亲,然而无孝之名,何也?"孔子曰:"意者身不敬与!辞不逊与!色不顺与!古之人有言曰:'衣与缪与,不女聊。'今夙兴夜寐,耕耘树艺,手足胼胝,以养其亲,无此三者,则何以为而无孝之名也?"孔子曰:"由,志之!吾语汝。虽有国士之力,不能自举其身,非无力也,势不可也。故人而行不修,身之罪也;出而名不章,友之过也。故君子入则笃行,出则友贤,何为而无孝之名也?"[《荀子·子道篇》]

【注释】

①以字衍。

【释义】

子路问孔子说:"这里有一个人,早起晚睡,手上脚上都磨起了厚厚的茧子,脸上也晒得漆黑,辛勤地种植庄稼去侍奉父母,却没有孝子的名声,为什么呢?"孔子说:"我想大概是态度还不够尊敬吧!脸色还不够和悦吧!言辞还不够谦逊吧!古代有人说:'穿的衣啊,吃的饭啊,我不依靠你啊。'现在有人早起晚睡,手上脚上都磨起了厚厚的茧子,脸上也晒得漆黑,辛勤地种植庄稼去侍奉父母,如果没有这三方面的不足,为什么会没有孝子的名声呢?"孔子说:"仲由,记住吧!我告诉你。虽然具有全国最高的才能,但他也不能够把自己举起来,并不是他没有这种力量,是因为客观形势上要这样去做是不方便的。回到家中品德不修养,是自己的罪过;在外名声不显扬,是朋友的罪过。因此君子在家就忠厚地孝顺父母,出外就结交贤能的朋友,要不为什么会没有孝子的名声呢?"

【原文】

子路问于孔子曰:"鲁大夫练而床,礼邪?"孔子曰:"吾不知也。"子路出,谓子贡曰:"吾以夫子为无所不知,夫子徒有所不知。"子贡曰:"女何问哉?"子路曰:"由问:'鲁大夫练而床,礼邪?'夫子曰:'吾不知也?'"子贡曰:"吾将为汝问之。"子贡问曰:

"练而床,礼邪?"孔子曰:"非礼也。"子贡出,谓子路曰:"女谓夫子为有所不知乎? 夫子徒无所不知。汝问非也。礼,居是邑,不非其大夫。"[《荀子·子道篇》]

【释义】

子路问孔子说:"鲁国的大夫披戴白色熟绢为父母进行周年祭祀时睡床,合乎礼吗?"孔子说:"我不知道。"子路出来后,对子贡说:"我以为先生没有什么不知道的,其实他有不知道的。"子贡说:"你问了什么呢?"子路说:"我问:'鲁国的大夫披戴白色熟绢为父母进行周年祭祀时睡床,合乎礼吗?'先生说:'我不知道。'"子贡说:"我给你去问问这件事。"子贡问孔子说:"披戴白色熟绢为父母进行周年祭祀时睡床,合乎礼吗?"孔子说:"不合礼。"子贡出来,对子路说:"你说先生有不知道的事吗? 先生没有什么不知道的。你问得不对啊。根据礼制,住在这个城邑,就不非议管辖这城邑的大夫。"

【原文】

子路盛服见孔子。孔子曰:"由,是裾裾,何也? 昔者江出于岷山,其始出也,其源可以滥觞,及其至江之津也,不放①舟,不避风,则不可涉也,非唯②下流水多邪? 今汝衣服既盛,颜色充盈,天下且孰肯谏汝矣? 由③!"子路趋而出,改服而入,盖犹若也。孔子曰:"志之! 吾语女。奋于言者毕④、锄,奋于行者伐,色知而有能者,小人也。故君子知之曰知之,不知曰不知,言之要也;能之曰能之,不能曰不能,行之至也。言要则知,行至则仁。既知且仁,夫恶有不足矣哉?"[《荀子·子道篇》]

【注释】

①放读为方。

②唯一作维。

③由字当在下文孔子曰之下由志之三字连文。

④华撵之省文。

【释义】

子路穿着华贵的衣服去见孔子。孔子说:"仲由,你穿得这样华贵,是为什么呢?长江刚从岷山发源的时候,它的水流很小,只能浮起酒杯,等到流到江津时,如果不借助船只,不回避大风,就没法渡过,(它之所以这样令人难以接近,)不是流的水太多的缘故吗?今天你穿的衣服是这样华贵,颜色是这样鲜艳,天下有谁会将你的缺点告诉你?"子路快步走出去,换了服装回来,很自在的样子。孔子说:"仲由,你记着,我告诉你。夸夸其谈的人华而不实,喜欢表现自己办事能力的人常常自吹自擂。有了智慧和能力就在脸上表现出来的人,是小人。所以,君子知道就说知道,这是说话的关键;做不到就说做不到,这是行动的最高准则。说话掌握了关键,就是智慧;行动有了最高准则,就是仁德。既有仁德又有智慧,哪还有什么不满足的呢?"

【原文】

子路入。子曰:"由!知者若何?仁者若何?"子路对曰:"知者使人知己,仁者使人爱己。"子曰:"可谓士矣。"子贡入。子曰:"赐!知者若何?仁者若何?"子贡对曰:"知者知人,仁者爱人。"子曰:"可谓士君子矣。"颜渊入。子曰:"回!知者若何?仁者若何?"颜渊对曰:"知者自知,仁者自爱。"子曰:"可谓明君子矣。"[《荀子·子道篇》]

【注释】

①知者皆读为智者。

【释义】

子路进来。孔子说:"仲由!明智的人是怎样的?仁德的人是怎样的?"子路回答说："明智的人能使别人了解自己,仁德的人能使别人爱护自己。"孔子说："你可以称为士人了。"子贡进来。孔子说："端木赐!明智的人是怎样的?仁德的人是怎样的?"子贡回答说："明智的人能了解别人,仁德的人能爱护别人。"孔子说："你可以称为士君子了。"颜渊进来。孔子说："颜回!明智的人是怎样的?仁德的人是怎样的?"颜渊回答说："明智的人有自知之明,仁德的人能自尊自爱。"孔子说："你可以称为贤明君子了。"

【原文】

子路问于孔子曰:"君子亦有忧乎?"孔子曰:"君子,其未得也,则乐其意;既已得之,又乐其治。是以有终身之乐,无一日之忧。小人者,其未得也,则忧不得;既已得之,又恐失之。是以有终身之忧,无一日之乐也。"[《荀子·子道篇》]

【释义】

子路问孔子说:"君子也有忧虑吗?"孔子说:"君子,在他还没有得到职位时,就会为自己的抱负而感到高兴;已经得到了职位之后,又会为自己的政绩而感到高兴。因此有一辈子的快乐,而没有一天的忧虑。小人嘛,当他还没有得到职位的时候,就担忧得不到;已经得到了职位之后,又怕失去它。因此有一辈子的忧虑,而没有一天的快乐。"

【原文】

子贡问于孔子曰:"君子之所以贵玉而贱珉者,何也?为夫玉之少而珉之多邪?"孔子曰:"恶!赐!是何言也!夫君子岂多而贱之、少而贵之哉?夫玉者,君子比德焉。温润而泽,仁也;栗①而理,知也;坚刚而不屈,义也;廉而不刿,行也;折而不桡,勇也;瑕适②并见,情也;扣之,其声清扬而远闻,其止辍然,辞也。故虽有珉之彫彫,不若玉之章章。《诗》曰:'言念君子,温其如玉。'此之谓也。"[《荀子·法行篇》]

【注释】

①栗上脱缜字。

②适读为瑶。

【释义】

子贡问孔子说:"君子看重玉而轻视珉,是什么原因呢? 是因为玉稀少而珉数量多吗?"孔子说:"哎! 赐啊! 这是什么话啊! 君子怎么会因为多了就轻视它、少了就珍视它呢? 君子用玉象征人的品德。玉的色泽温润,犹如仁;玉的纹理细密,犹如智;玉刚强而不屈,犹如义;它有棱角而不割伤人,犹如行;它即使折断也不弯曲,犹如勇;它的斑点缺陷都暴露在外,犹如诚实;敲打它,声音清脆悠扬,戛然而止.犹如言辞之美。所以,即使珉石带着彩色花纹,也比不上宝玉那样洁白明亮。《诗经》说:'谦谦君子,温润如玉。'所以君子看重玉。"

【原文】

南郭惠子问于子贡曰:"夫子之门,何其杂也?"子贡曰:"君子正身以俟,欲来者不距,欲去者不止。且夫良医之门多病人,隐栝之侧多枉木。是以杂也。"[《荀子·法行篇》]

【释义】

南郭惠子问子贡说:"孔夫子的门下,怎么那样混杂呢?"子贡说:"君子端正自己的身心来等待求学的人,想来的不拒绝,想走的不阻止。况且良医的门前多病人,整形器的旁边多弯木,所以夫子的门下鱼龙混杂啊。"

【原文】

孔①子曰:"君子有三恕:有君不能事,有臣而求其使,非恕也;有亲不能报,有子

而求其孝,非恕也;有兄不能敬,有弟而求其听令,非恕也。士明于此三恕,则可以端身矣。"[《荀子·法行篇》]

【注释】

①百子全书本无孔子曰三字。

【释义】

孔子说:"君子要有三种推己及人之心:有了君主不能侍奉,有了臣子却要指使他们,这不符合恕道;有了父母不能报答养育之恩,有了子女却要求他们孝顺,这不符合恕道;有了哥哥不能敬重,有了弟弟却要求他们听话,这不符合恕道。读书人明白了这三种推己及人之心,身心就可以端正了。"

【原文】

孔子曰:"君子有三思,而不可不思也。少而不学,长无能也;老而不教,死无思也;有而不施,穷无与也。是故君子少思长,则学;老思死,则教;有思穷,则施也。"[《荀子·法行篇》]

【释义】

孔子说:"君子有三个问题,是不可以不考虑的。小时候不学习,长大了就没有才能;老了不教人,死后就没有人怀念;富有时不施舍,贫穷了就没有人周济。因此君子小时候考虑到长大以后的事,就会学习;老了考虑到死后的景况,就会从事教育;富有时考虑到贫穷的处境,就会施舍。"

【原文】

鲁哀公问于孔子曰:"吾欲论吾国之士与之治国,敢问何如之邪?"孔子对曰:"生今之世，志古之道；居今之俗，服古之服；舍此而为非者，不亦鲜乎？"哀公曰："然则夫章甫、钧屦、绅而搢笏者，此贤乎？"孔子对曰："不必然。夫端衣、元裳、绾而乘路者，志不在于食荤；斩衰、菅屦、杖而啜粥者，志不在于酒肉。生今之世，志古之道；居今之俗，服古之服；舍此而为非者，虽有，不亦鲜乎？"哀公曰："善！"孔子曰："人有五仪：有庸人，有士，有君子，有贤人，有大圣。"哀公曰："敢问何如斯可谓庸人矣？"孔子对曰："所谓庸人者，口不能道善言，心不知色①色，不知选贤人善士托其身焉以为己忧；勤②行不知所务，止交不知所定；日选择于物，不知所贵；纵物如流，不知所归；五凿为正③，心从而坏。如此，则可谓庸人矣。"哀公曰："善！敢问何如斯可谓士矣？"孔子对曰："所谓士者，虽不能尽道术，必有率也；虽不能徧美善，必有处也。是故知不务多，务审其所知；言不务多，务审其所谓；行不务多，务审其所由。故知既已知之矣，言既已谓之矣，行既已由之矣，则若性命肌肤之不可易。也故富贵不足以益也，卑贱不足以损也。如此，则可谓士也。"哀公曰："善！敢问何如斯可谓之君子矣？"孔子对曰："所谓君子者，言忠信而心不德，仁义在身而色不伐，思虑明通而辞不争。故犹然如将可及者，君子也。"哀公曰："善！敢问何如斯可谓贤人矣？"孔子对曰："所谓贤人者，行中规绳而不伤于本，言足法于天下而不伤于身，富有天下而无怨④财，布施天下而不病贫。如此，则可谓贤人矣。"哀公曰："善！敢问何如斯可谓大圣矣？"孔子对曰："所谓大圣者，知通乎大道，应变而不穷，辨乎万物之情性者也。大道者，所以变化遂成万物也；情性者，所以理然不取舍也。是故其事大辨⑤乎天地，明察乎日月，总要万物于风雨，缪⑥缪肫肫。其事不可循，若天之嗣⑦；其事不可识，百姓浅然不识其邻，若此，则可谓大圣矣。"哀公曰："善！"［《荀子·哀公篇》］

【注释】

①色色当作邑邑，字形之误，与悒悒同。

②勤当作动。

③正政通。

④怨读为蕴。

⑤辨读为偏。

⑥缪当为谬，肫当为纯。

⑦嗣读为司。

【释义】

　　鲁哀公问孔子说："我想选择我国的人才和他们一起治理国家，冒昧地问一下怎样去选取他们呢？"孔子回答说：生活在当今的时代，却倾慕古代的道德礼仪；依现代的生活习俗而生活，却穿着古代的儒服，舍弃这样的做法而走不同道路的人，不是很少见吗？"哀公问："那么戴着殷代的帽子，穿着有絇饰的鞋子，系着大带子并把笏板插在带子里的人，都是贤人吗？"孔子回答说："不一定贤能。那些穿着祭祀礼服、黑色礼袍、戴着礼帽而乘坐祭天大车的人，他们的心思不在于吃荤；披麻戴孝、穿着茅草编成的鞋、撑着孝棍而吃稀粥的人，他们的心思不在于喝酒吃肉。生在当今的世上，牢记着古代的原则；处在当今的习俗中，穿着古代式样的服装；做到这样而为非作歹的人，即使有，不也很少吗？"哀公说："好！"孔子说："人有五种典型：有平庸的人，有士人，有君子，有贤人，有伟大的圣人。"哀公说："请问像怎样可以称之为平庸的人？"孔子回答说："所谓平庸的人，嘴里不能说出好话，心里也不知道忧愁，不知道考虑选用和依靠贤人善士；出动时不知道去干什么，立定时不知道立脚点在哪里；天天在各种事物中挑选，却不知道什么东西贵重；一味顺从外界的事情就像流水似的，不知道归宿在哪里；为耳、目、鼻、口、心的欲望所主宰，思想也就跟着变坏。像这样，就可以称之为平庸的人了。"哀公说："好！请问像怎样可以称之为士人？"孔子回答说："所谓士人，即使不能彻底掌握治国的原则和方法，但必定有所遵循；即使不能尽善尽美，但必定有所操守。所以他了解知识不求多，而务求审慎地对待自己的知识；说话不求多，而务求审慎地对待自己所说的话；做事不求多，而务求审慎地对待自己所经手的事。知识已经了解了，话已经说了，事已经做了，那就像自己的生命和肌肤一样不可能再加以改变了。所以富贵并不能使他增加些什么，卑贱并不能使他减少些什么。像这样，就可以称之为士人了。"哀公说："好！请问像怎样才可以称之为君子？"孔子回答说："所谓君子，就是说话忠诚守信而心里并不自认为有美德，仁义之道充满在身而脸上并不露出炫耀的神色，思考问题明白通达而说话却不与人争辩。所以洒脱舒缓好像快要被人赶上似的，就是君子了。"哀公说："好！请问像怎样才可以称之为贤人？"孔子回答说："所谓贤人，就是行为符合规矩法度而不伤害本身，言论能够被天下人取法而不伤害自己，富裕得拥有天下而没有私藏的财富，把财物施舍给天下人而不用担忧自己会贫穷。像这样，就可以称之为贤人了。"哀公说："好！请问像怎样才可以称之为伟大的圣人？"孔子回答说："所谓伟大的圣人，就是智慧能通晓大道、面对各种事变而不会穷于应付、能明辨万物性质的人。大道，是变化形成万物的根源；万物的性质，是处理是非、取舍的根据。所以圣人做的事情像天地一样广大普遍，像日月一样明白清楚，像风雨一样统辖万物，温温和和诚恳不倦。他做的事情不可能被沿袭，好像是上天主管的一样；他做的事情不可能被认识，老百姓浅陋地甚至不能认识和它相近的事情。像这样，就可以称之为伟大的圣人了。"哀公说："好！"

【原文】

鲁哀公问舜冠于孔子，孔子不对。三问，不对。哀公曰："寡人问舜冠于子，何以不言也？"孔子对曰："古之王者有务①而拘领者矣，其政好生而恶杀焉。是以凤在列树，麟在郊野，乌鹊之巢可俯而窥也。君不此问，而问舜冠，所以不对也。"[《荀子·哀公篇》]

【注释】

①务读为冒帽也。

【释义】

鲁哀公向孔子打听舜所戴的礼帽，孔子不回答。哀公问了三次，孔子仍不回答。

哀公说:"我向您打听舜所戴的礼帽,您为什么不说话呢?"孔子回答说:"古代的帝王中有戴便帽并穿圆领便服的,但他们的政治却是致力于使人生存而厌恶杀人。因此凤凰栖息在成行的树上,麒麟活动在国都的郊外,乌鸦、喜鹊的窝可以低头观察到。您不问这个,却问舜戴的礼帽,所以我不回答啊。"

【原文】

鲁哀公问于孔子曰:"寡人生于深宫之中,长于妇人之手,寡①人未尝知哀也,未尝知忧也,未尝知劳也,未尝知惧也,未尝知危也。"孔子曰:"君之所问,圣君之问也。丘,小人也,何足以知之?"曰:"非吾子,无所闻之也。"孔子曰:"君入庙门而右,登自阼②阶,仰视榱栋,俛见几筵,其器存,其人亡,君以此思哀,将③焉不至矣?君昧爽而栉冠,平明而听朝,一物不应,乱之端也,君以此思忧,则忧将焉不至矣?君平明而听朝,日昃而退,诸侯之子孙必有在君之末庭者,君以此思劳,则劳将焉不至矣?君出鲁之四门以望鲁四郊,亡国之虚④必有数盖⑤焉,君以此思惧,则惧将焉不至矣?且丘闻之:'君者,舟也;庶人者,水也。水则载舟,水则覆舟。'君以此思危,则危将焉不至矣?"[《荀子·哀公篇》]

【注释】

①元本无寡人二字。

②阼与阼同。

③将上脱则哀二字。

④虚读为墟。

⑤盖字衍。

【释义】

鲁哀公问孔子说:"我从小生在深宫里,在妇人手里长大,我从来不知道什么是悲哀,从来不知道什么是忧愁,从来不知道什么是劳苦,从来不知道什么是恐惧,从来不知道什么是危险。"孔子说:"您所问的,是圣明的君主所问的问题。我孔丘,是个小人啊,哪能知道这些?"哀公说:"没有您,我就无法使自己开窍。"孔子回答说:"您走进宗庙的大门向右,从东阶走上去,抬头看屋椽,低头看案几和座席,器物都在,只是见不到先祖的身影。国君由此而引发出哀伤的情感,那么悲哀之情哪会不到来呢?天刚亮就起床,衣服帽子穿戴整齐,天大亮的时候到朝堂听政,一件事处理不当,往往会成为国家混乱以至亡国的开端。国君以此来心忧国事,那么忧愁之情哪会不到来呢?太阳出来就处理国家大事,一直要到深夜,各国诸侯及其子孙作为宾客往来,行礼揖让,国君要谨慎地按照礼法规范表现他威严的风度。国君由这样的日常政治活动思考什么是辛劳,那么劳苦的感觉哪会不到来呢?您走出鲁国国都的四方城门去瞭望鲁国的四郊,那些亡国的废墟中一定有几处茅屋,国君以此想到对天命的惊惧和敬畏,那么恐惧之情哪会不到来呢?而且我听说过这样的话:'国君,是船;百姓,是水。水可以载船,也可以使船沉没。'国君由此想到其中的危险,那么危险感哪会不到来呢?"

【原文】

鲁哀公问于孔子曰:"绅、委、章甫有益于仁①乎?"孔子蹴然曰:"君号②然也?资③衰、苴杖者不听乐,非耳不能闻也,服使然也。黼衣黻裳者不茹荤,非口不能味也,服使然也。且丘闻之:'好肆不守折,长者不为市。'窃④其有益与其无益,君其知之矣。"[《荀子·哀公篇》]

【注释】

①仁当作人。

②号读为胡。

③资与齐同。

④窃与察通。

【释义】

鲁哀公问孔子说:"束宽大的腰带、戴周代式样的黑色丝绸礼帽和商代式样的成人礼帽,有益于仁吗?"孔子惊恐不安地说:"您怎么这样问呢? 穿着丧服、撑着孝棍的人不听音乐,并不是耳朵不能听见,而是身穿丧服使他们这样的。穿着祭祀礼服的人不吃荤菜,并不是嘴巴不能品味,而是身穿祭服使他们这样的。而且我听说过这样的话:'善于经商的人不使所守资财折耗,德高望重的长者不去市场做生意谋利。'束腰带、戴礼帽是有益于仁还是无益于仁,您大概知道了吧。"

【原文】

鲁哀公问于孔子曰:"请问取人。"孔子对曰:"无取健,无取甜①,无取口啍②。健,贪也;甜,乱也;口啍,诞也。故弓调而后求劲焉,马服而后求良焉,士信悫而后求知能焉。士不信悫而有多知能,譬之,其豺狼也,不可以身尒③也。"[《荀子·哀公篇》]

【注释】

①甜当作拑

②啍与谆同

③尒与迩同

【释义】

鲁哀公问孔子说:"请问怎样选取人才?"孔子回答说:"不要选取要强好胜的人,不要选取钳制别人的人,不要选取能说会道的人。要强好胜的人,往往贪得无厌;钳制别人的人,往往会犯上作乱;能说会道的人,往往会弄虚作假。所以弓首先要调好,然后才求其强劲;马首先要驯服,然后才求其成为良马;人才首先要忠诚老实,然后才

孔子家语 通解
孔子言行录

九五七

求其聪明能干。一个人如果不忠诚老实却又非常聪明能干，打个比方，他就是豺狼啊，是不可以使自己靠近他的呀。"

【原文】

子贡问于孔子曰："赐为人下而未知也。"孔子曰："为人下者（乎）？其犹土也。深抇之而得甘泉焉，树之而五谷蕃焉。草木殖焉，禽兽育焉，生则立焉，死则人焉。多其功而不息（德），为人下者其犹土也。"[《荀子·尧问篇》]

【释义】

子贡问孔子说："我想对人谦虚，却还不知道怎么做。"孔子说："对人谦虚？那就要像土地一样啊。深深地挖掘它，就能得到甘美的泉水，在它上面种植五谷，就能茂盛地生长。草木在它上面繁殖，禽兽在它上面生育；人活着就站在它上面，死了就埋在它里面。它的功劳很多，却不自以为有功劳。对人谦虚嘛，就要像土地一样啊。"

【原文】

《春秋》之序道也，先质而后文，右志而左物。……是故孔子立新王之道，明其贵志以反和，见其好诚以减（灭）伪。其有继周之弊，故若此也。[春秋繁露·玉杯]

【释义】

《春秋》讲述道义，事先说本质然后讲形式，亲近思想而远离事物。……所以孔子建立统治者应该遵守的道德，表明他是注重心志内容而反对物利的，喜欢忠诚而要消灭虚伪的。统治者继承了周朝以来重视形式的弊端，所以《春秋》如此记载。

【原文】

臧孙辰请糴于齐，孔子曰："君子为国，必有三年之积，一年不熟，乃请糴，失君之

职也。"［春秋繁露·王道］

【释义】

臧孙辰想从齐国买进粮食。孔子说:"君子治理国家,粮库里至少要积累三年的粮食,如果只有一年粮食没有成熟(没有收成),就从别的国家买进,那么君主就是失职了。"

【原文】

仲尼之作《春秋》也,上探正天端王公之位,万民之所欲;下明得失,起贤才,以待后圣,故引史记,理往事,正是非,见王公。史记十二公之间,皆衰世之事,故门人惑。孔子曰:"吾因其行事而加乎王心焉,以为见之空言不如行事博深切明。"［春秋繁露·俞序］

【释义】

孔子作《春秋》一书,首先是探讨上天赋予君王的职责是什么、广大老百姓想要什么;其次是申明得失,启用贤人,来等待圣人的出现。所以搜集历史资料,梳理以前的事情,辨正是非对错,使人真正了解君王。历史资料记载的十二位君王的故事,都是发生在衰落之世,所以弟子们很是困惑。孔子说:"我以他们做事这样的例子来说明贤明的君主是如何治理国家的,只听他们说的话,不如以他们做的事为例说明得更加深刻清晰。"

【原文】

《春秋》缘人情,赦小过。(中略)孔子明得失,见成败,疾时世之不仁,失王道之体,故因人情,赦小过。(中略)孔子曰:"吾因行事,加吾王心焉。"假其位号以正人伦,因其成败以明顺逆,故其所善,则桓文行之而遂,其所恶,则乱国行之终以败。［春

【释义】

《春秋》依照人的本性，赦免小的罪过。……孔子明白什么是得，什么是失，能发现成败的原因，嫉恨社会的不仁爱，失去仁道的根本，所以依照仁德本性，赦免小的罪过。……孔子说："我依照周礼行事，进一步表明我的尊王之心。"借助人的地位、称号来端正人与人之间的关系。依据成败表明是顺仁义还是逆仁义，所以所称赞的是齐桓公、晋文公做事便有成功的结果，所否定的则是混乱国家的行为最终要失败。

【原文】

孔子曰："天之所幸，有为不善而屡极。"[春秋繁露·必仁且知]

【释义】

孔子说："上天所宠幸的人，有做坏事而多次犯罪的。"

【原文】

仲尼曰："国有道，虽加刑，无刑也；国无道，虽杀之，不可胜也。"[春秋繁露-身之养重于义]

【释义】

孔子说："国家有道，即使用刑罚，也没有用刑的对象；国家无道，即使将人杀死，也杀不尽。"

【原文】

火者，司马也。司马为谗，反言易辞以谮想人，内离骨肉之亲，外疏忠臣，贤圣旋亡,谗邪日昌,鲁上大夫季孙是也。专权擅势,薄国威德,反以怠恶,谮想其群臣,劫惑其君。孔子为鲁司寇,据义行法,季孙自消,堕费郈城,兵甲有差,夫火者,大朝,有谗邪荧惑其君,执法诛之。执法者,水也。故曰:水胜火。[春秋繁露·五行相生]

【释义】

火属于司马。司马制造谗言,用不正常的话和更改事实的言辞诬陷别人,对内离间骨肉间的亲情,对外疏远忠臣,贤能之人立刻逃走,不正之风日益盛行,鲁国的上大夫季孙就是这样的人。他独揽大权和政事,依附国家显示威严,反而招致罪恶,诬陷国内的大臣,逼迫并迷惑国君。孔子担任鲁国的司寇,按照原则执行法律,季孙就自己消亡了,自毁了费城、邱城,军队与诸侯有了差别。火是本朝,有人惑乱,诬陷国君,司寇就要执法,诛灭他。执法的人是水,所以说:水胜火。

【原文】

北方者水,执法司寇也。司寇尚礼,君臣有位,长幼有序,朝廷有爵,乡党以齿,升降揖让,般伏拜谒,折旋中矩,立而磬折,拱则抱鼓,执衡而藏,至清廉平,赂遗不受,请谒不听,据法听讼,无有所阿,孔子是也。为鲁司寇,断狱屯屯,与众共之,不敢自专。是死者不恨,生者不怨,百工维时,以成器械。器械既成,以给司农。司农者,田官也。田官者木,故曰:水生木。[春秋繁露·五行相生]

【释义】

北方属水,是执法的司寇。司寇崇尚礼,君臣有固定的位置,长幼有固定的次序,朝廷按爵位排序,同乡友好按年龄排序,升迁、降谪作揖拜谒,弯曲着走路都要符合规矩,站在那里像石磬,双手打拱如同抱鼓,手持法衡而隐没自身,特别清廉公正,不接受馈赠的财物,请求拜请也不听从,根据法律审理诉讼,没有偏袒,孔子就是这样的人。他担任鲁国的司寇,审理诉讼非常诚恳,和众人一起审理,不敢独断专行。这样被处死的人不仇恨，活着的人不怨恨，各种工匠都按时劳动，以便做成器物工具。器具做好之后，供给司农。司农是管理耕地的官吏。管理耕地的官吏属于木，所以说：水生木。

【原文】

孔子曰："山川神祇立，宝藏殖，器用资，曲直合，大者可以为宫室台榭，小者可以为舟舆浮①湜。大者无不中，小者无不入，持斧则斫，折②镰则艾。生人立，禽兽伏，死人入，多其功而不言，是以君子取譬也。"〔春秋繁露·山川颂〕

【注释】

①浮湜，浮楫之误。
②疑折当作持。

【释义】

孔子说："山神、地神的神位被建立，蕴藏的宝藏不断增多，器物有了供给，曲直恰好合适，大的可以修筑宫室台榭，小的可以制造船只车辆和船桨。大的没有不符合人们要求的，小的没有不进入人们视野的，拿起斧子可以砍断，用力割可以割断。活着的人可以站着，禽兽伏在山里，死去的人埋入其中，它有很多功绩却不自夸，所以君子取大山做比喻。"

【原文】

孔子曰："书之重，辞之复。呜呼！不可不察也。其中必有美者焉。"〔春秋繁露·祭义〕

【释义】

孔子说："书中重复，修辞重复。哎！不可不识别清楚呀。其中一定有美好的含义。"

【原文】

孔子曰:"移风易俗,岂家至之哉,先之于身而已矣!"[新语·无为]

【释义】

改变旧的风俗习惯,难道是挨家挨户去做说服劝告的吗?而是靠自身的榜样力量影响别人罢了。

【原文】

鲁定公之时,与齐侯会于夹谷。孔子行相事。两君升坛,两相处下,而相欲①揖君臣之礼,济济备焉。齐人鼓噪而起,欲执鲁公。孔子历阶而上,不尽一等而立,谓齐侯曰:"两君合好,以礼相率,以乐相化。臣闻嘉乐不野合,犠(牺)象之荐不下堂,夷狄之民何求为?"命司马请止之。定公曰:"诺!"齐侯逡巡而避席曰:"寡人之过。"退而自责大夫。罢会,齐人使优旃侏儒于鲁公之幕下,傲戏,欲候鲁君之隙,以执定公。孔子叹曰:"君辱臣当死。"使司马行法斩焉,首足异河②而出。于是齐人惧然而恐,君臣易操,不安其故行,乃归鲁四邑之侵地,终无乘鲁之心。[新语·辩惑]

【注释】

①孙星衍孔子集语十二引无欲字。
②河所之讹。

【释义】

鲁定公的时候,与齐景公在夹谷举行大会。孔子担任礼相。两国国君登上土台,两国的礼相在下面,准备相互作揖,同时行君臣之礼,场面很宏大。齐国人一起起哄,想抓住鲁国国君。孔子一步步登上台阶，只差最后一级没登，对齐景公说："两国国君友好相见，以礼仪相对待，以音乐相教化。我听说关好的音乐不在野外演奏，祭祀用的牲畜不撤下厅堂，夷狄之民来这里干什么呢?"并命令司马官拦住齐人。齐景公退却谢罪说："这是我的过错。"退下后责怪大臣。开会结束后，齐国又让优人在鲁国国君的帐下跳舞，嬉戏，想等待时机，抓住定公。孔子说："戏弄国君的人该杀。"于是让司马官执行军法，把优人的头扔出大门。于是齐国人担心恐惧，君臣都改变了做法.对以前的行为感到不安，于是归还了鲁国郓、谨、龟阴的土地，最终打消了算计鲁国的心思。

【原文】

孔子遭君暗臣乱，众邪在位，政道隔于王家，仁义闭于公门，故作公陵之歌，伤无权力于世。[新语·慎微]

【释义】

孔子在鲁国做官时，国君昏庸大臣乘机作乱，众多小人把持高位。孔子所提倡的王道和王宫相隔离，所主张的仁义之道又被王宫拒绝于外。所以作公陵之歌，感伤没有权力。

【原文】

昔者，舜自耕稼陶渔而躬孝友。父瞽顽，毋①嚣，及弟象傲，皆下愚不移。舜尽孝道，以供养瞽。瞽与象，为浚井、塗廪之谋，欲以杀舜。舜孝益笃，出田则号泣，年五十犹婴儿慕，可谓至孝矣。故耕于历山，历山之耕者让畔;陶于河清，河演之陶者，器不苦窳;渔于雷泽，雷泽之渔者分均。及立为天子，天下化之，蛮夷率服，北发渠搜，南抚交耻，莫不慕义，麟凤在郊。故孔子曰："孝弟之至，通于神明，光于四海，舜之谓也。"[新序·杂事第一]

【注释】

①毋母之讹

【释义】

从前,舜亲自从事耕地、种田、制瓦、打鱼等各种生产劳动,对父母孝顺,对兄弟友爱。舜的父亲瞽非常顽固不化,继母酷虐,弟弟象狂傲不已,都是属于愚蠢而不可改变的人。舜极尽孝道,来奉养父亲瞽。瞽和象密谋,让舜去掏井,却将井盖住,让舜去修补仓房,却放火烧房子,以此想杀死舜。舜的孝心更加笃定,父亲下地干活就痛哭流涕,五十岁了,还像婴儿一样啼哭。因此,当舜在历山耕种的时候,历山的耕种者互相谦让田界;在黄河边上制作陶器,黄河边上制陶器的人不再制作不结实的陶器;在雷泽打鱼,雷泽打鱼的人分配很公平。等到他被立为天子,天下都被感化了,四面的少数民族一律臣服。在北方派人去渠搜,在南面安抚交趾(表示各个地方的小国都感受到了舜的仁义),

舜

天下没有不敬仰舜的仁义的,因此麒麟和凤凰都在野外出现。所以孔子说:"对父亲尽孝,对兄弟友爱,到了这种程度,就感动了天地,孝义充于四海之内,这就是说舜啊。"

【原文】

孔子在州里,笃行孝道,居于阙党,阙党之子弟畋渔,分有亲者得多,孝以化之也。是以七十二子,自远方至,服从其德。[新序·杂事第一]

【释义】

孔子在家乡坚定地实施孝义之道。他居住在阙里,阙里的人打鱼,分给父母亲很多,这就是孝义感化的结果。这也是七十二子从遥远的地方来到这里的原因,都折服于他高尚的品德。

【原文】

鲁有沈犹氏者,旦饮羊饱之,以欺市人;公慎氏有妻而淫;慎溃氏奢侈骄佚;鲁市之鬻牛马者,善豫贾。孔子将为鲁司寇,沈犹氏不敢朝饮其羊;公慎氏出其妻;慎溃氏逾境而徙;鲁之鬻马牛不豫贾,布正以待之也。既为司寇,季孟堕郓①费之城,齐人归所侵鲁之地,由积正之所致也。[新序·杂事第一]

【注释】

①郓郈之讹。

【释义】

鲁国有个叫沈犹氏的,早晨让羊喝饱水,再牵到市场上去卖,以此来欺骗买羊的人。有个叫公慎氏的,他的妻子放荡淫乱;有个叫慎溃氏的,生活奢侈放纵;鲁国市场上卖牛马的人,特别善于预先囤积营利。孔子将要做鲁国的司寇,沈犹氏再也不敢在早晨把羊喂饱后再牵到市场去卖;公慎氏休了他的妻子;慎溃氏偷越边境而迁徙到别的地方;鲁国卖牛马的人也不再囤积营利,宣布以正派行为而等待孔子的上任。在孔子做了司寇之后,叔孙氏、孟氏分别毁坏了郈城、费城的城墙,齐人归还所侵占的鲁国之地,这都是由于孔子的行为长期正当而导致的结果。

【原文】

晋平公欲伐齐,使范昭往观焉。景公赐之酒,酣。范昭曰:"愿请君之樽酌。"公曰："酌寡人之樽，进之于客。"范昭已饮，晏子曰："徹樽，更之樽觯具矣。"范昭佯醉不悦而起舞，谓太师曰："能为我调成周之乐乎？吾为子舞之。"太师曰："冥臣不习。"范昭趋而出。景公谓晏子曰："晋大国也，使人来，将观吾政也，今子怒大国之使者，将奈何？"晏子曰："夫范昭之为人，非陋而不识礼也，且欲试吾君臣，故绝之也。"景公谓太师曰："子何以不为客调成周之乐乎？"太师对曰："夫成周之乐，天子之乐也。若调之，必人主舞之。今范昭人臣也，而欲舞天子之乐，臣故不为也。"范昭归，以告平公曰："齐未可伐也。臣欲试其君，而晏子识之，臣欲犯其礼，而太师知之。"仲尼闻之曰："夫不出于樽俎之间，而知千里之外，其晏子之谓也，可谓折冲矣，而太师其与焉！"

[新序·杂事第一]

【释义】

晋平公想攻打齐国，就派范昭到齐国观察一下。齐景公招待范昭，赐给他酒喝。喝到正酣的时候，范昭对齐景公说："愿意用您的酒杯斟酒喝。"齐景公说："请把我用的酒杯，进献给客人。"范昭用齐景公的酒杯饮完酒，晏子说："撤下这个酒杯，请重新更换一个酒杯。"范昭装着喝醉的样子，不高兴地跳起了舞，对太师说："能为我演奏周王朝的音乐吗？我为你们跳个舞。"太师说："我愚笨无知，没有学过周王朝的音乐。"范昭快走而离开了。齐景公对晏子说："晋国是一个大国，派人来我们这里，是要观察我们的政治，今天你惹怒了大国的使者，该怎么办呢？"晏子回答道："范昭的为人，并不是知识浅薄而不知道礼节。况且只是想试探我们，所以断绝他的想法。"齐景公对太师说："你为什么不为客人演奏周王朝的音乐呢？"太师回答道："周王朝的音乐，是天子的音乐。如果演奏这样的音乐，一定是国君在跳舞。范昭只是一个大臣，跳舞却想配天子的音乐，所以我不会为他演奏。"范昭回到晋国，对晋平公说："齐国不能攻打。我想试探他们的君主，被晏子识破了；我想触犯他们的礼节，太师却知道这一切。"孔子听说了这件事，说："不出筵席之间，而退敌于千里之外。这就是说晏子啊，可以说是克敌制胜啊，而太师也参与了这件事。"

【原文】

鲁君使宓子贱为单父。子贱辞去，因请借善书者二人，使书意为教品，鲁君予之。至单父，使书，子贱从旁引其肘，书丑，则怒之。欲好书，则又引之。书者患之，请辞而去。归，以告鲁君，鲁君曰："子贱苦吾扰之，使不得施其善政也。"乃命有司无得擅征发单父。单父之化大治。故孔子曰："君子哉！子贱，鲁无君子者，斯安取斯美其德也。"［新序·杂事第二］

【释义】

鲁国的国君派宓子贱（孔子的学生）去管理单父县。宓子贱辞行时，要求鲁君给他两个会书法的人，叫他们书写国家的大法和县里的告示，鲁君同意派两个人给他。到达单父县时，宓子贱就要求这两个书吏书写县里的法令和告示，但他却从旁边牵扯着这两个人的手肘，字写得很丑，宓子贱就责备他们。书吏想写好，等到重新书写时，宓子贱仍然去掣肘和阻挠他们。于是书吏感到苦闷，辞职而去。回到京城后把在单父县的过程和辞职的原因告诉鲁君。鲁君听了之后说："宓子贱担心我会干扰他的工作，妨碍他的施政方针。"于是命令他的大臣不要擅自去征收单父县的一切赋税。果然单父县在宓子贱的感化下治理得非常好。

【原文】

晋人伐楚，三舍不止，大夫曰："请击之。"庄王曰："先君之时，晋不伐楚，及孤之身，而晋伐楚，是寡人之过也，如何其辱诸大夫也？"大夫曰："先君之时，晋不伐楚，及臣之身，而晋伐楚，是臣之罪也。请击之。"庄王俛泣而起，拜诸大夫。晋人闻之曰："君臣争以过为在己，且君下其臣犹如此，所谓上下一心，三军同力，未可攻也。"乃夜还师。孔子闻之曰："楚庄王霸其有方矣，下士以一言而敌还，以安社稷，其霸不亦宜乎？《诗》曰：'柔还能迩，以定我王。'此之谓也。"［新序·杂事第四］

【释义】

晋人伐楚,楚人已经退避九十里,晋人的攻击仍然不停止。楚国的大夫说:"请允许臣反击吧。"楚庄王说:"我们的前代君王在位的时候,晋国不攻打楚国,但是,到了我掌管楚国,晋国却来攻打我们,'这是我的罪过啊。如果下令攻击晋国,楚国的大夫必然要受到羞辱和伤害,怎么能让大夫因此而受到侮辱呢?"大夫说:"前代君王还在的时候,晋国不攻打楚国,但是,到了臣担任大夫,晋国却来攻打我们,这是臣的罪过。请允许臣反击吧。"楚庄王低下头哭泣了一会儿,然后站起身,对各位大夫施以拜礼。晋国人听说这件事后说:"国君和臣子都把罪过往自己身上揽,而且国君在臣子面前表现得那么谦卑有礼,可见是上下同心,三军也同心协力啊。由此看来,楚国恐怕是攻打不成啊。"于是,晋国人连夜退兵回国了。孔子听说之后说:"楚庄王能成为一代霸主,是理所当然的。对臣下能够谦卑有礼,凭借一句话就使敌兵退去了,因此,社稷得以安宁,难道他成为霸主不是合情合理的吗?《诗经》中说:'宽容谦卑待远近,因此安定我君王。'正是这个道理啊。"

【原文】

郑人游于乡校,以议执政之善否,然明谓子产曰:"何不毁乡校?"子产曰:"何为?夫人朝夕游焉,以议执政之善否,其所善者,吾将行之;其所恶者,吾将改之,是吾师也,如之何毁之?吾闻为国忠信以损怨,不闻作威以防怨。岂不遽止?譬之若防川也,大决所犯,伤人必多,吾不能救也。不如小决之使导,吾闻而药之也。"然明曰:"蔑也,乃今知吾子之信,可事也,小人实不材。若果行,此其郑国实赖之,岂惟二三臣。"仲尼闻是语也,曰:"以是观之,人谓子产不仁,吾不信也。"[新序·杂事第四]

【释义】

郑国人到乡校休闲聚会,议论执政者施政措施的好坏。郑国大夫然明对子产说:

"把乡校毁了,怎么样?"子产说:"为什么毁掉? 人们早晚干完活儿回来到这里聚一下,议论一下施政措施的好坏。他们喜欢的,我们就推行;他们讨厌的,我们就改正。这是我们的老师。为什么要毁掉它呢? 我听说尽力做好事以减少怨恨,没听说过依仗权势来防止怨恨。难道很快制止这些议论不容易吗? 然而那样做就像堵塞河流一样:河水大决口造成的损害,伤害的人必然很多,我是挽救不了的;不如开个小口导流,不如我们听取这些议论后把它当作治病的良药。"然明说:"我从现在起才知道您确实可以成大事。小人确实没有才能。如果真的这样做,恐怕郑国真的就有了依靠,岂止是有利于我们这些臣子!"孔子听到了这番话后说:"照这些话看来,人们说子产不行仁义,我不相信啊。"

【原文】

哀公问孔子曰:"寡人生乎深宫之中,长于妇人之手,寡人未尝知哀也,未尝知忧也,未尝知劳也,未尝知惧也,未尝知危也。"孔子辟席曰:"吾君之问,乃圣君之问也。丘,小人也。何足以言之?"哀公曰:"否,吾子就席。微吾子无所闻之矣。"孔子就席,曰:"然君入庙门,升自阼阶,仰见榱栋,俯见几筵,其器存,其人亡。君以此思哀,则哀将安不至矣? 君昧爽而栉冠,平旦而听朝,一物不应乱之端也,君以此思忧,则忧将安不至矣? 君平旦而听朝曰,晏而退,诸侯之子孙必有在君之门廷者,君以此思劳,则劳将安不至矣? 君出鲁之四门,以望鲁之四郊,亡国之墟列必有数矣,君以此思惧,则惧将安不至矣? 丘闻之:'君者,舟也,庶人者,水也,水则载舟,水则覆舟。'君以此思危,则危将安不至矣? 夫执国之柄,履民之上,懔乎如以腐索御彝焉。《易》曰:'履虎尾。'《诗》曰:'如履薄冰,不亦危乎?'"哀公再拜,曰:"寡人虽不敏,请事斯语矣。"

[新序·杂事第四]

【释义】

鲁哀公问孔子说:"我从小生在深宫里,在妇人手里长大,我从来不知道什么是悲哀,从来不知道什么是忧愁,从来不知道什么是劳苦,从来不知道什么是恐惧,从来不知道什么是危险。"孔子说:"您所问的,是圣明的君主所问的问题。我孔丘,是个小人啊,哪能知道这些?"哀公说:"不是这样的,你坐下来。没有您,我就无法使自己开窍。"孔子于是就座,说:"您走进宗庙的大门向右,从东阶走上去,抬头看屋椽,低头看案几和座席,器物都在,只是见不到先祖的身影。国君由此而引发出哀伤的情感,那么悲哀之情哪会不到来呢? 天刚亮就起床,衣服帽子穿戴整齐,天大亮的时候到朝堂听政,一件事处理不当,往往会成为国家混乱以至亡国的开端。国君以此来心忧国事,那么忧愁之情哪会不到来呢? 太阳出来就处理国家大事,一直要到深夜,各国诸侯及其子孙作为宾客往来,行礼揖让,国君要谨慎地按照礼法规范表现他威严的风度。国君由这样的日常政治活动思考什么是辛劳,那么劳苦的感觉哪会不到来呢? 您走出鲁国国都的四方城门去瞭望鲁国的四郊,那些亡国的废墟中一定有几处茅屋,国君以此想到对天命的惊惧和敬畏,那么恐惧之情哪会不到来呢? 我听说过这样的话:'国君,是船;百姓,是水。水可以载船,也可以使船沉没。'国君由此想到其中的危险,那么危险感哪会不到来呢? 执掌国家的大权,却高高坐在百姓之上,就像拿腐朽的缰绳去拉疾驰的马。《易经》说:'跟在老虎尾巴后面行走。'《诗》曰:'如履薄冰,不是很危险吗?'"哀公再次拜谢,说:"我虽然不聪明,但会照你的话去做。"

【原文】

哀公问于孔子曰:"寡人闻之,东益宅不祥,信有之乎?"孔子曰:"不祥有五,而东益不与焉。夫损人而益己,身之不祥也;弃老取幼,家之不祥也;释贤有不肖,国之不祥也;老者不教,幼者不学,俗之不祥也;圣人伏匿,天下之不祥也。故不祥有五,而东益不与焉。《诗》曰:'各敬尔仪,天命不又。'未闻东益之与为命也。"[新序·杂事第五]

【释义】

鲁哀公问孔子说:"我听说向东边扩展住宅是不吉利的,真是这样吗?"孔子说:

"不吉利的事情有五种,但向东边扩展住宅这事不包括在内。损害别人而为自己捞取更多的利益,这是自身的不吉利;抛弃年老的妻子而再娶年轻的女子,这是家庭的不吉利;放弃贤士不用而任用不肖的人,这是国家的不吉利;年老的人不教育别人,年幼的人又不学习,这是社会的不吉利;圣明的人逃隐,愚笨的人专权这是天下的不吉利。总之,不吉利的事情有五种,向东边扩展住宅并不包括在内。《诗经》说:'各自威仪要慎重,天命一去不再来。'我没听说过向东边扩展住宅与命运有关系。"

【原文】

孔子北之山戎氏,有妇人哭于路者,其哭甚哀,孔子立舆而问曰:"曷为哭哀至于此也?"妇人对曰:"往年虎食我夫,今虎食我子,是以哀也。"孔子曰:"嘻!若是,则曷为不去也?"曰:"其政平,其吏不苛,吾以是不能去也。"孔子顾子贡曰:"弟子记之,夫政之不平而吏苛,乃甚于虎狼矣。"《诗》曰:"降丧饥健,斩伐四国。"夫政不平也,乃斩伐四国,而况二人乎? 其不去宜哉。[新序·杂事第五]

【释义】

孔子往北要到山戎氏,有妇人在路边哭得非常悲哀,孔子停下车问她:"为什么哭得这样哀痛?"妇人说:"去年老虎吃了我的丈夫,今年吃了我的儿子,所以伤心哀哭。"孔子说:"啊! 既然是这样,为什么不离开呢?"妇人回答说:"这里的政治不苛严,官吏不残暴,所以我不能离开。"孔子回过头对子贡说:"你记住这件事情! 如果地方上的政局不平又官吏很苛暴,比猛虎还要厉害呀。"《诗经》说:"降下饥馑,万民残伤。"如果地方上的政局不平,就会导致万民残伤,就不仅仅是两个人了。不离开是对的。

【原文】

士尹池为荆使于宋,司城子罕止而觞之。南家之墙,拥于前而不直,西家之潦,经其宫而不止。士尹池问其故，司城子罕曰："南家，工人也，为鞔者也。吾将徙之，其父曰：'吾恃为鞔，已食三世矣，今徙，是宋邦之求鞔者，不知吾处也，吾将不食，愿相国之忧吾不食也。'为是故吾不徙。西家高，吾宫卑，潦之经吾宫也利，为是故不禁也。"士尹池归荆，适兴兵欲攻宋，士尹池谏于王曰："宋不可攻也。其主贤，其相仁。贤者得民，仁者能用人，攻之无功，为天下笑。"楚释宋而攻郑。孔子闻之曰："夫修之于庙堂之上，而折冲于千里之外者，司城子罕之谓也。"［新序·刺奢］

【释义】

士尹池为楚国出使到宋国去，司城子罕宴请他。子罕南边邻居的墙向前突出却不拆了它重新垒直，西边邻居家的积水流经子罕家的院子他却不加制止。士尹池询问这是为什么。司城子罕说："南边邻居家是做鞋的工匠，我要让他搬家，他的父亲说：'我家靠做鞋谋生已经三代了，现在如果搬家，那么宋国人想要买鞋的，就不知道我的住处了，我将不能谋生。希望相国您怜悯我们将无法谋生的难处。'因为这个缘故，我没有让他搬家。西边邻居家院子地势高，我家院子地势低，积水流过我家院子很便利，所以没有加以制止。"士尹池回到楚国，楚王正要发兵攻打宋国，士尹池劝阻楚王说："不可以攻打宋国。它的国君贤明，相国仁慈。贤明的人能得到人民的拥护，仁慈的人别人能为他效力。楚国去攻打它，大概不会有功，而且还要为天下所耻笑吧！"所以楚国放弃了宋国而去攻打郑国。孔子听到这件事后说："在朝廷上修明政治，从而挫败了千里之外的敌人，大概说的是宋城子罕吧！"

【原文】

鲁孟献子聘于晋，宣子觞之三徙，钟石之悬，不移而具。献子曰："富哉家！"宣子曰："子之家孰与我家富？"献子曰："吾家甚贫，惟有二士，曰颜回，兹无灵者，使吾邦家安平，百姓和协，惟此二者耳！吾尽于此矣。"客出，宣子曰："彼君子也，以①养贤为富。我鄙人也，以钟石金玉为富。"孔子曰："孟献子之富，可著于《春秋》。"［新序·刺

【注释】

①养御览四百七十二引作畜。

【释义】

鲁国孟献子出访晋国,韩宣子一连换了三个饮酒的地方。这三个地方都备有金钟编磬,不用现场搬动。孟献子说:"您家里真富有啊!"韩宣子说:"您看您的家和我的家相比谁更富有呢?"孟献子说:"我的家很穷,只有两个士,一个叫颜渊,另一个叫兹无灵,能使我的国家安定,百姓和谐,只有这两个人。我的财富就在这儿。"孟献子走了之后,韩宣子说:"孟献子是真正的君子啊,以养育贤人为富有。而我是凡夫俗子,以贮存金玉钟磬为富有。"孔子说:"孟献子的富有,可以记在《春秋》里。"

【原文】

孔子见宋荣启期,年老白首,衣弊服,鼓琴自乐。孔子问曰:"先生老而穷,何乐也?"启期曰:"吾有三乐:天生万物,以人为贵,吾得为人,一乐也;人生以男为贵,吾得为男,二乐也;人生命有殇夭,吾年九十余,是三乐也。贫者士之常,死者人之终,居常以守终,何不乐乎?"[《新序·御览》三百八十三引]

【释义】

孔子看到荣启期,年纪很大头发全白了,身穿破旧的衣服,弹着瑟唱起歌。孔子问他:"先生年纪大又很贫穷,为什么高兴啊?"荣启期答道:"我的快乐有三个:上天生长万物,只有人最尊贵,我已经能够做人,是第一件快乐的事。人中又以男人最尊贵,我已经是个男人,这是第二件快乐的事。人生难免死于婴儿之时,而我年龄已有九十多岁了,这是第三件快乐的事。贫穷对士人来说是很正常的,死亡是人生的终点。我身处正常状态而等待人生终结,还有什么可忧虑的呢?"

【原文】

赵简子欲专天下,谓其相曰:"赵有犊仇,晋有铎鸣,鲁有孔丘,吾杀三人者,天下可王也。"于是乃召犊仇、铎鸣而问政焉,已即杀之。使使者聘孔子于鲁,以胖牛肉迎于河上。使者谓船人曰:"孔子即上船,中河必流而杀之。"孔子至,使者致命,进胖牛之肉。孔子仰天而叹曰:"美哉水乎! 洋洋乎,使丘不济此水者,命也夫!"子路趋而进曰:"敢问何谓也?"孔子曰:"夫犊仇、铎鸣,晋国之贤大夫也。赵简子未得意之时,须而后从政,及其得意也,杀之。黄龙不反于涸泽,凤凰不离其蔚罗。故刳胎焚林则麒麟不臻,覆巢破卵则凤皇不翔,竭泽而渔则龟龙不见。鸟兽之于不仁,犹知避之,况丘乎! 故虎啸而谷风起,龙兴而景云见,击庭钟于外,而黄钟应于内,夫物类之相感,精神之相应,若响之应声,影之象形,故君子违伤其类者。今彼已杀吾类矣,何为之此乎!"于是遂回车,不渡而还。[《新序·三国志·魏刘廙传》注引]

【释义】

赵简子想独专天下,对他的宰相说:"赵国有犊仇,晋国有铎鸣,鲁国有孔丘,我把这三人杀了,就可以图谋天下了。"于是他把铎鸣、犊仇招来,任命他们为官,后来把他们杀了。又派人去鲁国聘请孔子,用胖牛肉作为礼物在河边迎接孔子。使者对船夫说:"孔子上了船,在河中央就杀了他。"孔子到了,使者表达赵简子的意思,并献上胖牛肉。孔子仰天长叹道:"多么壮美的滔滔河水啊! 我孔丘在此无法过河,是命运的安排吧?"子路上前问道:"敢问先生为何这样说呢?"孔子说:"铎鸣、犊仇,是晋国贤良的大夫。赵简子没有显达的时候,与他们一样名闻天下。等到他显达的时候,却把他们杀掉自己做了大官。黄龙不会回到干涸的沼泽,凤凰不会离开蔚罗。所以剖腹焚烧幼胎,就不会有麒麟,倾覆鸟巢毁灭卵蛋,凤凰也无法飞翔;为了捕鱼而放干湖泽之水,蛟龙也无法游走。鸟兽对于不仁的事情,尚且知道回避,何况我呢? 所以老虎啸叫山谷就会起风,蛟龙兴起景云就会出现,在外面击打庭钟,黄钟就会在里面呼应。同类事物会相互感应,精神会相互呼应,就像声音的回音,身体的影子,所以君子不会做伤害同类的事。现在赵简子已经杀了我的同类,我为什么还要去呢?"于是回到车里。没有渡河而是返回了。

【原文】

孔子曰:"圣人虽生异世,相袭若规矩。"[《新序·文选》孙子荆为石苞与孙皓书注引]

【释义】

孔子说:"圣人虽然生在不同的年代,但都承袭相同的规矩。"

【原文】

孔子谓曾子曰:"君子不以利害义,则耻辱安从生哉!官怠于宦成,病加于少愈,祸生于怠惰,孝衰于妻子。察此四者,慎终如始。"[《新序》薛据《孔子集语》引]

【释义】

孔子对曾子说:"君子不会因为利益而舍弃大义,这样,耻辱怎么还能滋生呢?官员会在事业有成时懈怠,疾病会在病情缓和时加重,灾祸会在懈怠懒惰时发生,孝心会因为妻子和儿女而衰退。审察这四方面,慎独就会和开始时一样。"

【原文】

孔子曰:"奂乎其有文章,伴乎其无涯际。"[《圣证论》孔晁日《诗·大雅卷·阿疏》引孔晁引孔子曰○今从玉函山房辑佚书收入《圣证论》]

【释义】

孔子说:"文章很有文采,广大没有边际。"

【原文】

仲尼叙书,上谓天谈,下谓民语。兼该男女,究其表里。[《正部论·意林》四引]

【释义】

孔子作书,向上说是谈论天理,向下说是谈论民情。并且议论男女之间的事,考究他们的外表和内心。

【原文】

仲尼门人哺道醇,饮道宗。[《正部论·御览》四百三引]

【释义】

孔子的弟子向孔子学习的,都是纯朴的初始之道。

【原文】

鲁哀公问于孔子曰:"吾闻君子不博,有之乎?"孔子对曰:"有之。"哀公曰:"何为其不博也?"孔子对曰:"为其有二乘。"哀公曰:"有二乘则何为不博也?"孔子对曰:"为行恶道也。"哀公惧焉。有间曰:"若是乎君子之恶角道之甚也!"孔子对曰:"恶恶道不能甚,则其好善道亦不能甚。好善道不能甚,则百姓之亲之也亦不能甚。《诗》云:'未见君子,忧心惙惙。亦既见止,亦既觏止,我心则悦。'诗之好善道之甚也如此!"哀公曰:"善哉!吾闻君子成人之美,不成人恶。微孔子,吾焉闻斯言也哉!"[说苑·君道]

【释义】

　　鲁哀公问孔子说："我听说君子不用下棋做游戏，有这回事吗？"孔子回答说："有这回事。"哀公又问："为什么君子不用棋做游戏呢？"孔子回答说："因为棋里有黑白两道。"哀公问："有黑白两道为什么就不能用棋做游戏呢？"孔子回答说："因为怕做坏事。"哀公对此也感到害怕了。过了好一会儿，哀公说："像这样子，君子讨厌做坏事太厉害了吧！"孔子回答说："如果不能非常地讨厌坏事，也就不能非常地喜欢好事。如果不特别地喜欢好事，那么百姓就不会特别亲近你。《诗经》说：'没有见到君子，心里一直很忧闷。若是见到了他，若是遇到了他，我心里就会喜悦。'《诗经》里也是这样非常喜欢好事啊！"哀公说："很好！我听说君子成人之美，不成人之恶，若不是孔子，我哪能听到这样的话呢！"

【原文】

　　虞人与芮人质其成于文王。入文王之境，则见其人民之让为士大夫；入其国，则见其士大夫让为公卿。二国者相谓曰："其人民让为士大夫，其士大夫让为公卿，然则此其君亦让以天下而不居矣。"二国者，未见文王之身，而让其所争，以为闲田，而反。孔子曰："大哉文王之道乎！其不可加矣。不动而变，无为而成，敬慎恭己而虞、芮自平。故《书》曰："惟文王之敬忌。'此之谓也。"〔说苑·君道〕

【释义】

　　虞人和芮人要到文王面前去评理。刚进入文王的境内，就看见文王的百姓谦让如士大夫；再走进他的国都，又看见士大夫谦让如公卿。于是虞国人和芮国人互相说："文王的百姓谦让如士大夫，士大夫又谦让如公卿，那么，这样的君王也会把天下谦让给别人，自己不做君王。"虞、芮两国来人深感惭愧，虽然没有见到文王，他们却把原来所争执的土地让出来作为闲田，然后各自回去。孔子说："文王治国的方法真伟大呀！再没有比这伟大了。没有强迫举动，百姓却随着他变，没有作为，却自有成就，文王敬慎克己才会使虞人和芮人的争端自动平息。因此《尚书》说：'只以文王的恭敬忌讳为榜样。'说的就是这个道理。"

【原文】

楚昭王有疾，卜之曰："河为祟。"大夫请用三牲焉。王曰："止。古者先王割地制土，祭不过望。江、汉、睢、漳，楚之望也，祸福之至，不是过也；不谷虽不德，河非所获罪也。"遂不祭焉。仲尼闻之曰："昭王可谓知天道矣，其不失国，宜哉。"［说苑·君道］

【释义】

楚昭王得病了，占卜的人说："黄河之神在作怪。"大夫们请求在郊外祭祀。楚昭王说："不要。古代先王分封土地，祭祀不超越本国的山川。长江、汉水、睢水、漳水，是楚国的大川。祸福的来到，不会超过这些地方。我即使没有德行，也不会得罪黄河之神。"于是就不去祭祀。孔子说："楚昭王理解大道理。他不失去国家，是当然的了！"

【原文】

孔子曰："文王似元年，武王似春王，周公似正月。文王以王季为父，以太任为母，以太姒为妃，以武王、周公为子，以泰颠、闳夭为臣，其本美矣。武王正其身以正其国，正其国以正天下，伐无道，刑有罪，一动天下正，其事正矣。春致其时，万物皆及生；君致其道，万人皆及治。周公戴己，而天下顺之，其诚至矣。"［说苑·君道］

【释义】

孔子说："文王好像元年，武王好像春秋，周公好像正月。文王把王季做父亲，把太任做母亲，把太姒做妃子，武王和周公是他的儿子，泰颠和闳夭是他的大臣，他的本质纯美啊。武王先端正自己的品行,再来治理他的国家,治理好国家再治理天下,征伐无道的人,惩罚有罪的人,他一行动,天下就得到治理,他做的事正确啊。春天按照时节到来,万物都能及时生长,君王尽心尽职,万民都能得到治理。周公克己奉公,天下的人都顺从他,他的诚意到了极顶。"

【原文】

孔子曰:"夏道不亡,商德不作;商德不亡,周德不作;周德不亡,《春秋》不作;《春秋》作而后君子知周道亡也。"[说苑·君道]

【释义】

孔子说:"夏不灭亡,商朝就不会兴起;商朝不灭亡,周朝就不会兴起;周朝不灭亡,就不会编写《春秋》;《春秋》写成以后,君子才知道周道衰亡。"

【原文】

子贡问孔子曰:"今之人臣孰为贤?"孔子曰:"吾未识也。往者,齐有鲍叔,郑有子皮,贤者也。"子贡曰:"然则齐无管仲,郑无子产乎?"子曰:"赐,汝徒知其一,不知其二。汝闻进贤为贤耶? 用力为贤耶?"子贡曰:"进贤为贤。"子曰:"然。吾闻鲍叔之进管仲。也闻子皮之进子产也。未闻管仲、子产有所进也。"[说苑·臣术]

【释义】

子贡问孔子说:"如今大臣中谁最贤?"孔子说:"我不清楚。过去,齐国有鲍叔,郑国有子皮,他们都是贤能的人。"子贡说:"然而齐国的管仲,郑国的子产就不算贤人吗?"孔子说:"子贡,你只知其一,不知其二。你听说过推荐贤才的人是贤人呢? 还是为国出力的人是贤人?"子贡说:"为国家推荐贤才的人是贤人。"孔子说:"对呀。我听说鲍叔推荐管仲,子皮推荐子产,没有听说管仲、子产推荐什么人。"

【原文】

孔子曰:"君子终日言,不遗己之忧,终日行,不遗己之患,唯智者有之。故恐惧所以除患也,恭敬所以越难也。终日为之,一言败之,可不慎乎!"[《韩诗外传》薛据《孔子集语》引]

【释义】

孔子认为:有德行的人每天为人处世,从来不给自己招来忧患,这样的修为,只有智者才能做到。所以说焦虑能给自己免除灾祸,谨慎能给自己避难。长时间所做的努力,很可能被一点小事毁掉,一定要谨慎啊!

【原文】

自古封太山禅梁甫①者,万有余家,仲尼观之不能尽识②。[韩诗史记补三皇本纪引]

【注释】

①《史记·孝武本纪》索引梁甫作梁父。
②同上,引识作绿。

【释义】

自古以来,被称作泰山梁父的人,多得数不过来,孔子不能全部都知道。

【原文】

孔子渡江,见之异众,莫能名。孔子尝闻河上人歌曰①"鸹兮鸹兮,逆毛衰兮,一身九尾长兮,鸹鸹也"。[韩诗广韵五第十三末鸹字注引]

【注释】

①大戴礼十三卢注引作汉诗内传曰:鹈鹕胎生,孔子渡江见而异之。

【释义】

孔子渡江,看见一个与众不同的动物,说不上它的名字。孔子曾经听船上的人说:"鸹啊鸹啊,九尾鸟啊,一个身子九条尾巴,是鸹鸹。"

【原文】

《将归操》者,孔子之所作也。赵简子循执玉帛,以聘孔子。孔子将往,未至,渡狄水,闻赵杀其贤大夫窦鸣犊,喟然而叹之曰:"夫赵之所以治者,鸣犊之力也。杀鸣犊而聘余,何丘之往也? 夫燔林而田,则麒麟不至;覆巢破卵,则凤凰不翔。鸟兽尚恶伤类,而况君子哉?"于是援琴而鼓之云:"翱翔于卫,复我旧居;从吾所好,其乐只且。"〔琴操〕

【释义】

《将归操》是孔子写的。赵简子带着玉帛,聘请孔子到赵国。孔子启程,还没到赵国,在渡狄水的时候,听说赵简子杀了贤明的大夫窦鸣犊,孔子长叹一声:"赵国之所以能长治久安,是窦鸣犊的功劳啊,杀了他,聘请我,我能有什么作为呢? 如果把燔林毁了,开垦成田地,那么麒麟就不会来了,把鸟巢毁掉,卵就会掉下来,那么凤凰就不会栖息了。鸟兽都能不伤害同类,更何况是有德行的人呢?"于是,孔子弹琴,唱到:"我还是回到卫国吧,那里有我的旧居,还是从事我喜欢的事情吧,那样才快乐:"

【原文】

《猗兰操》者,孔子所作也。孔子历聘诸侯,诸侯莫能任。自卫反鲁,过隐谷之中,见芎兰独茂,喟然叹曰:"夫兰当为王者香,今乃独茂,与众草为伍,譬犹贤者不逢时,与鄙夫为伦也。"乃止车援琴鼓之云:"习习谷风,以阴以雨。之子于归,远送于野。何彼苍天,不得其所。逍遥九州,无所定处。世人暗蔽,不知贤者。年纪逝迈,一身将老。"自伤不逢时,托辞于芎兰云。[琴操]

【释义】

《猗兰操》是孔子写的。孔子周游列国,各国诸侯都不能任用他。最后孔子从卫国返回鲁国,在一个山谷中看见芎兰长得很茂盛,长叹一声:"芎兰的香气应该是王者的香气,现在这么茂盛,却与杂草为伍,这就像有贤德的人生不逢时,与山野村夫为伍一样啊。"于是,孔子从车上下来,弹琴唱到:"习习谷风,以阴以雨。之子于归,远送于野。何彼苍天,不得其所。逍遥九州,无所定处。世人暗蔽,不知贤者。年纪逝迈,一身将老。"以芎兰为比喻,悲伤自己生不逢时。

【原文】

《龟山操》者,孔子所作也。齐人馈女乐,季桓子受之,鲁君闭门不听朝。当此之时,季氏专政,上僭天子,下畔大夫,贤圣斥逐,谗邪满朝。孔子欲谏不得,退而望鲁,鲁有龟山蔽之。辟季氏于龟山,托势位于斧柯;季氏专政,犹龟山蔽鲁也:伤政道之陵迟,闵百姓不得其所,欲诛季氏,而力不能。于是援琴而歌云:"予欲望鲁兮,龟山蔽之。手无斧柯,奈龟山何?"[琴操]

【释义】

《龟山操》是孔子写的。齐国人给季桓子进献了一批美女,季桓子接受了,从此居住深宫,不处理朝政。这个时候,季氏专政,挟天子令诸侯,排斥圣贤的人,整个朝堂充斥着奸佞小人。孔子想进谏,却没办法达到目的,于是就回到了鲁国,鲁国被龟山遮挡着。季氏在齐国当政,就像是龟山遮挡着鲁国一样。孔子想改变这样的情况,驱

孔子家语 通解

孔子言行录

逐季氏，但力不能及。于是弹琴唱道："予欲望鲁兮，龟山蔽之。手无斧柯，奈龟山何？"

【原文】

孔子使颜渊执辔，到匡郭外。颜渊举策指匡，穿垣曰："往与阳虎。"正从此人，匡人闻其言，孔子貌似阳虎，告匡君曰："往者阳虎，今复来至。"乃令桓魋围孔子，数日不解，弟子皆有饥色。于是孔子仰天而叹曰："君子固亦穷乎！"子路闻孔子之言悲感，悖然大怒，张目奋剑，声如钟鼓，顾①谓二三子曰："使吾有此厄也！"孔子曰："由，来！今汝欲斗名，为戮我于天下，为汝悲歌而感之，汝皆和我。"由等唯唯，孔子乃引琴而歌，音曲甚哀，有暴风击拒，军士僵仆。于是匡人乃知孔子圣人，瓦解而去。〔琴操〕

【注释】

①今本"顾"上有"孔子"二字，无"曰由来"以下十四字。从《御览·人事部》引改。

【释义】

孔子让颜回驾车，到达了匡的城外，颜回拿着马鞭指着匡城说："阳虎曾经到过这里。"匡人听到这句话，以为孔子就是阳虎，就去告诉匡城国君说："以前来过的阳虎，现在又来了。"于是，匡君命令桓魋包围孔子，很长时间都不放行，孔子弟子们都饿得皮包骨头。于是孔子仰天长叹说："君子无路可走了！"子路听见孔子这么悲伤，就怒发冲冠，张大眼睛，手拿宝剑，声如洪钟，环视其他人说："为什么我们有这样的厄运啊！"孔子说："子路，来！现在你想去以争斗闻名，让天下人以为我有杀戮之名。我现在给你做一首歌，你们都来和我。"子路等人连忙答应，孔子开始弹琴唱歌，声调很悲伤，就像是暴风来了，将士们都冻僵卧倒了一样。因此，匡人才知道了孔子是圣人，于是，给孔子放行了。

【原文】

孔①子游于腊山,见取薪而哭。长梓上有孤鹣,乃承而歌之。[琴操·北堂书钞一百六十一引]

【注释】

①陈禹谟本作:孔子游于山隅,见梓树上有孤鹣,乃承而歌之。

【释义】

孔子在腊山上游玩,看到砍柴人就很伤心.看见梓树上有一只鹣鸟,就和着鹣鸟的鸣叫而唱歌。

腊山

【原文】

孔子游于泰山,见薪者哭,甚哀。孔子问之,薪者曰:"吾自伤,故哀尔。"[琴操·艺文类聚三十四引]

【释义】

孔子在泰山游玩,看到砍柴人伤心地哭泣,孔子问对方怎么了,对方说:"我感叹于自身的辛苦,所以很悲伤。"

【原文】

鲁哀公十四年,西狩,薪者获麟,击之,伤其左足,将以示孔子。孔子道与相逢,见,倪而泣,抱麟曰:"尔孰为来哉!孰为来哉!"反袂拭面,乃歌曰:"唐虞世兮麟凤游,今非其时来何求,麟兮麟兮我心忧!"仰视其人,龙颜日月。夫子奉麟之口,须臾取三卷图,一为赤伏,刘季兴为王。二为周灭,夫子将终。三为汉制,造作《孝经》。夫子还,谓子夏曰:"新主将起,其如得麟者。"[琴操·艺文类聚十引]

【释义】

鲁哀公十四年,西部狩猎,砍柴的人捕获了一只麒麟,伤了它的左脚,想把这只麒麟拿给孔子看。孔子在路上与麒麟相逢,见了之后.很伤心,抱着麒麟说:"你为什么要来,你为什么要来?"用袖子擦泪,歌唱道:"在唐尧虞舜的时候,麒麟和凤凰常常到这个世界上来游,人人都看得见,现在不是唐虞那个时候,你来干什么呢?"看看孔子自己,与麒麟长得很像。孔子有感而发,不一会儿就取出了三卷图画:一是预言,刘季兴即将称王。二是周朝灭亡,孔子即将逝世。三是汉朝将有《孝经》。孔子归来,对子夏说:"新的君主即将升起,就像得到麒麟一样。"

【原文】

槃操又名息陬操,其辞曰:"干泽而渔,蛟龙不游;覆巢毁卵,凤不翔留。惨予心悲,还原①息陬。"[琴操·绎史孔子类记一引]

【注释】

①《古诗源》一引原作"辕"。

【释义】

槃操又叫息陬操,歌词是:"把湖水弄干了来捕鱼,蛟龙就不会游来,把鸟巢翻转过来,毁掉其中的卵,凤凰就将飞走,永不回返。"

【原文】

孔子曰:"书之重,辞之复。呜呼! 不可不察,其中必有美者焉。"[《公羊解诂》僖

【释义】

孔子说:"词语反复,哎呀! 不能不留心啊,其中一定有关好的一面。"

【原文】

孔子曰:"知①和而和,不以礼节之,亦不可行也。"[《公羊解诂》宣公九年]

【注释】

①《论语·学而篇》以此为有子言。

【释义】

孔子说:"为和谐而和谐,不以礼来节制和谐,也是不可行的。"

【原文】

孔子曰:"皇象元,逍遥术,无文字,德明谥。"[《公羊解诂》成公八年疏云《春秋》说之文○古微书收入春秋纬说题辞○玉函山房辑佚书收入春秋辑元命苞]

【释义】

孔子说:"帝王的品德已经实行起来,实行逍遥之术,没有文字,德行很盛名。"

【原文】

孔子曰:"三皇设言民不违,五帝画像世顺机,三王肉刑揆渐加,应世黠巧奸伪多。"[《公羊解诂》襄公二十九年疏云《孝经》说之文○玉函山房辑佚书收入孝经纬鉤命诀]

【释义】

孔子说："三皇的言行，人民不会违背，五帝的思想，世世代代传下来。三王设立的刑法比较多，是因为世上的奸诈之徒比较多。"

【原文】

颊谷之会，齐侯作侏儒之乐，欲以执定公。孔子曰："匹夫而荧惑于诸侯者，诛！"于是诛侏儒，首足异处。齐侯大惧，曲节从教。[《公羊解诂》定公十年疏曰家语及《晏子春秋》文也]

【释义】

颊谷大会上，齐侯拿侏儒取乐，想把侏儒献给定公。孔子说："一个人向诸侯进行媚惑，应该杀！"于是，杀了侏儒。齐侯大惊，从此循规蹈矩。

【原文】

郈，叔孙氏所食邑；费，季氏所食邑。二大夫宰吏数叛，患之，以问孔子。孔子曰："陪臣执国命，采长数叛者，坐邑有城池之固，家有甲兵之藏故也。"季氏说其言而堕之。[《公羊解诂》定公十二年疏云《春秋》说有此文]

【释义】

郈，是叔孙氏的封地，费，是季氏的封地。二位大夫的大臣经常叛乱，他们很忧虑，就来请教孔子。孔子认为："诸侯的大臣执行命令而叛变，是因为他们的封地很坚固，士兵很充足。"于是季氏照着孔子所说的，把这些都毁掉了。

【原文】

夫子素案图录，知庶姓刘季当代周，见薪采者获麟，知为其出，何者？麟者，木精；

薪采者,庶人燃火之意,此赤帝将代周。[《公羊解诂》哀公十四年疏云盖见中候]

【释义】

孔子从谶纬之学中得知刘季会取代周王朝,他看见砍柴人捕获麒麟,所以知道原因。麒麟是树木的精华,薪柴是大众用以燃烧的材料,这说明赤帝将取代周朝。

【原文】

得麟之后,天下血书鲁端门曰:"趋作法,孔圣没,周姬亡,彗东出。秦政起,胡破术。书记散,孔不绝。"子夏明日往视之,血书飞为赤鸟,化为白书,署曰:《演孔图》,中有作图制法之状。[《公羊解诂·哀公十四年疏》云:"《演孔图》之文也。"]

【释义】

猎获麒麟之后,有用血书写成的文字从天而降,掉到鲁国端门上:"赶快做事情吧,孔子将要去世,大周朝将要灭亡,彗星从东方升起。秦始皇将要统一天下,文字记录等都会散失,但孔子的学术不会灭亡。"第二天,孔子的学生子夏到端门去看,血书飞起来变成了红色的鸟,变成了一张图,上面标识说:"《演孔图》,上面画着孔子画图来描画政治方略的模样。"

【原文】

孔子自因鲁史记而修春秋,制素王之道。[《公羊传·卢钦序(左氏传)序疏引》]

【释义】

孔子自己以鲁国的历史为主线而编撰了《春秋》一书,成就了素王的思想学术体系。

【原文】

孔子以四科教士,随其所喜,譬如市肆,多列杂物,欲置①之者并至。[桓子《新论》,《意林》三引]

【注释】

①置,恐买之误。

【释义】

孔子用四门学科的知识教授给学生们,顺从他们的喜好。就像在市场上一样,多多摆放各种物品,要购买物品的人就都来买了。

【原文】

孔子曰:"阳三阴四,位之正也。三者东方之数,东方日之所出,又圆者径一而开三也。四者西方之数,西方日之所入,又方者径一而取四也。言日月终天之道。故易卦六十四,分上下,象阴阳也。奇偶之数,取之于乾坤。乾坤者,阴阳之根本;坎离者,阴阳之性命。分四营而成易,十有八变而成卦。卦象定吉凶,明得失,降五行,分四象,顺则吉,逆则凶,故曰吉凶悔吝生乎动。又曰明得失于四序,运机布度,其气转易,主者亦当,则天而行,与时消息,安而不忘亡,将以顺性命之理,极蓍龟之源,重三成六,能事毕矣。分天地乾坤之象,益之以甲乙壬癸,震巽之象配庚辛,坎离之象配戊己,艮兑之象配丙丁,八卦分阴阳、六位、五行,光明四通,变易立节。天地若不变易,不能通气。五行迭终,四时更废,变动不居,周流六虚,上下无常,刚柔相易,不可以为典要,惟变所适。吉凶共列于位,进退明乎机要。易之变化,六爻不可据,以随时所占。"[京氏易传下]

【释义】

孔子说："阳爻居三，阴爻居四，这是正位。从五行生数图得出东对应三，东方是太阳升起的地方。又因为天圆的直径为一，其周长则约为三。西对应四，西方是太阳落下的地方。且地方的边长为一，其周长则为四。所谓"日月终天之道"，像阳三阴四一样相对相分。所以易卦六十四卦，分上下两经，象征阴阳。奇偶之数，生成乾坤卦爻之象。乾和坤，是阴阳的根本；坎和离，是阴阳的性命。要经过四次经营，才能成为《易经》的一变，积十八变而完成一卦。卦象能够定吉凶之事，明得失之理，产生五行，分为四象，顺应的话就是吉，违背的话就是凶，所以说人一动，就会发生或吉、或凶、或悔、或吝的结果。又说从阴阳、六位、五行、星宿中能明白得失，运筹帷幄精心布置，精气就会转入易中，主者承担下来，那么天道就会运行，随时间的推移而兴盛衰亡，自身保全时不忘记消亡，就会顺应生命的规律，探究占卜用的蓍龟的含义，两个三爻的单卦相重成为六爻，事情就成功了。乾坤二分天地阴阳之术，又分甲乙壬癸，庚阳入震，辛阴入巽，戊阳入坎，己阴入离，丙阳入艮，丁阴入兑，八卦分阴阳、六位、五行，光明四通八达，易就成为节气。天地如果不变化，就不能循环变动。五行不循环，四时不更替，其表现形式变化多端，充满整个宇宙，上下无常，刚柔相互变动，对这些变化，都不可把它看死，要把这一根本规律看成是不断变化的。吉凶都有可能，进退要看准时机。易的变化，不能完全依据六爻，要随时占卜。"

【原文】

孔子易[①]云："有四易：一世二世为地易，三世四世为人易，五世六世为天易，游魂归魂为鬼易。八卦鬼为系爻，财为制爻，天地为义爻，福德为宝爻，同气为专爻。龙德十一月在子，在坎卦，左行。虎刑五月午，在离卦，右行。甲乙庚辛天官，申酉地官。丙丁壬癸天官，亥子地官。戊己甲乙天官，寅卯地官。壬癸戊己天官，辰戌地官。静为悔，发为贞，贞为本，悔为末。初爻上，二爻中，三爻下，三月之数以成。一月初爻三

日，二爻三日，三爻三日，名九日。余有一日，名曰闰余。初爻十日为上旬，二爻十日为中旬，三爻十日为下旬。三旬三十，积旬成月，积月成年。八八六十四卦，分六十四卦，配三百八十四爻，成万一千五百二十策，定气候二十四，考五行于运命。人事天道，日月星辰，局于指掌。吉凶见乎其位，系乎吉凶，悔吝生乎动。寅中有生火，亥中有生木，巳中有生金，申中有生水，丑中有死金，戌中有死火，未中有死木，辰中有死水。土兼于中。建子阳生，建午阴生，二气相冲，吉凶明矣。积算随卦起宫，乾坤震巽坎离艮兑，八卦相荡，二气阳入阴，阴入阳，二气交互不停，故曰生生之谓易。天地之内，无不通也。乾起巳，坤起亥，震起午，巽起辰，坎起子，离起丑，艮起寅，兑起申。于六十四卦，遇王则吉，废则凶，冲则破，刑则败，死则危，生则荣。考其义理，其可通乎！分三十为中，六十为上，三十为下，总一百二十，通阴阳之数也。新新不停，生生相续，故淡泊不失其所，确然示人。阴阳运行，一寒一暑，五行互用，一吉一凶，以通神明之德，以类万物之情。故《易》所以断天下之理，定之以人伦而明王道。八卦建五气，立五常，法象乾坤，顺于阴阳，以正君臣父子之义。故《易》曰：元亨利贞。夫作《易》所以垂教，教之所被，本被于有无。且《易》者，包备有无。有吉则有凶，有凶则有吉，生吉凶之义，始于五行，终于八卦。从无入有，见灾于星辰也；从有入无，见象于阴阳也。阴阳之义，岁月分也；岁月既分，吉凶定矣。故曰八卦成列，象在其中矣。六爻上下，天地阴阳运转，有无之象，配乎人事。八卦仰观俯察，在乎人，隐显灾祥，在乎天，考天时，察人事，在乎卦。八卦之要，始于乾坤，通乎万物。故曰《易》，穷则变，变则通，通则久。久于其道，其理得矣。卜筮非袭于吉，唯变所适，穷理尽性于兹矣。"［京氏易传下］

【注释】

①困学记闻引"易"字在"云"下。

②汉魏从书本"起"下有"卯"字。

【释义】

孔子评论《易经》说:"《易经》有四种:每宫首卦的一、二世卦叫地易,三、四世卦叫人易。五世六世叫天易,游魂归魂叫鬼易。八卦中,鬼为系爻,财为制爻,父母为义爻,子孙为窦爻,兄弟为专爻。阳气十一月在子中气冬至,在坎卦,向左旋顺行。阴气在五月午中气夏至,在离卦,向右旋顺行。甲乙庚辛在天官,申酉在地官。丙丁壬癸在天官,亥子在地官。戊己甲乙在天官,寅卯在地官。壬癸戊己在天官,辰戌在地官。静为外卦,发为内卦,内卦是根本,外卦是末端。初爻居上.二爻居中,三爻居下,三月的时间就形成了。每个月初爻主三天,二爻主三天,三爻主三天,一共九天。还有一天,就叫闰余。初爻的十日为上旬,二爻的十日为中旬,三爻的十日为下旬。三旬三十天,积旬成月,积月成年。八八六十四卦,配上三百八十四爻,成为一万一千五百二十策,来制定二十四节气,考察五行的运命。人事天道、日月星辰统统纳入其中,就像放在手掌中一样。吉凶与位置有关系,与吉凶相联系,凡是一动,就会发生或吉、或凶、或悔、或吝的结果。寅中有生火,在东方,亥中有生木,在北方,巳中有生金,在南方,申中有生水,在西方,丑中有死金,在北方,戌中有死火,在西方,未中有死木,在南方,辰中有死水,在东方。土居在中间位置。十一月建子阳气生发,五月建午阴气生发,二气相冲突,吉凶就很明了了。积算随八卦起宫,乾、坤、震、巽、坎、离、艮、兑,八卦相互震荡,阳气进入阴气,阴气进入阳气,相互混杂,所以说生生不息就叫易。天地之间,这个道理都通用。乾起巳,坤起亥,震起午,巽起辰,坎起子,离起丑,艮起寅,兑起申。在六十四卦中,遇到王就吉祥,被废就会凶险,冲击就会击破,受刑就会失败,死亡就会危险,生存就会光荣。仔细考究其中的道理,就会发现是通顺的:三十个数为中,六十个数为上,三十个数为下,总共一百二十,是通阴阳的数字。新鲜的事物不停息,新生的事物相接续,所以淡泊就不会失去居所,以刚强坚定的面貌示人。阴阳运行,寒暑交替,五行互用,凶吉相继,以通晓上天神明的旨意,表达万物的感情。所以《易经》才能够判断天下的道理,制定人伦,而张扬王道。八卦建立五气,树立五常,取法乾坤,顺于阴阳,以端正君臣、父子之间的礼仪。所以《易经》说:开始,亨通,利益,通正。创作《易经》是为了教诲百姓,教诲遍及的地方,包括有形的和无形的。而且《易经》包含有形和无形的东西。有吉祥的就有凶险的,有凶险的就有吉祥的,《易经》里蕴涵的吉祥和凶险的含义,起源于五行,终止于八卦。星辰的运行,告人以灾异,真是有形可见的。阴阳的变化,消息盈虚是无形可见的。阴阳的变化,规定一年节气的区分。节气区分了,人事的吉凶就定下来了。所以说八卦形成出现,各自有其所代表的象。一卦六爻,周流上下,告人天地阴阳的运转,有形和无形的天象,配合人事。八卦观测天象的变化,主要在于人,告人以灾祥在于天,考察天时的变化,观察人事的吉凶,就在于卦。八卦的精要,起始于乾坤,贯通于万物。所以说《易经》,事情发展到了尽头,就要转变,有了转变才会通达,能通达才能持久发展下去。长久地研究它,就会明白其中的道理。卜筮并非承袭于吉,只是通过变化来适应,所穷尽的是通过《易》所包含的道德内容的天人之性。"

【原文】

夫子曰:"八卦因伏羲,暨于神农。重乎八纯,圣理元微,易道难究。迄乎西伯父子,研理穷通,上下囊括,推爻考象,配卦世应,加乎星宿,局于六十四所,二十四气,分天地之数,定人伦之理,验日月之行,寻五行之端。灾祥进退,莫不因兹而兆矣。故考天地、日月、星辰、山川、草木、虫鱼、鸟兽之情状,运气生死休咎,不可执一隅。故曰:易含万象。"〔京氏易积算法困学纪闻引〕

【释义】

孔子说:"八卦始于伏羲,神农加以改进。重视八纯卦,圣明的道理很微妙,易经的真相很难穷究。等到西伯姬昌父子,悉心钻研,穷通极理,囊括上下,推演考究爻象,给世爻、应爻配卦,加上星宿,局限于六十四个地方,二十四个节气,区分天地的运数,制定人间伦理,检验日月运行,查询五行的端倪。灾祸、吉祥、前进、后退,都能从中得到预示。所以考察天地、日月、星辰、山川、草木、虫鱼、鸟兽的情况、运气、生死、休咎,不可局限于一处。所以说:易经里包含世间万象。"

【原文】

仲者,中也。尼者,和也。言孔子有中和之德,故曰仲尼。[《孝规安昌侯说·孝经开宗明义章疏引》,刘瓛述张禹之义。]

【释义】

"仲",是中的意思。"尼",是和的意思。说的是孔子有中和的美德,所以叫仲尼。

【原文】

邱为聚,尼为和。[《孝经义疏·孝经开宗明义章疏引》梁武帝以为。○今从《玉山山房辑佚书》收入《孝经义疏》]

【释义】

"邱",是聚集的意思。"尼",是中和的意思。

【原文】

孔子有疾,哀公使医视之:医曰:"子居处饮食何如?"孔子曰:"丘春居葛笼,夏居密阳,秋不风,冬不炀,饮食不匮,饮酒不勤。"医曰:"是良药也。"[《公孙尼子》,《御览》二十一又七百二十四引]

【释义】

孔子生病了,哀公派医生去探望。医生说:"您起居饮食怎么样?"孔子说:"我春天住在用葛草建造的屋子里,夏天居住在浓荫遮蔽不见阳光的地方,秋天吹不到风,冬天不干燥,饮食不缺乏,喝酒不频繁。"医生说:"这就是良药啊!"

【原文】

孔子作《春秋》,正春正秋,所以重历也。[《洪范五行传》,《御览》十六引]

【释义】

孔子编撰《春秋》,以立春所在月为正月,也以立秋所在月为正月。所以历法重复了。

【原文】

鲁哀公祖载其父,孔子问曰:"宁设桂树乎?"哀公曰:"不也。桂树者,起于介子推。子推,晋之人也。文公有内难出国之狄,子推随其行,割肉以续军粮。后文公复国,忽忘子推,子推奉唱而歌,文公始悟。当受爵禄,子推奔介山,抱木而烧死。国人葬之,恐其神魂賨于地,故作桂树焉。吾父生于宫殿,死于枕席,何用桂树为?"[《丧服要记》,《水经注》六引]

【释义】

鲁哀公用枢载车上行祖祭之礼,将要安葬他的父亲,孔子问他:"难道您要选用桂树吗?"哀公说:"不是的,用桂树做枢,起源于介子推。子推,是晋国人。晋文公遇到内乱逃出晋国跑到狄国,子推跟随他一起赶路,割下自己身上的肉来接续代替已经吃完的粮食。后来晋文公恢复了君主的地位,疏忽遗忘了子推,子推恭敬地唱和诵读,晋文公才刚刚想起来。正要接受爵位俸禄之时,子推跑到介山之中,抱着树被烧死了。晋国人埋葬他,怕他的神灵魂魄降落到地下,因此用桂树给他做棺枢。我的父亲生在宫殿之中,死在枕席之上,为什么要用桂树做灵枢呢?"

【原文】

昔者鲁哀公祖载其父,孔子问曰:"宁设五谷囊乎?"哀公曰:"不也。五谷囊者,起伯夷叔齐,不食周粟而饿死首阳山,恐魂之饥,故作五谷囊。吾父食味含哺而死,何用此为?"[《丧服要记》,《艺文类聚》八十五又《御览》七百四引]

【释义】

从前,鲁哀公将要安葬他的父亲,孔子问他:"难道您要选用五谷囊吗?"鲁哀公说:"不是的。五谷囊起源于伯夷叔齐,他们因为不吃大周朝的粮食而在首阳山中饿死,人们怕他们的魂魄饥饿,因此作了五谷囊。我的父亲吃了味道鲜美的东西,口中含着食物死去的,用这个干什么?"

【原文】

鲁哀公葬父,孔子问曰:"宁设菰庐乎?"哀公曰:"菰庐起太伯,太伯出奔,闻古公崩,还赴丧,故作菰庐,以障其尸。吾父无太伯之罪,何用此为?"[《丧服要记》,《御览》五百四十八引]

【释义】

鲁哀公要安葬他的父亲,孔子问他:"难道您要选用菰庐吗?"鲁哀公说:"菰庐起源于太伯,太伯出逃,听到古公死了,返回来奔丧,所以制作了菰庐,用来遮蔽尸体。我的父亲没有太伯的罪过,用这个干什么?"

【原文】

鲁哀公葬父,孔子问曰:"宁设桐人乎?"哀公曰:"桐人起于虞卿。虞卿,齐人。遇恶继母,不得养父,死不能葬,知有过,故作桐人。吾父生得供养,何桐人为?"[《丧

【释义】

鲁哀公将要安葬自己的父亲,孔子问他:"难道您不选用桐人吗?"鲁哀公说:"桐人起源于虞卿。虞卿,是齐国人。碰到了凶恶的继母,不能够赡养父亲,父亲死了也不能够将其安葬,知道自己有错误,因此制作了桐人。我的父亲生前得到了很好的赡养,用桐人干什么?"

【原文】

鲁哀公葬其父,孔子问曰:"宁设魂衣乎?"哀公曰:"魂衣起宛荆。宛荆于山之下①,道逢寒死,友人羊角哀往迎其尸,魂②神之寒,故作魂衣。吾父生服锦绣,死于衣被,何用魂衣为?"[《丧服要记》,《御览》八百八十六引]

【注释】

①疑有脱文,即左伯桃事。

②魂,疑恐之讹。

【释义】

鲁哀公将要安葬自己的父亲,孔子问他:"难道您不选用魂衣吗?"鲁哀公说:"魂衣起源于宛荆。宛荆在山下面,行路途中被冻死了,他的朋友羊角哀去接回他的尸体,怕魂魄神灵寒冷,因此制作了魂衣。我的父亲生前穿的是锦绣织成的衣服,死的时候穿着衣服,盖着被子,用魂衣干什么?"

【原文】

昔者鲁哀公祖载其父,孔子问曰;"宁设三桃汤乎?"答曰:"不也。桃汤者,起于卫灵公。有女嫁楚,乳母送新妇就夫家,道闻夫死,乳母欲将新妇还,新妇曰:'女有三从,今属于人,死当卒哀。'因驾素车白马进到夫家,治三桃汤以沐死者,出东门北隅,礼三终,使死者不恨。吾父无所恨,何用三桃汤焉?"[《丧服要记》,《御览》九百六十七引]

【释义】

鲁哀公将要安葬自己的父亲,孔子问他:"难道您不选用三桃汤吗?"回答说:"不用。桃汤,起源于卫灵公。他的女儿要嫁到楚国,奶娘送新娘到丈夫家去,路上听说丈夫死了,奶娘想带着新娘回来,新娘说:'女人要遵守三从,现在嫁给人家,人家死了应该完成哀悼。'于是驾白车白马进入丈夫家中,制作三桃汤来给死者沐浴,从东门北墙角出去,数次行礼完毕,使死者没有遗憾。我的父亲没有什么遗憾,为什么要用三桃汤?"

【原文】

鲁哀公葬父,孔子问:"宁设衰门乎?"哀公曰:"衰门,起于禹。禹治水,故表①其门间,以纪其功。吾父无功,何用此为?"[《丧服要记》,《御览》五百四十八引]

【注释】

①衰表之讹。

【释义】

鲁哀公将要安葬自己的父亲,孔子问他:"难道您不选用衰门吗?"鲁哀公说:"衰门起源于大禹。大禹治理水患,因此标志他家的门庭,来纪念他的功德。我的父亲没有什么功德,用这个干什么?"

【原文】

孔子览史记，就是非之说，立素王之法。[《左氏传解诂·左氏传序疏》引贾达《春秋序》，今从《玉函山房辑佚书》，收入《左氏传解诂》]

【释义】

孔子阅读历史记载，凭借是非的说法，建立了素王的学术体系。

【原文】

孔子自卫反鲁，考正礼乐，修《春秋》，约以周礼，三年文成。致麟麟感而至，取龙为水物，故以为修母致子之应。[《左氏传解诂·左氏传哀公十四年疏》引贾达，服虔颖容等皆以为。○今从《玉函山房辑佚书》收入《左氏传解诂》]

【释义】

孔子从卫国返回鲁国，考订修正礼乐，编撰《春秋》，以周礼为规范，写了三年终于完成。以致麒麟受到感应而出现了，认为龙是水中的事物，因此认为是编撰母亲的事情而招致了孩子的到来的感应。

【原文】

仲尼自卫反鲁，修《春秋》，立素王。丘明为素臣。[《左氏传》杜预《序》]

【释义】

孔仲尼从卫国返回鲁国，编撰《春秋》，建立了素王的学术体系。左丘明是素臣。

【原文】

仲尼修《春秋》，皆承策为经。丘明之传，博采众记。[《左氏传·隐公七年》杜预

【释义】

孔仲尼编撰《春秋》,都是根据官方书籍编修经典。左丘明的《春秋左氏传》,是广泛地采用众多的记录而成书的。

【原文】

孔子曰:"天子之德,感天地,洞八方。以化合神者称皇,德合天者称帝,德合仁义者称王。"[《七经义纲》,《初学记》九引]

【释义】

孔子说:"天子的德行,感应天地,洞悉八方。凭借造化匹配神灵的称为皇,品行匹配天道的称为帝,品行匹配仁义的称为王。"

【原文】

孔子对①子张曰:"男子三十而娶,女子二十而嫁。女②二十而通织红绩纺之事,黼黻文章之美。不若是,则上无以孝于舅姑,下无以事夫养子也。[《尚书大传·唐传》]

【注释】

①《通典》五十九引无"对子张"三字。
②《周礼媒氏疏》无"女二十而"四字。

【释义】

孔子对子张说:"男人三十岁就要娶妻,女子二十岁就要嫁人。女子二十岁就要掌握纺纱织布的技能,懂得怎样制作衣服上的华美花纹。如果不是这样,就向上不能孝顺公婆,向下不能服侍丈夫养育孩子。"

【原文】

孔子曰:"舜,父顽母嚚,不见室家之端,故谓之鳏。"[《尚书大传·唐传》]

【释义】

孔子说:"舜这个人,父亲母亲都很愚蠢顽固,没有家庭的感觉,所以称他是鳏。"

【原文】

武丁祭成汤,有飞雉升鼎耳而雊。武丁问诸祖己,祖己曰:"雉者,野鸟也,不当升鼎。今升鼎者,欲为用也。远方将有来朝者乎?"故武丁内反诸己,以思先王之道,三年,编发重译来朝者六国。孔子曰:"吾于《高宗肜日》,见德之有报之疾也。"[《尚书大传·殷传》]

【释义】

武丁祭祀成汤,有飞雉降落在鼎耳的上面鸣叫。武丁以这件事询问祖己,祖己说:"雉,是野鸟,不应该降落到鼎上。现在落在鼎上,是想要被任用。远方将要有前来朝见您的人吗?"因此,武丁从内心反省自己,来思索过去统治者的治国方法,三年内,编着发辫而又语言不通的蛮夷来朝觐的有六个国家之多。孔子说:"我在《高宗肜日》中看到了对帝王功德的回报是多么迅速啊!"

【原文】

孔子曰:"文王得四臣,丘亦得四友焉。自吾得回也,门人加亲,是非胥附与?自吾得赐也,远方之士日至,是非奔辏与?自吾得师也,前有辉后有光,是非先后与?自

吾得由也,恶言不入于门,是非御侮与？文王有四臣以免虎口,丘亦有四友以禦侮。[《尚书大传·殷传》]

【释义】

孔子说："文王得到四位贤臣,我这里也得到四位朋友。自从我得到颜回,门人更加亲近,这不是使疏远者相亲附吗？自从我得到端木赐,远方的人们每天都有来的,这不是从远方过来趋附吗？自从我得到颛孙师,前后都有面子,这不是前后相继吗？自从我得到子由,难听的话再也进不了门了,这不是抵御外来的欺侮吗？文王因为有了四位贤臣而脱离了危难,我也因为有了四位朋友而能够抵御外来的欺侮。"

【原文】

孔子曰："吾于《洛诰》见周公之德,光明于上下,勤施四方,旁作穆穆,至于海表莫敢不来服,莫敢不来享,以勤文王之鲜光,以扬武王之大训,而天下大治。故曰圣之与圣也,犹规之相周,矩之相袭也。"[《尚书大传·周传》]

【释义】

孔子说："我在《洛诰》中看到了周公的功德,上对君下对民都光明无私,勤政施于四方,诸侯远方宾客都很恭敬,以至于海外偏远之地的人都没有敢不来臣服的,没有敢不来上供的,来帮助保持周文王的光明,来发扬周武王的圣哲的教言,从而天下非常安定。所以说圣人和圣人之间,就像法规一样互相补充,就像标准方针一样承袭。"

【原文】

《书》曰："高宗梁暗,三年不言。"何谓梁暗也？《传》曰："高宗居倚庐,三年不言,百官总己以听冢宰而莫之违。"此之谓梁暗。子张曰："何谓也？"孔子曰："古者君薨,王世子听于冢宰，三年不敢服先王之服，履先王之位，而听焉。以民臣之义则不可一日无君矣，不可一日无君犹不可一日无天也；以孝子之隐乎，则孝子三年弗居矣。故曰：义者，彼也。隐者，此也。'远彼而近此，则孝子之道备矣。"[《尚书大传·周传》]

【释义】

《尚书》中记载："高宗梁暗，三年不说话。"什么是梁暗呢？《传》解释说："高宗守丧时居住在简陋的棚屋里，三年不说话，百官总摄自己的职责听从冢宰的安排而没有人违抗。"这就是梁暗的意思。子张问："这是什么意思？"孔子说过：'古时候君王去世，王的世子听从冢宰的，三年都不敢穿先王的衣服，登先王的位子，只是听从。以人民臣子的大义来说，不可以一天没有君主，不可以一天没有君主就像不可以一天没有上天一样。对于孝子的

《尚书》书影

伤痛来说，则孝子三年不能好好居住。所以说，义，是远处的事。伤痛，是近处的事。以远处的事为后，近处的事为先，那么孝子的道义就完备了。"

【原文】

子①张曰："尧舜之王，一人不刑而天下治，何则？教诚而爱深也。今一夫而此被五刑。"子龙子曰："未可谓能为书。"孔子曰："不然也。五刑有此教。"[《尚书大传·周传》]

【注释】

①《路史后纪》十一《陶唐纪》:"'子张'作'子贡','曰'下有'传云'二字。"

【释义】

子张说:"尧舜治理国家,不给一个人加以刑罚而天下安定,这是为什么?是因为教诲诚恳而爱民深切。现在一个人就会犯数种罪行。"子龙子说:"不可以说能够被记载下来。"孔子说:"不是这样的。犯数种罪行只用一种刑罚。"

【原文】

孔子曰:"古之刑者省之,今之刑者繁之。其教,古者有礼然后有刑,是以刑省也。今也反是,无礼而齐之以刑,是以繁也。"《书》曰:"伯夷降典礼,折民以刑,谓有礼然后有刑也。"又曰:"兹殷罚有伦,今也反是,诸侯不同听,每君异法,听无有伦,是故知法难也。"[《尚书大传·周传》]

【释义】

孔子说:"古时候刑罚简单,现在刑罚繁多。其中的道理是,古时候先有礼仪规范后有刑罚,所以刑罚简单。现在和原先相反,没有礼仪规范而都用刑罚来规范,所以刑罚繁多。"《尚书》中记载:"伯夷先用典章礼仪来规范,然后才用刑罚来使民众服从,说的是先有礼仪规范然后才用刑罚。"又记载:"原来殷商的刑罚有理有序,现在和原先相反,诸侯的治理方法各不相同,每个君主都有不同的法条,治理没有条理和次序,因此想要懂得法理非常困难。"

【原文】

子曰:"吴、越之俗,男女同川而浴,其刑重而不胜,由无礼也。中国之教,内外有分,男女不同椸钜枷,不同巾栉,其刑重^①而胜,由有礼也。语曰:'夏后氏不杀不刑,罚有罪而民不轻犯。'"[《尚书大传·周传》]

【注释】

①重当作轻。

【释义】

孔子说:"吴、越之地的风俗,男女可以在同一条河里沐浴,他们的刑罚重但不能够服众,是因为没有礼仪。中原地方的教化,是内外有区别,男女不能用同一个衣架,不能用同一把梳子,刑罚重而能够服众,是因为有礼仪。古语说:'夏后氏不杀人,不滥用刑,处罚有罪的人,人们也不轻易犯罪。'"

【原文】

子曰:"今之听民者,求所以杀之。古之听民者,求所以生之。不得其所以生之之道,乃刑杀,君与臣会焉。"[《尚书大传·周传》]

【释义】

孔子说:"现在听取民众的意见,是为了探究为什么杀人。古时候听取民众的意见,是为了探究怎样使人活命。不知道怎样使人活命的方法,就用刑杀的办法,是君主与群臣认真商议的结果。"

【原文】

子曰:"古之听民者,察贫穷,哀孤独,矜寡,宥老幼,不肖无告,有过必赦,小过勿增,大罪勿累,老弱不受刑,有过不受罚。是故老而受刑谓之悖,弱而受刑谓之暴,不赦有过谓之贼,率过以小谓之枳,故与其杀不辜,宁失有罪;与其增以有罪,宁失过以

有赦。"[《尚书大传·周传》]

【释义】

孔子说:"古时候听取民众意见的人,体察贫穷的人,可怜孤独的人,同情寡居的人,对老人和小孩儿都很宽容,遇到不肖的人也不告发,有错误的人必然赦免,小错误不让它扩大,大罪过也不累计惩罚,老人和弱者不受刑罚,有错的人也不受罚。因此老人受到刑罚就是悖谬的,弱者受到刑罚就是暴虐的,不赦免偶有过失的人就是残害人。因为小过而罗织罪名的就是陷害人,因此与其杀无辜的人,宁可错失有罪的人;与其增加人的罪行,不如错失过错而赦免他们。"

【原文】

子曰:"听讼者虽得其情,必哀矜之。死者不可复生,断者不可复续也。"[尚书大传·周传]

【释义】

孔子说:"审案的人虽然了解了罪行的实际情况,但是必然怜悯他。死去的人不可以重获生命,断折的东西不可以再重新接上。"

【原文】

孔子如卫,人谓曰:"公甫不能听讼。"子曰:"非公甫之不能听狱也。公①甫之听狱也,有罪者惧,无罪者耻,民近礼矣。"[《尚书大传·周传》]一薛据《孔子集语》卷下引无"公甫之听狱也"六字。

【释义】

孔子到卫国去,别人说:"公甫不能审案。"孔子说:"不是公甫不能审案。公甫审案的时候,有罪的人惧怕他,没有罪的人觉得羞耻,国民懂得礼仪啊。"

【原文】

子曰:"心之精神是谓圣。"[《尚书大传·略说》]

【释义】

孔子说:"心灵精神上的高尚才称得上是真正的高尚。"

【原文】

子曰:"君子不可以不学,见人不可以不饰。不饰无貌,无貌不敬,不敬无礼,无礼不立。夫远而光者,饰也;近而逾明者,学也。譬之圩邪,水潦集焉,菅蒲生焉,从上观之,谁知非源水也!"[《尚书大传·略说》]

【释义】

孔子说:"君子不可以不学习,会见他人不可以不修饰。不修饰就没有好的外貌,没有好的外貌就是对人不够尊敬,不尊敬就是没有礼数,没有礼数就不能立足。远观其人,衣着亮丽,光彩照人,这是外在的审美,是修饰;通过接触、共事、交谈,使人感到有内在的美,是修养,是学习。就好像水边的堤岸,积水聚集在上面,水草生长在上面,从上面看,谁知道那不是源头的水呢。"

【原文】

子张曰:"仁者何乐于山也?"孔子曰:"夫山者,嵩然高。嵩然高则何乐焉?夫山,草木生焉,鸟兽蕃焉,财用殖焉。生财用而无私为焉,四方皆伐①焉,每无私予焉②,出云风③,以通乎天地之间,阴阳和合,雨露之泽,万物以成,百姓以飨。此仁者之所以乐于山者也。"[《尚书大传·略说》]

【注释】

①《文选·头陀寺碑》注引"代"作"伐"。

②同上引,无"焉""每"二字。

③《御览》三十八引"夙"作"雨"。

【释义】

子张问:"仁者为什么喜欢山呢?"孔子说:"山,高高的样子。高高的样子有什么可喜欢的呢? 山,草木在其中生长,鸟兽在其中聚集,人的财物用度也从中产生。产生财务用度而没有自私的行为在其中,四方的人都来到山中砍伐,每次都是无私给予,产生云和风,来沟通天地之间,阴阳中和契合,有雨水花露的润泽,万物才能成形,百姓才能享用。这就是仁者喜欢山的原因。"

【原文】

子贡曰:"叶公问政于夫子,子曰政在附近而来远;鲁哀公问政,子曰政在于论臣;齐景公问政,子曰政在于节用。三君问政,夫子应之不同,然则政有异乎?"子曰:"荆之地广而都狭,民有离志焉,故曰在于附近而来远。哀公有臣三人,内比周以惑其君,外障距诸侯宾客以蔽其明,故曰政在论臣。齐景公奢于台榭,淫于苑囿,五官之乐不解①,一旦而赐人百乘之家者三,故曰政在节用。"[《尚书大传·略说》]

【注释】

①解当作懈。

【释义】

子贡问:"叶公向夫子询问治国的方法,您说治国的方法在于依附近处的人,招来远方的人;鲁哀公询问治国的方法,您说治国的方法在于对待评价臣子;齐景公询问治国的方法,您说治国的方法在于节约用度。三个国君询问治国的方法,您回答他们的各不相同,难道是治国的方法有不同之处吗?"孔子说:"荆这个地方地域广阔而国都狭小,国民有分离的想法,因此说治国的方法在于依附近处的人,招来远方的人。鲁哀公有三个臣子,对内联合起来蛊惑他们的君主,对外阻塞诸侯宾客来遮掩君主的眼光,因此说治国的方法在于对待评价臣子。齐景公花很多钱建筑楼台轩榭和池苑猎场,注重身体感官的享受,一天之内有很多次赏赐别人百乘的家私,因此治国的方法在于节约用度。"

【原文】

东郭子思问于子贡,曰:"夫子之门,何其杂也?"子贡曰:"夫隐括之旁多枉木,良医之门多疾人,砥砺之旁多顽钝。"夫子闻之,曰:"修道以俟天下,来者不止,是以杂也。"[《尚书大传·略说》]

【释义】

东郭子思问子贡,说:"孔夫子的门人为什么那么杂乱呢?"子贡说:"矫正邪曲的器具旁边有很多弯曲的木条,好医生门内有很多病人,磨刀石旁边有很多钝器。"孔子听说了,说:"修明道德来等待天下之人,来人没有停止过,所以杂乱。"

【原文】

子夏读《书》毕,见夫子。夫子问焉:"子何为于《书》?"对曰:"《书》之论事也,昭昭若日月之明,离离若参辰之错行。上有尧舜之道,下有三王之义。商所受于夫子者,志之弗敢忘也。虽退而穷居河济之间,深山之中,壤室编蓬为户,于中弹琴咏先王之道,则可发愤慷慨矣。"[《尚书大传·略说》]

【释义】

子夏读完了《尚书》，拜见孔子。孔子问他："你为什么要读《尚书》?"子夏回答说："《尚书》记载的事件，光明灿烂像太阳、月亮的光辉，明亮耀眼像星星交错在天空中。前有尧舜治理天下的原则，后有三王开创天下的主张。凡是我从先生这里学习的《尚书》篇章，牢记在心不敢遗忘。即使退隐穷居河济之间、深山之中，垒个土屋、用蓬草编成门户，常常在此弹琴以歌颂先王之道，就可以勤奋学习慨叹世事。"

【原文】

子夏读《书》毕，孔子问曰："吾子何为于《书》?"子夏曰："《书》之论事，昭昭若日月焉，所受于夫子者，弗敢忘。退而穷居河济之间，深山之中，壤室蓬户，弹琴瑟以歌先王之风，有人亦乐之，无人亦乐之。上见尧舜之道，下见三王之义，可以忘死生矣。"孔子愀然变容曰："嘻! 子殆可与言《书》矣。虽然见其表，未见其里，窥其门，未入其中。"颜回曰："何谓也?"孔子曰："丘常①悉心尽志以入其中，则前有高岸，后有大溪，填填正立而已。《六誓》可以观义，《五诰》可以观仁，《甫刑》可以观诚，《洪范》可以观度，《禹贡》可以观事，《皋陶谟》可以观治，《尧典》可以观美。"[《尚书大传·略说》]

【注释】

①常与尝通。

【释义】

子夏读完了《尚书》。孔子问他："你为什么要读《尚书》?"子夏回答说："《尚书》记载的事件，光明灿烂像太阳、月亮的光辉，我从先生这里学习的东西，都不敢忘记。即使退隐穷居河济之间、深山之中，垒个土屋、用蓬草编成门户，常常在此弹琴以歌颂先王之道,有人理解我,我觉得快乐,无人理解我,我也觉得快乐。上有尧舜治理天下的原则,下有三王开创天下的主张,可以让人忘记生死。"孔子突然变了脸色说:"啊!你现在可以谈论《尚书》了。然而你还只看到了它的外表,还没有看到里面的内容。只从门外窥看,还没进入房子里面。"颜渊说:"怎么这么说呢?'孔子说:"我曾经专心致志地探索,已经进入到里面,看见前面有高耸的河岸,后面有幽深的峡谷,它里面如此清凉,我就在那里久久站立。《六誓》可以观道义,《五诰》可以观仁德,《甫刑》可以观戒律,《洪范》可以观君主法度,《禹贡》可以观政事,《皋陶谟》可以观典章教化,《尧典》可以观礼乐之美。"

【原文】

子曰:"参!女以为明主为劳乎?昔者舜左禹而右皋陶,不下席而天下治。"[《尚书大传·略说》]

【释义】

孔子说:"参!你以为贤明的君主很劳累吗?从前舜左边有禹,右边有皋陶,自己不下席,而天下就被治理得井井有条。"

【原文】

子夏读《书》毕,见于夫子。夫子问焉:"子何为于《书》?"子夏对曰:"《书》之论事也,昭昭如日月之代明,离离若星辰之错行,上有尧舜之道,下有三王之义。商昕受于夫子,志之于心,弗敢忘也。虽退而岩居河济之间,深山之中,作壤室,编蓬户,尚弹琴其中,以歌先王之风。则可以发愤慷慨,忘己贫贱。有人亦乐之,无人亦乐之,而忽不知忧患与死也。"夫子造然变色曰:"嘻!子殆可与言《书》矣。虽然见其表,未见其里也。"颜渊曰:"何为也?"子曰:"窥其门而不入其中,观其奥藏之所在乎?然藏又非难也。丘尝悉心尽志以入其则,前有高岸,后有大溪,填填正立而已。是故《尧典》可以观美,《禹贡》可以观事,《咎繇》可以观治,《洪范》可以观度,《六誓》可以观义,《五诰》可以观仁,《甫刑》可以观诚。通斯七观,《书》之大义举矣。"[《尚书大传》孙星衍《孔子集语》四引]

【释义】

　　子夏读完了《尚书》。孔子问他:"你为什么要读《尚书》?"子夏回答说:"《尚书》记载的事件,光明灿烂像太阳、月亮的光辉,明亮耀眼像星星交错在天空中。前有尧舜治理天下的原则,后有三王开创天下的主张。我从先生这里学习的东西,都牢记在心里,不敢忘记。即使退隐穷居河济之间、深山之中,垒个土屋、用蓬草编成门户,常常在此弹琴以歌颂先王之道。就可以勤奋学习慨叹世事,忘掉贫贱,有人理解我,我觉得快乐,无人理解我,我也觉得快乐,可以让人忘记忧患和生死。"孔子突然变了脸色说:"啊!你现在可以谈论《尚书》了。然而你还只看到了它的外表,还没有看到里面的内容。"颜渊说:"怎么这么说呢?"孔子说:"只从门外窥看,不进入房子里面,哪里知道东西放在什么地方呢?然而要知道藏着的东西也并不是难事。我曾经专心致志地探索,已经进入到里面,看见前面有高耸的河岸,后面有幽深的峡谷,它里面如此清凉,我就在那里久久站立。《尧典》可以观礼乐之美,《禹贡》可以观政事,《咎繇》可以观治理,《洪范》可以观君主法度,《六誓》可以观道义,《五诰》可以观仁德,《甫刑》可以观戒律。如果把这七篇读通了,那么就知道《尚书》的大义了。"

四、经书所载孔子言行

【原文】

　　子曰:"易,其至矣乎!"[易·系辞上]

孔子说:"《易经》,说出了最高明的道理!"

【原文】

"鸣鹤在阴,其子和之。我有好爵,吾与尔靡之。"子曰:"君子居其室,出其言善,则千里之外应之,况其迩者乎?居其室,出其言不善,则千里之外违之,况其迩者乎?言出乎身,加乎民,行发乎迩,见乎远。言行,君子之枢机,枢机之发,荣辱之主也。言行,君子之所以动天地也,可不慎乎?"[易·系辞上]

【释义】

"鹤在树荫下啼叫,其子能和声响应,我有好的爵位,将与你一同治理。"孔子说:"君子住在家里,说出有道理的言论,则千里之外的人也会响应,何况是他身边的人呢?如果说出的言论没有道理,那么千里之外的人也会违背他,何况是他身边的人呢?言语是从自己口中发出,而百姓都能听到,行为是从近处着手,而远处也会看到。言行是君子处世的关键枢纽,一发动,就关系到获得光荣还是受辱。言行正是君子感动天地的关键,能不谨慎吗?"

【原文】

"同人,先号咷而后笑。"子曰:"君子之道,或出或处,或默或语,二人同心,其利断金;同心之言,其臭如兰。"[易·系辞上]

【释义】

"志同道合的人,先是痛哭,后又大笑。"孔子说:"君子之道,是该出世就出世,该隐退就隐退,该沉默就沉默,该说话就说话。二人同心,其锋利可以切断金属。心意一致说出的话,气味犹如兰花那样幽香。"

【原文】

"藉用白茅,无咎。"子曰:"苟错诸地而可矣。藉之用茅,何咎之有? 慎之至也。夫茅之为物薄。而用可重也。慎斯术也以往,其无所失矣。"[易·系辞上]

【释义】

"用白茅垫在祭祀品下面,没有灾难。"孔子说:"祭祀品放在地上就可以了,底下还要垫上白茅,会有什么灾难呢? 真是谨慎到极点了呀。茅草是纤薄之物,但用处很大。如果能如此谨慎行事,必能无所错失了。"

【原文】

"劳谦,君子有终,吉。"子曰:"劳而不伐,有功而不德,厚之至也,语以其功下人者也。德言盛,礼言恭,谦也者,致恭以存其位者也。"[易·系辞上]

【释义】

"有功劳而又谦虚的君子,最终有吉利的结果。"孔子说:"有功劳而不夸耀,有功绩而不自以为德,真是忠厚到极点了。这是说那些有功劳但仍谦虚待人的人呀。德行讲求盛明,礼仪讲求恭敬,谦虚正是表现恭敬以保存自己的职位。"

【原文】

"亢龙有悔。"子曰:"贵而无位,高而无民,贤人在下位而无辅,是以动而有悔也。"[易·系辞上又文言]

【释义】

"龙升得太高,反而有所后悔。"孔子说:"尊贵而没有实位,高高在上却失去民心,贤德之人在下位而不来辅佐,因此一有所行动便生悔恨了。"

【原文】

"不出户庭,无咎。"子曰:"乱之所生也,则言语以为阶。君不密,则失臣;臣不密,则失身;几事不密,则害成;是以君子慎密而不出也。"[易·系辞上]

【释义】

"不出门庭,是没有灾难的。"孔子说:"扰乱的产生,是言语以为阶梯。国君不保密,就会失去臣子。臣子不保密,则失去性命。机密的事情不保密,就会造成灾害。所以君子是谨慎守密而不随便说话。"

【原文】

子曰:"作《易》者,其知盗乎?《易》曰:'负且乘,致寇至。'负也者,小人之事也;乘也者,君子之器也。小人而乘君子之器,盗思夺之矣!上慢下暴,盗思伐之矣!慢藏诲盗,冶容诲淫。《易》曰:'负且乘,致寇至。'盗之招也。"[易·系辞上]

【释义】

孔子说:"作《易经》的人,大概知道强盗的心理吧?《易经》说:'背负着东西坐在车上,势必会招致盗寇。'背着东西,本是小人的工作,车子是君子代步的工具。小人坐在君子的工具上,强盗就想抢夺它了。在上位的人傲慢,在下位的人暴敛,强盗就会想侵犯他。不藏好财富,就会招来盗寇的偷盗,女人过于妖冶,就会招来坏人的淫辱。《易经》说:'背着东西坐在车上,就会招来强盗。'正是说明招致寇盗的原因呀。"

【原文】

子曰:"知变化之道者,其知神之所为乎!"[易·系辞上]

【释义】

孔子说:"了解变化道理的人,大概也知道神的所作所为吧!"

【原文】

《易》有圣人之道四焉:以言者尚其辞,以动者尚其变,以制器者尚其象,以卜筮者尚其占。是以君子将有为也,将有行也,问焉而以言,其受命也如响,无有远近幽深,遂知来物。非天下之至精,其孰能与于此。参伍以变,错综其数,通其变,遂成天下之文;极其数,遂定天下之象。非天下之至变,其孰能与于此。《易》,无思也,无为也,寂然不动,感而遂通天下之故。非天下之至神,其孰能与于此。夫《易》,圣人之所以极深而研几也。唯深也,故能通天下之志;唯几也,故能成天下之务;唯神也,故不疾而速,不行而至。子曰"《易》有圣人之道四焉"者,此之谓也。〔易·系辞上〕

【释义】

《易经》展示了圣人的四种道:言语方面会崇尚它的言辞,行动方面会崇尚它的变化,制造器具方面会崇尚它的图像,筮卦方面会崇尚它的占卜。所以君子将有作为,有所行动的时候,探问它,会得到准确的应答,如同回音,无论远近幽深,都可以得知将来事物的变化。不是天下最精深者,谁能如此呢?用三和五来演变,错综其数字的推演,通达其中的变化,终于成就天下的形态。推究数字的变化,就能肇定天下的物象。不是天下最神奇变化者,谁能如此呢?《易经》本身是没有思虑的,是没有作为的,寂静不动的,受到感应就能通达天下的事故。不是天下最神奇美妙者,谁能如此呢?《易经》是圣人探求、研究神机莫测的一门大学问。正因为它的幽深,所以能通达天下人的心志,正因为它的神机莫测,故能成就天下的一切事务,正因为它的神妙,所以它不匆忙却反应快速,不行走而能到达。孔子说"《易经》展示了圣人的四种道",指的就是这些。

【原文】

子曰："夫《易》何为者也？夫《易》开物成务，冒天下之道，如斯而已者也。是故圣人以通天下之志，以定天下之业，以断天下之疑。"［易·系辞上］

【释义】

孔子说："《易经》是作什么的呀？《易经》可以开创万物，成就功业，包括天下一切的道理，如此而已。所以圣人用它来通达天下人的心志，肇定天下的事业，决断天下一切的疑问。"

【原文】

《易》曰："自天祐之，吉，无不利。"子曰："祐者，助也。天之所助者，顺也；人之所助者，信也。履信思乎顺，又以尚贤也。是以自天祐之，吉，无不利也。"［易·系辞上］

【释义】

《易经》说："从上天获得祐助，吉祥而无不利。"孔子说："祐是帮助的意思，上天所帮助的是能顺大道的人。人们所帮助的是诚信的人。履守诚信并且顺从大道，又能崇尚贤能的人，所以获得上天的祐助，吉祥而无不利。"

【原文】

子曰："书不尽言，言不尽意，然则圣人之意，其不可见乎？"子曰："圣人立象以尽意，设卦以尽情伪，系辞焉以尽其言，变而通之以尽利，鼓之舞之以尽神。"［易·系辞上］

【释义】

孔子说:"文字不能完全表达言语,言语不能完全表达心意,那么圣人的心意就不能被了解了吗?"孔子说:"圣人树立象数的规范来表达心意,设置卦象以竭尽万事万物的情态,附上爻辞以表达未能表达的言语,通过卦爻的变化来表现可取的利益,鼓励之,激扬之,以尽量表现神奇奥妙的作用。"

【原文】

《易》曰:"憧憧往来,朋从尔思。"子曰:"天下何思何虑? 天下同归而殊途,一致而百虑,天下何思何虑?"[易·系辞下]

【释义】

《易经》说:"摇曳不定地来来去去,朋友会跟从你的想法。"孔子说:"天下万物有什么样的想法呢? 天下万物都是一样的结局但却是不一样的道路,有同样的目标但却有千百种考虑,普天之下有什么样的想法呢?"

【原文】

《易》曰:"困于石,据于蒺藜,入于其宫,不见其妻,凶。"子曰:"非所困而困焉,名必辱。非所据而据焉,身必危。既辱且危,死期将至,妻其可得见耶?"[易·系辞下]

【释义】

《易经》说:"困在石头中,倚在蒺藜上,回到家中,看不到妻子,不会有好的结果。"孔子说:"不该受困的地方却受困了,声誉一定会被玷污。不该倚靠的地方却倚靠了,自身一定会不安全。既被玷污还不安全,死期就要来到了,怎么可能看到他的妻子呢?"

【原文】

《易》曰:"公用射隼,于高墉之上,获之,无不利。"子曰:"隼者禽也,弓矢者器也,射之者人也。君子藏器于身,待时而动,何不利之有？动而不括,是以出而有获。语成器而动者也。"[易·系辞下]

【释义】

《易经》说:"王公去射在高高的城墙上的鹰,擒获它就无所不利。"孔子说:"鹰是飞禽,弓箭是武器,放出箭的是人。君子身上带着武器,等候时机便行动,这怎么会没有益处呢？行动时运用自如,一行动就有收获,这是强调练好了才行动。"

【原文】

子曰:"小人不耻不仁,不畏不义,不见利不劝,不威不惩;小惩而大诫,此小人之福也。"《易》曰:"屡校灭趾,无咎。"此之谓也。[易·系辞下]

【释义】

孔子说:"小人不知羞愧就不会行仁,无所畏惧就不会行义,没有看到好处不会听从,不受到威胁就不会戒止;惩罚的程度浅便防备,程度深便警惕,这是小人的顺利之处。"《易经》说:"进行比较停止踪迹,没有过失。"说的就是这个意思。

【原文】

子曰:"危者,安其位者也;亡者,保其存者也;乱者,有其治者也。是故,君子安而不忘危,存而不忘亡,治而不忘乱;是以身安而国家可保也。"《易》曰:"其亡其亡,系于苞桑。"[易·系辞下]

【释义】

孔子说:"不安全的,是那些安居其位的人;灭亡的,是那些保住生存的人;叛乱的,是那些有功绩的人。因此,君子在平稳的时候不能忘记危险,在存在的时候不能忘记灭亡,在安定的时候不能忘记动乱,只有这样,才能使自身稳定,国家才能够存留。"《易经》说:"想到灭亡了,要灭亡了,这样才能系在桑树上。"

【原文】

子曰:"德薄而位尊,知小而谋大,力小而任重,鲜不及矣。《易》曰:'鼎折足,覆公悚,其形渥,凶。'言不胜其任也。"[易·系辞下]

【释义】

孔子说:"品德不够深厚却地位尊贵,缺乏智慧却谋求大事,力量不够却担当重任,很少不拖累自己。《易经》说:'鼎足折断,王公的美食洒了出来,自己也被弄脏了,有凶险。'所说的就是不能胜任的意思。"

【原文】

子曰:"知几其神乎?君子上交不谄,下交不渎,其知几乎!几者,动之微,吉凶之先见者也。君子见几而作,不俟终日。《易》曰:'介于石,不终日,贞吉。'介如石焉,宁用终日?断可识矣。君子知微知彰,知柔知刚,万夫之望。"[易·系辞下]

【释义】

孔子说:"知道事情隐微的先机应该说很神妙了吧?君子与在上位的人交往不谄媚,与在下位的人交往不傲慢,大概就算知道事情的先机了吧!所谓先机,是变动发生之前的征兆,也就是吉祥或凶险出现之前的先兆。君子能够看到先机而采取行动,不会整天等着。《易经》说：'比石头还耿介，不用一整天，就能够吉祥。'既然比石头还耿介，怎么会等待一整天呢？一定有他独到的见解。君子知道隐微的先机又能察明，知道柔顺又懂得刚健，因此才能成为万众仰望的人物。"

【原文】

子曰："颜氏之子，其殆庶几乎？有不善未尝不知；知之，未尝复行也。《易》曰：'不远复，无祗悔，元吉。'"［易·系辞下］

【释义】

孔子说："颜回大概接近君子的要求了吧？有错误很快就能察觉，察觉后便不再去做。《易经》说：'走得不远就返回，没有什么悔恨，最是吉祥。'"

【原文】

子曰："君子安其身而后动，易其心而后语，定其交而后求。君子修此三者，故全也。危以动，则民不与也；惧以语，则民不应也；无交而求，则民不与也。莫之与，则伤之者至矣。《易》曰：'莫益之，或击之，立心勿恒，凶。'"［易·系辞下］

【释义】

孔子说："君子先稳定自身之后再作为，心情平静了再讲话，建立了交情再求人。君子能够遵循这三种方法，就不会受到损伤。在不安全的时候作为，民众就不会参与；心情害怕而去讲话，民众就不会响应；没有交情而求人，民众就不会帮助。没有人帮助他，损害的人便来到了。《易经》说：'没有帮助他，却有人打击他，下定的决心不能持久，不会有好结果。'"

【原文】

子曰："乾坤，其《易》之门邪？"［易·系辞下］

【释义】

孔子说:"乾卦和坤卦,是进入《易经》的门吗?"

【原文】

"潜龙勿用。"何谓也? 子曰:"龙,德而隐者也。不易乎世,不成乎名。遁世无闷,不见是而无闷;乐则行之,忧则违之;确乎其不可拔,潜龙也。"[易·文言]

【释义】

"潜龙勿用。"这是什么意思? 孔子说:"龙,有高尚的品德但又隐藏。不为世俗所动摇,不在世上留下名字。远离人世就没有了烦闷,这是因为什么都看不见了,所以就没有了烦闷。高兴了就去做,忧愁了就离开。这的确是坚韧不拔,是真正的潜龙呀。"

【原文】

"见龙在田,利见大人。"何谓也? 子曰:"龙,德而正中者也。庸言之信,庸行之谨,闲邪存其诚,善世而不伐,德博而化。《易》曰:'见龙在田,利见大人。'君德也。"[易·文言]

【释义】

"巨龙出现在田野,利于出现大人。"这是什么意思? 孔子说:"龙,品德优秀而且立身中正。大人说到做到,日常活动谨慎有节,防止出现邪恶的言行并保持诚挚,行为良好而不自夸,道德广博而能感化天下。《易》说:'巨龙出现在田野,利于出现大人。'这是君主的德行。"

【原文】

"君子终日乾乾,夕惕若,厉无咎。"何谓也?子曰:"君子进德修业,忠信,所以进德也。修辞立其诚,所以居业也。知至至之,可与几也。知终终之,可与存义也。是故,居上位而不骄,在下位而不忧。故乾乾,因其时而惕,虽危无咎矣。"[易·文言]

【释义】

"君子每天自强不息,晚上也一样小心谨慎,以避免错误。"这是什么意思?孔子说:"君子进德修业,因为忠贞守信,所以能增进品德,因为言辞真诚,所以能开创基业。知道该做的事就去努力做,这叫作先见之明。知道不该做的事就不做,可以保存道义。所以,居上位者不骄傲,居下位者不烦恼。所以居于上位者要随时反省自己,才能避免灾祸!"

【原文】

"或跃在渊,无咎。"何谓也?子曰:"上下无常,非为邪也。进退无恒,非离群也。君子进德修业,欲及时也,故无咎。"[易·文言]

【释义】

"龙做好准备再飞跃,就不会有太大的危险。"这是什么意思?孔子说:"人生起伏无常,不是妖邪的原因。处于顺境或是逆境的情况都会有,不是说你和别人不一样。君子应该修炼德业,及时去做,这样就没什么大问题了。"

【原文】

"飞龙在天,利见大人。"何谓也?子曰:"同声相应,同气相求。水流湿,火就燥;云从龙,风从虎。圣人作,而万物覩,本乎天者亲上,本乎地者亲下,则各从其类也。"

【释义】

"龙在天上飞,与大人见面是有利的。"这是什么意思? 孔子说:"同类声音互相感应,同样的气息互相求合。水向湿处流,火向干处烧;云彩随着龙吟而出,山风随着老虎的咆哮而生。圣人发奋,而万物显明。依存于天的亲近于上,依存于地的亲近于下,各以类聚从而发挥作用。"

【原文】

《那》,祀成汤也。微子至于戴公,其间礼乐废坏,有正^①考甫者,得《商颂》十二篇于周之大师,以《那》为首。［毛诗那序］①郑笺云:正考甫,孔子七世祖。

【释义】

《那》,专门用来祭祀成汤。微子到戴公期间,礼崩乐坏,正考父从周朝的大师那里得到殷商亡佚的十二篇颂诗,以《那》为首。

【原文】

始冠,缁布之冠也。大古冠布,齐则缁之。其緌也,孔子曰:"吾未之闻也,冠而敝之可也。"［仪礼·士冠礼］

【释义】

第一次加冠用缁布冠。太古时戴白布冠,祭祀斋戒则染成黑色。关于这种冠缨下的緌饰,孔子说:"我没有听说过这种冠有緌饰。"

【原文】

公仪仲子之丧,檀弓免焉,仲子舍其孙而立其子,檀弓曰:"何居? 我未之前闻也。"趋而就子服伯子于门右,曰:"仲子舍其孙而立其子,何也?"伯子曰:"仲子亦犹行古之道也。昔者文王舍伯邑考而立武王,微子舍其孙脯而而立衍也。夫仲子亦犹行古之道也。"子游问诸孔子,孔子曰:"否,立孙。"[礼记·檀弓上]

【释义】

公仪仲子去世了,檀弓用免礼来吊丧,公仪仲子舍弃了嫡孙而立庶子。檀弓说:"为什么呢? 我从未听过这样的礼仪。"于是请教大门右侧的子服伯子,说:"公仪仲子舍弃了嫡孙而立庶子,为什么呢?"伯子说:"仲子行的是古代的礼法:从前文王舍弃了长子伯邑考而立武王,微子也不立嫡孙而立其弟弟衍。仲子行的是古代的礼法。"后来子游问孔子,孔子说:"不对,应该立嫡孙。"

【原文】

子上之母死而不丧,门人问诸子思曰:"昔者子之先①君子丧出母乎?"曰:"然。""子之不使白也丧之,何也?"子思曰:"昔者吾先君子无所失道,道隆则从而隆,道污则从而污,伋则安能? 为伋也妻者,是为白也母,不为伋也妻者,是不为白也母。"[礼记·檀弓上]①孔疏云:先君子谓孔子也。

【释义】

子上的母亲去世了,子上没有服丧。门人问子思说:"从前老师的祖先为母亲服丧吗?"子思说:"是的。""老师不让子上为母亲服丧,为什么呢?"子思说:"以前我的祖先没有失礼的地方,该隆重的地方就隆重,不隆重的地方就不隆重,我怎么能不如此呢? 是我的妻子,就是白的母亲,不是我的妻子,就不是白的母亲。"

【原文】

孔子曰:"拜而后稽颡,颓乎其顺也,稽颡而后拜,颀乎其至也。三年之丧,吾从其

至者。"[礼记·檀弓上]

【释义】

孔子说:"先拜而后稽颡,合乎礼,先稽颡而后拜,合乎情。对于三年之丧,我认为应该合乎情。"

【原文】

孔子既得合葬于防,曰:"吾闻之,古也墓而不坟。今丘也,东西南北之人也,不可以弗识也。"于是封之,崇四尺。孔子先反,门人后,雨甚,至,孔子问焉,曰:"尔来何迟也?"曰:"防墓崩。"孔子不应,三,孔子泫然流涕曰:"吾闻之:古不修墓。"[礼记·檀弓上]

【释义】

孔子把父母亲的灵柩合葬在一起,说:"我听说,古代只有墓没有坟。如今我四海为家,不能不做个标记。"于是堆了土堆,高四尺。孔子先回去了,弟子们还在那儿。下大雨了,弟子们回去了,孔子问:"你们为什么回来晚了?"弟子说:"担心土堆坍塌了。"孔子沉默了一会儿,弟子们再三说,孔子流泪说:"我听说:古代是不堆土的。"

【原文】

孔子哭子路于中庭,有人吊者,而夫子拜之,既哭,进使者而问故。使者曰:"醢之矣。"遂命覆醢。[礼记·檀弓上]

【释义】

孔子在院子里哭子路,使者来凭吊,孔子就拜谢。哭完后,问报丧的使者情况。使者说:"被人剁成肉酱了。"孔子于是把肉酱倒掉了。

【原文】

孔子少孤,不知其墓,殡于五父之衢,人之见之者皆以为葬也,其慎也,盖殡也。问于郰曼父之母,然后得合葬于防。[礼记·檀弓上]

【释义】

孔子年幼时父亲就去世了,所以不知道父亲的墓是深葬还是浅葬,看到的人都以为已经安葬了。母亲死后,为使父母合葬,谨慎起见,母亲的灵柩暂殡。后来问郰地的老人,得知是浅葬,才把父母合葬在防。

【原文】

鲁人有朝祥而莫歌者,子路笑之。夫子曰:"由,尔责于人,终无已夫? 三年之丧,亦已久矣夫?"子路出,夫子曰:"又多乎哉? 逾月则其善也。"[礼记·檀弓上]

【释义】

鲁国有人早晨举行丧祭,下午就唱歌,子路嘲笑他们。孔子说:"由,你责备别人,总是没完吗? 三年的丧期,的确挺长的。"子路离开后,孔子说:"三年真的很长吗? 再过一个月唱歌就好了。"

【原文】

南宫绹之妻之姑之丧,夫子诲之髽曰:"尔毋从从尔,尔毋扈扈尔。盖榛以为笄,长尺而总八寸。"[礼记·檀弓上]

【释义】

南宫绹妻子的姑姑去世了,孔子告诉她髽的系法:"不要系得太高,不要系得太大。用榛做簪子,长一尺,头发垂下八寸。"

孟献子禫,县而不乐,比御而不入。夫子曰:"献子加于人一等矣。"[礼记·檀弓上]

【释义】

孟献子禫祭后,乐器悬挂但不演奏,妻妾陪同但不入寝。孔子说:"孟献子确实超人一等。"

【原文】

孔子既祥,五日弹琴而不成声,十日而成笙歌。[礼记·檀弓上]

【释义】

孔子祥祭后,五天内弹琴不成曲调,十天后吹笙才成曲调。

【原文】

子路有姊之丧,可以除之矣,而弗除也。孔子曰:"何弗除也?"子路曰:"吾寡兄弟而弗忍也。"孔子曰:"先王制礼,行道之人皆弗忍也。"子路闻之,遂除之。[礼记·檀弓上]

【释义】

子路为姊妹服丧,期满可以脱掉丧服了,但他不脱。孔子说:"为什么不脱呢?"子路说:"我没有兄弟,所以不忍心。"孔子说:"先王制定礼仪,崇尚仁义的人都不忍心。"子路听后,就脱掉丧服。

【原文】

伯鱼之母死,期而犹哭。夫子闻之,曰:"谁与哭者?"门人曰:"鲤也。"夫子曰:

"嘻,其甚也!"伯鱼闻之,遂除之。[礼记·檀弓上]

【释义】

伯鱼的母亲去世了,服丧一年后而痛哭。孔子听到哭声,说:"谁在哭?"门人说:"鲤在哭。"孔子说:"哎,已经过礼了。"伯鱼听说后,就不再哭了。

【原文】

伯高之丧,孔氏之使者未至,冉子摄束帛乘马而将之。孔子曰:"异哉,徒使我不诚于伯高。"[礼记·檀弓上]

【释义】

伯高家有丧事,孔子的使者还没到,冉子就带着帛和马去吊丧了。孔子说:"这不一样,只会表示我对伯高没有诚意。"

【原文】

伯高死于卫,赴于孔子。孔子曰:"吾恶乎哭诸?兄弟,吾哭诸庙,父之友,吾哭诸庙门之外,师,吾哭诸寝,朋友,吾哭诸寝门之外,所知,吾哭诸野。于野则已疏,于寝则已重。夫由赐也见我,吾哭诸赐氏。"遂命子贡为之主,曰:"为尔哭也,来者拜之。知伯高而来者,勿拜也。"[礼记·檀弓上]

【释义】

伯高死在卫国,发讣告给孔子。孔子说:"怎么哭呢? 兄弟,我就在宗庙哭。父亲的朋友,我就在庙门外哭。老师,我就在正房哭。朋友,我就在正房门外哭。一般认识的人,我就在郊外哭。在郊外哭显得太疏远,在正房哭显得太隆重。通过子贡介绍我们见面的,那就到子贡的正房哭吧。"于是任命子贡为丧主,说:"因为你而哭,你就拜谢。因为伯高而来的，你就不用拜谢了。"

【原文】

子夏丧其子而丧其明，曾子吊之，曰："吾闻之也，朋友丧明则哭之。"曾子哭，子夏亦哭，曰："天乎！予之无罪也！"曾子怒，曰："商，女何无罪也？吾与女事夫子于洙泗之间，退而老于西河之上，使西河之民，疑女于夫子，尔罪一也。丧尔亲，使民未有闻焉，尔罪二也。丧尔子，丧尔明，尔罪三也。而曰'女何无罪与'？"子夏投其杖而拜，曰："吾过矣！吾过矣！吾离群而索居，亦已久矣。"[礼记·檀弓上]

玉龙佩饰

【释义】

子夏死了儿子，又失明了，曾子来凭吊，说："我听说，朋友失明了应该哭的。"曾子哭了，子夏也哭了，说："天啊！我没有罪呀！"曾子生气了，说："商，你怎么没有罪？我和你在洙泗之间服侍老师，你退回西河安度晚年，使西河的人以为你跟老师一样，这是你的第一个罪过。你的父母去世了，百姓没有听说，这是你的第二个罪过。你的儿子去世了，你又失明了，这是你的第三个罪过。你怎么能说你没有罪过呢？"子夏丢下手杖跪倒，说："我错了！我错了！我离群索居，已经很久了。"

【原文】

孔子之卫，遇旧馆人之丧，入而哭之哀。出，使子贡说骖而赙之。子贡曰："于门人之丧，未有所说骖，说骖于旧馆，无乃已重乎？"夫子曰："予乡者入而哭之，遇于一哀，而出涕，予恶夫涕之无从也。小子行之。"[礼记·檀弓上]

【释义】

孔子去卫国,遇到以前的馆人去世了,于是进去致哀哭泣。出来后,让子贡把拉车的马解下一匹,送给馆人的家人。子贡说:"对于门人的丧事,从来没听说送马的,送马给馆人,是不是太隆重了?"孔子说:"我刚才进去致哀,遇到这种悲哀的事,也流泪哭泣了。我讨厌流泪而没有表示的行为。你还是去办吧。"

【原文】

孔子在卫,有送葬者,而夫子观之,曰:"善哉为丧乎!足以为法矣!小子识之。"子贡曰:"夫子何善尔也?"曰:"其往也如慕,其反也如疑。"子贡曰:"岂若速反而虞乎?"子曰:"小子识之,我未之能行也。"[礼记·檀弓上]

【释义】

孔子在卫国,有人送葬,孔子观看着,说:"送葬的人做得很好!你们可以效仿。你们记住啦。"子贡说:"您为什么如此称赞?"孔子说:"送葬时思念切切,返回时迟疑不前。"子贡说:"那还不如赶紧回来举办仪式呢?"孔子说:"你说得对,我倒疏忽这一点了。"

【原文】

颜渊之丧,馈祥肉,孔子出受之,人弹琴而后食之。[礼记·檀弓上]

【释义】

颜渊办丧事,送来了祭肉,孔子出去收下了,进来后弹完琴才吃祭肉。

【原文】

孔子与门人立,拱而尚右,二三子亦皆尚右。孔子曰:"二三子之嗜学也,我则有

姊之丧故也。"二三子皆尚左。[礼记·檀弓上]

【释义】

孔子和门人站立着,拱手致敬时右手在外,几个门人也跟着右手在外。孔子说:"你们的好学精神很好,我是因为有姊妹去世,所以才尚右。"于是几个门人都尚左了。

【原文】

孔子蚤作,负手曳杖,消①摇于门,歌曰:"泰山其颓乎!梁木其坏乎!哲人其萎乎!"既歌而人,当户而坐。子贡闻之,曰:"泰山其颓,则吾将安仰?梁木其坏、哲人其萎,则吾将安放?夫子殆将病也。"遂趋而入。夫子曰:"赐,尔来何迟也?夏后氏殡于东阶之上,则犹在阼也,殷人殡于两楹之间,则与殡主夹之也,周人殡于西阶之上,则犹宾之也。而丘也殷人也,予畴昔之夜,梦坐奠于两楹之间。夫明王不兴,而天下其孰能宗予?予殆将死也。"盖寝疾七日而没。[礼记·檀弓上]

【注释】

①消摇,释文云:又作逍遥。考文云:古本作逍遥。

【释义】

孔子早起,背着手拖着拐杖,逍遥地在门外唱道:"泰山要塌了。栋梁要坏了。哲人要枯萎了。"唱完后进入屋子,对着门口坐着。子贡听后,说:"泰山塌了,我们敬仰什么呢?栋梁坏了,哲人枯萎了,我们怎么办?恐怕你生病了。"孔子说:"赐,你来的怎么这么迟?夏后氏时,死者殡于东阶之上,表示死者在主位。殷朝时,死者殡于两楹之间,介于主人和客人之间。周朝时,死者殡于西阶之上,处在客人的位置。现在没有明君出现,天下谁会让我坐在尊位呢?我快要死了。"七天后孔子果然病逝了。

【原文】

孔子之丧,门人疑所服。子贡曰:"昔者夫子之丧颜渊,若丧子而无服,丧子路亦然。请丧夫子,若丧父而无服。"孔子之丧,公西赤为志焉,饰棺墙,置翣,设披,周也,设崇,殷也,绸练设旐,夏也。[礼记·檀弓上]

【释义】

孔子去世了,门人商量用什么丧服。子贡说:"从前老师对于颜渊的丧事,好像是儿子的丧事但没有用丧服,对子路也是如此。对于老师,也应该像父亲的丧事但不必穿丧服。"孔子的丧事,公西赤为灵车做标志,设帷帐,放置翣,设置锦带,这是周朝的礼法,设置旌旗,这是殷朝的礼法,旗杆上有白色的带子,这是夏朝的礼法。

【原文】

子夏问于孔子曰:"居父母之仇,如之何?"夫子曰:"寝苫枕干,不仕,弗与共天下也。遇诸市朝,不反兵而斗。"曰:"请问居昆弟之仇如之何?"曰:"仕弗与共国,衔君命而使,虽遇之不斗。"曰:"请问居从父昆弟之仇如之何?"曰:"不为魁,主人能,则执兵而陪其后。"[礼记·檀弓上]

【释义】

子夏问孔子说:"对于父母之仇,应该怎么办?"孔子说:"晚上睡草垫,带着防身之器,不做官,与仇人不共戴天。在路上遇到,立刻与他交战。"子夏问:"对于兄弟之仇怎么办?"孔子说:"不与仇人在一国共事,如果奉命出使他国,即使遇上了也不与之争斗。"子夏问:"对于叔辈、堂兄辈之仇怎么办?"孔子说:"不带头去做,如果亲人去报仇,就应该带上兵器去协助。"

【原文】

孔子之丧,二三子皆经而出,群居则经,出则否。[礼记·檀弓上]

【释义】

孔子死后,弟子们都穿着丧服去送葬,大家在一块时还穿着丧服,出去时就脱了。

【原文】

子路曰:"吾闻诸夫子:丧礼,与其哀不足而礼有余也,不若礼不足而哀有余也;祭礼,与其敬不足而礼有余也,不若礼不足而敬有余也。"[礼记·檀弓上]

【释义】

子路说:"我听老师说:丧礼,与其悲哀不足而礼节周到,不如礼节不足而悲痛有加;祭礼,与其尊敬不足而礼节有余,不如礼节不足而尊敬有余。"

【原文】

子夏既除丧而见,予之琴,和之而不和,弹之而不成声,作而曰:"哀未忘也。先王制礼,而弗敢过也。"子张既除丧而见,予之琴,和之而和,弹之而成声,作而曰:"先王制礼,不敢不至焉。"[礼记·檀弓上]

【释义】

子夏脱掉丧服去见孔子,孔子给他琴,他调琴而不和谐,弹琴而不成曲调,说:"丧亲之哀还没消去。先王制定的礼法不能有失。"子张脱掉丧服去见孔子,孔子给他琴,他调琴而和谐,弹琴而成曲调,说:"先王制定的礼法不能不到最高境界。"

【原文】

弁人有其母死而孺子泣者,孔子曰:"哀则哀矣,而难为继也。夫礼,为可传也,为可继也,故哭踊有节。"[礼记·檀弓上]

【释义】

弁人的母亲去世了,他像孩子似的痛哭。孔子说:"确实应该悲哀,但很难持续下去。礼法是要能传播的,能持续下去的,所以哭踊要有尺度。"

【原文】

孔子曰:"之死而致死之,不仁而不可为也;之死而致生之,不知而不可为也。是故竹不成用,瓦不成昧,木不成斲,琴瑟张而不平,竽笙备而不和,有钟磬而无簨虡,其曰明器,神明之也。"[礼记·檀弓上]

【释义】

孔子说:"送死者安葬而把他看成是死人,这是不仁的,不可行的。送死者安葬而把他看成是活人,这是不明智的,也是不可行的。所以竹子不能用藤编的,陶器不能有光泽,木器要不加修饰,琴瑟张开而没调音律,竽笙备齐而音律未调,有钟磬但没有悬挂的架子,称为明器,是把死者看成是神明。"

【原文】

有子问于曾子曰:"问丧于夫子乎?"曰:"闻之矣:丧欲速贫,死欲速朽。"有子曰:"是非君子之言也。"曾子曰:"参也闻诸夫子也。"有子又曰:"是非君子之言也。"曾子曰:"参也与子游闻之。"有子曰:"然。然则夫子有为言之也?"曾子以斯言告于子游。子游曰:"甚哉!有子之言似夫子也。昔者夫子居于宋,见桓司马自为石椁,三年而不成,夫子曰:若是其靡也,死不如速朽之愈也。死之欲速朽,为桓司马言之也。南宫敬叔反,必载宝而朝,夫子曰:若是其货也,丧不如速贫之愈也。丧之欲速贫,为敬叔言之也。"曾子以子游之言告于有子,有子曰:"然。吾固日非夫子之言也。"曾子曰:"子何以知之?"有子曰:"夫子制于中都,四寸之棺,五寸之椁,以斯知不欲速朽也。昔者夫子失鲁司寇,将之荆,盖先之以子夏,又申之以冉有,以斯知不欲速贫也。"[礼记·檀弓上]

【释义】

有子问曾子说:"你听老师说过关于丢失官位的事吗?"曾子说:"听说过:丢失了就迅速贫困,死后要迅速腐朽。"有子说:"这不是君子说的话。"曾子说:"我听老师说过这话。"有子又说:"这不是君子说的话。"曾子说:"我和子游一起听老师说的。"有子说:"对。那是不是针对某些情况说的?"曾子把这些话告诉了子游。子游说:"不错!有子的话有点像老师的话。从前老师在宋国,看见桓司马为自己做石椁,三年没有完成,老师说:太奢侈了,死后还是迅速腐朽吧。死后迅速腐朽,是针对桓司马说的。南宫敬叔失位后又复得,带着礼物去见国君,老师说:用这么多礼物去复位,失位后还不如迅速贫困。失位后迅速贫困,是针对南宫敬叔说的。"曾子把子游的话告诉了有子。"有子说:"对。我就说过这不是老师的本意。"曾子说:"你怎么知道的?"有子说:"老师任中都宰时制定制度,棺为四寸,椁为五寸,可知人死后不想迅速腐朽。从前老师失去鲁国司寇的职位,想到楚国去,先派子夏去,又派冉有去打听,可见老师失位后还不想迅速贫困。"

【原文】

夫子曰:"始死,羔裘玄冠者,易之而已。"羔裘玄冠,夫子不以吊。[礼记·檀弓上]

【释义】

孔子说:"人刚死,穿羔裘戴黑冠,是要改变的。"面对羔裘黑冠,孔子不吊唁。

【原文】

子游问丧具,夫子曰:"称家之有亡。"子游曰:"有无恶乎齐?"夫子曰:"有,毋过礼。苟亡矣,敛首足形,还葬,县棺而封,人岂有非之者哉?"[礼记·檀弓上]

【释义】

子游问丧礼的器具。孔子说:"要与家里有无相符。"子游说:"家庭财力不一样,怎么统一呢?"孔子说:"财力强的,不要超过礼制的标准。如果家里贫穷,用衣服裹住身体就可以安葬,用绳子悬着放入墓里。人们还能非议吗?"

【原文】

孟献子之丧,司徒旅归四布,夫子曰:"可也。"[礼记·檀弓上]

【释义】

孟献子办完丧事后,其门人把剩余的钱财还给捐赠者了,孔子说:"做得对。"

【原文】

子夏问诸夫子曰:"居君之母与妻之丧,居处言语饮食衎尔。"[礼记·檀弓上]

【释义】

子夏问孔子说:"居国君之母或妻子之丧,居住习惯、言语、饮食都和平时一样。"

【原文】

宾客至,无所馆。夫子曰:"生于我乎馆,死于我乎殡。"[礼记·檀弓上]

【释义】

宾客来了,没有地方住。孔子说:"宾客来了,活着就在我家住,死了,我就给他殡葬。"

【原文】

孔子之丧,有自燕来观者,舍于子夏氏。子夏曰:"圣人之葬人,与人之葬圣人也?子何观焉?昔者夫子言之曰:吾见封之若堂者矣,见若坊者矣,见若覆夏屋者矣,见若斧者矣,从若斧者焉。马鬣封之谓也。今一日而三斩板,而已封,尚行夫子之志乎哉。"[礼记·檀弓上]

【释义】

孔子办丧事,有人从燕国来观看,住在子夏家。子夏说:"这是圣人安葬别人,还是别人安葬圣人?你为什么来观看?以前老师说过:我见过像堂一样的封土,见过像坊一样的封土,见过夏朝的屋顶,见过斧形的封土,我赞从斧形的封土。也就是所说的马鬣封。现在一天筑三板土,已经封顶了。我是在实现老师的愿望。"

【原文】

鲁哀公诔孔丘曰:"天不遗耆老,莫相予位焉。呜呼哀哉,尼父!"[礼记·檀弓上]

【释义】

鲁哀公哀悼孔子说:"上天不留给我这个老人,不辅佐我。悲痛呀,尼父!"

【原文】

孔子恶野哭者。［礼记·檀弓上］

【释义】

孔子讨厌在野外哭丧。

【原文】

殷既封而吊,周反哭而吊,孔子曰:"殷已悫,吾从周。"［礼记·檀弓下］

【释义】

殷朝人在下葬后哀悼,周朝人在返回后再哀悼。孔子说:"殷朝人太质朴,我顺从周朝人。"

【原文】

殷练而祔,周卒哭而祔,孔子善殷。［礼记·檀弓下］

【释义】

殷朝人练祭后再祔祭,周朝人哭后就祔祭,孔子赞成殷朝人的做法。

【原文】

孔子谓"为明器者,知丧道矣,备物而不可用也"。哀哉,死者而用生者之器也!不殆于用殉乎哉?［礼记·檀弓下］

【释义】

孔子认为"明器,表示明白死去的道理,是活人为死者准备的东西,但死者不能用"。可悲呀,死者用活人的东西,不是接近于用活人殉葬了吗?

【原文】

孔子谓"为刍灵者善",谓"为俑者不仁",殆①于用人乎哉。[礼记·檀弓下]

【注释】

①监、毛本"殆"上有"不"字,石经同,岳同,嘉靖本、同卫氏集说同。

【释义】

孔子认为"用草扎成的马车好",认为"用木头做的俑者不好",因为跟人很像。

【原文】

(子游)曰:"闻诸夫子:主人未改服,则不经。"[礼记·檀弓下]

【释义】

子游说:"我听老师说:如果主人不换衣服,吊丧的人不用加麻制的孝服。"

【原文】

子张曰:"司徒敬子之丧,夫子相,男子西乡,妇人东乡。"[礼记·檀弓下]

【释义】

子张说:"司徒敬子的丧事,老师担任礼相,男人向西站着,女人向东站着。"

【原文】

穆伯之丧,敬姜昼哭,文伯之丧,昼夜哭。孔子曰:"知礼矣。"[礼记·檀弓下]

【释义】

穆伯死后,他的妻子敬姜只在白天哭。后来她的儿子文伯死了,她白天夜里都哭。孔子说:"懂礼节。"

【原文】

子张问曰:"《书》云:高宗三年不言,言乃讙。有诸?"仲尼曰:"胡为其不然也?古者天子崩,王世子听于冢宰三年。"[礼记·檀弓下]

【释义】

子张问:"《尚书》说:高宗居丧三年不理政事,一理政事大家很高兴。有这回事吗?"孔子说:"怎么能不这样呢? 古代天子驾崩,太子居丧期间由冢宰听政三年。"

【原文】

子路曰:"伤哉贫也! 生无以为养,死无以为礼也。"孔子曰:"啜菽饮水,尽其欢,斯之谓孝。敛手足形,还葬而无椁,称其财,斯之谓礼。"[礼记·檀弓下]

【释义】

子路说:"贫穷真让人伤心。生时不能供养,死时不能尽礼节。"孔子说:"即使喝粥饮水,让父母欢心,这就是孝。去世时还能遮住手足,埋葬时没有棺椁,只要尽自己的财力,就是礼。"

【原文】

仲遂卒于垂,壬午犹绎,《万》人去《籥》。仲尼曰:"非礼也。卿卒不绎。"[礼记·檀弓下]

【释义】

仲死于垂地,壬午举行绎祭,用《万》舞,取消了《龠》。孔子说:"不符合礼节。卿大夫去世不能举行绎祭。"

【原文】

战于郎,公叔禺人(中略)与其邻重①汪踦往,皆死焉。鲁人欲勿殇重汪踦,问于仲尼。仲尼曰:"能执干戈以卫社稷,虽欲勿殇也,不亦可乎?"[礼记·檀弓下]

【注释】

①郑注云:"重"皆当为"童"。

【释义】

鲁国与齐国在郎交战,公叔禺人和邻居少年汪踦一起上战场,结果战死。鲁国人安葬汪踦时想不用未成年人的礼节,就向孔子请教。孔子说:"汪踦能拿起武器保卫国家,现在不用未成年人的礼节安葬他,不是很好吗?"

【原文】

工尹商阳与陈弃疾追吴师,及之,陈弃疾谓工尹商阳曰:"王事也,子手弓而可。"手弓。"子射诸。"射之,毙一人,张弓。又及,谓之,又毙二人。每毙一人,掩其目,止其御曰:"朝不坐,燕不与,杀三人,亦足以反命矣。"孔子曰:"杀人之中,又有礼焉。"[礼记·檀弓下]

【释义】

工尹商阳与弃疾一起追击吴国军队,追上后,弃疾对工尹商阳说:"王命在身,你可以拿出弓箭了。"工尹商阳拿出弓箭。弃疾说:"你向他们射击吧。"工尹商阳射出箭后,杀死一人,把弓箭收起来了。又追上后,让他射,又杀死两人。每射死一人,工尹商阳都捂住自己的眼睛,并且阻止他的御手说:"早晨上朝时没资格坐,燕礼时没资格上堂,现在射杀三人,可以回去复命了。"孔子说:"杀敌适度,很合乎礼节。"

【原文】

夫子之母名微在。[礼记·檀弓下]

【释义】

孔子的母亲名叫"微在"。

【原文】

孔子过泰山侧,有妇人哭于墓者而哀,夫子式而听之,使子路问之曰:"子之哭也,壹似重有忧者。"而曰:"然!昔者吾舅死于虎,吾夫又死焉,今吾子又死焉。"夫子曰:"何为不去也?"曰:"无苛政。"夫子曰:"小子识之。苛政猛于虎也。"[礼记·檀弓下]

【释义】

孔子经过泰山旁边,有妇人在坟墓处哀哭,孔子停下车仔细听,让子路过去问:"你哭得这么伤心,好像有很大的忧愁。"妇人说:"对。从前我公公被老虎咬死了,我丈夫也被老虎咬死了,现在我儿子也被咬死了。"孔子说:"为什么不离开这里呢?"妇人说:"这里没有苛政。"孔子说:"你们记住了,苛政比老虎还凶狠。"

【原文】

延陵季子适齐,于其反也,其长子死,葬于嬴博之间。孔子曰:"延陵季子,吴之习于礼者也。"往而观其葬焉。其坎深不至于泉,其敛以时服,既葬而封,广轮掩坎,其高可隐也。既封,左袒,右还其封,且号者三,曰:"骨肉归复于土,命也。若魂气则无不之也,无不之也。"而遂行。孔子曰:"延陵季子之于礼也,其合矣乎!"[礼记·檀弓下]

【释义】

延陵季子到齐国,返回时,长子死了,埋葬在嬴博之间。孔子说:"延陵季子是吴国精通礼数的人。"于是前往观看葬礼。坟墓深度不到泉水,盛敛时穿的都是平常的衣服,埋葬后封土,仅能掩盖墓穴,高度也伸手可及。封土后,袒露左臂,向左绕行哭了三次,说:"骨肉回归大地,这是天命。魂魄则无处不在,无处不在。"于是离开了。孔子说:"延陵季子的礼数很恰当。"

【原文】

仲尼之畜狗死,使子贡埋之,曰:"吾闻之也:敝帷不弃,为埋马也;敝盖不弃,为埋狗也。丘也贫,无盖,于其封①也,亦予之席,毋使其首陷焉。"[礼记·檀弓下]

【注释】

①郑注云:"封"当为"窆"。

【释义】

孔子的狗死了,让子贡埋葬了,说:"我听说:破的帷布不扔,可以用来埋马;破的车盖不扔,可以用来埋狗。我很穷,没有车盖,埋狗,就用席子吧,不要让它直接进土里。"

【原文】

阳门之介夫死,司城子罕入而哭之哀。晋人之觇宋者反报于晋侯曰:"阳门之介夫死,而子罕哭之哀,而民说,殆不可伐也。"孔子闻之曰:"善哉觇国乎!《诗》云:凡民有丧,扶服救之。虽微晋而已,天下其孰能当之?"[礼记·檀弓下]

【释义】

阳门的守卫死了,司城子罕前去吊唁并痛哭。晋国派往宋国的探子向晋侯报告:"阳门的守卫死了,而子罕哭得很伤心,人们很满意,最好不要攻打它。"孔子听说后说:"好一个探子!《诗经》中说:凡人民有灾祸,总是去救助。这样的力量比晋国还强大,天下谁敢去讨伐呢?"

【原文】

孔子之故人曰原壤,其母死,夫子助之沐椁。原壤登木曰:"久矣!予之不托于音也。"歌曰:"狸首之班然,执女手之卷然。"夫子为弗闻也者而过之,从者曰:"子未可以已乎?"夫子曰:"丘闻之:亲者毋失其为亲也,故者毋失其为故也。"[礼记·檀弓下]

【释义】

孔子的老朋友叫原壤,他的母亲死了,孔子帮他料理丧事。原壤拍着棺材说:"我很久没演奏音乐了。"唱道:"棺木华丽,条纹细腻。"孔子只当作没听见。随从说:"你不跟他断交吗?"孔子说:"我听说不能因为一点过失而失去亲人,所以也不能因为一点过失而跟朋友断交。"

【原文】

孔子曰:"卫人之祔也离之,鲁人之祔也合之。善夫!"[礼记·檀弓下]

【释义】

孔子说:"卫国的葬礼是夫妇的棺材不在一起,鲁国的葬礼是夫妇的棺材在一起,还是鲁国的风俗好。"

【原文】

曾子问曰:"君薨而世子生,如之何?"孔子曰:"卿大夫士从摄主,北面于西阶南。大祝裨冕,执东帛,升自西阶,尽等,不升堂,命毋哭,祝声三。告曰:'某之子生,敢告。'升,奠币于殡东几上,哭降。众主人、卿、大夫、士、房中皆哭,不踊,尽一哀,反位,遂朝奠。小宰升,举币。三日,众主人、卿、大夫、士如初位,北面。大宰、大宗、大祝皆裨冕,少师奉子以衰,祝先,子从,宰宗人从,入门,哭者止。子升自西阶,殡前北面,祝立于殡东南隅。祝声三,曰:'某之子某,从执事敢见。'子拜稽颡哭,祝、宰、宗人、众主人、卿、大夫、士哭踊,三者三,降东。反位,皆袒,子踊,房中亦踊,三者三。袭衰、杖、奠,出。大宰命祝史,以名遍告于五祀山川。"曾子问曰:"如已葬而世子生,则如之何?"孔子曰:"大宰、大宗从大祝而告于祢。三月,乃名于祢,以名遍告及社稷、宗庙、山川。"[礼记·曾子问]

【释义】

曾子问:"国君去世了还没安葬,而太子出生了,该怎么办?"孔子说:"卿大夫都跟着丧主,在西阶南向北站着,大祝穿着礼服,捧着绢帛,从西阶上去,登上台阶,不进入大堂,让大家不要哭,大喊三声,向灵柩报告:'某夫人生子,向您报告。'走进大堂,把祭品放在灵柩东面的几案上,哭着下来。这时众主人、卿、大夫、士、房中妇女都哭起来,但不踊脚。尽哀一次后,返回位置,举行朝奠。小宰上堂,举起几案上的祭品。三天后,众主人、卿、大夫、士站在原位,面向北。大宰、大宗、大祝都穿着礼服,少师捧着太子和丧服,大祝在前面带路,太子跟在后面,宰宗跟从,进入大门,哭的人都停止哭泣。太子从西面上来,站在灵柩的前面,面向北。祝站在灵柩的东南。祝大喊三声后,报告说:'某氏的儿子某,带领执事来拜见您。'太子跪拜并哭,祝、宰、宗人、众主人、卿、大夫、士都哭,跳踊三次,从东面下来。返回位置,袒露左臂,太子踊,房中的人也踊,一连三次。再行衰、杖、奠礼,然后离开。大宰命令祝史,把太子的名字遍告天下。"曾子问:"如果国君已安葬而太子出生,该怎么办?"孔子说:"大宰、大宗跟着大祝向死者禀告。三个月后,在宗庙举行命名仪式,然后把太子的名字遍告天下。"

【原文】

孔子曰:"诸侯适天子,必告于祖,奠于祢,冕而出视朝,命祝、史告于社稷、宗庙、山川,乃命国家五官而后行,道而出。告者五日而遍,过是非礼也。凡告用牲币,反亦如之。诸侯相见,必告于祢,朝服而出视朝。命祝、史告于五庙、所过山川,亦命国家五官,道而出。反必亲告于祖祢。乃命祝、史告至于前所告者,而后听朝而人。"[礼记·曾子问]

【释义】

孔子说:"诸侯朝见天子,一定要祭告父庙,再祭告祖庙,穿着冕服临朝理事,命大祝、太史祭告社稷、宗庙、山川,又命国家的五个大夫随后跟行,在城外祭祀而出。祭告必须在五日内完成,超过就是失礼。祭告都要用牲畜和锦帛,返回时也一样。诸侯相见,必须要祭告父庙,临朝理事必须穿朝服。又命太祝、太史祭告五庙和所过山川,又命国家的五个大夫随后跟行,在城外祭祀而出。返回时,一定要亲自祭告父庙和祖庙。又命大祝、太史祭告之前所祭告的山川,然后临朝听政。"

【原文】

曾子问曰:"并有丧,如之何?何先何后?"孔子曰:"葬,先轻而后重,其奠也,先重而后轻,礼也。自启及葬不奠,行葬不哀次,反葬奠,而后辞于殡①,遂修葬事。但其虞也,先重而后轻,礼也。"[礼记·曾子问]

【注释】

①郑注云:"殡"当作"宾"。

【释义】

曾子问:"如果亲人同时死亡,该怎么办? 谁先谁后呢?"孔子说:"安葬,要先轻者后重者,祭奠,要先重者后轻者,这样才符合礼法。轻者从启到葬都不祭奠,出葬时也不致哀受吊,返回时在重者前设奠,向宾客介绍重者的出葬日期,再安排送葬事宜。但是虞祭要先重者后轻者,这才符合礼法。"

【原文】

孔子曰:"宗子虽七十,无无主妇。非宗子,虽无主妇可也。"[礼记·曾子问]

【释义】

孔子说:"宗子即使到了七十岁,在祭祀时也不能没有主妇。不是宗子,没有主妇也是可以的。"

【原文】

曾子问曰:"将冠子,冠者至,揖让而入,闻齐衰、大功之丧,如之何?"孔子曰:"内丧则废,外丧则冠而不醴,彻馔而埽,即位而哭。如冠者未至,则废。如将冠子而未及期日,而有齐衰、大功、小功之丧,则因丧服而冠。""除丧不改冠乎?"孔子目:"天子赐诸侯大夫冕弁服于大庙,归设奠,服赐服。于斯乎有冠醮,无冠醴。父没而冠,则已冠,埽地而祭于祢,已祭而见伯父叔父,而后飨冠者。"[礼记·曾子问]

【释义】

曾子问:"将举行加冠礼,客人们都到了,已经接待入内了。这时得到齐衰、大功的死讯,该怎么办?"孔子说:"如果是家族的丧礼,就停止冠礼,如果不是,仍然举行冠礼但不招待客人了,冠礼之后,立刻撤去陈设并打扫房屋,站在位置上哭泣。如果客人没有到达就接到丧讯，就停止冠礼。如果要举行冠礼而吉日还未到，这时有齐衰、大功、小功的死讯，可以穿着丧服行冠礼。"曾子问："丧期过后还能行冠礼吗？"孔子说："天子在大庙赐给诸侯大夫中未行冠礼的人冕服弁服，他回去后就举行简单的仪式，穿着天子赐给的衣服。只举行简单的仪式，不举行隆重的仪式。如果父亲去世时加冠的，因为已经加冠了，也打扫地面墓行祭祀了，也已经见过叔伯长辈了，那就招待宾客就行了。"

【原文】

曾子问曰："祭，如之何则不行旅酬之事矣？"孔子曰："闻之小祥者，主人练祭而不旅，奠酬于宾，宾弗举，礼也。昔者鲁昭公练而举酬行旅，非礼也。孝公大祥，奠酬弗举，亦非礼也。"［礼记·曾子问］

【释义】

曾子问："祭祀在什么情况下不向长者敬酒？"孔子说："我听说小祥时，主人可以练祭而不用敬酒，主人向宾客致酒，宾客不举杯，这是礼节。从前鲁昭公练祭后向长者敬酒，这是不符合礼节的。孝公在大祥之后仍不向长者敬酒，也是不符合礼节的。"

【原文】

曾子问曰："大功之丧，可以与于馈奠之事乎？"孔子曰："岂大功耳，自斩衰以下皆可，礼也。"曾子曰："不以轻服而重相为乎？"孔子曰："非此之谓也。天子诸侯之丧，斩衰者奠，大夫齐衰者奠，士则朋友奠，不足则取于大功以下者，不足则反之。"［礼记·曾子问］

【释义】

曾子问："有大功之丧的人，可以参加别人的祭奠吗？"孔子说："岂止是大功，从斩衰以下都可以参加,这是礼节。"曾子问:"这不是看轻自己的丧服而看重别人的祭奠吗?"孔子说:"不是这样的。天子诸侯的丧礼,由斩衰的人祭奠,大夫的丧礼由齐衰的人祭奠,士由朋友祭奠,人数不够,由大功以下的人充当,还不够则由人们轮流执行。"

【原文】

曾子问曰:"小功可以与于祭乎?"孔子曰:"何必小功耳?自斩衰以下与祭,礼也。"曾子曰:"不以轻丧而重祭乎?"孔子曰:"天子诸侯之丧祭也,不斩衰者不与祭,大夫齐衰者与祭,士祭不足,则取于兄弟大功以下者。"[礼记·曾子问]

【释义】

曾子问:"有小功之丧的人,可以参加别人的祭奠吗?"孔子说:"何必是小功呢?从斩衰以下都可以参加,这是礼节。"曾子问:"这不是看轻自己的丧服而看重别人的祭奠吗?"孔子说:"天子诸侯的丧礼,不是斩衰的人不能参加,大夫的丧礼由齐衰的人祭奠,士的丧祭如果人数不够,由大功以下的人充当。"

【原文】

曾子问曰:"相识,有丧服可以与于祭乎?"孔子曰:"缌不祭,又何助于人?"[礼记·曾子问]

【释义】

曾子问:"朋友间,有丧服的一方可以参加另一方的祭祀吗?"孔子说:"有缌服的人连自己家的祭祀都不能参加,何况去帮助别人举行祭祀呢?"

【原文】

曾子问曰:"废丧服,可以与于馈奠之事乎?"孔子曰:"说衰与奠,非礼也。以擯

相可也。"[礼记·曾子问]

【释义】

曾子问:"除去丧服,能参加别人家的祭奠活动吗?"孔子说:"刚脱去丧服就参加别人家的祭奠活动,不符合礼法。如果担任傧相是可以的。"

【原文】

曾子问曰:"昏礼既纳币,有吉日,女之父母死,则如之何?"孔子曰:"婿使人吊。如婿之父母死,则女之家亦使人吊。父丧称父,母丧称母,父母不在,则称伯父世母。婿已葬,婿之伯父致命女氏曰:'某之子有父母之丧,不得嗣为兄弟,使某致命。'女氏许诺而弗敢嫁,礼也。婿免丧,女之父母使人请,婿弗取而后嫁之,礼也。女之父母死,婿亦如之。"[礼记·曾子问]

云雷纹黄玉璧

【释义】

曾子问:"婚礼纳币之后,有吉日,女方父母去世了,该怎么办?"孔子说:"男方派人去吊唁。如果男方的父母去世了,那么女方也应该派人来吊唁。父丧用父命吊唁,母丧用母命吊唁,父母不在家,则用伯父或伯母的名义吊唁。男方安葬父母后,男方的伯父派人给女方送成命:'某之子有父母的丧事,不能成婚,派人来送还婚约。'女方许诺但不改嫁,这是礼节。男方丧期已满,女方父母可派人请男方娶亲,男方以丧期刚过不想立刻娶亲,也是符合礼节的。女方的父母去世了,男方也可以这么做。"

【原文】

曾子问曰:"亲迎,女在涂,而婿之父母死,如之何?"孔子曰:"女改服,布深衣,缟总,以趋丧。女在涂,而女之父母死,则女反。""如婿亲迎,女未至,而有齐衰、大功之丧,则如之何?"孔子曰:"男不入,改服于外次,女人,改服于内次,然后即位而哭。"曾子问曰:"除丧则不复昏礼乎?"孔子曰:"祭,过时不祭,礼也。又何反于初?"［礼记·曾子问］

【释义】

曾子问:"男方去迎亲,女方在路上,这时男方父母去世了,该怎么办?"孔子说:"女方要换衣服,穿深色的布衣,用白布裹头,以奔丧。女方在路上,如果女方的父母去世了,那女方就应该返回。"曾子问:"如果男方亲自迎接,女方还没到家,这时有齐衰、大功之丧,该怎么办?"孔子说:"男方不进去,在门外改穿深色衣服,女方进去,在门内改穿深色衣服,然后就位哭泣致哀。"曾子问:"除丧之后不再举行婚礼吗?"孔子说:"祭祀,过了时候就不祭祀了,这是礼节。何必要返回举行婚礼呢?"

【原文】

孔子曰:"嫁女之家,三夜不息烛,思相离也。取妇之家,三日不举乐,思嗣亲也。三月而庙见,称来妇也。择日而祭于祢,成妇之义也。"［礼记·曾子问］

【释义】

孔子说:"嫁女之家,要三夜不灭蜡烛,以表达对女儿的思念。娶妇之家,三天不奏乐曲,表达对父母代谢的隐忧。三个月后在祖庙,称来妇。择日在父庙祭祀,才成为男方的新妇。"

【原文】

曾子问曰:"女未庙见而死,则如之何?"孔子曰:"不迁于祖,不祔于皇姑,婿不杖,不菲,不次,归葬于女氏之党,示未成妇也。"［礼记·曾子问］

【释义】

曾子问："女方还没来得及在祖庙举行祭祀就去世了,该怎么办?"孔子说:"灵柩不放在男方的祖庙,不在男方祖庙举行丧祭,丈夫服丧不用杖,不穿草鞋,不在别屋居住,把灵柩运回女方家埋葬,以表示还没正式成为新妇。"

【原文】

曾子问曰:"取女有吉日,而女死,如之何?"孔子曰:"婿齐衰而吊,既葬而除之,夫死亦如之。"[礼记·曾子问]

【释义】

曾子问:"女方在有迎娶日期的情况下去世了,该怎么办?"孔子说:"男方要服齐衰并哀悼,安葬后就可除去丧服,男方死去也是如此。"

【原文】

曾子问曰:"丧有二孤,庙有二主,礼与?"孔子曰:"天无二日,土无二王,尝柿郊社,尊无二上。未知其为礼也。昔者齐桓公亟举兵,作伪主以行,及反,藏诸祖庙,庙有二主,自桓公始也。丧之二孤,则昔者卫灵公适鲁,遭季桓子之丧,卫君请吊。哀公辞,不得命。公为主,客人吊,康子立于门右,北面。公揖让,升自东阶,西乡,客升自西阶吊,公拜,兴哭,康子拜稽颡于位,有司弗辩也。今之二孤,自季康子之过也。"[礼记·曾子问]

【释义】

曾子问:"丧礼有两位丧主,宗庙有两个神主,合乎礼法吗?"孔子说:"天上没有两个太阳,地上没有两个君王,尝、神、郊、社都是祭神的,但尊者只有一位。所以那种做法是不合乎礼法的。从前齐桓公急着起兵打仗，伪造了一个神主出兵，返回时，把这个神主也放在宗庙里了。宗庙有两个神主，从齐桓公开始的。丧礼有两位丧主，则是从前卫灵公到鲁国，碰上季桓子的丧事，于是前去吊唁。哀公曾予以辞谢，但没有成功。哀公为丧主，客人吊唁时，康子站在门的右侧，面向北。哀公向卫君作揖，从东面升堂，面向西，客人从西面升堂吊唁。哀公拜谢，大家哭泣致哀，康子在自己的位置上向客人跪拜致谢，司仪也没有纠正。现在出现两位丧主，是从季康子的错误开始的。"

【原文】

曾子问曰："古者师行，必以迁庙主行乎？"孔子曰："天子巡守，以迁庙主行，载于齐车，言必有尊也。今也取七庙之主以行，则失之矣。当七庙五庙无虚主，虚主者，唯天子崩，诸侯薨，与去其国，与祫祭于祖，为无主耳。吾闻诸老聃曰：天子崩，国君薨，则祝取群庙之主而藏诸祖庙，礼也。卒哭成事，而后主各反其庙，君去其国，大宰取群庙之主以从，礼也。祫祭于祖，则祝迎四庙之主，主出庙入庙，必跸。老聃云。"［礼记·曾子问］

【释义】

曾子问："古代天子率师出行，一定带着新选的庙主吗？"孔子说："天子巡视时，带着新选的庙主，放在车里，表示自己的言行遵从长者的意思。现在是取七个庙的庙主，这是失礼的事情。七庙或五庙不能有空位，出现空位，只有在天子驾崩，诸侯去世或离开故国，或在宗庙祭祀祖先时，才能出现空位。我曾经听老子说：天子驾崩，国君去世，就把各庙的庙主都集中到祖庙，这是礼节。丧事过后，把各庙的庙主都一一送回。君主离开国家，大宰带着各庙的庙主随行，这是礼节。在祖庙祭祀祖先时，司祝迎娶四个庙的庙主，庙主出庙入庙，都要打扫道路。这是老子说的。"

【原文】

曾子问曰:"古者师行无迁主,则何主?"孔子曰:"主命。"问曰:"何谓也?"孔子曰:"天子诸侯将出,必以币帛皮圭告于祖祢,遂奉以出,载于齐车以行。每舍,奠焉而后就舍。反必告,设奠,卒,敛币玉,藏诸两阶之间,乃出。盖贵命也。"[礼记·曾子问]

【释义】

曾子问:"古时人们出师,如果没有迁主,用哪一个神主呢?"孔子说:"那就用主命。"曾子问:"这是什么意思?"孔子说:"天子或诸侯出师,一定要用币帛皮圭到宗庙告祭,然后才能出师,并把物件放在车上。驻扎时,要先祭奠然后就舍。返回时要祭告,设奠。祭告结束,把币玉放在两阶之间,然后离开。这是尊重先祖的意思。"

【原文】

曾子问曰:"丧慈母如母,礼与?"孔子曰:"非礼也。古者男子,外有传,内有慈母。君命所使教子也,何服之有?昔者鲁昭公少丧其母,有慈母良,及其死也,公弗忍也,欲丧之。有司以闻曰:'古之礼,慈母无服。今也君为之服,是逆古之礼而乱国法也。若终行之,则有司将书之,以遗后世,无乃不可乎。'公曰:'古者天子练冠以燕居。'公弗忍也,遂练冠以丧慈母。丧慈母,自鲁昭公始也。"[礼记·曾子问]

【释义】

曾子问:"为慈母服丧与生母一样,符合礼法吗?"孔子说:"不符合。古代男子,在外有师传,在内有慈母。慈母是按君主的命令教养子女的,哪用得上丧服呢?从前鲁昭公年少时就失去母亲,他的慈母很贤良,等到去世时,昭公不忍心,想为她服丧。司仪听说后说:'古代的礼节,对慈母不必服丧。现在您要服丧,是违背古代的礼节又搞乱国家的法律。如果最终要实行，最好让官员记下来，让后世知道，还不如不做呢。'昭公说：'古代天子有在家练冠的。'昭公不忍心，于是练冠为慈母服丧。为慈母服丧，是从鲁昭公开始的。"

【原文】

曾子问曰："诸侯旅见天子，入门，不得终礼，废者几?"孔子曰："四。"请问之，曰："大庙火，日食，后之丧，雨沾服失容，则废。如诸侯皆在而日食，则从天子救日，各以其方色与其兵。大庙火，则从天子救火，不以方色与兵。"［礼记·曾子问］

【释义】

曾子问："诸侯拜见天子，进入后，没有完成大礼，有几种情况?"孔子说："有四种情况。"曾子接着问，孔子说："大庙失火，日食，王后去世，下雨打湿衣服仪容有损。如果诸侯都在场而出现日食，就跟随天子救日，诸侯在自己的位置拿着兵器。大庙失火，就跟随天子救火，拿着器具不分位置。"

【原文】

曾子问曰："诸侯相见，揖让入门，不得终礼，废者几?"孔子曰："六。"请问之，曰："天子崩，大庙火，日食，后、夫人之丧，雨沾服失容，则废。"［礼记·曾子问］

【释义】

曾子问："诸侯相见，已经揖让进门，没有完成大礼，有几种情况?"孔子说："有六种情况。"曾子接着问，孔子说："天子驾崩，大庙失火，日食，王后或诸侯夫人去世，下雨打湿衣服仪容有损，就停止大礼。"

【原文】

曾子问曰："天子尝、禘、郊、社、五祀之祭，簠簋既陈，天子崩，后之丧，如之何?"孔子曰:"废。"曾子问曰:"当祭而日食,大庙火,其祭也如之何?"孔子曰:"接祭而已矣。如牲至未杀,则废。"[礼记·曾子问]

【释义】

曾子问:"天子正在举行尝、禘、郊、社、五祀的仪式,祭品祭器都摆好了,天子突然驾崩,或者王后去世了,该怎么办?"孔子说:"立刻取消。"曾子问:"如果祭祀时发生日食,或者大庙失火,祭祀该怎么办?"孔子说:"赶紧举办完,如果祭祀的牲畜还没宰杀,就停止祭祀。"

【原文】

天子崩,未殡,五祀之祭不行,既殡而祭。其祭也,尸入,三饭不侑,酳不酢而已矣。自启至于反哭,五祀之祭不行,已葬而祭,祝毕献而已。曾子问曰:"诸侯之祭社稷,俎豆既陈,闻天子崩,后之丧,君薨,夫人之丧,如之何?"孔子曰:"废。自薨比至于殡,自启至于反哭,奉帅天子。"[礼记·曾子问]

【释义】

天子驾崩,还没殡葬,那么五祀之祭就不举行了,殡葬之后可以举行。这种祭祀,放入尸体,只敬食三次,只用酒漱口,不再回敬祭主。从启殡到返哭,五祀之祭不再举行。安葬后再举行祭祀,只到祝献就完毕了。曾子问:"诸侯祭祀社稷,祭品已经陈列,接到天子驾崩的消息,王后去世的消息,国君去世的消息,夫人去世的消息,该怎么办?"孔子说:"停止祭祀。从去世到殡葬,从启殡到返哭,遵循天子的五祀之祭。"

【原文】

曾子问曰:"大夫之祭,鼎俎既陈,笾豆既设,不得成礼,废者几?"孔子曰:"九。"请问之,曰:"天子崩,后之丧,君薨,夫人之丧,君之大庙火,日食,三年之丧,齐衰,大功,皆废。外丧自齐衰以下,行也。其齐衰之祭也,尸入,三饭不侑,酳不酢而已矣。大功,酢而已矣。小功,缌,室中之事而已矣。士之所以异者,缌不祭,所祭,于死者无服,则祭。"[礼记·曾子问]

【释义】

曾子问:"大夫正举行祭祀,祭品都陈列好了,祭器也摆好了,这时有几种情况不能完成仪式?"孔子说:"有九种情况。"曾子接着问,孔子说:"天子驾崩,王后去世,国君去世,夫人去世,国君的大庙失火,日食,遇到三年之丧,齐衰,大功,都要停止祭祀。遇到外丧、齐衰的情况,仍可以继续祭祀。齐衰的祭祀,放入尸体,只敬食三次,只用酒漱口,不再回敬祭主。大功的祭祀,只回敬一次就可以了。小功和缌,只在室内举行仪式。士与大夫的不同是,缌也不用祭祀,但死者无丧服,则可以照常祭祀。"

【原文】

曾子问曰:"三年之丧,吊乎?"孔子曰:"三年之丧,练不群立,不旅行。君子礼以饰情,三年之丧而吊哭,不亦虚乎?"[礼记·曾子问]

【释义】

曾子问:"三年之丧期间,可以参加吊唁活动吗?"孔子说:"三年之丧,练祭以后也不能参加群体活动,不能外出。君子用礼来表达内心,三年之丧而外出吊哭,不是显得很虚假吗?"

【原文】

曾子问曰:"大夫士有私丧,可以除之矣,而有君服焉,其除之也,如之何?"孔子曰:"有君丧,服于身,不敢私服,又何除焉? 于是乎有过时而弗除也。君之丧服除,而后殷祭,礼也。"曾子曰[①]:"父母之丧,弗除可乎?"孔子曰:"先王制礼,过时弗举,礼

也。非弗能勿除也,患其过于制也。故君子过时不祭,礼也。"[礼记·曾子问]

【注释】

①"曰"上脱"问"字。

【释义】

曾子问:"大夫、士有私丧,可以除去丧服,但如果还有国君的丧服,可以除去吗?"孔子说:"有君丧在身,不敢服私丧,又怎么敢除去丧服呢?因此,私丧有过期还不除去的。国君的丧服除去后,再举行丧祭,这是礼节。"曾子说:"父母的丧服,能不除去吗?"孔子说:"先王制定礼节,过期就不再补行,这是礼节。丧服不是不能除,而是担心超越了制度。所以君子过期就不祭祀了,这是礼节。"

【原文】

曾子问曰:"君薨既殡,而臣有父母之丧,则如之何?"孔子曰:"归居于家,有殷事则之君所,朝夕否。"曰:"君既启,而臣有父母之丧,则如之何?"孔子曰:"归哭而反送君。"曰:"君未殡,而臣有父母之丧,则如之何?"孔子曰:"归殡,反于君所,有殷事则归,朝夕否。大夫室老行事,士则子孙行事。大夫内子有殷事,亦之君所,朝夕否。"[礼记·曾子问]

【释义】

曾子问:"国王去世已经殡葬,而臣子有父母之丧,该怎么办?"孔子说:"臣子穿着国君的丧服回家办丧事,遇上殷事就前去祭奠,早晨晚上就不用了。"曾子说:"国王已经启殡,而臣子有父母之丧,该怎么办?"孔子说:"先回家治丧,然后回来为国君送葬。"曾子说:"国王去世还没有殡葬,而臣子有父母之丧,该怎么办?"孔子说:"先回家治丧,等父母殡葬后再返回为国君治丧,遇上殷事就前去祭奠,早晨晚上就不用了。

大夫由室老代替行事,士则由子孙代替行事。大夫的妻子有殷事,也要到国君那里祭奠,早晨晚上就不用了。"

【原文】

曾子问曰:"君出疆,以三年之戒,以椑从。君薨其入,如之何?"孔子曰:"共殡服,则子麻弁绖,疏衰,菲,杖,入自阙,升自西阶。如小敛,则子免而从柩,入自门,升自阼阶。君、大夫、士一节也。"[礼记·曾子问]

【释义】

曾子问:"国君离开国家,为防不测,随身带着棺椁。如果国君去世了就安放进去,怎么样?"孔子说:"众人穿着殡服,儿子则麻冠,疏衰,草鞋,拐杖,尸体从打开的缺口进入,从西边升堂。如果是小敛,那儿子就跟随灵柩,从阼阶升堂。君、大夫、士是一样的。"

【原文】

曾子问曰:"君之丧既引,闻父母之丧,如之何?"孔子曰:"遂。既封①归,不俟子。"[礼记·曾子问]

【注释】

①郑注云:"封"当作"窆"。

【释义】

曾子问:"国君的丧礼已经开始,这时接到父母之丧,该怎么办?"孔子说:"完成葬礼:等灵柩入葬后就回家治丧,不必等待国君。"

【原文】

曾子问曰:"父母之丧既引,及涂,闻君薨,如之何?"孔子曰:"遂。既封①,改服而往。"[礼记·曾子问]

【注释】

①郑注云:"封"当作"窆"。

【释义】

曾子问:"父母的丧礼已经在路上了,这时接到国君的丧讯,该怎么办?"孔子说:"完成葬礼。等灵柩入葬后,换上衣服前去治丧。"

【原文】

曾子问曰:"宗子为士,庶子为大夫,其祭也如之何?"孔子曰:"以上牲祭于宗子之家,祝曰:孝子某,为介子某,荐其常事。若宗子有罪,居于他国,庶子为大夫,其祭也,祝曰:孝子某,使介子某,执其常事。摄主不厌祭,不旅不假①,不绥祭,不配。布奠于宾,宾奠而不举,不归肉,其辞于宾曰:宗兄,宗弟,宗子,在他国,使某辞。"[礼记·曾子问]

【注释】

①郑注云:"假"读为"嘏"。

【释义】

曾子问:"如果宗子是士,庶子是大夫,祭祀时该怎么办?"孔子说:"就用大夫家的牲祭在宗子家祭祀,司祝说:孝子某为介子某在此举行常见的祭祀。如果宗子有罪或在外国，庶子为大夫，司祝说：孝子某派介子某在此举行祭祀。但代替宗子的人不能厌恶祭祀，宾主不相互敬酒，不绥祭，不报告祭品。代替的人向宾客敬酒，宾客不回敬，也不分祭肉，代替的人向宾客说：宗兄、宗弟、宗子在外国，他们让我向各位道谢。"

【原文】

曾子问曰："宗子去在他国，庶子无爵而居者，可以祭乎?"孔子曰："祭哉!""请问其祭如之何?"孔子曰："望墓而为坛，以时祭。若宗子死，告于墓，而后祭于家。宗子死，称名不言孝，身没而已。"［礼记·曾子问］

【释义】

曾子问："宗子在外国，庶子不是大夫，可以祭祀吗?"孔子说："可以。""怎么祭祀呢?"孔子说："朝祖先的坟墓堆一个土坛，按时祭祀。如果宗子死了，庶子到墓前报告，然后在家里祭祀。宗子死后，庶子只能称名不能称孝子，直到自己去世。"

【原文】

曾子问曰："祭必有尸乎? 若厌祭亦可乎?"孔子曰："祭成丧者必有尸，尸必以孙，孙幼则使人抱之，无孙则取于同姓可也。祭殇必厌，盖弗成也。祭成丧而无尸，是殇之也。"［礼记·曾子问］

【释义】

曾子问："祭祀一定要有代表死者受祭的人吗? 如果是厌祭也可以吗?"孔子说："成年人的祭祀一定要有代表死者受祭的人，由孙子担任。如果孙子幼小，可以让人抱着，没有孙子就在同姓中选一人。未成年人的祭祀不能有代表死者受祭的人，因为他尚未成年。成年人的祭祀如果没有有代表死者受祭的人，就把他当作未成年人了。"

【原文】

孔子曰:"有阴厌,有阳厌。"曾子问曰:"殇不祔①祭,何谓阴厌阳厌?"孔子曰:"宗子为殇而死,庶子弗为后也,其吉祭特牲,祭殇不举②,无所俎,无玄酒,不告利成,是谓阴厌。凡殇与无后者,祭于宗子之家,当室之白,尊于东房,是谓阳厌。"[礼记·曾子问]

【注释】

①郑注云:"祔"当作"备"。

②"举"下脱"肺"字。孔疏云:经云:不举肺。

【释义】

孔子说:"祭祀有阴厌、阳厌之分。"曾子问:"未成年而死不能放在祖庙,怎么还有阴厌、阳厌之分呢?"孔子说:"宗子未成年而死,或者庶子没有后代,吉祭用特定的牲畜,因为祭殇,所以不用肺敬尸,也不用心、舌敬尸,不设玄酒,不告利成,这叫阴厌。未成年而死和没有后代的人,在宗子的家庙祭祀,在西南角设祭,在东房设尊,这叫阳厌。"

【原文】

曾子问曰:"葬引至于垲,日有食之,则有变乎,且不乎?"孔子曰:"昔者吾从老聃助葬于巷党,及垲,日有食之,老聃曰:'丘,止柩就道右,止哭以听变。'既明反,而后行,曰:'礼也。'反葬而丘问之曰:'夫柩不可以反者也,日有食之,不知其已之迟数①,则岂如行哉?'老聃曰:'诸侯朝天子,见日而行,逮日而舍奠。大夫使,见日而行,逮日而舍。夫柩不蚤出,不莫宿,见星而行者,唯罪人与奔父母之丧者乎。日有食之,安知其不见星也?且君子行礼,不以人之亲店患。'吾闻诸老聃云。"[礼记·曾子问]

【注释】

①郑注云:"数"读为"速"。

【释义】

曾子问:"已经启葬送殡,在路上遇到日食,有特殊的仪式吗,还是没有?"孔子说:"从前我跟从老子在巷党帮人送葬,在路上遇到日食,老子说:'孔丘,把灵柩放在道路的右侧,停止哭泣以观其变。'等到天亮后,继续前行,说:'这是礼节。'葬礼后返回时我问他:'灵柩不能返回,遇到日食,不知道什么时候能复明,那还不如继续前行呢?'老子说:'诸侯朝见天子,白天前行,晚上住宿。大夫出使,也是白天前行,晚上住宿。灵柩不能在日出前起行,不能在半路过夜,在晚上起行的,只有罪人和为父母奔丧的人。有日食,怎么知道看不见星星呢?君子行礼,不让人接近危险的情况。'我听老子是这么说的。"

【原文】

曾子问曰:"为君使而卒于舍,礼曰:'公馆复,私馆不复。'凡所使之国,有司所授舍,则公馆已,何谓私馆不复也?"孔子曰:"善乎问之也!自卿大夫士之家曰私馆,公馆与公所为曰公馆,公馆复,此之谓也。"[礼记·曾子问]

【释义】

曾子问:"奉命出使而死在旅馆里,礼书说:'死在公馆的行招魂礼,死在私馆的不行招魂礼。'所出使的国家,都有接待使者的旅馆,都是公馆,怎么说死在私馆的不行招魂礼呢?"孔子说:"这个问题问得好。从卿、大夫、士以下的家都叫私馆,公馆是按照君王命令修建的旅馆。公馆行招魂礼,说的就是这个。"

【原文】

曾子问曰:"下殇土周葬于园,遂舆机而往,涂迩故也。今墓远,则其葬也如之何?"孔子曰:"吾闻诸老聃曰:'昔者史佚有子而死,下殇也,墓远,召公谓之曰:"何以不棺敛于宫中?"史佚曰:"吾敢乎哉?"召公言于周公,周公曰:"岂不可?"史佚行之。'下殇用棺衣棺,自史佚始也。"[礼记·曾子问]

【释义】

曾子问:"下殇时,用土堆砌四周,抬着棺材下葬,这是路途近的做法。现在墓地比较远,该怎么安葬呢?"孔子说:"我听老子说过:'从前史佚有个儿子死了,又是下殇,墓地比较远,召公对他说:"为什么不在家里入殓呢?"史佚说:"我敢这么做吗?"召公把这件事告诉周公,周公说:"怎么不可以?"于是史佚就这么做了。'下殇用衣殓尸又入棺,是从史佚开始的。"

【原文】

曾子问曰:"卿大夫将为尸于公,受宿矣,而有齐衰内丧,则如之何?"孔子曰:"出舍于公馆以待事,礼也。"[礼记·曾子问]

【释义】

曾子问:"卿、大夫将担任国君祭祀的尸,在家单宿,这时有齐衰之丧,该怎么办?"孔子说:"那就离开家到公馆去等待国君的祭祀,这是礼节。"

【原文】

孔子曰:"尸弁冕而出,卿大夫士皆下之,尸必式,必有前驱。"[礼记·曾子问]

【释义】

孔子说:"尸出去时,不论弁服冕服,卿、大夫、士都得下马下车,尸要回礼,前面要有开路的仪仗队。"

【原文】

子夏问曰:"三年之丧卒哭,金革之事无辟也者,礼与? 初有司与?"孔子曰:"夏后氏三年之丧,既殡而致事。殷人既葬而致事①。《记》曰:'君子不夺人之亲,亦不可夺亲也。'此之谓乎?"子夏曰:"金革之事无辟者,非与?"孔子曰:"吾闻诸老聃曰:'昔者鲁公伯禽,有为为之也。'今以三年之丧从其利者,吾弗知也。"[礼记·曾子问]

【注释】

①"事"下,宋监本有"周人卒哭而致事"七字,考文引古本、足利本同。

【释义】

子夏问:"三年之丧到卒哭,这时对打仗的事情不回避,符合礼节吗? 还是当初有司仪规定的?"孔子说:"夏后氏三年之丧,在殡后请假。殷人在下葬后请假。《记》说:'君子不剥夺别人的亲情,也不剥夺自己的亲情。'说的就是这个意思。"子夏说:"那不回避打仗之事,是不对的?"孔子说:"我听老子说过:'从前鲁公伯禽,是在特殊情况下才打仗的。'现在人们往往在三年之丧为了利益而打仗,我就不明白了。"

【原文】

仲尼曰:"昔者周公摄政,践阼而治,抗《世子法》于伯禽,所以善成王也。闻之曰:为人臣者,杀其身,有益于君,则为之。况于其身以善其君乎? 周公优为之。"是故知为人子,然后可以为人父,知为人臣,然后可以为人君,知事人,然后能使人。成王幼，不能莅阼，以为世子则无为也，是故抗《世子法》于伯禽，使之与成王居，欲令成王之知父子、君臣、长幼之义也。[礼记·文王世子]

【释义】

孔子说："从前周公摄政，辅助天子治理天下，拿《世子法》让伯禽执行，所以培养成国君。我听说：作为臣子，他的死对国君有好处，就应该去做。何况改变自己的身份就对国君有利呢？所以周公是乐意去做的。"所以知道怎么做儿子，才能做好父亲。知道怎么做臣子，才能做好国君。知道如何侍奉别人，才能使用好别人。成王年幼，还不能即位，做太子又无法履行职责，所以拿《世子法》让伯禽执行，让他和成王一起生活，想让成王知道父子、君臣、长幼的基本道理。

【原文】

昔者仲尼与于蜡宾，事毕，出游于观之上，喟然而叹。仲尼之叹，盖叹鲁也。言偃在侧，曰："君子何叹？"孔子曰："大道之行也，与三代之英，丘未之逮也，而有志焉。大道之行也，天下为公，选贤与能，讲信修睦。故人不独亲其亲，不独子其子，使老有所终，壮有所用，幼有所长，矜、寡、孤、独、废、疾者皆有所养，男有分，女有归。货恶其弃于地也，不必藏于己；力恶其不出于身也，不必为己。是故谋闭而不兴，盗窃乱贼而不作，故外户而不闭。是谓大同。今大道既隐，天下为家，各亲其亲，各子其子，货力为己。大人世及以为礼，城郭沟池以为固，礼义以为纪。以正君臣，以笃父子，以睦兄弟，以和夫妇，以设制度，以立田里，以贤勇知。以功为己，故谋用是作，而兵由此起。禹、汤、文、武、成王、周公由此其选也。此六君子者，未有不谨于礼者也。以著其义，以考其信，著有过，刑仁讲让，示民有当，如有不由此者，在执者去，众以为殃。是谓小康。"言偃复问曰："如此乎礼之急也？"孔子曰："夫礼，先王以承天之道，以治人之情，故失之者死，得之者生。《诗》曰：'相鼠有体，人而无礼。人而无礼，胡不遄死？'是故夫礼，必本于天，殽于地，列于鬼神，达于丧、祭、射、御、冠、昏、朝、聘。故圣人以礼示之,故天下国家可得而正也。"言偃复问曰:"夫子之极言礼也,可得而闻与?"孔子曰:"我欲观夏道,是故之杞,而不足征也,吾得《夏时》焉。我欲观殷道,是故之宋,而不足征也,吾得《坤乾》焉。《坤乾》之义,《夏时》之等,吾以是观之。夫礼之初,始诸饮食。其燔黍捭豚,污尊而抔饮,蒉桴而土鼓,犹若可以致其敬于鬼神。及其死也,升屋而号,告曰:'皋某复。'然后饭腥而苴孰,故天望而地藏也。体魄则降,知气在上,故死者北首,生者南乡,皆从其初。昔者先王未有宫室,冬则居营窟,夏则居橧巢。未有火化,食草木之实、鸟兽之肉,饮其血,茹其毛。未有麻丝,衣其羽皮。后圣有作,然后修火之利,范金,合土,以为台榭、宫室、牖户。以炮,以燔,以亨,以炙,以为醴酪,治其麻丝,以为布帛,以养生送死,以事鬼神上帝,皆从其朔。故玄酒在室,醴醆在户,粢醍在堂,澄酒在下。陈其牺牲,备其鼎俎,列其琴、瑟、管、磬、钟、鼓,修其祝嘏,以降上神与其先祖,以正君臣,以笃父子,以睦兄弟,以齐上下,夫妇有所,是谓承天之祜。作其祝号,玄酒以祭,荐其血毛,腥其俎,孰其殽,与其越席,疏布以幂,衣其澣帛,醴醆以献,荐其燔炙。君与夫人交献,以嘉魂魄,是谓合莫。然后退而合亨,体其犬豕牛羊,实其簠簋笾豆铏羹,祝以孝告,嘏以慈告,是谓大祥。此礼之大成也。"[礼记·礼运]

【释义】

从前,孔子参与蜡祭,完毕后,来到城楼远望,喟然长叹。孔子的叹息,大概是叹息鲁国。言偃在旁边,说:"你为什么叹息?"孔子说:"大道通行的时候,三代英明君王的时代,我都没赶上,但我一直有志向。大道通行的时候,天下人都为别人着想,提拔贤人和能者,讲究诚信,和睦相处。所以人们不单只亲近自己的亲人,爱护自己的子女,让老人得以善终,让成年人有用武之地,让小孩得到培养,让无妻子、无丈夫、无父亲、无子女、残疾人、病人都能得到供养,男人有职分,女人有归宿。憎恶浪费财物,但并不占为己有。憎恶有能力无处发挥,但并不为自己卖力。所以不会产生阴谋诡计,不会发生盗窃斗殴,家家的大门都敞开着。这就是大同社会。现在大道不通行,人们都为自己打算,只亲近自己的亲人,只爱护自己的子女,只为自己卖力。有权位的人将世袭变为制度，建筑城墙、城池保护自己，将礼仪变为纲纪，以使君臣关系明确，父子关系笃实，兄弟关系和睦，夫妻关系和谐。并设立各种制度，以建立土地疆界，鼓励勇敢智慧。因为功劳是自己的，所以计谋频繁使用，战争时常发生。禹、汤、文、武、成王、周公也由此产生。这六个圣人，对礼仪非常谨慎。用礼制来显示道义，树立诚信，显示过失，鼓励仁爱，告诉人们常规法则。如果有人违反，有权位者被罢免，一般民众受惩罚。这叫小康社会。"言偃又问："礼仪如此紧急吗？"孔子说："礼，是先王根据天意制定的，来管理人情。所以失礼的人没法生存，有礼的人才能生存。《诗经》说：'老鼠有形体，人却没礼仪。人如果没有礼仪，还不如赶紧去死。'所以，礼的根本在于天地，能使鬼神有序，贯穿于丧、祭、射、御、冠、昏、朝、聘等活动中。所以圣人用礼来彰显秩序，所以国家能得到治理。"言偃又问："关于礼仪的起源，能说给我听听吗？"孔子说："我曾想研究夏朝的礼法，所以去杞国，但没有明显的证据，只得到《夏时》。我也想研究商朝的礼法，所以去宋国，但也没有明显的证据，只得到《乾坤》。所以《乾坤》的含义，《夏时》的编次，我是由此知道的。礼制的起始来源于饮食，把米煮熟，把猪肉切开，挖地盛水，捧水而饮，以土块做鼓槌，以土堆做鼓，都可以用来敬侍鬼神。等到死的时候，亲属登上屋顶大喊：'某某归来。'然后把米放在死者嘴里，下葬时配上食物，这就是望天高呼下地安葬。魂魄到地下，知道魂气在天上，所以死者头朝北，活人头朝南，都是跟从人最初的样子。从前先王没有王宫，冬天住在洞穴，夏天住在草屋。没有火，所以吃草木的果实，鸟兽的肉，喝它的血，吃它的毛。没有麻丝，穿的是羽毛兽皮。然后有大人物出现，发明了火，冶炼金属，制造土器，盖起房屋、宫室、门窗。用火烙烧煎煮食物，制造奶酪酒类。制出麻丝，作为衣服的布料。以此来养活生人，送别死人，敬奉鬼神上帝，都依照以前的制度。所以把水放在屋里，把甜酒放在门边，把粢醍放在堂里，把酒放在堂下。把祭祀的牲畜陈列，备好祭祀器具，排列好琴、瑟、管、磬、钟、鼓，写好祝辞，然后迎接神灵和祖先。以使君臣关系明确，父子关系笃实，兄弟关系和睦，上下关系清楚，夫妻有所归宿。这是承蒙上天的护佑。祝持报告祭品，献上玄酒和血毛，献上盛生肉和半生半熟肉的碗。给主祭铺好席子,用布盖好祭品,穿着帛服,献上甜酒和熟肉。国君和夫人一起敬献,以让鬼魂安息,这叫合莫。然后把肉都煮熟,把狗、猪、牛、羊放在簋、篮、笾、豆、铏、羹里。祝持宣讲祝语,尸代替祖先宣讲言辞。这叫大祥。祭礼就完成了。”

【原文】

孔子曰:“于呼哀哉!我观周道,幽厉伤之,吾舍鲁何适矣!鲁之郊禘,非礼也,周公其衰矣!杞之郊也,禹也;宋之郊也,契也。是天子之事守也。故天子祭天地,诸侯祭社稷。”[礼记·礼运]

【释义】

孔子说:“哎!我看周朝的礼制,幽、厉两代损伤得厉害,我离开鲁国还能去哪儿呢?鲁国的郊禘,不符合礼节,周朝的礼制衰退了。杞国郊天,是稀禹,宋国郊天,是契禹。还保留天子的职守。天子才能祭天地。诸侯只能祭社稷。”

【原文】

孔子曰:“礼,不可不省也。”[礼记·礼器]

【释义】

孔子说:“礼,不能不反思。”

【原文】

子曰:“我战必克,祭则受福。”[礼记·礼器]

【释义】

孔子说:“我祭战就能胜利,祭祀就能得到护佑。”

【原文】

孔子曰:"臧文仲安知礼? 夏父弗綦逆祀而弗止也,燔柴于奥①。夫奥者,老妇之祭也,盛于盆,尊于瓶。"[礼记·礼器]

【注释】

①郑注云:"奥"当作"爨"字之误也,或作窀。

【释义】

孔子说:"臧文仲怎么算得上懂礼呢? 夏父弗篡位逆祀而不阻止,燔柴祭奥的错误不能纠正。祭奥,是老妇人的祭祀,用盆盛放食物,用瓶子当作酒尊。"

【原文】

孔子曰:"诵《诗》三百,不足以一献。一献之礼,不足以大飨。大飨之礼,不足以大旅。大旅具矣,不足以飨帝。毋轻议礼。"[礼记·礼器]

【释义】

孔子说:"能诵《诗》三百,不一定能行一献之礼。能行一献之礼,不一定能行大飨之礼。能行大飨之礼,不一定能行大旅之礼。具备了大旅之礼,不一定能行祭天之礼。所以不要随便议论礼仪。"

【原文】

子路为季氏宰。季氏祭,逮暗而祭,日不足,继之以烛。虽有强力之容、肃敬之心,皆倦怠矣! 有司跛倚以临祭,其为不敬大矣! 他日祭,子路与,室事交乎户,堂事交乎阶,质明而始行事,晏朝而退。孔子闻之曰:"谁谓由也而不知礼乎?"[礼记·礼

器]

【释义】

子路当上季氏的家臣。季氏祭祀,从天还未亮开始,到晚上还没结束,点上蜡烛继续举行。虽然有强健的身体,肃敬的心情,也都倦怠了。主祭的人斜着身体祭祀,这是大不敬。另一天祭祀,子路参与了,室事时,门外的人送进祭品,堂事时,台阶下的人把祭品递上来。从早晨开始举行仪式,下午就结束了。孔子听说后说:"谁说子路不懂礼呢?"

【原文】

宾入大门而奏《肆夏》,示易以敬也。卒爵而乐阕。孔子屡叹之。[礼记·郊特牲]

【释义】

宾客进入大门就演奏《肆夏》,以表示敬意,宾客喝酒时,乐曲正好演奏完。孔子觉得很好,经常赞赏它。

【原文】

乡人裼,孔子朝服立于阼,存室神也。[礼记·郊特牲]

【释义】

乡人举行裼祭,孔子穿着朝服站在东边的台阶上,使家神得以安宁。

【原文】

孔子曰:"射之以乐也,何以听? 何以射?"[礼记·郊特牲]

【释义】

孔子说："射箭时奏乐,如何听乐? 如何射箭?"

【原文】

孔子曰:"士使之射,不能,则辞以疾,县弧之义也。"[礼记·郊特牲]

【释义】

孔子说："主人请士射箭,士不能射,只能以身体有病加以推辞,男孩出生时悬弧在门外,射箭是男人的本职。"

【原文】

孔子曰:"三日齐,一日用之,犹恐不敬。二日伐鼓,何居?"[礼记·郊特牲]

【释义】

孔子说："祭祀前斋戒三天刚过,就行祭事,恐怕不敬。斋戒两天就击鼓,这是什么居心?"

【原文】

孔子曰:"绎之于库门内,祊之于东方,朝市之于西方,失之矣!"[礼记·郊特牲]

【释义】

孔子说："绎祭在外门举行,祊祭在东屋举行,朝市在城市的西边举行,这都是错误的。"

【原文】

冠义:始冠之,缁布之冠也。大古冠布,齐则缁之。其緌也,孔子曰:"吾未之闻也。"[礼记·郊特牲]

【释义】

冠礼的意义:始加之冠是黑色的布冠。上古时是白色的,祭祀时用黑色的。冠有下垂的缨,孔子说:"我没有听说过。"

【原文】

孔子曰:"朝服而朝,卒朔然后服之。"曰:"国家未道,则不充其服焉。"[礼记·玉藻]

【释义】

孔子说:"月初,为官的一定要穿着朝服去参加朝会,过了朔日也要这样;但是国家无道可行,也就没必要守这规矩了。"

【原文】

孔子佩象环五寸而綦组绶。[礼记·玉藻]

【释义】

孔子佩戴五寸的象牙环,用杂色的丝带。

【原文】

孔子食于季氏,不辞。不食肉而飱。[礼记·玉藻]

【释义】

孔子在季氏家吃饭，没有致谢，没吃肉的时候就说饱了。

【原文】

宾牟贾侍坐于孔子，孔子与之言，及乐，曰："夫《武》之备戒之已久，何也？"对曰："病不得其众也。""咏叹之，淫液之，何也？"对曰："恐不逮事也。""发扬蹈厉之已蚤，何也？"对曰："及时事也。""《武》坐，致右宪①左，何也？"对曰："非《武》坐也。""声淫及商，何也？"对曰："非《武》音也。"子曰："若非《武》音，则何音也？"对曰："有司失其传也。若非有司失其传，则武王之志荒矣。"子曰："唯。丘之闻诸苌弘，亦若吾子之言是也。"宾牟贾起，免席而请曰："夫《武》之备戒之已，久则既闻命矣，敢问迟之迟而又久，何也？"

司母戊鼎

子曰："居，吾语汝。夫乐者，象成者也。揔干而山立，武王之事也。发扬蹈厉，大公之志也。《武》乱皆坐，周召之治也。且夫《武》，始而北出，再成而灭商，三成而南，四成而南国是疆，五成而分周公左召公右，六成复缀，以崇天子。夹振之而驷伐，盛威于中国也。分夹而进，事蚤济也。久立于缀，以待诸侯之至也。且女独未闻牧野之语乎？武王克殷反②商，未及下车而封黄帝之后于蓟，封帝尧之后于祝，封帝舜之后于陈，下车而封夏后氏之后于杞，投殷之后于宋，封王子比干之墓，释箕子之囚，使之行商容而复其位。庶民弛政，庶士倍禄。济河而西，马散之华山之阳而弗复乘，牛散之桃林之野而弗复服，车甲衅而藏之府库而弗复用，倒载干戈，包之以虎皮，将帅之士使为诸侯，名之曰建③橐。然后天下知武王之不复用兵也。散军而郊射，左射《貍首》，右射《驺虞》，而贯革之射息也。裨冕搢笏，而虎贲之士说剑也。祀乎明堂，而民知孝。朝觐，然后诸侯知所以臣。耕借，然后诸侯知所以敬。五者,天下之大教也。食三老五更于大学,天子袒而割牲,执酱而馈,执爵而酳,冕而捴干,所以教诸侯之弟也。若此,则周道四达,礼乐交通,则夫武之迟久,不亦宜乎?"[礼记·乐记]

【注释】

①郑注云:宪读为轩。

②同上,反当作及。

③同上,建读为键。

【释义】

宾牟贾陪坐在孔子旁边,孔子与他聊天,谈到音乐,孔子说:"《武》乐的准备时间很长,这是为什么?"宾牟贾说:"大概担心人们的注意力不集中。"孔子说:"长歌咏叹,又流连忘返,这是为什么?"宾牟贾说:"武王担心诸侯迟到,不能用兵。"孔子说:"舞蹈一开始就动作很猛是为什么?"宾牟贾说:"表示即时讨伐。"孔子说:"《武》舞时,舞者右膝着地,左膝抬起,这是为什么?"宾牟贾说:"还没到《武》舞的结束动作。"孔子说:"音调里有杀伐之意,这是为什么?"宾牟贾说:"这不是《武》乐的音乐。"孔子说:"如果不是《武》乐的音乐,那是什么音乐?"宾牟贾说:"可能是乐官失了真传,如果不是失了真传,那就是武王的心情乱了。"孔子说:"对。我曾听苌弘说过,跟你说得差不多。"宾牟贾站起来,离开座席说:"《武》乐的情况我已经明白,请问《武》乐的表演时间很长,这是为什么?"孔子说:"你坐下,我来告诉你。音乐,象征成功。手持盾牌如山而立的,象征武王讨伐的英姿。奋发有力手舞足蹈的,象征太公的讨伐之心。《武》乐全体跪地,象征周、召时的天下太平。《武》曲开始向北行进,第二段灭掉了商,第三段向南,第四段统一南方,第五段周公在左而召公在右,第六段又回到原位,以尊崇天子。两队人有人挥动武器,四处刺击,表示威盛的情景。分两队前进,表示及早过河。舞者久久站立,表示武王在等候诸侯。你听说过武王牧野之战的情形吗?

武王打败殷朝返回商朝旧都时,还没下车就封黄帝之后于蓟,封帝尧之后于祝,封帝舜之后于陈,下车后封夏后氏之后于杞,投殷之后于宋,又为王子比干之墓封土,释放了箕子,并让他行商礼而恢复职位。对普通百姓减免赋税,给士兵增加薪饷。渡河向西,把马放在华山南边不再骑乘,把牛放在桃林一带不再利用,把战车甲衣放在仓库不再使用,把刀枪用虎皮包裹,封将帅为诸侯,叫作建囊。然后天下人知道武王不再打仗了。解散军队学习射礼,东边唱《狸首》,西边唱《驺虞》,这样战场上的射就停止了。穿上礼服,戴上礼帽,这样战士就离开了刀剑。在明堂祭祀,让百姓懂得孝道。又制定朝见制度,让诸侯知道为臣之道。亲自耕种,让诸侯知道如何敬祖先。这五项,是天下基本的教化。在太学举行食礼,敬养三老五更,武王袒露胳膊,杀祭牲,拿起酱进食,戴冕执干起舞,教诸侯如何敬老。这样,周的教化就普及天下,礼乐相互通融,所以《武》乐时间长,不是很合适吗?"

【原文】

曾子问曰:"卿大夫将为尸于公,受宿矣,而有齐衰内丧,则如之何?"孔子曰:"出舍乎公宫以待事,礼也。"[礼记·杂记下]

【释义】

曾子问:"卿、大夫将要为国君担任祭祀之尸,已经斋戒,这是遇到齐衰之丧,该怎么办?"孔子说:"离开家到公馆去住,等待国君的命令,这是礼节。"

【原文】

孔子曰:"尸弁冕而出,卿、大夫、士皆下之,尸必式,必有前驱。"[礼记·杂记下]

【释义】

孔子说:"尸盛装出发,卿、大夫、士都要下车下马,尸要答谢,前面要有开路的仪仗队。"

【原文】

子贡问丧,子曰:"敬为上,哀次之,瘠为下。颜色称其情,戚容称其服。""请问兄弟之丧?"子曰:"兄弟之丧,则存乎书策矣。"[礼记·杂记下]

【释义】

子贡问丧礼的礼节。孔子说:"尊敬为上,悲哀次之,憔悴最下。脸色与心情相符,悲哀的神情与衣服相符。""那兄弟的丧礼呢?"孔子说:"对待兄弟的丧事,这已经写在书本上了。"

【原文】

孔子曰:"少连、大连,善居丧,三日不怠,三月不解[1],期悲哀,三年忧,东夷之子也。"[礼记·杂记下]

【注释】

[1]郑注云:解,倦也。

【释义】

孔子说:"少连、大连善于居丧,三天不懈怠,三个月不松懈,周年内一脸哀情,三年内深色忧愁,他们还是东夷的人呢。"

【原文】

孔子曰:"身有疡则浴,首有创则沐,病则饮酒食肉。毁瘠为病,君子弗为也。毁而死,君子谓之无子。"[礼记·杂记下]

孔子说:"身上有疮则可以洗澡,头上有伤可以沐浴,身体有病可以喝酒吃肉。哀伤成病,君子不能做。哀伤而死,君子成为无后。"

【原文】

孔子曰:"伯母、叔母疏衰,踊不绝地。姑、姊妹之大功,踊绝于地。如知此者,由文矣哉!由文矣哉!"[礼记·杂记下]

【释义】

孔子说:"为伯母、叔母服丧,顿足而脚不离地。为姑姑、姊妹服大功,顿足而脚离地。懂得这一点,就知道礼是发自内心的!礼是发自内心的!"

【原文】

孔子曰:"管仲镂簋而朱纮,旅树而反坫,山节而藻棁,贤大夫也,而难为上也。晏平仲祀其先人,豚肩不掩豆,贤大夫也,而难为下也。君子上不僭上,下不逼下。"[礼记·杂记下]

【释义】

孔子说:"管仲用雕花纹的簋,红色的帽带,中门立屏风,并有反坫,有雕刻的山梁,彩绘的柱子,虽然是贤良的大夫,可是作为他的上级很难。晏平仲祭祀祖先,用的小猪不装豆子,虽然是贤良的大夫,可是作为他的下级很难。君子应该向上不超越名分,向下不逼迫下属。"

【原文】

孔子曰:"凶年则乘驽马,祀以下牲。"[礼记·杂记下]

【释义】

孔子说:"灾祸之年应该乘坐劣等马,祭祀用次一等的牲畜。"

【原文】

恤由之丧,哀公使孺悲之孔子学士丧礼。《士丧礼》于是乎书。[礼记·杂记下]

【释义】

为办恤由的丧事,哀公派孺悲到孔子那儿学习士的丧礼。《士丧礼》于是成为图书。

【原文】

子贡观于蜡,孔子曰:"赐也乐乎?"对曰:"一国之人皆若狂,赐未知其乐也。"子曰:"百日之蜡,一日之泽,非尔所知也。张而不弛,文武弗能也。弛而不张,文武弗为也。一张一弛,文武之道也。"[礼记·杂记下]

【释义】

子贡观看蜡祭活动。孔子说:"赐,你快乐吗?"子贡说:"全国人都发狂似的,我不知道他们的乐趣。"孔子说:"数百天的辛苦,一天的欢乐,你不明白其中的道理。紧张而不放松,文王武王也办不到。松弛而不紧张,文王武王不会这样做。有时紧张有时放松,才是文王武王的做法。"

【原文】

厩焚,孔子拜乡人为火来者,拜之,士壹,大夫再,亦相吊之道也。[礼记·杂记下]

【释义】

马棚失火,孔子拜谢因为火灾而来的乡人,对士一拜,大夫两拜,这是吊唁之礼。

【原文】

孔子曰:"管仲遇盗,取二人焉,上以为公臣,曰:'其所与游辟也,可人也。'管仲死,桓公使为之服:宦于大夫者之为之服也,自管仲始也,有君命焉尔也。"[礼记·杂记下]

【释义】

孔子说:"管仲遇到强盗,抓了其中的两人,向君主推荐为大臣,说:'他们因为与邪辟的人交往而成为盗贼。其实是可用之人。'管仲死后,桓公让这两个人为管仲服丧。此后在大夫家服务的人都为大夫服丧,这是从管仲开始的,是有君王的命令的。"

【原文】

孔子曰:"吾食于少施氏而饱,少施氏食我以礼。吾祭,作而辞曰:'疏食不足祭也。'吾飧,作而辞曰:'疏食也,不敢以伤吾子。'"[礼记·杂记下]

【释义】

孔子说:"我在少施家吃饭,吃得很饱,因为他请我吃饭很有礼貌。我要祭祀,他站起来说:'粗劣的食物不足以祭祀。'我要吃饭,他站起来说:'粗劣的食物担心损伤你的胃口。'"

【原文】

仲尼尝,奉荐而进其亲也悫,其行也趋趋以数。已祭,子赣问曰:"子之言祭,济济漆漆然。今子之祭无济济漆漆,何也?"子曰:"济济者,容也,远也。漆漆者,容也,自反也。容以远,若①容以自反也。夫何神明之及②交?夫何济济漆漆之有乎?反馈乐成,荐其荐俎,序其礼乐,备其百官。君子致其济济漆漆,夫何慌惚之有乎?夫言岂一端而已,夫各有所当也。"〔礼记·祭义〕

【注释】

①若,及也。

②及,与也。

【释义】

孔子举行尝祭,捧着祭品进献给双亲的灵位,神情诚恳,行动急促。祭祀后,子赣问:"你说过,祭祀时要场面隆重,神色矜持。今天你举行祭祀,没有隆重的场面和矜持的神色,这是为什么?"孔子说:"隆重是疏远的仪容,矜持是自我关注的神色。疏远和自我关注的神情怎么跟父母的灵魂沟通呢?所以家庭祭祀怎能有隆重的场面和矜持的神色呢?如果是反馈乐成,大家捧着熟食,按音乐而活动,依官位而应酬。这时就要有隆重的场面和矜持的神色,因为那时怎么会有恍惚见到父母的感觉呢?所以言语的含义不能刻板礼节,必须结合实际情况。"

【原文】

子曰:"立爱自亲始,教民睦也。立敬自长始,教民顺也。教以慈睦,而民贵有亲。教以敬长,而民贵用命。孝以事亲,顺以听命,错诸天下,无所不行。"〔礼记·祭义〕

【释义】

孔子说:"树立爱心要从自己的亲人开始,教导民众和睦相处。树立敬心要从自己的兄长做起,教导民众有顺从之心。以慈爱和睦教导百姓,他们才会敬爱父母。以尊敬长辈教导百姓,他们才会服从上级命令。用孝事亲,用顺听命,推广到整个天下,没有行不通的。"

【原文】

宰我曰:"吾闻鬼神之名,不知其所谓。"子曰:"气也者,神之盛也。魄也者,鬼之盛也。合鬼与神,教之至也。众生必死,死必归土,此之谓鬼。骨肉毙于下,阴为野土。其气发扬于上为昭明,焄蒿,悽怆,此百物之精也,神之著也。因物之精,制为之极,明命鬼神,以为黔首,则百众以畏,万民以服。圣人以是为未足也,筑为宫室,设为宗祧,以别亲疏远迩。教民反古复始,不忘其所由生也。众之服自此,故听且速也。二端既立,报以二礼,建设朝事,燔燎羶①芗,见②以萧光,以报气也。此教众反始也。荐黍稷,羞肝肺首心,见③间以侠甒,加以郁鬯,以报魄也。教民相爱,上下用情,礼之至也。"[礼记·祭义]

【注释】

①郑注云:"羶"当作"馨"。

②同上,"见"当作"觐"。

③同上,"见间"当作"觐"。

【释义】

宰我说:"我听到鬼神的名称,但不知道是什么东西"孔子说:"精气,是由神的充沛而来的。身体,是由肌肉的丰盛而来的。二者合一,就是教的最高境界。万物都会死亡,死后都归于尘土,这就叫鬼。骨肉在土里腐烂,变成泥土。气向上发扬,成为可见的东西,可闻的气息,可感的情感,这就是万物的精华,神的附着。因为万物的精华,定为最高法则,叫作鬼神,作为百姓的行为标准,这样百姓就会敬畏,万民就会服从。圣人认为这样还不够,建起宗庙,以区别远近亲疏,教育人们反古复始,不要忘记自己从哪里来的。众人的信服从这里开始，所以听从教导就很迅速。二端建立起来后，实行二礼。又设朝事，焚烧各种脂肪、香草，使火光冲上天，以报答上升的气。这是教导民众不要忘记自己从哪里来的。献上粮食，又进献动物内脏，设酒水，以报答入地的魂魄。进而教导人们相爱，上下用情，这才是礼的最高境界。"

【原文】

夫子曰："断一树、杀一兽不以其时，非孝也。"［礼记·祭义］

【释义】

孔子说："砍一棵树，杀一只野兽，不是在适当的时候，都不是孝。"

【原文】

乐正子春下堂而伤其足，数月不出，犹有忧色。门弟子曰："夫子之足瘳矣，数月不出，犹有忧色，何也?"乐正子春曰："善如①尔之问也! 善如尔之问也! 吾闻诸曾子，曾子闻诸夫子曰:'天之所生，地之所养，无人为大。父母全而生之，子全而归之，可谓孝矣。不亏其体，不辱其身，可谓全矣。'故君子顷②步而弗敢忘孝也。今予忘孝之道，予是以有忧色也。"［礼记·祭义］

【注释】

①"如"读为"哉"。
②"顷"当作"跬"。

【释义】

乐正子春下堂损伤了脚，好几个月没出门，脸上有忧虑的神色。弟子说："你的脚已经好了，几个月没出门，脸上有忧虑的神色，这是为什么?"乐正子春说："你问得很好。你问得很好。我听曾子说,曾子曾听孔子说:'天之所生,地之所养,没有比人更大的。父母生下完美的我,我们也得完整地回归天地,这叫作孝。身体不损毁,不受侮辱,这叫作全。'所以君子每走一步路都不忘记孝道。现在我却忘了孝道,所以有忧虑的神色。"

【原文】

孔子曰:"入其国,其教可知也。其为人也温柔敦厚,《诗》教也;疏通知远,《书》教也;广博易良,《乐》教也。絜静精微,《易》教也;恭俭庄敬,《礼》教也;属辞比事,《春秋》教也。故《诗》之失愚,《书》之失诬,《乐》之失奢,《易》之失贼,《礼》之失烦,《春秋》之失乱。其为人也温柔敦厚而不愚,则深于《诗》者也;疏通知远而不诬,则深于《书》者也。广博易良而不奢,则深于《乐》者也;絜静精微而不贼,则深于《易》者也;恭俭庄敬而不烦,则深于《礼》者也;属辞比事而不乱,则深于《春秋》者也。"[礼记·经解]

【释义】

孔子说:"进入一个国家,其教化是可以知道的。为人温柔敦厚,得益于《诗》教;知识广博,得益于《书》教;宽容博大,得益于《乐》教;安静精微,得益于《易》教;恭俭谦逊,得益于《礼》教;言辞清楚,得益于《春秋》教。所以,《诗》的不足在于不懂变通,《书》的不足在于不切实际,《乐》的不足在于放荡不羁,《易》的不足在于执迷不悟,《礼》的不足在于烦琐复杂,《春秋》的不足在于使人混淆。为人温柔敦厚又懂得变通,就深得《诗》的精华;知识广博又实事求是,就深得《书》的精华;宽容博大又行为检点,就深得《乐》的精华;安静精微又通达醒悟,就深得《易》的精华;恭俭谦逊又简洁明了,就深得《礼》的精华;言辞清楚又清醒沉着,就深得《春秋》的精华。"

【原文】

孔子曰:"安上治民,莫善于礼。"[礼记·经解]

【释义】

孔子说:"使君主安心,使百姓服从,没有比礼更重要的了。"

【原文】

哀公问于孔子曰:"大礼何如? 君子之言礼,何其尊也?"孔子曰:"丘也小人,不足以知礼。"君曰:"否。吾子言之也。"孔子曰:"丘闻之:民之所由生,礼为大,非礼无以节事天地之神也,非礼无以辨君臣、上下、长幼之位也,非礼无以别男女、父子、兄弟之亲,昏姻、疏数之交也。君子以此之为尊敬然。然后以其所能教百姓,不废其会节。有成事,然后治其雕镂文章黼黻以嗣。其顺之,然后言其丧筭,备其鼎俎,设其豕腊,修其宗庙,岁时以敬祭祀,以序宗族。即安其居,节丑其衣服,卑其宫室。车不雕几,器不刻镂,食不贰味,以与民同利。昔之君子之行礼者如此。"公曰:"今之君子,胡莫行之也?"孔子曰:"今之君子,好实无厌,淫德不倦,荒怠敖慢,固民是尽,午其众以伐有道,求得当欲,不以其所。昔之用民者由前,今之用民者由后。今之君子莫为礼也。"[礼记・哀公问]

【释义】

哀公问孔子说:"礼是什么意思? 君子言礼,为什么这么重要?"孔子说:"我是平民百姓,不配讲礼。"哀公说:"不是这样的,你还是讲讲。"孔子说:"我听说,人在社会中生存,礼是根本,没有一定的礼仪,就不能侍奉天地神灵,不能分辨君臣、上下、长幼的位置,不能分别男女、父子、兄弟的亲疏,以及不能进行婚姻、人与人之间的交往。君子由此懂得仪礼的重要性。所以用来教导百姓,使人们不废弃各种祭祀活动。有了成效之后,再雕刻各种花纹图案。顺利之后,再考虑丧期的时间安排,准备各种祭祀器具,猪、腊等祭品,修建宗庙,每年都祭祀,以表示对宗族的尊敬。使人们各安其位,注意衣服的奢华程度,以及宫室的豪华程度。车上不雕饰,器物上不雕刻,食物不丰盛，以此与百姓同利。从前君子的礼节就是这样。"哀公说："如今的君子为什么做不到呢？"孔子说："现在的君子，喜欢财富贪得无厌，放纵倦怠，荒诞傲慢，索取无度，违背民意而侵犯有道之人，贪求私欲，不顾百姓流离失所。从前君子用百姓是前面的情况，现在君子用百姓是后面的情况。所以说，现在的君子不懂礼。"

【原文】

孔子侍坐于哀公，哀公曰："敢问人道谁为大？"孔子愀然作色而对曰："君之及此言也，百姓之德也，固臣敢无辞而对：人道政为大。"公曰："敢问何谓为政？"孔子对曰："政者，正也。君为正，则百姓从政矣。君之所为，百姓之所从也。君所不为，百姓何从？"公曰："敢问为政如之何？"孔子对曰："夫妇别，父子亲，君臣严，三者正则庶物从之矣。"公曰："寡人虽无似也，愿闻所以行三言之道。可得闻乎？"孔子对曰："古之为政，爱人为大。所以治爱人，礼为大。所以治礼，敬为大。敬之至矣，大昏为大，大昏至矣。大昏既至，冕而亲迎，亲之也。亲之也者，亲之也。是故君子兴敬为亲。舍敬，是遗亲也。弗爱不亲，弗敬不正，爱与敬，其政之本与？"公曰："寡人愿有言然，冕而亲迎，不已重乎？"孔子愀然作色而对曰："合二姓之好，以继先圣之后，以为天地宗庙社稷之主，君何谓已重乎？"公曰："寡人固。不固，焉得闻此言也？寡人欲问不得其辞，请少进。"孔子曰："天地不合，万物不生。大昏，万世之嗣也。君何谓已重焉？"孔子遂言曰："内以治宗庙之礼，足以配天地之神明；出以治直言之礼，足以立上下之敬。物耻足以振之，国耻足以兴之，为政先礼，礼其政之本与？"孔子遂言曰："昔三代明王之政，必敬其妻子也，有道。妻也者，亲之主也，敢不敬与？子也者，亲之后也，敢不敬与？君子无不敬也，敬身为大。身也者，亲之枝也，敢不敬与？不能敬其身，是伤其亲，伤其亲，是伤其本，伤其本，枝从而亡。三者，百姓之象也。身以及身，子以及子，妃以及妃。君行此三者，则忾乎天下矣，大王之道也。如是，国家顺矣。"公曰："敢问何谓敬身？"孔子对曰："君子过言则民作辞，过动则民作则。君子言不过辞，动不过则，百姓不命而敬恭，如是则能敬其身。能敬其身，则能成其亲矣。"公曰："敢问何谓成亲?"孔子对曰:"君子也者,人之成名也。百姓归之名,谓之君子之子,是使其亲为君子也,是为成其亲之名也已。"孔子遂言曰:"古之为政,爱人为大。不能爱人,不能有其身。不能有其身,不能安土。不能安土,不能乐天。不能乐天,不能成其身。"公曰:"敢问何谓成身?"孔子对曰:"不过乎物。"公曰:"敢问君子何贵乎天道也?"孔子对曰:"贵其不已,如日月东西相从而不已也,是天道也,不闭其久,是天道也,无为而物成,是天道也,已成而明,是天道也。"公曰:"寡人蠢愚冥烦,子志之心也。"孔子蹴然辟席而对曰:"仁人不过乎物,孝子不过乎物。是故仁人之事亲也如事天,事天如事亲。是故孝子成身。"公曰:"寡人既闻此言也,无如后罪何?"孔子对曰:"君之及此言也,是臣之福也。"[礼记·哀公问]

【释义】

孔子陪坐在哀公旁边,哀公问:"人伦之道什么最重要?"孔子严肃地回答道:"您能提出这样的问题,真是百姓的福气。孤陋之臣认真地回答:人伦之道中,政务最重要。"哀公问:"那什么是政务?"孔子回答说:"政,就是正。国君行得正,百姓就会跟从。国君的所作所为,是百姓跟从的对象。国君不做典范,百姓怎么跟从呢?"哀公说:"那如何为政呢?"孔子说:"夫妇有别,父子相亲,君臣相敬,这三者正,百姓就都会跟从。"哀公说:"我虽然没像你说的那样,但愿意了解三者能够实行的方法。可以讲讲吗?"孔子说:"古代为政,爱人是最重要的。要做到爱人,礼是最重要的。要做到礼,敬是最重要的。敬的最高境界,大婚是最重要的,大婚之礼是最高的。大婚的时候,穿着礼服亲自迎娶,表示亲爱。自己亲爱对方,对方也亲爱自己。所以君子提倡人们要相敬为亲。没有了敬重,也就没有了亲爱。没有爱,就没有亲,没有亲,就没有敬。爱和敬,不是政的根本吗?"哀公说:"我想问,穿着礼服亲自迎接,是不是太隆重了?"孔子严肃地回答道:"合二姓之好,传承先人的后代,夫妻一起主持天地、宗庙、社稷的祭祀,怎么能说太隆重呢?"哀公说:"我孤陋寡闻了。不孤陋寡闻,怎么会这么说呢?我还有问题,但没有恰当的词语,请再解释一下。"孔子说:"天地阴阳不合,万物不生。大婚,是为了有继承的后代。怎么能说太隆重了呢?"孔子接着说:"内以宗庙之礼,体现天地阴阳的神明;外以教令之礼,体现上下相敬之道。这样,国家衰败也可以兴起,国体衰微也可以强盛,为政先要用礼,礼难道不是政的根本吗?"孔子接着说:"从前三代的明君为政,都敬爱自己的妻子和儿子,这是有道理的。妻子,是亲人的主体,能不敬爱吗?儿子,是亲人的后代,能不敬爱吗?君子没有不敬爱的,敬爱自身是最重要的。身体,是父母的分支,能不敬爱吗?不能敬爱自身,就是伤害了父母。伤害了父母,就伤害了根本。伤害了根本,分支就会消亡。这三者,是百姓的榜样。爱护自身延伸到爱护他人,爱护自己的儿子延伸到爱护别人的儿子,爱护自己的妻子延伸到爱护别人的妻子。君子能做到这三点,并将其扩展到天下,就是先王的治理之道。能做到这样,国家就太平了。"哀公说:"请问什么叫爱护自身?"孔子回答说:"君子说错话,百姓也会跟着说错话,君子行为不当,百姓也会跟着行为不当。君子言行得当,行为没有过失,百姓就不用命令而能恭敬顺从,这样就能爱护自身。能爱护自身,就能成就父母的名声。"哀公说:"请问怎样才能成就父母的名声?"孔子回答道:"君子,是人有德行的称谓。百姓给予他这个名称,称他为君子之子,也就能使其父母被人称为君子,也就成就了父母的名声。"孔子接着说:"古代为政,以爱人为最重要的事。不能爱人,就不能爱自身。不能爱自身,就不能守土。不能守土,就不能乐天。不能乐天,就不能成就自身。"哀公说:"请问怎样才能成就自身?"孔子回答道:"凡事无过失。"哀公说:"请问君子为什么重视天道?"孔子回答道:"是看重它的生生不息。像日月一样相从而不息,这是天道。畅行无阻,这是天道,无为而成功,这是天道,成物而明白,这是天道。"哀公说:"我愚蠢昏庸,你的话我都记住了。"孔子严肃地离开座位说:"仁人中庸行事,小子中庸行事。所以仁人侍奉双亲就像侍奉天地。侍奉天地就像侍奉双亲,所以孝子成就自身。"哀公说:"我听说了这些话,如果没做到会怎么样?"孔子说:"国君能担忧以后的过失,这是臣子的福气。"

【原文】

仲尼燕居,子张、子贡、言游侍,纵言至于礼。子曰:"居,女三人者,吾语女礼!使

女以礼周流,无不遍也。"子贡越席而对曰:"敢问何如?"子曰:"敬而不中礼谓之野,恭而不中礼谓之给,勇而不中礼谓之逆。"子曰:"给夺慈仁。"子曰:"师,尔过,而商也不及。子产犹众人之母也,能食之,不能教也。"子贡越席而对曰:"敢问将何以为此中者也?"子曰:"礼乎礼。夫礼所以制中也。"子贡退,言游进曰:"敢问礼也者,领恶而全好者与?"子曰:"然。""然则何如?"子曰:"郊社之义,所以仁鬼神也;尝禘之礼,所以仁昭穆也;馈奠之礼,所以仁死丧也;射乡之礼,所以仁乡党也;食飨之礼,所以仁宾客也。"子曰:"明乎郊社之义、尝禘之礼,治国其如指诸掌而已乎? 是故以之居处有礼,故长幼辨也;以之闺门之内有礼,故三族和也;以之朝廷有礼,故官爵序也;以之田猎有礼,故戎事闲也;以之军旅有礼,故武功成也。是故宫室得其度,量鼎得其象,味得其时,乐得其节,车得其式,鬼神得其飨,丧纪得其哀,辨说得其党,官得其体,政事得其施,加于身而错于前,凡众之动得其宜。"子曰:"礼者何也? 即事之治也。君子有其事,必有其治。治国而无礼,譬犹瞽之无相与。伥伥乎其何之? 譬如终夜有求于幽室之中,非烛何见? 若无礼,则手足无所错,耳目无所加,进退揖让无所制。是故以之居处,长幼失其别,闺门三族失其和,朝廷官爵失其序,田猎戎事失其策,军旅武功失其制,宫室失其度,量鼎失其象,味失其时,乐失其节,车失其式,鬼神失其飨,丧纪失其哀,辨说失其党,官失其体,政事失其施,加于身而错于前,凡众之动失其宜。如此则无以祖洽于众也。"子曰:"慎听之,女三人者,吾语女礼! 犹有九焉,大飨有四焉。苟知此矣,虽在畎亩之中事之,圣人已。两君相见,揖让而入门,入门而县兴,揖让而升堂,升堂而乐阕,下管《象》,《武》《夏》钥序兴,陈其荐俎,序其礼乐,备其百官,如此而后君子知仁焉。行中规,还中矩,和鸾中《采齐》。客出以《雍》,徹以《振羽》。是故君子无物而不在礼矣。入门而金作,示情也。升歌《清庙》,示德也。下而管《象》,示事也。是故古之君子,不必亲相与言也,以礼乐相示而已。"子曰:"礼也者,理也;乐也者,节也。君子无理不动,无节不作。不能诗,于礼缪;不能乐,于礼素;薄于德,于礼虚。"子曰:"制度在礼,文为在礼,行之其在人乎!"子贡越席而对曰:"敢问夔其穷与?"子曰:"古之人与! 古之人也,达于礼而不达于乐谓之素,达于乐而不达于礼谓之偏。夫夔达于乐而不达于礼，是以传于此名也。古之人也。"子张问政，子曰："师乎，前，吾语女乎！君子明于礼乐，举而错之而已。"子张复问，子曰："师，尔以为必铺几、筵、升降、酌、献、酬、酢，然后谓之礼乎？尔以为必行缀兆、兴羽钥、作钟鼓，然后谓之乐乎？言而履之，礼也；行而乐之，乐也。君子力此二者，以南面而立，夫是以天下大平也，诸侯朝，万物服体，而百官莫敢不承事矣。礼之所兴，众之所治也；礼之所废，众之所乱也。目巧之室，则有奥阼，席则有上下，车则有左右，行则有随，立则有序，古之义也。室而无奥阼，则乱于堂室也；席而无上下，则乱于席上也；车而无左右，则乱于车也；行也无随，则乱于涂也；立而无序，则乱于位也。昔圣帝、明王、诸侯，辨贵贱、长幼、远近、男女、外内，莫敢相逾越，皆由此涂出也。"三子者既得闻此言也，于夫子照然若发矇矣。〔礼记·仲尼燕居〕

【释义】

孔子在家，子张、子贡、言游在一旁陪侍，放言谈到礼。孔子说："你们三个坐下，我给你们说说礼。让你们明白，只有礼才能周而复始，畅通无阻。"子贡离开座位说："请问为什么会这样？"孔子说："尊敬而不用礼来表达就显得粗野，恭敬而不用礼来表达就显得虚伪，勇敢而不用礼来表达就显得叛逆。"孔子说："虚伪而强词夺理，叫偷换。"孔子说："师，做事有些过头，而商显得有些不及。子产好像众人的母亲，能供养但不能教育。"子贡离开座位说："请问如何才能适中？"孔子说："要用礼来达到适中。礼能使人行为得当。"子贡离开后，言游说："请问礼能改变恶行而增加美德吗？"孔子说："能。"言游说："怎么才能达到呢？"孔子说："郊社之义，是用来爱鬼神；尝禘之礼，是用来厚昭穆；馈奠之礼，是用来厚死丧；射乡之礼，是用来仁乡党；食飨之礼，是用来仁宾客。"孔子说："明白了郊社之义、尝禘之礼，治理国家不就像手掌一样轻松吗？所以，在居处有礼，就能长幼有序；在闺门有礼，就能三族亲爱；在朝廷有礼，就能官爵有序；在田猎有礼，就能戎事有法；在军旅有礼，就能成就武功。这样宫室得到度量，量鼎得到标准，味道得到时机，音乐得到节制，车辆得到式样，鬼神得到供养，丧纪得到哀敬,辨说得到窍门,官员得到制度,政事得到实施,这些道理体现在自己身上,展示在人们面前,百姓的行为就会得体。"孔子说:"礼是什么?就是按照事物的法则。君子有其事就有其治。治理国家没有礼,就像盲人没有人帮助,不就像茫然不知所措吗?就像在黑暗的屋子里摸索,没有蜡烛能看见吗?如果没有礼,那么就会手足无措,耳目无加,进退揖让没有了依据。如果没有礼,在居处长幼就失去区别,夫妻、三族失去和睦,朝廷官爵失去秩序,田猎戎事失去纪律,军旅武功失去管制,宫室失去度量,量鼎失去标准,味道失去时机,音乐失去节制,车辆失去式样,鬼神失去供养,丧纪失去哀敬,辨说失去窍门,官员失去制度,政事失去实施,这些道理体现在自己身上,展示在人们面前,百姓的行为就不会得体。这样就无法让百姓融洽和谐。"孔子说:"你们好好听着,我给你们说说礼。有九项礼仪,大飨有四项。如果能全部了解,即使是种田的农民能依此行事。也能成为圣人。当两个君子相见,揖让进入大门,进入大门就开始奏钟乐,揖让而登堂,登堂时钟乐停止,开始演奏《象》乐,又依此演奏《武》《夏》,陈列酒菜,音乐依次演奏,百官依次排列,这样就能使人懂得仁了。君子的行为中规中矩,乐器发出《采齐》的乐声。客人离开时演奏《雍》,撤席时演奏《振羽》。所以君子无处不在礼仪之中。入门时钟鼓齐鸣,表示欢迎。登堂演奏《清庙》,表现品德高尚。离开演奏《象》,表现政事清明。所以古代的君子,不必亲自说话,可以用礼乐来表达情意。"孔子说:"礼,合乎情理。乐,有节制。君子不合乎情理就不动,没有节制就不行。不能作诗,是礼的方面不足;不能作乐,是礼的方面缺乏文采;道德不高,是认为礼无用。"孔子说:"制度依据礼,文采依据礼,行礼在于人。"子贡离开座位说:"请问夔懂礼吗?"孔子说:"那是古人。古人通达于礼但没通达于乐,称之为朴素,通达于乐但没通达于礼,称之为偏颇。夔通达于乐但没通达于礼,所以留下这个名字,他是古人。"子张问政事,孔子说:"师,你靠前点,我告诉你。君子明白了礼乐之道,就会把它运用到管理国家的事务中。"子张又问,孔子说:"师,你以为摆上几案、宴席,上下奔走,斟酒上菜,觥筹交错就是礼吗?你以为列队表演,挥舞道具,演奏钟鼓,就是乐吗?言行统一才是礼,行为得体才是乐。君子努力做到这两者,就能南面而立,所以天下太平,诸侯来朝,万物各得其所,百官都各司其职。礼兴起,百姓就会得到管理。礼废弃了,百姓就会混乱。工匠目测建造的房屋,必有奥阼,座席必有上下之分,乘车有左右之分,行路有随,站立有序,这是古代的含义。建造的房屋没有奥阼,就会使堂室混乱;座席没有上下之分,就会使座席混乱;乘车没有左右之分,就会使乘车混乱;行路无随,就会在路上产生混乱;站立无序,就会使位次产生混乱。从前圣帝、明王、诸侯,分别贵贱、长幼、远近、男女、外内,不敢相互逾越,都是从这里引出的。"三人听了孔子的话后,好像昏眼重新复明一样。

【原文】

孔子闲居,子夏侍,子夏曰:"敢问《诗》云'凯弟君子,民之父母',何如斯可谓民之父母矣?"孔子曰:"夫民之父母乎,必达于礼乐之原,以致五至,而行三无,以横于天下,四方有败,必先知之。此之谓民之父母矣。"子夏曰:"民之父母,既得而闻之矣,敢问何谓五至?"孔子曰:"志之所至,诗亦至焉;诗之所至,礼亦至焉;礼之所至,乐亦至焉;乐之所至,哀亦至焉。哀乐相生,是故正明目而视之,不可得而见也,倾耳而听之,不可得而闻也,志气塞乎天地。此之谓五至。"子夏曰:"五至既得而闻之矣,敢问何谓三无?"孔子曰:"无声之乐,无体之礼,无服之丧,此之谓三无。"子夏曰:"三无既得略而闻之矣,敢问何诗近之?"孔子曰:"夙夜其命宥密,无声之乐也。威仪逮逮,不可选也,无体之礼也。凡民有丧,匍匐救之,无服之丧也。"子夏曰:"言则大矣、美矣、盛矣!言尽于此而已乎?"孔子曰:"何为其然也? 君子之服之也,犹有五起焉。"子夏曰:"何如?"孔子曰:"无声之乐,气志不违;无体之礼,威仪迟迟;无服之丧,内恕孔悲。无声之乐,气志既得;无体之礼,威仪翼翼;无服之丧,施及四国。无声之乐,气志既从;无体之礼,上下和同;无服之丧,以畜万邦。无声之乐,日闻四方;无体之礼,日就月将;无服之丧,纯德孔明。无声之乐,气志既起;无体之礼,施及四海;无服之丧,施于孙子。"子夏曰:"三王之德,参于天地,敢问何如斯可谓参于天地矣?"孔子曰:"奉三无私以劳天下。"子夏曰:"敢问何谓三无私?"孔子曰:"天无私覆,地无私载,日月无私照。奉斯三者以劳天下,此之谓三无私。其在《诗》曰:'帝命不违,至于汤齐。汤降不迟,圣敬日齐。昭假迟迟,上帝是祇。帝命式于九围。'是汤之德也。天有四时,春秋冬夏,风雨霜露,无非教也。地载神气,神气风霆,风霆流形,庶物露生,无非教也。清明在躬,气志如神,嗜欲将至,有开必先。天降时雨,山川出云。其在《诗》曰:'嵩高惟岳,峻极于天。惟岳降神,生甫及申。惟申及甫,惟周之翰:四国于蕃,四方于宣。'此文武之德也。三代之王,也必先令闻。《诗》云:'明明天子,令闻不已。'三代之德也。弛其文德,协此四国,大王之德也。"子夏蹴然而起,负墙而立,曰:"弟子敢不承乎?"[礼记·孔子闲居]

【释义】

孔子在家,子夏在一旁陪侍。子夏说:"请问《诗经》说'凯弟君子,民之父母',如何才能称之为民之父母?"孔子说:"民之父母,必须通达礼乐的根本,达到五至,践行三无,以此实行于天下,如果四方有灾祸,必须要先知道。这才叫民之父母。"子夏说:"民之父母,已经知道它的意思了,那什么叫五至呢?"孔子说:"诚致所及,发言就是诗;诗的极致,表现为礼;礼的极致,表现为乐;乐的极致。表现为哀。哀乐相生,所以明目正视,不能看见;倾耳相听,不能听到。诚致之心充塞天地,这就叫五至。"子夏说:"五至的意思明白了,那什么叫三无呢?"孔子说:"无声之乐,无体之礼,无服之丧,这就叫三无。"子夏说:"三无的意思大致明白了,那什么与诗相近呢?"孔子说:"夙夜其命宥密,这是无声之乐。威仪逮逮,不可选也,这是无体之礼。凡民有丧,匍匐救之,这是无服之丧。"子夏说:"刚才说的真是伟大、美丽、壮观,是不是已经穷尽了?"孔子说:"怎么能穷尽呢?君子实践起来,还有五起。"子夏说:"那是什么?"孔子说:"无声之乐,指人的气志一致;无体之礼,指人的举止从容;无服之丧,指内心仁恕外表恻隐。无声之乐,人的气志相得益彰;无体之礼,人的举止小心谨慎;无服之丧,怜悯之心施与四方。无声之乐,要求气志相跟从;无体之礼,要求上下齐同;无服之丧,要容纳天下万邦。无声之乐,每天闻于四方;无体之礼,日就月将;无服之丧,纯德

昭然。无声之乐,气志共同升起;无体之礼,普及四海;无服之丧,延吉子孙。"子夏说:
"三王的德行,与天地同行,请问如何才能与天地同行?"孔子说:"要用三无私去安抚
天下。"子夏说:"请问什么叫三无私?"孔子说:"天覆盖万物没有私心,地承栽万物没
有私心,日月照耀万物没有私心。照这样的精神去安抚天下,这就叫三无私。在《诗
经》里有:'帝命不违背,到汤成就大业。汤应运而生,圣德日日高升。从容宽厚,一心
侍奉上帝。上帝让汤成为天下的典范。'这就是汤的德行。天有四季,春夏秋冬,风雨
霜露,是上天在施教。地载神气,就是风雨雷电,风雨雷电导致万物的产生,这就是天
地之教。一个人如果自身清明,气志如神,所想的事只要开个头,就会有人来帮助他。
就像天要下雨,山川先出云来帮助它。这在《诗经》中说:'嵩山高于其他山峰,高耸
入云。只有山岳能降神,产生甫和申。只有甫和甫,是周的屏障。四国是藩篱,四方
是城墙。'这就是文王武王的德行。三代圣王,也一定名声传遍天下。《诗经》说:'无
私的天子,美名传遍四方。'这就是三代圣王的德行。弘扬文德,和谐四邦,这就是大
王的德行。"子夏惊喜地站起来,靠墙而立,说:"弟子能不接受老师的教诲吗?"

【原文】

子言之:"君子之道,辟则坊与? 坊,民之所不足者也。大为之坊,民犹逾之。故
君子礼以坊德,刑以坊淫,命以坊欲。"[礼记·坊记]

【释义】

孔子说过:"君子之道,犹如江河的大堤。大堤,是预防民众有过失。最严密的堤
防,民众仍有可能逾越。所以君子用礼制来做堤防使百姓不违背道德,用刑罚使百姓
不至于淫乱,用政令使百姓不陷于欲望。"

【原文】

子云:"小人贫斯约,富斯骄,约斯盗,骄斯乱。礼者,因人之情而为之节文,以为

民坊者也。故圣人之制富贵也,使民富不足以骄,贫不至于约,贵不慊于上,故乱益亡。"［礼记·坊记］

【释义】

孔子说:"小人贫穷就会堕落,富贵就会骄傲,因堕落而偷盗,因骄傲而作乱。礼,依据人情而加以节制,作为人们的行事准则。所以圣人制定礼仪制度,就是想使人们富贵而不骄傲,贫穷而不堕落,尊贵而不抱怨,这样就不会作乱了。"

【原文】

子云:"贫而好乐,富而好礼,众而以宁者,天下其几矣。《诗》云:'民之贪乱,宁为荼毒。'故制国不过千乘,都成①不过百雉,家富不过百乘。以此坊民,诸侯犹有畔者。"［礼记·坊记］

【注释】

①"成",集注本作"城"。

【释义】

孔子说:"贫穷而平静和乐,富贵而懂得礼仪,人们安定和谐,这样的情况天下有多少。《诗经》说:'人们喜欢作乱,加上统治者荼毒生灵,作乱的情况更严重了。'所以封国不能超过千乘,都城不能超过百雉,采邑不能超过百乘。用这种制度制约人们,仍有诸侯叛乱。"

【原文】

子①云:"夫礼者,所以章疑别微,以为民坊者也。故贵贱有等,衣服有别,朝廷有位,则民有所让。"［礼记·坊记］

【注释】

①《孔疏》以此章以下三章为一节。

【释义】

孔子说："礼，是用来分辨是非和隐微，作为人们的行为规范。所以贵贱有差异，衣服有区别，朝廷有位次，而人们会安于其位。"

【原文】

子云："天无二日，土无二王，家无二主，尊无二上，示民有君臣之别也。《春秋》不称楚越之王丧，礼，君不称天，大夫不称君，恐民之惑也。《诗》云：'相彼盍旦，尚犹患之。'"[礼记·坊记]

【释义】

孔子说："天上没有两个太阳，地上没有两个君王，家里没有两个主人，尊者没有比肩之人，这告诉人们有君臣之别。《春秋》不写楚越国君的丧礼，按照礼，国君不称天，大夫不称君，这是担心百姓迷惑。《诗经》说：'看那期盼天亮的鸟，人们尚且厌恶。'"

【原文】

子云："君不与同姓同车，与异姓同车不同服，示民不嫌也。以此坊民，民犹得同姓以弑其君。"[礼记·坊记]

【释义】

孔子说："国君不和同姓的宗人乘一辆车，与异姓人同乘一辆车但不穿同样的服饰,是为了避免嫌疑。这样事前预防,仍有人杀掉国君篡位的。"

【原文】

子①云:"君子辞贵不辞贱,辞富不辞贫,则乱益亡。故君子与其使食浮于人也,宁使人浮于食。"[礼记·坊记]

【注释】

①《孔疏》以此章以下四章为一节。

【释义】

孔子说:"君子不要富贵而宁愿卑贱,不愿富有而宁愿贫穷,这样争权夺利的事就少了。所以君子与其使俸禄超过别人,不如让别人的俸禄超过自己。"

【原文】

子云:"觞酒豆肉,让而受恶,民犹犯齿。衽席之上,让而坐下,民犹犯贵。朝廷之位,让而就贱,民犹犯君。《诗》云:'民之无良,相怨一方。受爵不让,至于己斯亡。'"[礼记·坊记]

觞

【释义】

孔子说:"觞中酒,豆中肉,总有长者接受较差的一份,但人们仍会侵犯长者。在衽席之上,也有长者谦让坐在下位,但人们仍会侵犯长者。在朝廷中,也有人谦让而坐在下位,但仍有人进犯国君。《诗经》说:'有人德性不良,怨恨对方。受爵不谦让,没有责己之心。'"

【原文】

子云："君子贵人而贱己，先人而后己，则民作让。故称人之君曰君，自称其君曰寡君。"［礼记·坊记］

【释义】

孔子说："君子尊重别人而贬低自己，让别人先而自己后，这样民众就会谦让。所以称呼别国之君为君，称呼自己的国君为寡君。"

【原文】

子云："利禄先死者而后生者，则民不偝，先亡者而后存者，则民可以托。《诗》云：'先君之思，以畜寡人。'以此坊民，民犹偝死而号无告。"［礼记·坊记］

【释义】

孔子说："先给死者利禄后给生者利禄，那么民众就不会背弃死者，先给国外的人后给国内的人，那么民众就会信服。《诗经》说：'先君的思念，可以勉励我。'以此来教育百姓，百姓中仍有背弃死者而使老弱病残哭告无门。"

【原文】

子云："有国家者贵人而贱禄，则民兴让，尚技而贱车，则民兴艺。故君子约言，小人先言。"［礼记·坊记］

【释义】

孔子说："掌握权力的人看重人品而轻视利禄，百姓就会谦让，崇尚技艺而轻视车服，百姓就会发展技艺。所以君子说得少，小人做事前先说。"

【原文】

子云："上酌民言,则下天上施。上不酌民言,则犯也。下不天上施,则乱也。故君子信让以莅百姓,则民之报礼重。《诗》云:'先民有言,询于刍荛。'"［礼记·坊记］

【释义】

孔子说："在上位者能听取民意,百姓就会感到上天的恩赐。在上位者不能听取民意,百姓就会叛乱。百姓感觉不到上天的恩赐,就会作乱。所以君子以诚信谦让对待百姓,那么百姓就会以礼相报。《诗经》说:'祖先有言,要向樵夫询问。'"

【原文】

子①云："善则称人,过则称己,则民不争。善则称人,过则称己,则怨益亡。《诗》云:'尔卜尔筮,履无咎言。'"子云:"善则称人,过则称己,则民让善。《诗》曰:'考卜惟王,度是镐京。惟龟正之,武王成之。'"［礼记·坊记］

【注释】

①《孔疏》以此章以下三章为一节。

【释义】

孔子说："有成绩了归功于他人,有过错了归于自己,那么百姓就不会争斗。有成绩了归功于他人,有过错了归于自己,那么怨恨就会消失。《诗经》说:'你占卜算卦,卦本身没有过错。'"孔子说:"有成绩了归功于他人,有过错了归于自己,那么百姓就会把好处让给别人。《诗经》说:'武王占卜,经营镐京。武王成就,归于龟正。'"

【原文】

子曰："善则称君,过则称己,则民作忠。《君陈》曰:'尔有嘉谋嘉猷,入告尔君于

内。女乃顺之于外,曰:此谋此猷,惟我君之德。于乎是惟良显哉!'"[礼记·坊记]

【释义】

孔子说:"有成绩了归功于国君,有过错了归于自己,那么百姓就会尽心尽力。《君陈》说:'你有好的计谋,进去告诉君王。你在外面说:这个好的计谋,是伟大的国君想出来的。如此光明磊落!'"

【原文】

子云:"善则称亲,过则称己,则民作孝。《大誓》曰:'予克纣,非予武,惟朕文考无罪。纣克予,非朕文考有罪,惟予小子无良。'"[礼记·坊记]

【释义】

孔子说:"有成绩了归功于亲人,有过错了归于自己,那么百姓就会孝顺。《大誓》说:'我若战胜纣王,不是我武力高,而是父母没有过错。纣王若是战胜我,不是我父母有过错,而是我自己无能。'"

【原文】

子①云:"君子弛其亲之过,而敬其美。《论②语》曰:'三年无改于父之道,可谓孝矣。'高宗云:'三年其惟不言,言乃讙。'"[礼记·坊记]

【注释】

①《孔疏》以此章以下九章为一节。
②《论语》曰:以下十五字恐注文衍。

【释义】

孔子说:"君子忘掉父母的过失,而敬重他们的美德。《论语》说:'能长期不改变父亲为人处世之道，就可以称得上孝顺了。'高宗说：'长期居丧不发政令，一发政令百姓就很欢喜。'"

【原文】

子云："从命不忿，微谏不倦，劳而不怨，可谓孝矣。《诗》云：'孝子不匮。'"［礼记·坊记］

【释义】

孔子说："对于父母之命不懈怠，劝阻父母的过错不疲倦，侍奉父母不埋怨，这就叫孝顺。《诗经》说：'孝子的心没有止境。'"

【原文】

子云："睦于父母之党，可谓孝矣。故君子因睦以合族。《诗》云：'此令兄弟，绰绰有裕。不令兄弟，交相为愈。'"［礼记·坊记］

【释义】

孔子说："能和父母的族人和睦相处，就叫孝。所以君子每年都举行合族祭祀。《诗经》说：'美好的兄弟，心情舒畅。不好的兄弟，相互指责。'"

【原文】

子云："于父之执，可以乘其车，不可以衣其衣。君子以广孝也。"［礼记·坊记］

【释义】

孔子说："对于父母的朋友，可以坐他的车，不能穿他的衣服。君子以此推广孝道。"

【原文】

子云:"小人皆能养其亲,君子不敬,何以辨?"〔礼记·坊记〕

【释义】

孔子说:"小人都能供养父母,君子不尊敬父母,又怎么与其他人相区别呢?"

【原文】

子云:"父子不同位,以厚敬也。《书》云:'厥辟不辟,忝厥祖。'"〔礼记·坊记〕

【释义】

孔子说:"父子爵位相同也不能排在一起,这代表敬意。《尚书》说:'君不像君,辱没祖先。'"

【原文】

子云:"父母在,不称老,言孝不言慈。闺门之内,戏而不叹。君子以此坊民,民犹有薄于孝而厚于慈。"〔礼记·坊记〕

【释义】

孔子说:"父母健在,不能称自己老,只讲孝敬不能要求父母慈爱。闺门之内,可以说笑不能叹息。君子以此教育百姓,百姓仍有不尽孝要祈求父母的慈爱。"

【原文】

子云:"长民者,朝廷敬老,则民作孝。"〔礼记·坊记〕

【释义】

孔子说:"人民的上级,在朝廷敬重老者,那么人们便能孝顺长辈。"

【原文】

子云:"祭祀之有尸也,宗庙之主也,示民有事也。修宗庙,敬祀事,教民追孝也。以此坊民,民犹忘其亲。"[礼记·坊记]

【释义】

孔子说:"祭祀时有尸,宗庙设神主,是为了让人们有敬重的对象。修建宗庙,举行祭祀,是为了教育人们缅怀祖先。以此来教育人们,人们仍有忘记父母之恩德的。"

【原文】

子云:"敬则用祭器,故君子不以菲废礼,不以美没礼。故食礼,主人亲馈则客祭,主人不亲馈则客不祭。故君子苟无礼,虽美不食焉。《易》曰:'东邻杀牛,不如西邻之禴祭,实受其福。'《诗》云:'既醉以酒,既饱以德。'以此示民,民犹争利而忘义。"[礼记·坊记]

【释义】

孔子说:"为表示敬意,就用祭器,所以君子不因为食物不好就不行礼,不因为食物丰盛就超过礼。所以祭祀时,主人向客人进食,客人行祭礼,主人不向客人进食,客人就不行祭礼。所以君子如果没有礼,即使食物丰盛也不食用。《易经》说:'东邻杀牛祭祀,不如西邻的禴祭,更能承受上天的福佑。'《诗经》说:'君子既为了酒食之美,也为了礼仪之美。'以此来教育百姓,百姓仍有争利忘义的。"

【原文】

子①云："七日戒，三日齐，承一人焉以为尸，过之者趋走，以教敬也。醴酒在室，醍酒在堂，澄酒在下，示不淫也。尸饮三，众宾饮一，示民有上下也。因其酒肉，聚其宗族，以教民睦也。故堂上观乎室，堂下观乎上。《诗》云：'礼仪卒度，笑语卒获。'"〔礼记·坊记〕

【注释】

①《孔疏》以此章及次章为一节。

【释义】

孔子说："七日戒，三日齐，侍奉一位担任尸的人，经过的人都赶紧快走，这是为了教育百姓尊敬祖先。醴酒在室，醍酒在堂，澄酒在堂下，这表示不能沉溺于饮酒。尸饮三次，宾客只饮一次，告诉百姓有尊卑的分别。因为祭祀的酒肉使宗族聚集起来，教导人们和睦相处。所以堂上的人观察室内之人，堂下的人观察堂上的人。《诗经》说：'礼仪适度，人人都喜笑颜开。'"

【原文】

子云："宾礼每进以让，丧礼每加以远。浴于中溜，饭于牖下，小敛于户内，大敛于阼，殡于客位，祖于庭，葬于墓，所以示远也。殷人吊于圹，周人吊于家，示民不偕也。"子云："死，民之卒事也，吾从周。以此坊民，诸侯犹有薨而不葬者。"〔礼记·坊记〕

【释义】

孔子说："宾礼的每一步都是谦让，丧礼的每一步都表示死者远去。在中溜尸浴，在窗下含饭，在室内小敛，在堂上大敛，在客位停枢，在宗庙祭奠，在墓地安葬，都表示一点点远去。殷人在墓旁凭吊，周人在家中凭吊，都表示不能背弃死者。"孔子说："死，是人最终的事，我遵从周人的礼节。以此教育百姓，诸侯中竟还有死后没有安葬的。"

【原文】

子①云："升自客阶，受吊于宾位，教民追孝也。未没丧，不称君，示民不争也。故《鲁春秋》记晋丧曰：'杀其君之子奚齐，及其君卓。'以此坊民，子犹有弑其父者。"［礼记·坊记］

【注释】

①《孔疏》以此章及次章为一节。

【释义】

孔子说："丧礼在客阶升，在宾位受吊，这是教育百姓追慕祖先的孝敬。丧事未满一年，不能称君，告诉人们不要争斗。《鲁春秋》记载晋国丧事说：'杀其君之子奚齐，及其君卓。'以此来教育百姓，但仍有儿子杀害父亲的。"

【原文】

子云："孝以事君，弟以事长，示民不贰也。故君子有君不谋仕，唯卜之日称二君。丧父三年，丧君三年，示民不疑也。父母在不敢有其身，不敢私其财，示民有上下也。故天子四海之内无客礼，莫敢为主焉。故君适其臣，升自阼阶，即位于堂，示民不敢有其室也。父母在，馈献不及车马，示民不敢专也。以此坊民，民犹忘其亲而贰其君。"［礼记·坊记］

【释义】

孔子说："以孝顺之心侍奉国君，以孝悌之心侍奉兄长，这表示对国君和兄长不能有二心。所以国君的后代在国君健在时不能谋取职位，只有在占卜时才能称自己是二君。为父亲守丧三年，为国君守丧三年，表示敬重亲人和国君一样重要。父母在，不敢私爱自身，不能私藏钱财，告诉人们有尊卑之分。所以天子在四海之内没有做客之礼，天下人都不敢做主人。所以国君到大臣家里，从主阶登堂，到堂上就位，表示大臣不能私自占有房屋。父母在，子女如要送人礼物，不能送车马，表示自己不专断。以此来教育百姓，百姓仍有忘记亲人而对国君有二心的情况。"

【原文】

子云："礼之先币帛也，欲民之先事而后禄也。先财而后礼则民利，无辞而行情则民争。故君子于有馈者弗能见，则不视其馈。《易》曰：'不耕获，不菑畬，凶。'以此坊民，民犹贵禄而贱行。"［礼记·坊记］

【释义】

孔子说："先行礼再送礼物，这是希望人们先工作而后得到俸禄。如果先送礼物而后行礼，百姓就会重利忘义，没有适当的言辞而表达情意，百姓就会争利。所以君子对送礼物的宾客不能相见，也不见他送的礼物。《易经》说：'不耕作而有收获，不割草而粮食成熟，不吉利。'以此来教育百姓，仍有人看重利禄而轻视礼节。"

【原文】

子云："君子不尽利以遗民。《诗》云：'彼有遗秉，此有不敛穧，伊寡妇之利。'故君子仕则不稼，田则不渔，食时不力珍，大夫不坐羊，士不坐犬。《诗》云：'采葑采菲，无以下体，德音莫违，及尔同死。'以此坊民，民犹忘义而争利，以亡其身。"［礼记·坊记］

【释义】

孔子说："君子不过分贪图利益，以便给百姓留一部分。《诗经》说：'有剩下的稻谷,有未捆的稻子,就让寡妇去捡。'所以君子当官就不种田,种田就不打渔,不追求山珍海味,大夫无故不杀羊,士无故不杀狗。《诗经》说:'采葑采菲,不要连根拔起,善言不违背,我和你一同死。'以此来教育百姓,仍有人忘义而争利,以致身亡。"

【原文】

子云:"夫礼,坊民所淫,章民之别,使民无嫌,以为民纪者也。故男女无媒不交,无币不相见,恐男女之无别也。以此坊民,民犹有自献其身。《诗》云:'伐柯如之何? 匪斧不克。取妻如之何? 匪媒不得。蓺麻如之何? 横从其亩。取妻如之何? 必告父母。'"〔礼记·坊记〕

【释义】

孔子说:"礼,是用来防止人们淫乱,彰显男女有别,使人们之间没有嫌疑,以此作为遵守的纲纪。所以男女没有媒人介绍就不交往,没有聘礼就不能相见,是为了防止男女界限不清。以此教育百姓,百姓仍有私下以身相许的。《诗经》说:'砍树该如何? 没有斧头不行。娶妻该如何? 没有媒人不行。蓺麻该如何? 要先耕种土地。娶妻该如何? 要先告诉父母。'"

【原文】

子云:"取妻不取同姓,以厚别也。故买妾不知其姓,则卜之。以此坊民,《鲁春秋》犹去夫人之姓曰吴,其死曰孟子卒。"〔礼记·坊记〕

【释义】

孔子说:"娶妻不娶同姓的女子,为了加强族性的区别。所以买妾不知对方的姓氏,就找人占卜。以此教育百姓,《鲁春秋》就去掉夫人的姓只称吴,死后只称孟子卒。"

【原文】

子云:"礼,非祭,男女不交爵。以此坊民,阳侯犹杀缪侯而窃其夫人。故大飨废夫人之礼。"[礼记·坊记]

【释义】

孔子说:"礼,不是祭祀,男女不向宾客敬酒。以此教育人们,仍出现了阳侯杀缪侯而霸占其夫人的情况。所以大飨已经废除夫人参与敬酒的礼节。"

【原文】

子①云:"寡妇之子,不有见焉,则弗友也,君子以辟远也。故朋友之交,主人不在,不有大故,则不入其门。以此坊民,民犹以色厚于德。"[礼记·坊记]

【注释】

①《孔疏》以此章及次章为一节。

【释义】

孔子说:"寡妇的儿子,如果没有突出的才艺,不会与他交朋友,以避免嫌疑。所以朋友之间,如果主人不在家,如果没有重大原因就不要进入。以此教育人们,人们仍好色超过好德。"

【原文】

子云:"好德如好色,诸侯不下渔色,故君子远色以为民纪。故男女授受不亲,御妇人则进左手。姑、姊妹、女子子已嫁而反,男子不与同席而坐。寡妇不夜哭。妇人疾,问之,不问其疾。以此坊民,民犹淫泆而乱于族。"[礼记·坊记]

【释义】

孔子说："好德之心就像好色之心，诸侯不在本国中选取妻妾，所以君子应该远离女色，以此作为纲纪。所以男女之间不亲手受取物品，为妇人驾车要左手向前。已出嫁的姑姑、姐妹、外甥女回家，男子不与她们同席而坐。寡妇夜间不啼哭。妇人生病了，男子可以问候，但不能问是什么病。以此教育百姓，仍有贪淫之人淫乱族人。"

【原文】

子云："昏礼，婿亲迎，见于舅姑，舅姑承子以授婿，恐事之违也。以此坊民，妇犹有不至者。"[礼记·坊记]

【释义】

孔子说："婚礼，丈夫要亲自迎娶，见到岳父母，岳父母教育女子之后交给女婿，唯恐女子有违礼的情况。以此教育百姓，仍有妇人礼节不周。"

【原文】

仲尼曰："君子中庸，小人反中庸。君子之中庸也，君子而时中；小人之中①庸也，小人而无忌惮也。"[礼记·中庸]

【注释】

①"中"上，王肃本有"反"字。

【释义】

孔子说："君子恪守中庸之道，小人反对中庸之道。君子的中庸之道，随时处于中庸之中；小人反对中庸之道，所以肆无忌惮。"

【原文】

子曰:"中庸其至矣乎？民鲜能久矣！"［礼记·中庸］

【释义】

孔子说:"中庸是最高境界,人们很少能坚持。"

【原文】

子曰:"道之不行也,我知之矣！知者过之,愚者不及也。道之不明也,我知之矣！贤者过之,不肖者不及也。人莫不饮食也,鲜能知味也。"［礼记·中庸］

【释义】

孔子说:"中庸之道不能推行,我知道了。聪明的人认为不必提倡,愚蠢的人又不知该怎么实行。中庸之道不能说明,我知道了。贤明的人认为不必阐明了,愚笨的人又不明白。人没有不吃饭的,但很少有人知道食物的滋味。"

【原文】

子曰:"道其不行矣夫！"［礼记·中庸］

【释义】

孔子说:"中庸之道不能推行吗?"

【原文】

子曰:"舜其大知也与！舜好问而好察迩言,隐恶而扬善,执其两端用其中于民。其斯以为舜乎！"［礼记·中庸］

【释义】

孔子说："舜是很有智慧的人。舜好问又察言观色,隐去错误的意思,发扬正确的意思,掌握了言论中的两个极端,而把中间的部分交给人们。这就是舜的为人。"

【原文】

子曰:"人皆曰予知,驱而纳诸罟攫陷阱之中,而莫之知辟也。人皆曰予知,择乎中庸而不能期月守也。"[礼记·中庸]

【释义】

孔子说："人们都说我聪明,如果把我赶到罗网陷阱中,我也不知如何逃避。人们都说我聪明,我得到了中庸之道,但不能坚持一个月。"

【原文】

子曰:"回之为人也,择乎中庸,得一善则拳拳服膺,而弗失之矣。"[礼记·中庸]

【释义】

孔子说："颜回的为人,恪守中庸之道,得到一点正确的思想就努力坚持,不使之丧失。"

【原文】

子曰:"天下国家可均也,爵禄可辞也,白刃可蹈也,中庸不可能也。"[礼记·中庸]

【释义】

孔子说："天下的国家都能治理,爵位俸禄可以扔掉,刀山火海可以去,但中庸之道难以坚守。"

【原文】

子路问强,子曰:"南方之强与？北方之强与？抑而强与？宽柔以教,不报无道。南方之强也,君子居之。衽金革死而不厌,北方之强也,而强者居之。故君子和而不流,强哉矫！中立而不倚,强哉矫！国有道,不变塞焉,强哉矫！国无道,至死不变,强哉矫！"［礼记·中庸］

【释义】

子路问什么是坚强。孔子说:"你问的是南方人的坚强,还是北方人的坚强？还是你自己的坚强？宽容地教诲别人,忍受不公不想报复,这是南方人的坚强,君子据此而行。铁甲裹尸,死而不悔,这是北方人的坚强,尚武之人据此而行。所以君子与人和睦相处而不流俗,就是坚强。坚守中立,不偏不倚,就是坚强。国家有道,不改志向,就是坚强。国家无道,至死坚持操守,就是坚强。"

【原文】

子曰:"素①隐行怪,后世有述焉,吾弗为之矣。君子遵道而行,半途而废,吾弗能已矣。君子依乎中庸,遁世不见知而不悔,唯圣者能之。"君子之道费而隐,夫妇之愚可以与知焉,及其至也,虽圣人亦有所不知焉。夫妇之不肖可以能行焉,及其至也,虽圣人亦有所不能焉。天地之大也,人犹有所憾。故君子语大,天下莫能载焉,语小,天下莫能破焉。《诗》云:"鸢飞戾天,鱼跃于渊。"言其上下察也。君子之道,造端乎夫妇,及其至也,察乎天地。［礼记·中庸］

【注释】

①郑注云:"素"读如"傃"。朱注云:"素"当作"索"。

【释义】

孔子说:"探寻隐微,行为乖僻,后世有人记述这种行为,我不会这么做。君子遵循道义做事,半途而废,我不会这么做。君子遵循中庸之道,终生不为人知而不后悔,只有圣人能做到。"君子之道普通而又微妙,一般男女的智力都可以理解,但到了最高境界,圣人也不能完全悟透。一般品德的男女都可以践行,但到了最高境界,圣人也不能完全做到。天地这么大,人们还会感到有所缺憾。所以君子说大,天下每一个人能载得起。说小,天下每一个人能分得开。《诗经》说:"鹰飞向天空,鱼游向深渊。"说的是天上地下都很充实。君子之道,发端于普通夫妇,到了最高境界,就充满天地间。

【原文】

子曰:"道不远人,人之为道而远人,不可以为道。《诗》云:'伐柯伐柯,其则不远。'执柯以伐柯,睨而视之,犹以为远。故君子以人治人,改而止。忠恕违道不远,施诸己而不愿,亦勿施于人。君子之道四,丘未能一焉:所求乎子以事父,未能也;所求乎臣以事君,未能也;所求乎弟以事兄,未能也;所求乎朋友先施之,未能也。庸德之行,庸言之谨,有所不足,不敢不勉。有余,不敢尽。言顾行,行顾言,君子胡不慥慥尔。"君子素其位而行,不愿乎其外:素富贵行乎富贵,素贫贱行乎贫贱,素夷狄行乎夷狄,素患难行乎患难,君子无人而不自得焉。在上位不陵下,在下位不援上,正己而不求于人,则无怨。上不怨天,下不尤人,故君子居易以俟命,小人行险以徼幸。[礼记·中庸]

【释义】

孔子说:"道并没有远离人,人们认为道远离人,是求不到道的。《诗经》说:'拿着斧头去砍斧柄,斧柄就在眼前。'拿着斧头去砍斧柄,只要侧看一眼,不会遥远。所以君子以自身体会的道理去要求人,错误改正了就可以了。忠恕之道离人不远,施与自己身上不舒服的就不要施与别人身上。君子之道有四个方面,我一个方面也没做到:用要求儿子的孝道来侍奉父亲,我没做到;用要求下属的忠道来侍奉君主,我没做到;用要求弟弟的悌道来侍奉兄长,我没做到;用要求朋友的责任来对待朋友,我没做到。我只按平常的道德行事;用平常的言语说话,因为自身尚有不足,所以不敢不勉励自己。如果有余力,不敢不尽力。言语顾及行动,行动顾及言语,所以君子没有不真诚的。"君子按照他的位置行事;而不愿意参照他位置以外的条件:本来是富贵的,就按照富贵的条件行事;本来是贫贱的,就按照贫贱的条件行事,本来处于夷狄之中,就按照夷狄的条件行事;本来处于患难之中,就按照患难的条件行事,君子没有不按照自己的要求行事的。在上位的不欺负下属,在下位的不攀援上级,自己行为端正就不用要求别人,这样就没有怨恨了。上不怨天,下不尤人,所以君子在平易之中等待时机,小人铤而走险希望侥幸成功。

【原文】

子曰:"射有似乎君子:失诸正鹄,反求诸其身。"君子之道,辟如行远必自迩,辟如登高必自卑。《诗》曰:"妻子好合,如鼓瑟琴。兄弟既翕,和乐且耽。宜尔室家,乐尔妻帑。"子曰:"父母其顺矣乎!"[礼记·中庸]

【释义】

孔子说:"射箭有点像君子之行:没有射中,返回来检查自身。"君子之道,像走远路,必须从近处开始,像爬高山,必须从低处开始。《诗经》说:"夫妻好合,如琴瑟般和谐。兄弟和谐,欢乐融洽。使你的家庭舒适,使你的妻儿欢乐。"孔子说:"父母就顺心了。"

【原文】

子曰:"鬼神之为德,其盛矣乎。视之而弗见,听之而弗闻,体物而不可遗。使天下之人齐明盛服,以承祭祀,洋洋乎如在其上,如在其左右。《诗》曰:'神之格思,不可度思,矧可射思。'夫微之显,诚之不可掩如此夫。"[礼记·中庸]

【释义】

孔子说:"鬼神的德行,太盛大了。用眼睛看不见,用耳朵听不到,但体现在事物中又无处不在。使天下人准备了祭品,穿上礼服来祭祀,洋洋大观,好像鬼神就在头上,就在左右。《诗经》说:'鬼神的来去,不可捉摸,怎么能不恭敬呢。'事物从隐微到明显,人们的真情实感也是掩盖不住的。"

【原文】

子曰:"舜其大孝也与! 德为圣人,尊为天子,富有四海之内,宗庙飨之,子孙保之。故大德必得其位,必得其禄,必得其名,必得其寿。故天之生物,必因其材而笃焉。故栽者培之,倾者覆之。《诗》曰:'嘉乐君子,宪宪令德。宜民宜人,受禄于天。保佑命之,自天申之。'故大德者必受命。"[礼记·中庸]

【释义】

孔子说:"舜真是大孝。德行堪称圣人,贵为天子,四海之内,人们修建宗庙祭祀他,子孙后代怀念他。所以大德之人会得到应有的地位,应有的俸禄,应有的名声,应有的寿命。所以天地万物,一定因其材而给予补养。所以可栽的培育它,倒下的埋掉它。《诗经》说:'崇高的君子,有着美好的品德。有利于人民,受禄于天。保佑他、任命他,上天会赐福。'所以大德之人一定会受命担负重任。"

【原文】

子曰:"无忧者,其唯文王乎! 以王季为父,以武王为子,父作之,子述之。武王缵大王、王季、文王之绪,壹戎衣而有天下,身不失天下之显名,尊为天子,富有四海之内,宗庙飨之,子孙保之。武王末受命,周公成文武之德,追王大王、王季,上祀先公以天子之礼。斯礼也,达乎诸侯大夫及士庶人。父为大夫,子为士,葬以大夫,祭以士。父为士,子为大夫,葬以士,祭以大夫。期之丧,达乎大夫。三年之丧,达乎天子。父母之丧无贵贱,一也。"[礼记·中庸]

【释义】

孔子说:"没有忧患的人,只有文王了。有王季做父亲,有武王做儿子,父亲创业,儿子继承。武王继承了大王、王季、文王的事业,穿着戎衣就有了天下,得到了显耀天下的美名,尊为天子,四海之内,人们修建宗庙祭祀他,子孙后代怀念他。武王晚年接受命令,周公继承文王、武王的德行,追认大王、王季为王,以天子之礼祭祀他们。这一礼制,贯彻到诸侯、大夫及士、庶人。父亲为大夫,儿子为士,那么以士之礼安葬,以大夫之礼祭祀。到了周年,执行大夫的标准。三年之丧,天子也得服。因为父母之丧没有贵贱之分,是一样的。"

【原文】

子曰:"武王、周公,其达孝矣乎!夫孝者,善继人之志,善述人之事者也。春秋修其祖庙,陈其宗器,设其裳衣,荐其时食。宗庙之礼,所以序昭穆也。序爵,所以辨贵贱也。序事,所以辨贤也。旅酬下为上,所以逮贱也。燕毛,所以序齿也。践其位,行其礼,奏其乐,敬其所尊,爱其所亲,事死如事生,事亡如事存,孝之至也。郊社之礼,所以事上帝也,宗庙之礼,所以祀乎其先也。明乎郊社之礼,禘尝之义,治国其如示诸掌乎?"[礼记·中庸]

【释义】

孔子说:"武王、周公多通晓孝道!孝道,在于善于继承先人的志向,完成先人未完成的事业。春秋时祭祀祖庙,陈列先人的器物,摆设先人的衣物,供奉四时的食物。

宗庙之礼,在于辨别昭穆的顺序。排列爵位,是为了分辨贵贱。分配职事,是为了分辨贤明。众人依次敬酒,表明上下之分。祭祀后的饮酒,以年龄为序。祭祀后,按照自己的位次,行该行之礼,奏该奏之乐,敬所尊之人,爱护所亲之人,侍奉死者像侍奉生者,侍奉亡人像侍奉生人,这是孝的极致。郊社之礼是为了纪念上天,宗庙之礼是为了祭祀祖先。明白了郊社之礼和禘尝之义,治理国家不就像看自己的手掌一样容易吗?"

【原文】

哀公问政,子曰:"文武之政,布在方策。其人存,则其政举;其人亡,则其政息。人道敏政,地道敏树。夫政也者,蒲卢也。故为政在人,取人以身,修身以道,修道以仁。仁者人也,亲亲为大。义者宜也,尊贤为大。亲亲之杀,尊贤之等,礼所生也。在①下位不获乎上,民不可得而治矣。故君子不可以不修身,思修身,不可以不事亲;思事亲,不可以不知人;思知人,不可以不知天。天下之达道五,所以行之者三。曰君臣也、父子也、夫妇也、昆弟也、朋友之交也,五者天下之达道也。知、仁、勇三者,天下之达德也,所以行之者一也。或生而知之,或学而知之,或困而知之,及其知之一也。或安而行之,或利而行之,或勉强而行之,及其成功一也。"[礼记·中庸]

【注释】

①郑注云:此句(在下位以下十四字)在下误重在此。

【释义】

哀公询问为政之道。孔子说:"文王武王的情况,都写在书上。这样的人存在,那种政治就存在。这样的人消亡了,那种政治就消失了。人对于政治的敏感,好像土地对于树的敏感。政治,就像地上的蒲卢。所以为政在于人,要从自身开始自省,以道修身,以任修道。仁就是人,以敬爱自己的亲人为最根本的法则。义就是适宜,以尊重贤者为最根本的法则，从敬爱自己的亲人出发，向四周逐渐减少，尊重贤者也根据对象而有差别，这就是礼产生的根源。处在下位的人如果得不到上级的信任，百姓就不可能治理好。所以君子不能不修身，想修养自身，不能不侍奉亲人；想侍奉亲人，不能不了解人；想了解人，不能不懂得天。天下最根本的关系有五种，其中使人际关系和谐的道德有三种。君臣、父子、夫妇、兄弟、朋友之间的关系，是最根本的五种关系。智慧、仁爱、勇敢，是最根本的三项道德，用来协调人际关系。有些人生来就懂得这些道理，有些人通过学习懂得，有些人通过克服困难懂得，但懂得的都是一样的。有些人是发自内心去实行，有些人是因为利益去实行，有些人则是勉强去实行，但获得的成功是一样的。"

【原文】

子①曰："好学近乎知，力行近乎仁，知耻近乎勇。知斯三者，则知所以修身，知所以修身，则知所以治人，知所以治人，则知所以治天下国家矣。凡为天下国家有九经，曰修身也，尊贤也，亲亲也，敬大臣也，体群臣也，子庶民也，来百工也，柔远人也，怀诸侯也。修身则道立，尊贤则不惑，亲亲则诸父昆弟不怨，敬大臣则不眩，体群臣则士之报礼重，子庶民则百姓劝，来百工则财用足，柔远人则四方归之，怀诸侯则天下畏之。齐明盛服，非礼不动，所以修身也。去谗远色，贱货而贵德，所以劝贤也。尊其位，重其禄，同其好恶，所以劝亲亲也。官盛任使，所以劝大臣也。忠信重禄，所以劝士也。时使薄敛，所以劝百姓也。日省月试，既禀称事，所以劝百工也。送往迎来，嘉善而矜不能，所以柔远人也。继绝世，举废国，治乱持危，朝聘以时，厚往而薄来，所以怀诸侯也。凡为天下国家有九经，所以行之者一也。凡事豫则立，不豫则废。言前定则不跲，事前定则不困，行前定则不疚，道前定则不穷。在下位不获乎上，民不可得而治矣。获乎上有道，不信乎朋友，不获乎上矣。信乎朋友有道，不顺乎亲，不信乎朋友矣。顺乎亲有道，反诸身不诚，不顺乎亲矣。诚身有道，不明乎善，不诚乎身矣。诚者，天之道也；诚之者，人之道也。诚者不勉而中，不思而得，从容中道，圣人也。诚之者,择善而固执之者也。博学之,审问之,慎思之,明辨之,笃行之。有弗学,学之弗能弗措也;有弗问,问之弗知弗措也;有弗思,思之弗得弗措也;有弗辨,辨之弗明弗措也;有弗行,行之弗笃弗措也。人一能之,己百之,人十能之,己千之。果能此道矣,虽愚必明,虽柔必强。"自诚明,谓之性,自明诚,谓之教。诚则明矣,明则诚矣。唯天下至诚,为能尽其性;能尽其性,则能尽人之性;能尽人之性,则能尽物之性;能尽物之性,则可以赞天地之化育;可以赞天地之化育,则可以与天地参矣。其次致曲。曲能有诚,诚则形,形则著,著则明,明则动,动则变,变则化。唯天下至诚为能化。至诚之道可以前知。国家将兴,必有祯祥;国家将亡,必有妖孽。见乎蓍龟,动乎四体。祸福将至,善必先知之,不善必先知之。故至诚如神。诚者自成也,而道自道也。诚者物之终始,不诚无物。是故君子诚之为贵。诚者,非自成己而已也,所以成物也。成己,仁也;成物,知也。性之德也,合外内之道也。故时措之宜也。故至诚无息,不息则久,久则征,征则悠远,悠远则博厚,博厚则高明。博厚所以载物也,高明所以覆物也,悠久所以成物也。博厚配地,高明配天,悠久无疆。如此者不见而章,不动而变,无为而成。天地之道,可一言而尽也:其为物不贰,则其生物不测。天地之道,博也,厚也,高也,明也,悠也,久也。今夫天,斯昭昭之多,及其无穷也,日月星辰系焉,万物覆焉。今夫地,一撮土之多,及其广大,载华岳而不重,振河海而不泄,万物载焉。今夫山,一拳石之多,及其广大,草木生之,禽兽居之,宝藏兴焉。今夫水,一勺之多,及其不测,鼋鼍蛟龙鱼鳖生焉,货财殖焉。《诗》曰:"惟天之命,于穆不已。"盖曰天之所以为天也。"于乎不显,文王之德之纯",盖曰文王之所以为文也,纯亦不已。大哉圣人之道!洋洋乎发育万物,峻极于天。优优大哉,礼仪三百,威仪三千,待其人然后行。故曰:"苟不至德,至道不凝焉。"故君子尊德性而道问学,致广大而尽精微,极高明而道中庸,温故而知新,敦厚以崇礼。是故居上不骄,为下不倍。国有道,其言足以兴,国无道,其默足以容。《诗》曰:"既明且哲,以保其身。"其此之谓与。[礼记·中庸]

【注释】

①《孔疏》云:前文(七四六)夫子答哀公为政须修身、知人、行五道三德之事,此

以下夫子更为哀公广说修身治天下之道有九种常行之事,又明修身在于至诚,若能至诚,所以赞天地动著龟也,博厚配地,高明配天。

【释义】

孔子说:"努力学习就近乎智,身体力行就近乎仁,懂得耻辱就近乎勇。知道这三者,就懂得了如何修养自身,知道如何修养自身,就知道如何治理别人,知道如何治理别人,就知道如何治理天下或国家了。凡是治理天下或国家,有九项基本原则,分别是修养自身,尊重贤者,孝敬亲人,尊敬大臣,体恤群臣,爱护百姓,招徕百工,怀柔远人,安抚诸侯。修养自身那么道德就能树立,尊重贤者就不会迷惑,孝敬亲人叔父兄弟就不会怨恨,尊敬大臣就不会被迷惑,体恤群臣那士人就能倾力回报,爱护百姓就能使百姓受鼓舞,招徕百工就能使钱财充足,怀柔远人那四方就会来归附,安抚诸侯就能使天下敬畏。祭器干净,祭服华丽,不符合礼节就不行动,这样才能修养自身。远离谗言和美色,看轻财物看重品德,这样才能尊重贤者。尊重亲人的地位,看重他的俸禄,与亲人同好恶,这样才能孝敬亲人。官员众多而能各司其职,这样才能尊敬大臣。提倡忠信,加大俸禄,这样才能体恤群臣。使民于时,减轻税负,这样才能爱护百姓。经常巡视不断考察,使供给的粮食充足,这样才能招徕百工。迎接来者,送别归者,奖励善行,同情不幸,这样才能怀柔远人。使绝世延续,使国家复兴,治理乱世扶持危亡,按时上朝,待人厚道而取人微薄,这样才能安抚诸侯。凡治理国家有九项原则,可以成功执行的只有一个原则。凡事有准备就能成功,没有准备就会失败。说话有准备就不会失言,办事前有准备就不会有困难,行动前有准备就不会忧虑,预先有道德修养就不会行不通。处在下位的人如果得不到上级的信任,百姓就不可能治理好。得到上级的信任有方法,不能获得朋友的信任,就不能得到上级的信任。得到朋友的信任有方法,不能孝敬父母,就不能得到朋友的信任。孝敬父母有方法,如果反躬自省没有诚意,就不能孝敬父母。反躬自省有方法,不明白善的真义,就不能反躬自省。诚,是上天的道,达到诚,是人要遵循的道。诚,不努力就能符合,不思考就能达到，从容自在而合乎中庸之道，这就是圣人。要达到诚，就要选择善并始终坚持。广博地学习，审慎地提问，慎重地思考，清楚地辨识，笃实地践行。要么不学习，学习而未能领悟就不放下；要么不提问，提问而未懂就不放下；要么不思考，思考而未通就不放下；要么不辨识，辨识不清就不放下；要么不践行，践行不坚持就不放下。别人一次能成功，我用一百次，别人十次能成功，我用一千次。如果能这样，即使愚昧的人也能变聪明，柔弱的人也能变刚强。"从至诚达到聪明，是天性，从聪明达到至诚，是教育。至诚就能聪明，聪明就能至诚。天下只有至诚，才能呈现天地的本性；使天地呈现本性，才能使人呈现本性；使人呈现本性，才能使万物呈现本性；使万物呈现本性，才能帮助天地孵化万物；可以帮助天地孵化万物，才能与天地并列。其次是推究人事。人事中有至诚，至诚必然形之于外，形之于外就会显著突出，显著突出就会引人注目，引人注目就会感动万物，感动万物就会引起变化，引起变化就会使万物化育。只有至诚才能使万物化育。至诚之道可以预知。国家将要复兴，一定有好的兆头；国家将要灭亡，一定有坏的迹象。这些征兆，能从占卜中得知，也能从人的举止中察知。祸福将至，好的一定能预知，坏的也能预知。所以，至诚之道有如神灵。诚是自己完成，道是理所当然。诚体现在万物的始终。不诚就没有万物。所以以诚为贵。诚，不仅仅是自己完成自己，还要完成万物。完成自己，是仁，完成万物，是智。天性的原理要符合内外的常理。所以要把握合宜的分寸。所以至诚生生不息，不息就会长久，长久就会显现，显现就会永存，永存就会博厚，博厚就会高明。博厚可以载物，高明可以覆物，长久可以成物。博厚合乎天，高明合乎地，悠久没有界限。这样就在无形中显现，在不动中变化，在无为中生成。天地之道也可以用一句话概括：成物始终为一，生物变幻莫测。天地之道，博大，宽厚，高远，光明，悠久，长远。天，多么光明，推至无穷，日月星辰悬挂其下，万物在它的覆盖之下。地，一撮土不多，推至广大，载着山岳不觉得重，容纳河海不泄露，承载着万物。山，一块石头不算多，推至广大，草木在上生长，禽兽在此居住，宝藏藏于其中。水，一勺水不算多，推至无穷，鼋鼍蛟龙鱼鳖生活其中，财宝货物藏于其中。《诗经》说："上天之命，光辉而生生不息。"这是说天之所以为天。"多么显耀，文王的道德多么纯粹"，这是说文王之所以为文，就在于纯粹。圣人之道真是伟大！广大无边孕育万物，又高耸入云。宽广舒适，礼仪、威仪规范盛大，等待人们去践行。所以说："如果没有德行，再好的道理也没法实现。"所以君子尊重德行，提倡努力学习，涉猎广泛又要专研精微，非常高明又推崇中庸，温习旧的学习新的，敦厚又推崇礼节。所以居上位不骄傲，居下位不违背。国家有道，其言论可以振兴国家，国家无道，其沉默可以保存自身。《诗经》说："既明事理又懂哲理，才能保存自身。"说的就是这个道理。

【原文】

子曰："愚而好自用，贱而好自专，生乎今之世，反古之道，如此者，灾及其身者也。"非天子不议礼，不制度，不考文。今天下车同轨，书同文，行同伦。虽有其位，苟无其德，不敢作礼乐焉。虽有其德，苟无其位，亦不敢作礼乐焉。［礼记·中庸］

【释义】

孔子说："愚昧又刚愎自用，贫贱又专横独断，生活在现在，又想复原古代之道，这样的人，灾祸就要降临到他头上。"不是天子，就不议论礼制，不制定制度，不考究文字。现在天下车轮的轨道相同，书写的文字相同，行为准则相同。虽然有天子之位，如果没有德行。就不敢制作礼乐。虽然有德行，如果没有天子之位，也不敢制作礼乐。

【原文】

子曰："吾说夏礼，杞不足征也。吾学殷礼，有宋存焉。吾学周礼，今用之，吾从周。"王天下有三重焉，其寡过乎。上焉者，虽善无征，无征不信，不信民弗从。下焉者，虽善不尊，不尊不信，不信民弗从。故君子之道，本诸身，征诸庶民，考诸三王而不缪，建诸天地而不悖，质诸鬼神而无疑，百世以俟圣人而不惑。质诸鬼神而无疑，知天也;百世以俟圣人而不惑,知人也。是故君子动而世为天下道,行而世为天下法,言而世为天下则。远之则有望,近之则不厌。《诗》曰:"在彼无恶,在此无射。庶几夙夜,以永终誉。"君子未有不如此,而蚤有誉于天下者也。[礼记·中庸]

【释义】

孔子说:"我想讲夏礼,但杞国不能考察。我想学殷礼,只有宋国可以考证。我学习周礼,现在用的正是周礼,所以我遵从周礼。"治理天下要注意三件事,可以少犯错误。以前的礼制,虽然好但没有考证,没有考证就不能令人信服,不能令人信服人们就不会遵从。后代的礼制,虽然好但没有威信,没有威信就不能令人信服,不能令人信服人们就不会遵从。所以君子之道,一定要从自身出发,从人们身上体验,对照三王的制度而不违背,施行天下而不混乱,祭祀鬼神而不怀疑,这样百世以后的圣人也不会迷惑。祭祀鬼神而不怀疑,这是知天;百世以后的圣人也不会迷惑,这是知人。所以君子的举动为天下人称道,行为作为天下人的准则。远离时人们尊敬,靠近时人们也不讨厌。《诗经》说:"在远处不嫌弃,在近处不讨厌。早晨晚上一样,名声永远流传。"君子没有不如此而能闻名天下的。

【原文】

仲尼祖述尧舜,宪章文武,上律天时,下袭水土。辟如天地之无不持载,无不覆帱,辟如四时之错行,如日月之代明。万物并育而不相害,道并行而不相悖。小德川流,大德敦化,此天地之所以为大也。唯天下至圣为能聪明睿知,足以有临也;宽裕温柔,足以有容也;发强刚毅,足以有执也;齐庄中正,足以有敬也;文理密察,足以有别也。溥博渊泉,而时出之。溥博如天,渊泉如渊,见而民莫不敬,言而民莫不信,行而民莫不说。是以声名洋溢乎中国,施及蛮貊。舟车所至,人力所通,天之所覆,地之所载,日月所照,霜露所队,凡有血气者,莫不尊亲。故曰配天。唯天下至诚,为能经纶天下之大经,立天下之大本,知天地之化育,夫焉有所倚。肫肫其仁,渊渊其渊,浩浩其天,苟不固聪明圣知达天德者,其孰能知之?《诗》曰:"衣锦尚絅。"恶其文之著也。故君子之道,暗然而日章;小人之道,的然而日亡。君子之道,淡而不厌,简而文,温而理,知远之近,知风之自,知微之显,可与入德矣。《诗》云:"潜虽伏矣,亦孔之昭。"故君子内省不疚,无恶于志,君子所不可及者,其唯人之所不见乎。《诗》云:"相在尔室,尚不愧于屋漏。"故君子不动而敬,不言而信。

尧

《诗》曰:"奏假无言,时靡有争。"是故君子不赏而民劝,不怒而民威于鈇钺。《诗》曰:"不显惟德,百辟其刑之。"是故君子笃恭而天下平。《诗》曰:"予怀明德,不大声以色。"[礼记·中庸]

【释义】

孔子继承尧舜传统,遵循文武之道,上效法天时,下顺应水土。正如天地无不承载于其上,无不覆盖于其下,正如四季循环,日月交替。万物一起生长而不相互伤害,大道并行而不相互违背。小德如川流,大德孕育万物,这是天地为大的原因。只有天下最圣明的人才能聪明睿智,才能居于上位;宽容温柔,可以容纳万物;刚强坚毅,可以做事果断;恭敬庄重,可以做事认真;条理分明,可以分辨一切。犹如泉水,经常涌出。宽广如天,深沉如渊。一出现,人们没有不尊敬的,说的话人们没有不相信的,举止行为人们没有不高兴的。所以名望遍及中国,影响蛮夷。舟车所到之处,人力能通达的地方,天覆盖的地方,地承载的区域,日月照耀的地方,霜露落下的地方,凡是有人的地方,没有不尊敬的,所以说圣人可以配天。只有天下至诚之人,才能把握天下命脉,树立天下的根本,知道天地的化育,使治理天下有所依据。总是诚诚恳恳显示仁德,深沉如深渊,浩荡如上天。如果不是聪明而能通达上天之德的人,谁能知道呢?《诗经》说:"穿着锦缎加外衣。"这是担心锦缎太耀眼。所以君子之道,隐微而彰显;

小人之道,耀眼而消亡。君子之道,平淡而不厌倦,简单而有才华,温和而正直,懂得遥远源于近处,知道风的来源,知道显著的隐微,这就懂得德行了。《诗经》说:"虽然潜伏,但很明显。"所以君子自我反省而不内疚,无愧于自己的操守,君子让人不能及的地方,就在于人们看不到的地方。《诗经》说:"看你的家里,尚无愧于角落。"所以君子不行动而能获得尊敬,不说话而能获得信任。《诗经》说:"祖先默默,子孙肃静。"所以君子不加赞赏而百姓勤奋,不发怒而百姓生畏。《诗经》说:"君子之道不显,天下君王都效法。"所以君子笃实谦恭而天下太平。《诗经》说:"我光明磊落,说话声音不大,神情不严厉。"

【原文】

子曰:"声色之于以化民,末也。"《诗》曰:"德輶如毛,毛犹有伦。""上天之载,无声无臭。"至矣。[礼记·中庸]

【释义】

孔子说:"声色严厉地教育百姓,这是最坏的做法。"《诗经》说:"以德服人,轻而易举,轻如毛发,尚可比对。""上天承载万物,无声无息。"这是至高的道理。

【原文】

子言之:"归乎！君子隐而显,不矜而庄,不厉而威,不言而信。"[礼记·表记]

【释义】

孔子说:"回来吧！君子隐微而外显,不矜持而庄重,不严厉而有威信,不说话而有诚信。"

【原文】

子曰:"君子不失足于人,不失色于人,不失口于人。是故君子貌足畏也,色足惮

中华传世藏书

孔子家语 通解

孔子言行录

一一二七

也,言足信也。《甫刑》曰:'敬忌而罔有,择言在躬。'"[礼记·表记]

【释义】

孔子说:"君子举止不失态,神色不失态,说话不失态。所以君子容貌使人畏惧,神色让人忌惮,言语让人信服。《甫刑》说:'严肃恭敬,自身没有不足。'"

【原文】

子曰:"裼袭之不相因也,欲民之毋相渎也。"[礼记·表记]

【释义】

孔子说:"对于不同的人,裼和袭不能不变化,这是让人们不能轻慢。"

【原文】

子曰:"祭极敬,不继之以乐;朝极辨,不继之以倦。"[礼记·表记]

【释义】

孔子说:"祭祀恭敬,饮酒但不作乐。治理朝事,不能因疲倦而疏忽。"

【原文】

子曰:"君子慎以辟祸,笃以不掩,恭以远耻。"[礼记·表记]

【释义】

孔子说:"君子行为谨慎以避免祸患,笃实厚道以避免窘迫,恭敬以远离耻辱。"

【原文】

子曰:"君子庄敬日强,安肆日偷,君子不以一日使其躬儳焉,不终日。"[礼记·

表记]

【释义】

孔子说:"君子庄重恭敬才能日日进步,安逸放肆就会退步,君子一天也不能让自己散漫,以致像小人一样惶惶不可终日。"

【原文】

子曰:"齐戒以事鬼神,择日月以见君,恐民之不敬也。"[礼记·表记]

【释义】

孔子说:"以齐戒祭祀鬼神,选择时间会见国君,这是为了防止人们不恭敬。"

【原文】

子曰:"狎侮死焉,而不畏也。"[礼记·表记]

【释义】

孔子说:"有人因狎戏轻侮而死,但并不觉得害怕。"

【原文】

子曰:"无辞不相接也,无礼不相见也,欲民之毋相亵也。《易》曰:'初筮告,再三渎,渎则不告。'"[礼记·表记]

【释义】

孔子说:"没有言辞不想接,没有礼节不想见,这是要使人们不要相互亵渎。《易经》说:'初次占卜就告诉,如果再三占卜,就不会告诉。'"

【原文】

子言之："仁者，天下之表也，义者，天下之制也，报者，天下之利也。"[礼记·表记]

【释义】

孔子说："仁，是天下的典范，义，是天下事物的标准，德怨之报，是天下的利益。"

【原文】

子曰："以德报德，则民有所劝；以怨报怨，则民有所惩。《诗》曰：'无言不仇，无德不报。'《大甲》曰：'民非后，无能胥以宁。后非民，无以辟四方。'"[礼记·表记]

【释义】

孔子说："以怨报德，人们就会相互勉励规劝。以德报怨，人们就会感到畏惧。《诗经》说：'说话有对象，好事有回报。'《大甲》说：'人民没有国君，就不会安宁；国君没有人民，也就无法开辟四方。'"

【原文】

子曰："以德报怨，则宽身之仁也；以怨报德，则刑戮之民也。"[礼记·表记]

【释义】

孔子说："以德报怨，是宽厚的仁者；以怨报德，是刑戮的小人。"

【原文】

子曰："无欲而好仁者，无畏而恶不仁者。天下一人而已矣，是故君子议道自己，

而置法以民。"［礼记·表记］

【释义】

孔子说:"没有欲望而好行仁德的人,无所畏惧,厌恶不行仁德的人。这种人天下很少。所以君子讨论仁德从自身出发,设置法规从百姓出发。"

【原文】

子曰:"仁有三,与仁同功而异情。与仁同功,其仁未可知也;与仁同过,然后其仁可知也。仁者安仁,知者利仁,畏罪者强仁。仁者右也,道者左也。仁者人也,道者义也。厚于仁者薄于义,亲而不尊。厚于义者薄于仁,尊而不亲。道有至,义有考。至道以王,义道以霸,考道以为无失。"［礼记·表记］

【释义】

孔子说:"仁有三种情况,效果相同心情不同。从效果看,行仁的心情不容易区分;但从人们忽视的地方看,行仁的心情就可以区分。有仁德的人,安于行仁,有智慧的人,懂得行仁,害怕惩罚的人勉强行仁。仁像右手,使用起来很顺利,道像左手,使用起来不太顺利。仁就是人,道就是义。厚于仁而薄于义,就会表现为仁爱而缺少尊敬。厚于义而薄于仁,就表现为尊敬而缺少仁爱。道有最高,义有考察。最高的道是王者,合适的道可以成为诸侯,考察之道可以没有过失。"

【原文】

子言之:"仁有数,义有长短小大。中心僭怛,爱人之仁也;率法而强之,资仁者也。《诗》云:'丰水有芑,武王岂不仕。诒厥孙谋,必燕翼子。武王烝哉。'数世之人也。《国风》曰:'我今不阅,皇恤我后。'终身之仁也。"［礼记·表记］

【释义】

孔子说:"仁有深浅,道有长短大小。心怀悲天悯人之情,是爱人之仁;徇法而强为之,是取资之仁。《诗经》说:'水芹长满丰水旁,武王岂是无事忙?传下谋略为子孙,保佑后代享国长。武王真是好君王!'这是数代的仁。《国风》说:'我尚不能被收容,哪里能为后代担忧呢。'这是一代的仁。"

【原文】

子曰:"仁之为器重,其为道远,举者莫能胜也,行者莫能致也。取数多者,仁也。夫勉于仁者不亦难乎?是故君子以义度人,则难为人;以人望人,则贤者可知已矣。"〔礼记·表记〕

【释义】

孔子说:"仁好像一件器物,也好像一条道路,想举起这个器物,没人能做到。想走完这条路,没人能达到。谁举到最终,走的最远,谁就是仁者。勉强为仁,不是很难吗?所以君子用仁的标准来看人,世人就难以称为人。以人的标准来看人,贤者就容易找到。"

【原文】

子曰:"中心安仁者,天下一人而已矣。《大雅》曰:'德輶如毛,民鲜克举之。我仪图之,惟仲山甫举之,爱莫助之。'《小雅》曰:'高山仰止,景行行止。'"子①曰:"《诗》之好仁如此,乡道而行,中道而废,忘身之老也。不知年数之不足,俛焉日有孳孳,毙而后已。"〔礼记·表记〕

【注释】

①"子曰"二字恐衍。

【释义】

孔子说:"内心安于仁德的人,天下很少。《大雅》说:'仁德轻如毛,人们举不起。我认为只有仲山甫能举起来,但人们却爱莫能助。'《小雅》说:'高山为人们所敬仰,大路为人们所共行。'"孔子说:"《诗经》是那么爱好仁德,向着大路向前,中途而废,忘了自己已老。不计较还有多少岁月,尽力行仁,死而后已。"

【原文】

子曰:"仁之难成久矣。人人失其所好,故仁者之过易辞也。"[礼记·表记]

【释义】

孔子说:"行仁很难由来已久。人们失去了美好的天性,所以仁者的过失容易被谅解。"

【原文】

子曰:"恭近礼,俭近仁,信近情。敬让以行,此虽有过,其不甚矣。夫恭寡过,情可信,俭易容也,以此失之者,不亦鲜乎?《诗》曰:'温温恭人,惟德之基。'"[礼记·表记]

【释义】

孔子说:"恭敬近乎礼,简朴近乎仁,诚信近乎人情。以谦让待人,即使有过失也不会太重。恭敬就会减少差错,近人情可以让人信任,简朴可以使人可容,这种人犯错误很少。《诗经》说:'温和谦恭,是仁德的基础。'"

【原文】

子曰:"仁之难成久矣!唯君子能之。是故君子不以其所能者病人,不以人之所不能者愧人。是故圣人之制行也，不制以己，使民有所劝勉愧耻，以行其言，礼以节之，信以结之，容貌以文之，衣服以移之，朋友以极之，欲民之有壹也。《小雅》曰：'不愧于人，不畏于天。'是故君子服其服，则文以君子之容；有其容，则文以君子之辞；遂其辞，则实以君子之德。是故君子耻服其服而无其容，耻有其容而无其辞，耻有其辞而无其德，耻有其德而无其行。是故君子衰绖则有哀色，端冕则有敬色，甲胄则有不可辱之色。《诗》云：'惟鹈在梁，不濡其翼。彼记之子，不称其服。'"[礼记·表记]

【释义】

孔子说："行仁难有成就由来已久。只有君子才能做到。所以君子不以自己所能来责备别人，不以自己所不能去嘲笑别人。所以君子规范人们的行为，不是以自己的行为规范别人，而是让人们自勉，懂得羞耻，用行动来实现自己的诺言，用礼制来调节，用诚信相联系，用容貌来文饰，用衣服来改变，用朋友来团结，使人们一心向善。《小雅》说：'对人不愧疚，对天不畏惧。'所以君子穿着君子的衣服，以君子的仪容来配合；有了仪容，再以君子的言辞来修饰；有了言辞，再以君子的德行来充实。所以君子以穿着君子的衣服而无君子的仪容为耻，以有君子的仪容而无君子的言辞为耻，以有君子的言辞而无君子的德行为耻，以有君子的德行而无君子的行为为耻。所以君子穿上丧服有哀色，穿上礼服有敬色，穿上甲胄有不可辱之色。《诗经》说：'鹈鹕在石梁上，不弄湿羽毛。穿着君子衣服的人，德行与衣服不相称。'"

【原文】

子言之："君子之所谓义者，贵贱皆有事于天下。天子亲耕，粢盛秬鬯，以事上帝，故诸侯勤以辅事于天子。"[礼记·表记]

【释义】

孔子说："君子所谓的义，就是无论贵贱都要做本分的事。天子亲自耕种，把自己种的粮食做成酒,祭祀上天和祖先,所以诸侯尽力辅佐天子。"

【原文】

子曰:"下之事上也,虽有庇民之大德,不敢有君民之心,仁之厚也。是故君子恭俭以求役仁,信让以求役礼,不自尚其事,不自尊其身,俭于位而寡于欲,让于贤,卑己而尊人,小心而畏义。求以事君,得之自是,不得自是,以听天命。《诗》云:'莫莫葛藟,施于修枝。凯弟君子,求福不回。'其舜、禹、文王、周公之谓与?有君民之大德,有事君之小心。《诗》云:'惟此文王,小心翼翼,昭事上帝,聿怀多福。厥德不回,以受方国。'"〔礼记·表记〕

【释义】

孔子说:"居下位的人侍奉上位的人,下位的人即使有庇护百姓的大德,也不能有成为国君之心,这是仁德的表现。所以君子恭敬节俭以求行仁,诚信谦让以求行礼,不自我夸大,不吹嘘自己,在位节俭,减少欲望,让位给贤人,贬低自己尊重他人,做事小心而畏惧仁义。以此来事君,得意时是这样,失意时也是这样,以听从天命。《诗经》说:'茂盛的葛藟,树枝四处生长。平和的君子,一心求善行。'这是说舜、禹、文王、周公吧?他们有治理天下的大德,有侍奉君主的小心。《诗经》说:'只有文王,小心翼翼,侍奉上天,祈求多福。修炼品德,得到其他国家的拥护。'"

【原文】

子曰:"先王谥以尊名,节以壹惠,耻名之浮于行也。是故君子不自大其事,不自尚其功,以求处情;过行弗率,以求处厚;彰人之善而美人之功,以求下贤。是故君子虽自卑,而民敬尊之。"〔礼记·表记〕

【释义】

孔子说:"先王用谥号来概括一生的功德,为了使名声得到尊重,以名声超过德行为耻。所以君子不夸大自己,不夸耀自己的功德,力求符合实情;不做出过分的行为,力求处世厚道;表彰别人的善行,夸奖别人的行为,以得到贤人。所以君子虽然处世低调,但百姓仍敬重他。"

【原文】

子曰:"后稷天下之为烈也,岂一手一足哉? 唯欲行之浮于名也,故自谓便人。"〔礼记·表记〕

【释义】

孔子说:"后稷是天下功业的创造者,不是一只手、一只足所能达到的。他只想让功德超过名声,所以自称为便人。"

【原文】

子言之:"君子之所谓仁者,其难乎!《诗》云:'凯弟君子,民之父母。'凯以强教之,弟以说安之。乐而毋荒,有礼而亲,威庄而安,孝慈而敬,使民有父之尊,有母之亲。如此而后可以为民父母矣。非至德其孰能如此乎? 今父之亲子也,亲贤而下无能;母之亲子也,贤则亲之,无能则怜之。母亲而不尊,父尊而不亲。水之于民也,亲而不尊,火尊而不亲;土之于民也,亲而不尊,天尊而不亲;命之于民也,亲而不尊,鬼尊而不亲。"〔礼记·表记〕

【释义】

孔子说:"君子所说的仁,很难做到。《诗经》说:'和乐的君子,是民之父母。'凯是以自强的精神教育人们,悌是以和乐的态度安抚人们。欢乐而不荒废事业,礼貌而相互亲近,威严而又安静,孝顺而又尊敬,使人们有父亲的尊严,母亲的亲和。这样才能成为人们的父母。如果没有崇高的德行,谁能做到这一点呢? 现在的父亲,亲近贤能的儿子而贬低无能的儿子;母亲则是亲近贤能的儿子,而怜惜无能的儿子。母亲有亲情而无尊严,父亲有尊严而无亲情。犹如水,只有亲近没有尊严。火,只有尊严没有亲近。犹如土,只有亲近没有尊严,天,只有尊严没有亲近。犹如政令,只有亲近没有尊严,而鬼神,只有尊严没有亲近。"

【原文】

子曰:"夏道尊命,事鬼敬神而远之,近人而忠焉。先禄而后威,先赏而后罚,亲而不尊。其民之敝,蠢而愚,乔而野,朴而不文。殷人尊神,率民以事神,先鬼而后礼,先罚而后赏,尊而不亲。其民之敝,荡而不静,胜而无耻。周人尊礼尚施,事鬼敬神而远之,近人而忠焉,其赏罚用爵列,亲而不尊。其民之敝,利而巧,文而不惭,贼而蔽。"［礼记·表记］

【释义】

孔子说:"夏朝人勤于做事,侍奉鬼神而远离鬼神之道,贴近人情并尽心尽力。先利禄而后威严,先奖赏而后惩罚,亲近而没有尊严。人们的弊病是,蠢笨愚昧,傲慢粗俗,朴实而没有才华。殷朝人尊重鬼神,带领人们侍奉鬼神,尊重鬼神而轻视礼教,先惩罚而后奖赏,有尊严而没有亲近。人们的弊病是,放荡不宁静,好胜而没有羞耻。周朝人尊重礼法并实施,侍奉鬼神而远离鬼神之道,贴近人情并尽心尽力,赏罚以爵位高低而分级,亲近而没有尊严。人们的弊病是,好利而取巧,有文采而不知羞耻,相互伤害。"

【原文】

子曰:"夏道未渎辞,不求备,不大望于民,民未厌其亲。殷人未渎礼,而求备于民。周人强民,未渎神,而赏爵刑罚穷矣。"［礼记·表记］

【释义】

孔子说:"夏朝的政道简约,不求全责备,对人们不横征暴敛,所以人们不讨厌这种亲近。殷朝人礼法简约,人们的税赋繁重。周朝人实行政教,尊敬鬼神,赏爵、刑罚很完备了。"

【原文】

子曰:"虞夏之道,寡怨于民。殷周之道,不胜其敝。"[礼记·表记]

【释义】

孔子说:"虞夏的政教简朴,人们很少有怨恨。殷周的政教烦琐,弊端很多。"

【原文】

子曰:"虞夏之质,殷周之文,至矣。虞夏之文,不胜其质;殷周之质,不胜其文。"[礼记·表记]

【释义】

孔子说:"虞夏的质朴,殷周的烦琐,都到了极致。虞夏的政教不能再质朴了,殷周的礼法不能再烦琐了。"

【原文】

子言之曰:"后世虽有作者,虞帝弗可及也已矣!君天下,生无私,死不厚其子。子民如父母,有僭怛之爱,有忠利之教,亲而尊,安而敬,威而爱,富而有礼,惠而能散。其君子尊仁畏义,耻费轻实,忠而不犯,义而顺,文而静,宽而有辨。《甫刑》曰:'德威惟威,德明惟明。'非虞帝其孰能如此乎?"[礼记·表记]

【释义】

　　孔子说:"后世即使再有明君,也不可能像虞舜那样了。治理天下时,生时没有私心,死时不优待自己的儿子。对待百姓像父母,真心爱护,并有利民的教化,亲近而有威严,安静又让人尊敬,庄重而有爱心,富足而有礼貌,施惠能普遍。他的臣子尊重仁德敬畏道义,反对浪费轻视钱财,忠诚而不侵犯百姓,忠义又顺从,文饰而不烦琐,宽厚而有别。《甫刑》说:'德之威严让人敬畏,德之光辉让人目眩。'除了虞舜谁能做到这样呢?"

【原文】

　　子言之:"事君先资其言,拜自献其身,以成其信。是故君有责于其臣,臣有死于其言。故其受禄不诬,其受罪益寡。"[礼记·表记]

【释义】

　　孔子说:"侍奉君主要先陈述自己的意见,接受命令后要贡献自己的力量,已达成君主的信任。所以君主可以责成大臣,大臣要鞠躬尽瘁,尽量实现。所以接受俸禄不惭愧,受到惩罚的机会很少。"

【原文】

　　子曰:"事君,大言入则望大利,小言入则望小利。故君子不以小言受大禄,不以大言受小禄。《易》曰:'不家食,吉。'"[礼记·表记]

【释义】

　　孔子说:"侍奉君主,臣子说的话效果大贡献就大,效果小贡献就小。所以君子不以贡献小而接受厚禄,不以贡献大接受小禄。《易经》说:'不在家自食,吉利。'"

【原文】

子曰:"事君不下达,不尚辞,非其人弗自。《小雅》曰:'靖共尔位,正直是与。神之听之,式谷以女。'"[礼记·表记]

【释义】

孔子说:"侍奉君主不能引导其卑下,不能投其所好,不是正直人说的话不采纳。《小雅》说:'敬畏你的职位,与正直的人为友。神灵听到之后,会给你降福。'"

【原文】

子曰:"事君远而谏,则謟也。近而不谏,则尸利也。"[礼记·表记]

【释义】

孔子说:"侍奉君主,疏远者上谏就是谄媚。亲近者不上谏,就是失职。"

【原文】

子曰:"迩臣守和,宰正百官,大臣虑四方。"[礼记·表记]

【释义】

孔子说:"君主的近臣要调和君主之德,宰相要整治百官,大臣要考虑四方的政事。"

【原文】

子曰:"事君欲谏不欲陈。《诗》云:'心乎爱矣,瑕不谓矣?中心藏之,何日忘之?'"[礼记·表记]

【释义】

孔子说："侍奉君主，对于过失只能上谏，不能陈说。《诗经》说：'我爱君王，为何不对他讲实话？心里藏着愿望，什么时候才能忘掉？'"

【原文】

子曰："事君难进而易退，则位有序；易进而难退，则乱也。故君子三揖而进，一辞而退，以远乱也。"［礼记·表记］

【释义】

孔子说："侍奉君主，难进易退，这样位置才有序；如果易进难退，就会混乱。所以君子多方考虑才进，一句话就退，这样才能避免混乱。"

【原文】

子曰："事君三违而不出竟，则利禄也。人虽曰不要，吾弗信也。"［礼记·表记］

【释义】

孔子说："侍奉君主，多次离职而不出境，这是贪图利禄。这人虽然说不索求什么，我却不相信。"

【原文】

子曰："事君慎始而敬终。"［礼记·表记］

【释义】

孔子说："侍奉君主，应该开始时慎重，不可随意离去。"

【原文】

子曰："事君可贵可贱，可富可贫，可生可杀，而不可使为乱。"［礼记·表记］

【释义】

孔子说："侍奉君主，贵贱、贫富、生死都听从君主，不能自己决定混乱常理。"

【原文】

子曰："事君，军旅不辟难，朝廷不辞贱。处其位而不履其事，则乱也。故君使其臣，得志则慎虑而从之，否则孰虑而从之。终事而退，臣之厚也。《易》曰：'不事王侯，高尚其事。'"［礼记·表记］

【释义】

孔子说："侍奉君主，打仗时不回避危险，在朝廷中不推辞低贱的工作。身在其位不履行职责，就会混乱。所以君主使用大臣，符合自己的意志就慎重考虑去做，不符合自己的意志也慎重考虑去做。完成任务后引退，就是大臣的厚道表现。《易经》说：'不侍奉王侯，自己道德高尚。'"

【原文】

子曰："唯天子受命于天，士受命于君。故君命顺，则臣有顺命。君命逆，则臣有逆命。《诗》曰：'鹊之姜姜，鹑之贲贲。人之无良，我以为君。'"［礼记·表记］

【释义】

孔子说："只有天子受命于天，大臣受命于君主。所以君主顺应天理时，大臣就顺应君命。君主不顺应天理时，大臣就可以离开。《诗经》说：'喜鹊飞翔，鹌鹑飞翔。

人有无良之人,我要寻找君子。'"

【原文】

子曰:"君子不以辞尽人。故天下有道,则行有枝叶;天下无道,则辞有枝叶。是故君子于有丧者之侧,不能赙焉,则不问其所费。于有病者之侧,不能馈焉,则不问其所欲。有客不能馆,则不问其所舍。故君子之接如水,小人之接如醴。君子淡以成,小人甘以坏。《小雅》曰:'盗言孔甘,乱是用餤。'"[礼记·表记]

【释义】

孔子说:"君子不以言辞判断人。所以天下有道,人们行为美好;天下无道,人们言辞美好。所以君子在丧者身旁,如果不能有所馈赠,就不会问需要什么。在病者身旁,如果不能有所馈赠,就不能想要什么。有客人而不能提供住处,就不问他住在哪儿。所以君子之交犹如清水,小人之交犹如甜酒。君子因为清淡而能长久,小人因为甘甜而容易变质。《小雅》说:'坏的言语动听,灾祸由此发生。'"

【原文】

子曰:"君子不以口誉人,则民作忠。故君子问人之寒则衣之,问人之饥则食之,称人之美则爵之。《国风》曰:'心之忧矣,于我归说。'"[礼记·表记]

【释义】

孔子说:"君子不以虚言赞美他人,百姓就会忠实。所以君子问人寒冷就给人衣服,问人饥饿就给人食物,赞美人品德就给人爵位。《国风》说:'心有忧虑,和我归于有德之人。'"

【原文】

子曰:"口惠而实不至,怨菑及其身。是故君子与其有诺责也,宁有己怨。《国

风》曰:'言笑晏晏,信誓旦旦,不思其反,反是不思,亦已焉哉!'"[礼记·表记]

【释义】

孔子说:"口头说得好而实际做不到,灾祸就会降临。所以君子与其诺言没有实现而遭受责备,不如拒绝答应而遭受怨恨。《国风》说:'言笑和悦,信誓旦旦,但如今和当初不一样,既然和当初不一样,那就算了吧!'"

【原文】

子曰:"君子不以色亲人。情疏而貌亲,在小人则穿窬之盗也与?"[礼记·表记]

【释义】

孔子说:"君子不以伪装的神色去亲近别人。情感疏远而神色亲近,这不跟小人挖洞偷盗的行为相似吗?"

【原文】

子曰:"情欲信,辞欲巧。"[礼记·表记]

【释义】

孔子说:"情感要真实,言辞要表达心意。"

【原文】

子言之:"昔三代明王,皆事天地之神明,无非卜筮之用,不敢以其私亵事上帝。是故不犯日月,不违卜筮。卜筮不相袭也。大事有时日,小事无时日,有筮。外事用刚日,内事用柔日,不违龟筮。"[礼记·表记]

【释义】

孔子说："从前三代明王,侍奉天地神明,不用卜筮,不敢随便行事而亵渎神灵。所以他们尊敬日月,不违背卜筮。卜筮不能重复。祭天有时日,祭祖无时日,要用筮。祭天用刚日,祭祖用柔日,不能违反龟筮。"

【原文】

子曰(三代明王事神明,无非卜筮之用):"牲牷、礼乐、齐盛,是以无害乎鬼神,无怨乎百姓。"［礼记·表记］

【释义】

孔子说："牲牷、礼乐、谷物不伤害鬼神,百姓也无怨言。"

【原文】

子曰:"后稷之祀易富也,其辞恭,其欲俭,其禄及子孙。《诗》曰:'后稷兆祀,庶无罪悔,以迄于今。'"［礼记·表记］

【释义】

孔子说："祭祀后稷的祭品很容易准备,因为他言辞谦恭,欲求较少,福禄延及子孙。《诗经》说:'后稷祭祀鬼神,希望人们无罪悔,一直延续到现在。'"

【原文】

子曰:"大人之器威敬。天子无筮,诸侯有守筮。天子道以筮,诸侯非其国不以筮,卜宅寝室。天子不卜处大庙。"［礼记·表记］

【释义】

孔子说:"占卜的器具很威严庄重。天子不用筮,诸侯有守筮。太子在道路上用筮,诸侯不在自己的国内不用筮,只是搬家和安寝用筮。天子在太庙不占卜。"

【原文】

子曰:"君子敬则用祭器。是以不废日月,不违龟筮,以敬事其君长。是以上不渎于民,下不亵于上。"[礼记·表记]

【释义】

孔子说:"君子为了表示尊敬,可以用祭器招待客人。所以祭祀不废日月,不违背龟筮,用恭敬之心侍奉君主长辈。所以在上位者不欺负百姓,在下位者不亵渎上司。"

【原文】

子言之曰:"为上易事也,为下易知也,则刑不烦矣。"[礼记·缁衣]

【释义】

孔子说:"在上位的人以诚心对待下属,在下位的人以忠心对待上司,那么刑罚就没用了。"

【原文】

子曰:"好贤如《缁衣》,恶恶如《巷伯》,则爵不渎而民作愿,刑不试而民咸服。《大雅》曰:'仪刑文王,万国作孚。'"[礼记·缁衣]

【释义】

孔子说:"要像《缁衣》那样爱护贤者,要像《巷伯》那样讨厌奸佞之人,爵位不乱赐,民风淳朴,刑罚不滥用,百姓就会信服。《大雅》说:'以文王为榜样,使万国信服。'"

【原文】

子曰:"夫民,教之以德,齐之以礼,则民有格心;教之以政,齐之以刑,则民有遁心。故君民者,子以爱之,则民亲之,信以结之,则民不倍,恭以莅之,则民有孙心。《甫刑》曰:'苗民匪用命,制以刑。惟作五虐之刑,曰法。'是以民有恶德,而遂绝其世也。"[礼记·缁衣]

【释义】

孔子说:"对待百姓,要用道德教育他们,用礼仪规范他们,那百姓就会向善;以政令来教导他们,用刑罚来约束他们,百姓就会有逃避刑罚的心理。所以国君对待百姓,如果能像对待子女一样爱护他们,那百姓就会亲近国君,用诚信来团结他们,百姓就不会背离国君,用恭敬对待他们,百姓就会归附。《甫刑》说:'苗民不肯听从,所以制定了刑罚。这五种刑罚,就叫法。'这是因为百姓有恶德,所以断绝他们的世代。"

【原文】

子曰:"下之事上也,不从其所令,从其所行。上好是物,下必有甚者矣。故上之所好恶不可不慎也,是民之表也。"[礼记·缁衣]

【释义】

孔子说:"百姓对待统治者,不是听从他的命令,而是服从他的行为。国君喜欢一个事物,百姓一定会更喜欢。所以国君喜欢或厌恶什么一定要谨慎,因为他是人们的表率。"

【原文】

子曰："禹立三年，百姓以仁遂焉，岂必尽仁？《诗》云：'赫赫师尹，民具尔瞻。'《甫刑》曰：'一人有庆，兆民赖之。'《大雅》曰：'成王之孚，下土之式。'"［礼记·缁衣］

【释义】

孔子说："禹在位三年，百姓就很有道德，这是因为百姓天生就有仁德吗？《诗经》说：'地位显赫的太师尹，人们都望着你。'《甫刑》说：'一人有美德，天下人都受益。'《大雅》说：'成王的诚信，百姓的榜样。'"

【原文】

子曰："上好仁，则下之为仁争先人。故长民者章志，贞教，尊仁，以子爱百姓，民致行己以说其上矣。《诗》云：'有梏德行，四国顺之。'"［礼记·缁衣］

【释义】

孔子说："居上位的人爱好仁德，居下位的人就会争相行仁。所以百姓的长者，就要有仁德的志向，以正道教育百姓，尊重仁德，以爱护子女之心去爱护百姓，这样百姓就会以行为让居上位的人高兴。《诗经》说：'有正直的德行，四方都会归从。'"

【原文】

子曰："王言如丝，其出如纶；王言如纶，其出如綍。故大人不倡游言。可言也，不可行，君子弗言也；可行也，不可言，君子弗行也。则民言不危行，而行不危言矣。《诗》云：'淑慎尔止，不愆于仪。'"［礼记·缁衣］

【释义】

孔子说："君王的话像线，传播出去就像带子；君王的话像带子，传播出去就像绳子。所以君主不提倡空话。说了但做不到的，君子就不会说；能做的，但不能说，君子就不会做。这样百姓的言论就不会高于行为，行为也不会违背言论。《诗经》说：'美好的品德，不违背礼制。'"

【原文】

子曰："君子道人以言，而禁人以行，故言必虑其所终，而行必稽其所敝，则民谨于言而慎于行。《诗》云：'慎尔出话，敬尔威仪。'《大雅》曰：'穆穆文王，于缉熙敬止。'"［礼记·缁衣］

【释义】

孔子说："君子用言语教导人们向善，用行为阻止人们向恶，所以君子说话要考虑后果，行为要考虑其影响，这样人们才会在言语和行为方面谨慎。《诗经》说：'谨慎说话，谨慎做事。'《大雅》说：'端庄的文王，使人们深受鼓舞。'"

【原文】

子曰："长民者衣服不贰，从容有常，以齐其民，则民德壹。《诗》云：'彼都人士，狐裘黄黄。其容不改，出言有章。行归于周，万民所望。'"［礼记·缁衣］

【释义】

孔子说："百姓的长者有一定的服饰，有合适的仪容，以此约束百姓，使百姓的道德专一。《诗经》说：'都城的人士，狐裘金黄。仪容有规范，出言有文采。行归于忠信，万民所敬仰。'"

【原文】

子曰:"为上可望而知也,为下可述而志也,则君不疑于其臣,而臣不惑于其君矣!尹吉曰:'惟尹躬及汤,咸有壹德。'《诗》云:'淑人君子,其仪不忒。'"[礼记·缁衣]

【释义】

孔子说:"居上位者能让人一望而知其心意,居下位者能让人从其行为中了解他的为人,那么君主不会怀疑他的臣子,臣子也不会被君主所迷惑。尹吉说:'我对汤,始终一心。'《诗经》说:'谦谦君子,仪容不忒。'"

【原文】

子曰:"有国者章善瘅恶,以示民厚,则民情不贰。《诗》云:'靖共尔位,好是正直。'"[礼记·缁衣]

【释义】

孔子说:"管理国家的人,要嘉奖善行批评恶行,以道德示百姓,民风才会始终如一。《诗经》说:'保护你的职位,喜欢你的正直。'"

【原文】

子曰:"上人疑则百姓惑,下难知则君长劳,故君民者章好以示民俗,慎恶以御民之淫,则民不惑矣。臣仪行,不重辞,不援其所不及,不烦其所不知,则君不劳矣。《诗》云:'上帝板板,下民卒瘅。'《小雅》曰:'匪其止共,惟王之邛。'"[礼记·缁衣]

【释义】

孔子说:"居上位的人反复无常,百姓就会迷惑,居下位的人隐瞒实情,君王就会操劳,所以统治人们要倡导善行使民风向善,提防恶行防止人们行恶,这样百姓就不会迷惑。大臣效法君主,不看重言辞,不要求君主做不到的,不烦扰君主不知道的,那么君主就不会辛劳。《诗经》说:'君主反复无常,百姓不得安宁。'《小雅》说:'臣子举止不恭,君王就会操劳。'"

【原文】

子曰:"政之不行也,教之不成也,爵禄不足劝也,刑罚不足耻也。故上不可以亵刑而轻爵。《康诰》曰:'敬明乃罚。'《甫刑》曰:'播刑之不①迪。'"[礼记·缁衣]

春秋服饰

【注释】

①郑注云:"不"衍字耳。

【释义】

孔子说:"政令无法推行,教育没有成功,那么爵禄就不能使人向善,刑罚不能让人感到耻辱。所以居上位者不能滥施刑罚、轻赐爵位。《康诰》说:'慎重才能实施惩罚。'《甫刑》说:'实施刑罚不能使人醒悟。'"

【原文】

子曰:"大臣不亲,百姓不宁,则忠敬不足,而富贵已过也。大臣不治,而迩臣比矣。故大臣不可不敬也,是民之表也。迩臣不可不慎也,是民之道也。君毋以小谋大,毋以远言近,毋以内图外,则大臣不怨,迩臣不疾,而远臣不蔽矣。叶公之顾命曰:'毋以小谋败大作,毋以嬖御人疾庄言,毋以嬖御士疾庄士、大夫、卿士。'"[礼记·缁

【释义】

孔子说:"国君不亲近大臣,百姓就不得安宁,忠敬不足,大臣的富贵就成为过失。大臣不理政事,就会与近臣相互勾结。所以对大臣不能不尊敬,他是人们的表率。对近臣不可不慎重,他们是引导百姓的人。国君不能同小臣商量大臣的事,也不能跟远臣谈论近臣的事,不能同内臣谋划外臣的事,这样大臣就没有怨言,近臣不会妒忌,远臣不会被蒙蔽。叶公临终时说:'不要以小臣的谋略败坏大臣的行为,不要因宠妾厌倦夫人,不要因宠臣而排斥忠臣。'"

【原文】

子曰:"大人不亲其所贤,而信其所贱,民是以亲失,而教是以烦。《诗》云:'彼求我则,如不我得。执我仇仇,亦不我力。'《君陈》曰:'未见圣,若己弗克见。既见圣,亦不克由圣。'"〔礼记·缁衣〕

【释义】

孔子说:"居上位的人不亲近贤者,而相信那些小人,百姓因此亲近失德的人,政教就混乱了。《诗经》说:'从前君主求我从政,唯恐得不到我。让我从政后又把我闲置,不让我出力。'《君陈》说:'未见圣人,觉得自己见不到。见到圣人,又不能按圣人的旨意办事。'"

【原文】

子曰:"小人溺于水,君子溺于口,大人溺于民,皆在其所亵也。夫水近于人而溺人;德易狎而难亲也,易以溺人;口费而烦,易出难悔,易以溺人。夫民闭于人而有鄙心,可敬不可慢,易以溺人。故君子不可以不慎也。《太甲》曰:'毋越厥命,以自覆也。若虞机张,往省括于厥度则释。'《兑命》曰:'惟口起羞,惟甲胄起兵,惟衣裳在笥,惟干戈省厥躬。'《太甲》曰:'天作孽,可违也。自作孽,不可以逭。'《尹吉》曰:'惟尹躬天①见于西邑夏,自周有终,相亦惟终。'"[礼记·缁衣]

【注释】

①郑注云:"天"当作"先"。

【释义】

孔子说:"百姓会被水淹没,君子会被言论淹没,执政者会被百姓淹没,都是因轻慢造成的。水与人亲近容易淹死人,德行轻慢难以亲近,容易淹没人。说话多招人烦,说出容易追悔难,容易淹没人。那些不通情理而心怀不轨的人,只能尊敬不能轻慢,容易淹没人。所以君子不能不谨慎。《太甲》说:'不到颠倒政令,自招覆灭。好像虞人射箭,要看清目标再射。'《兑命》说:'言语能招来怨恨,甲胄能引起争斗,衣裳会导致轻慢,干戈会滥杀无辜。'《太甲》说:'天作孽,尚可躲避。自作孽,无法逃避。'《尹吉》说:'我的先人见过西邑夏,以忠信著称,大臣也忠信,可是覆灭了。'"

【原文】

子曰:"民以君为心,君以民为体。心庄则体舒,心肃则容敬。心好之,身必安之。君好之,民必欲之。心以体全,亦以体伤。君以民存,亦以民亡。《诗》云:'昔吾有先正,其言明且清。国家以宁,都邑以成,庶民以生。谁能秉国成? 不自为正,卒劳百姓。'《君雅》曰:'夏日暑雨,小民惟曰怨。资冬祁寒,小民亦惟曰怨。'"[礼记·缁衣]

【释义】

孔子说:"百姓以君主为心脏,君主以百姓为躯体。心脏健康躯体就舒坦,心脏严肃体貌就端庄。心脏爱好什么,身体也会适应。国君爱好什么,人们也希望得到。心脏以身体而保全,也因身体而残伤。国君因为人们而生存,也因人们而灭亡。《诗经》说:'从前我有贤人,其言明白清楚。国家因此安宁,都邑因此建成,百姓因此生存。谁能管理国家? 自己要是不公正,百姓就会受苦。'《君雅》说:'夏日多雨,百姓只会抱怨。冬天寒冷,小民只能怨恨。'"

【原文】

子曰:"下之事上也,身不正、言不信,则义不壹、行无类也。"[礼记·缁衣]

【释义】

孔子说:"居下位者侍奉居上位者,行为不端正,言语不诚信,就是因为道义不专一,行为无原则。"

【原文】

子曰:"言有物而行有格也,是以生则不可夺志,死则不可夺名。故君子多闻,质而守之。多志,质而亲之。精知,略而行之。《君孙》曰:'出入自尔师虞,庶言同。'《诗》云:'淑人君子,其仪一也。'"[礼记·缁衣]

【释义】

孔子说:"说话有内容,行为有准则,这样的人,活着的时候不能动摇志向,死去不能夺走他的美名。所以君子见识广博,虚心坚守。见解深刻,好学多问。虚心学习,努力实践。《君孙》说:'以众人的意见为参考,与众人的意见一致。'《诗经》说:'贤人君子,行为专一。'"

【原文】

子曰:"唯君子能好其正,小人毒其正。故君子之朋友有乡,其恶有方。是故迩者

不惑,而远者不疑也。《诗》云:'君子好仇。'"[礼记·缁衣]

【释义】

孔子说:"只有君子能喜欢正直的人,小人痛恨正直的人。所以君子与朋友志趣相同,厌恶的事有一定的标准。所以君子不会被身边的人迷惑,对远方的人不怀疑。《诗经》说:'君子是我的朋友。'"

【原文】

子曰:"轻绝贫贱而重绝富贵,则好贤不坚,而恶恶不著也。人虽曰不利,吾不信也。《诗》云:'朋友攸摄,摄以威仪。'"[礼记·缁衣]

【释义】

孔子说:"轻易地与贫贱的人绝交,不轻易与富贵的人绝交,那么他向善的心不坚决,嫉恶的心不显著。他说他不为了利益,我不相信。《诗经》说:'朋友之间的帮助,帮的是道义。'"

【原文】

子曰:"私惠不归德,君子不自留焉。《诗》云:'人之好我,示我周行。'"[礼记·缁衣]

【释义】

孔子说:"对自己的恩惠如果不是出于道义,君子不会自己留着用的。《诗经》说:'喜欢我的人,要向我指明正道。'"

【原文】

子曰:"苟有车,必见其轼。苟有衣,必见其敝。人苟或言之,必闻其声。苟或行

之,必见其成。《葛覃》曰:'服之无射。'"[礼记·缁衣]

【释义】

孔子说:"是车子,一定能见到轼。是衣服,一定能遮蔽身体。人如果说话,一定能听到他的声音。人如果行动,一定能见到成效。《葛覃》说:'穿着衣服不嫌弃。'"

【原文】

子曰:"言从而行之,则言不可饰也;行从而言之,则行不可饰也。故君子寡言而行,以成其信,则民不得大其美而小其恶。《诗》云:'白圭之玷,尚可磨也。斯言之玷,不可为也。'《小雅》曰:'允也君子,展也大成。'《君奭》曰:'昔在上帝,周田观文王之德,其集大命于厥躬。'"[礼记·缁衣]

【释义】

孔子说:"听从言语去实践,那么言语就不能掩饰;实践了再说,那么行动就不能掩饰。所以君子少说多做,来树立诚信,那么百姓就无法夸大它的优点,缩小他的缺点。《诗经》说:'白圭的瑕疵,可以磨掉。言行的瑕疵,无法抹掉。'《小雅》说:'谦谦君子,可以成功。'《君奭》说:'从上天来考察文王的德行,把天命集中在他一身。'"

【原文】

子曰:"南人有言曰:'人而无恒,不可以为卜筮。'古之遗言?与龟筮犹不能知也,而况于人乎?《诗》云:'我龟既厌,不我告犹。'《兑命》曰:'爵无及恶德民,立而正事。纯而祭祀,是为不敬。事烦则乱,事神则难。'《易》曰:'不恒其德,或承之羞。恒其德,侦,妇人吉,夫子凶。'"[礼记·缁衣]

【释义】

孔子说:"南方人说:'人如果没有恒心,就不能卜筮。'这是古人的遗言吗?连龟筮都无法做，更何况是了解人呢？《诗经》说：'龟已经厌弃我们，占卜也无法与之吉凶。'《兑命》说：'爵位不能赐给品德恶劣的人，百姓才能立德，事情才能正确。烦琐的祭祀，是对神的不敬。事情繁杂就容易乱，侍奉神灵就困难了。'《易经》说：'没有恒久的品德，或许会承受羞辱。有恒久的品德就正，妇人有恒久的品德也吉利，男人没有恒久的品德就有凶险。'"

【原文】

孔子曰："子生三年，然后免于父母之怀。"夫三年之丧，天下之达丧也。［礼记·三年问］

【释义】

孔子说："孩子出生三年，才能离开父母的怀抱。"父母死后子女守丧三年，也是天下最通情达理的礼仪了。

【原文】

鲁哀公问于孔子曰："夫子之服，其儒服与？"孔子对曰："丘少居鲁，衣逢掖之衣，长居宋，冠章甫之冠。丘闻之也：君子之学也博，其服也乡。丘不知儒服。"哀公曰："敢问儒行？"孔子对曰："遽数之不能终其物，悉数之乃留，更仆未可终也。"哀公命席，孔子侍曰："儒有席上之珍以待聘，夙夜强学以待问，怀忠信以待举，力行以待取。其自立有如此者。儒有衣冠中，动作慎。其大让如慢，小让如伪。大则如威，小则如愧。其难进而易退也，粥粥若无能也。其容貌有如此者。儒有居处齐难，其坐起恭敬，言必先信，行必中正。道途不争险易之利，冬夏不争阴阳之和。爱其死以有待也，养其身以有为也。其备豫有如此者。儒有不宝金玉，而忠信以为宝；不祈土地，立义以为土地；不祈多积，多文以为富。难得而易禄也，易禄而难畜也。非时不见，不亦难得乎？非义不合，不亦难得乎？先劳而后禄，不亦易禄乎？其近人有如此者。儒有委之以货财，淹之以乐好，见利不亏其义。劫之以众，沮之以兵，见死不更其守。鸷虫攫搏，不程勇者。引重鼎，不程其力。往者不悔，来者不豫。过言不再，流言不极。不断其威，不习其谋。其特立有如此者。儒有可亲而不可劫也，可近而不可迫也，可杀而不可辱也。其居处不淫，其饮食不溽，其过失可微辨而不可而数也。其刚毅有如此者。儒有忠信以为甲胄，礼义以为干橹。戴仁而行，抱义而处，虽有暴政不更其所。其自立有如此者。儒有一亩之宫，环堵之室，筚门圭窬，蓬户瓮牖，易衣而出，并日而食。上答之，不敢以疑。上不答，不敢以诌。其仕有如此者。儒有今人与居，古人与稽。今世行之，后世以为楷。适弗逢世，上弗援，下弗推，谗谄之民有比党而危之者，身可危也，而志不可夺也。虽危，起居竟信其志，犹将不忘百姓之病也。其忧思有如此者。儒有博学而不穷，笃行而不倦，幽居而不淫，上通而不困。礼之以和为贵，忠信之美，优游之法，慕贤而容众，毁方而瓦合。其宽裕有如此者。儒有内称不辟亲，外举不辟怨。程功积事，推贤而进达之，不望其报，君得其志。苟利国家，不求富贵。其举贤援能有如此者。儒有闻善以相告也，见善以相示也，爵位相先也，患难相死也，久相待也，远相致也。其任举有如此者。儒有澡身而浴德，陈言而伏，静而正之，上弗知也。麤而翘之，又不急为也。不临深而为高，不加少而为多。世治不轻，世乱不沮。同弗与，异弗非也。其特立独行有如此者。儒有上不臣天子，下不事诸侯。慎静而尚宽，强毅以与人，博学以知服。近文章，砥厉廉隅。虽分国，如锱铢，不臣不仕。其规为有如此者。儒有合志同方，营道同术。并立则乐，相下不厌。久不相见，闻流言不信。其行本方立义，同而进，不同而退。其交友有如此者。温良者，仁之本也；敬慎者，仁之地也；宽裕者，仁之作也；孙接者，仁之能也；礼节者，仁之貌也；言谈者，仁之文也；歌乐者，仁之和也；分散者，仁之施也。儒皆兼此而有之，犹且不敢言仁也。其尊让有如此者。儒有不陨获于贫贱，不充诎于富贵，不恩君王，不累长上，不闵有司，故曰儒。今众人之名儒也妄常，以儒相诟病。"孔子至舍，哀公馆之。闻此言也，言加信，行加义，终没吾世，不敢以儒为戏。［礼记·儒行］

【释义】

　　鲁哀公问孔子说:"你的衣服,是儒服吗?"孔子回答说:"我小时候居住在鲁国,穿的是长衣,长大后在宋国,戴的是章甫帽。我听说:君子的学问广博,服饰却入乡随俗。我不清楚儒服。"哀公说:"那儒服怎么样?"孔子回答说:"仓促之间说不明白,要详细说明时间需要很长,换几个人说也说不完备。"哀公让人为孔子铺上座席,孔子陪侍着哀公说:"儒者的德行就像席上的珍宝,等待人召聘,日夜学习,博闻强识,期待国君的询问,心怀忠义期待被任用,身体力行期待被录取。儒者自立就该这样。儒者的衣冠符合礼制,举止慎重。他们对大利的推辞从容,好像傲慢似的,对小利的推让舒缓不迫,好像故意为之。面临大事,仿佛畏惧似的,对待小事,仿佛惭愧似的。受聘时谨慎持重,免职时毫不迟缓,平时恭谦柔和的样子像没才能似的。儒者的容貌就是这样的。儒者平时态度严肃,举止恭恭敬敬的。他们说话一定要做到,行动一定要正直无邪。在道路上,不和别人争平坦的路,在寒冬或盛夏,不和别人争温暖或凉爽的地方。他们爱惜自己的生命是因为有所等待,保养好自己的身体是因为要有所作为。儒者就是这样做好准备的。儒者不以金玉为宝,而以忠信为宝;不求土地,而把树立道德当作土地;不求多积财物,而把学识广博作为富有。这种人很难得,给他俸禄却没什么麻烦,既容易给予俸禄,却又很难容留。不到一定的时机,他不会出来效力,不是难得吗?不符合正义他就不会合作,这不是难以容留吗?要求自己先有功劳而后享受俸禄,这不就是轻视俸禄吗?他们与人相处就是这样。儒者有时接受别人的财物,欣赏人们所喜爱的东西,但不会因此见利忘义。用人多势众胁迫他也不会惧怕,用兵器威吓他也不会动摇的,面临生命危险不会改变自己的操守。如同与野兽搏斗,不估量自己的勇气。如同牵引重物,不估量自己的实力。对已往的事情不会追悔,对未来的事不去过多考虑。对已经说错的话不会为之强辩,对流言蜚语不会寻根问底。从不丧失自己的尊严,不会挖空心思去想什么主意。他们特立独行的品格就是这样的。

　　儒者可以与之友善相处而不会接受威胁，可以与之亲近而不能受人逼迫，可以杀死他而不接受别人的凌辱。他平时生活起居不奢侈，饮食也从不挑剔。他的过失可以委婉地批评，但不能当面数落。他们的刚毅品格就是这样的。儒者用忠信作为自己的盔甲，用礼义作为自己的盾牌；崇尚仁德来做人，怀抱道义而处事。即使政局昏暗，也不改变自己的操守。儒者自强自立的品格就是这样的。儒者即使只有一亩大的宅院，住着一丈见方的屋子，用荆竹蓬草作门，用破瓮做窗，家人要交换衣服才能外出，两天只吃一餐饭。当上级采纳他的意见时，他不会利用上级的重视而谋私利；如果上级不采纳，也不会用谄媚的手段讨好上级。他们做官的态度就是这样的。儒者虽然与今人共处，但怀有古人的志向。他现在的所作所为，后世将作为人们行为的楷模。如果生不逢时，上级不提拔，下级不推荐；那些谗言惑众的小人成帮结伙来危害他，他的人身受到危害，但志向是不会动摇的。虽然处在危难境地，日常举止也始终有正气，仍然不忘百姓的疾苦。他们忧国忧民的品德就是这样的。儒者博学而不停顿，坚定地实践而不知疲倦，虽然独处也不会放纵自己，虽然得到任用也不会得意妄为。实行礼法就以和为贵，效法温柔平和的风度。倾慕贤者而宽容对待大众，收敛自己的锋芒。他们就是这样的气度宏大。儒者举荐人才对内不避亲属，对外不避有私仇的人。呈现功劳和总结工作，推荐贤者并使他们得到提拔，并不希望被举荐的人来报答他，只求君主的意图能顺利贯彻。只求有利于国家，不追求地位和利益。他们是这样推荐和提拔贤人的。儒者听到善行就热情相告，见到善举就努力宣扬，面对爵位先让他人，遭遇患难争相先死，对有贤能的人能长久等待，在远方能千方百计去网罗。儒者任贤举能就是这样的。儒者修养身心使德行纯洁，为国君出谋划策后就不再声张，安静守着正道规劝着上级，别人并不知道这是自己出的主意。遇到大事就给上级以暗示，并不急于成功。地位虽高但不妄自尊大，有了功劳也不自我夸耀。世道清明也不掉以轻心，世道混乱也不沮丧。对意见相近的人并不十分亲近，对意见不同的人也不诋毁。他们特立独行的品格就是这样的。儒者上不做昏庸的天子的臣子，下不为无道的诸侯效命。谨慎安静又宽厚待人，以刚强坚定的性格与人交往，广博地学

习,知道敬服前贤。每天都学习诗书,德行方正,即使天子分封给他国土做诸侯,他也把它看得像锱铢一样轻微,既不肯称臣也不去做官。他们就这样以正道来约束自己的。儒者相互之间志同道合,实践正道的方法也相同。他们在一起快乐相处,谦虚相待没有厌倦。长时间没相见,就是听到有关朋友的流言也不相信。儒者的行为方方正正,志向相同,就一起前进;志向不同,就分手离去。他们交朋友的原则就是这样的。温和善良,是仁德的根本;肃敬谨慎,是仁德成长的土地;宽舒从容,是仁德在举止上的体现;谦逊待人,是体现仁德的才能;礼仪节制,是仁德在外貌上的表现;言语谈说,是仁德外在的文采;诗歌音乐,表现着仁德的和悦;分财济贫,表现着仁德的施舍。儒者全部具备了这些美德,仍然不敢说自己已经达到了仁的境界。他们的谦抑逊让的品格就是这样的。儒者贫贱时不因为境遇困难而意志消沉,富贵了也不因心情欢快而趾高气扬,不因君王的羞辱、上级的斥责、有关部门的轻侮而背离正道,这才叫儒。现在的人们,都把儒当作迂腐的象征,甚至拿儒来侮辱别人。”孔子回到住所,哀公派人为他提供生活用品。鲁哀公听了这些话后,说话更讲信用了,做事更讲道义了。这辈子完结,再不拿儒来开玩笑了。

【原文】

《诗》云:“邦畿千里,惟民所止。”《诗》云:“缗蛮黄鸟,止于丘隅。”子曰:“于止,知其所止,可以人而不如鸟乎?”[礼记·大学]

【释义】

《诗经》说:“方圆千里的都城,全是人们居住。”《诗经》说:“啼叫的黄雀,栖息在山丘上。”孔子说:“鸟都知道选择栖息之处,难道人还不如鸟吗?”

【原文】

子曰:“听讼,吾犹人也,必也使无讼乎!”[礼记·大学]

【释义】

孔子说："审理诉讼,我跟其他人差不多,我只是努力要使诉讼不发生。"

【原文】

孔子曰:"吾观于乡,而知王道之易易也。"主人亲速宾及介,而众宾自从之。至于门外,主人拜宾及介,而众宾自入,贵贱之义别矣。三揖至于阶,三让以宾升。拜至,献酬辞让之节繁,及介,省矣。至于众宾,升受,坐祭,立饮,不酢而降,隆杀之义别矣。工人,升歌三终,主人献之。笙入三终,主人献之。间歌三终,合乐三终,工告乐备,遂出。一人扬觯,乃立司正焉,知其能和乐而不流也。宾酬主人,主人酬介,介酬众宾。少长以齿,终于沃洗者焉,知其能弟长而无遗矣。降,说屦升坐,修爵无数。饮酒之节,朝不废朝,莫不废夕。宾出,主人拜送,节文终遂焉,知其能安燕而不乱也。贵贱明,隆杀辨,和乐而不流,弟长而无遗,安燕而不乱,此五行者,足以正身安国矣,彼国安而天下安。故曰:"吾观于乡,而知王道之易易也。"〔礼记·乡饮酒义〕

【释义】

孔子说:"我观看乡间饮酒的礼仪,就知道王道是容易实行的。"主人亲自到宾和介家邀请,其他宾客就自行前往。到了门外,主人迎接宾和介,其他宾客就自己进入,贵贱的差异就明显了。主人三次作揖到达阶前,三让后引导宾客升阶。将宾客迎接到后,主人斟酒劝宾客饮,这些礼节很烦琐。对于介,礼节就很简单了。对于众宾,登阶接受献酒,坐着享受祭食,站着饮酒,不必回敬主人,礼的隆重与否是很分明的。乐工进入,升堂唱歌三首,主人向乐工敬酒。吹笙的乐工进来后吹奏三首,主人向他敬酒。接着堂上堂下接替吹唱三次,唱歌、吹笙一块进行,乐工报告演出结束,自己就离开了。主人的管家拿着觯敬宾客,派司正监督众人的仪态,由此可知,酒礼能使宾主和谐而不会失礼。宾客向主人敬酒,主人向介敬酒,介向宾客敬酒。以年龄长幼为序,直到侍奉盥洗的人为止,由此可知,酒礼敬老爱幼而无遗漏。酒席撤了之后,众人下堂脱鞋,再登堂就座,相互敬酒无数次。饮酒的程度,一不耽误早上的上朝,不耽误晚上办事为标准。宾客离开,主人拜送,礼节于是完成。由此可知,酒礼使主宾和谐而不混乱。酒礼使贵贱分明,隆杀有别,和谐欢乐而不放肆,敬老爱幼而无遗漏,和谐而不混乱,这五方面,足可以使个人身正,使国家安定。所以孔子说:"我观看乡间饮酒的礼仪,就知道王道是容易实行的。"

【原文】

孔子射于矍相之圃,盖观者如堵墙。射至于司马,使子路执弓矢出延射,曰:"贲军之将,亡国之大夫,与为人后者,不入,其余皆入。"盖去者半,入者半。又使公罔之裘、序点扬觯而语。公罔之裘扬觯而语曰:"幼壮孝弟,耆耋好礼,不从流俗,修身以俟死者,不在此位也。"盖去者半,处者半。序点又扬觯而语曰:"好学不倦,好礼不变,旄期称道不乱者,不在此位也。"盖廑有存者。[礼记·射义]

【释义】

孔子在矍相的花园射箭,围观的人像一堵墙。开始后,司正转为司马,孔子让子路拿着弓箭对旁观者说:"败军之将,亡国的大夫,不顾宗族而为人后的人,不要进来,其他人可以进来。"离开的人有一半,进来的人有一半。孔子又让公罔之裘、序点拿着酒杯对大家说话。公罔之裘拿着酒杯说:"幼时能孝敬父母,敬爱兄弟,老年时爱好礼仪。不受流俗影响,修身养性等待死去,请站在这边。"离开的人有一半。留下的人有一半。序点拿着酒杯说:"喜欢学习不倦怠,爱好礼节不改变,到老仍坚持正道不随波逐流的人,请站到这边。"这时只有几个人留下了。

【原文】

孔子曰:"君子无所争,必也射乎! 揖让而升,下而饮,其争也君子。"[礼记·射

义〕

【释义】

孔子说:"君子没有什么可以争的,只有射箭时才竞争。射箭时,相互揖让再升堂,下堂后再饮酒,这就是君子的竞争。"

【原文】

孔子曰:"射者何以射?何以听?循声而发,发而不失正鹄者,其唯贤者乎?若夫不肖之人,则彼将安能以中?"《诗》云:"发彼有的,以祈尔爵。"〔礼记·射义〕

【释义】

孔子说:"射箭的人凭什么射箭?听什么射箭?就是按乐曲节奏射箭,射的时候不失去目标,恐怕只有君子吧?如果是不肖之人,怎么能射中呢?"《诗经》说:"对准靶心射箭,以求免除刑罚。"

【原文】

子贡问于孔子曰:"敢问君子贵玉而贱碈者何也?为玉之寡而碈之多与?"孔子曰:"非为碈之多故贱之也,玉之寡故贵之也。夫昔者,君子比德于玉焉。温润而泽,仁也;缜密以栗,知也;廉而不刿,义也;垂之如队,礼也。叩之,其声清越以长,其终诎然,乐也;瑕不掩瑜,瑜不掩瑕,忠也;孚尹旁达,信也。气如白虹,天也;精神见于山川,地也。圭璋特达,德也;天下莫不贵者,道也。《诗》云:'言念君子,温其如玉。'故君子贵之也。"〔礼记·聘义〕

【释义】

子贡问孔子说:"请问君子看重玉而轻视碈是什么原因呢?是因为玉稀少而碈数

量多吗?"孔子说:"并不是因为碈多就贱,玉少就贵。从前,君子用玉象征人的品德。玉的色泽温润,犹如仁;玉的纹理细密,犹如智;玉有棱角但不会伤人,犹如义;玉质下沉,犹如礼。敲打它,声音清脆悠扬,戛然而止,犹如乐;瑕疵不能掩盖其美丽,美丽不能掩盖其瑕疵,犹如忠;玉有青光,犹如信。气如长虹冲上天,精神藏于山川大地。聘礼以圭、璋为信物,这是用其德;天下人都重视玉,是重其道。《诗经》说:'谦谦君子,温润如玉。'所以君子看重玉。"

【原文】

孔子卒,以所受鲁君之璙玉葬鲁城北。[礼记·檀弓白虎通崩薨引]

【释义】

孔子死后,用鲁国国君赠送的璙玉埋葬在鲁城的北面。

【原文】

孔子闲居,曾子侍。孔子曰:"参,今之君子,惟士与大夫之言之间①也,其至于君子之言者甚希矣。于乎! 吾主②言其不出而死乎! 哀哉!"曾子起曰:"敢问:何谓'主言'?"孔子不应。曾子惧,肃然抠衣下席曰:"弟子知其不孙也,得夫子之闲也难,是以敢问也。"孔子不应,曾子惧,退负序而立。孔子曰:"参! 女可语明主之道与?"曾子曰:"不敢以为足也,得夫子之闲也难,是以敢问。"孔子曰:"吾语女:道者,所以明德也;德者,所以尊道也。是故非德不尊,非道不明。虽有国焉③,不教不服,不可以取千里。虽有博地众民,不以其地④治之,不可以霸主。是故昔者明主内修七教,外行三至。七教修焉,可以守;三至行焉,可以征。七教不修,虽守不固;三至不行,虽征不服。是故明主之守也,必折冲乎千里之外;其征也,衽席之上还师。是故内修七教而上不劳,外行三至而财不费,此之谓明主之道也。"曾子曰:"敢问:不费、不劳,可以为明乎?"孔子愀然扬麋⑤曰:"参! 女以明主为劳乎? 昔者舜左禹而右皋陶,不下席而天下治。夫政之不中，君之过也。政之既中，令之不行，职事者之罪也。明主奚为其劳也？昔者明主关讥而不征，市廛不税，税十取一，使民之力，岁不过三日，入山泽以时，有禁而无征，此六者取财之路也。明主捨其四者而节其二者，明主焉取其费也？"

曾子曰："敢问：何谓七教？"孔子曰："上敬老则下益孝，上顺齿则下益悌，上乐施则下益谅，上亲贤则下择友，上好德则下不隐，上恶贪则下耻争，上强果则下廉耻。民皆有别，则⑥贞、则正⑦，亦不劳矣，此谓七教。七教者，治民之本也，教定是⑧正矣。上者，民之表也。表正，则何物不正？是故君先立于仁，则大夫忠，而士信、民敦、工璞、商悫、女憧、妇空空，七者教之志也。七者布诸天下而不窕，内诸寻常之室而不塞。是故圣人等之以礼，立之以义，行之以顺，而民弃恶也如灌。"曾子曰："弟子则不足，道则至矣。"孔子曰："参！姑止，又有焉。昔者明主之治民有法，必别地以州之，分属而治之，然后贤民无所隐，暴民无所伏；使有司日省如⑨时考之，岁诱贤焉，则贤者亲，不肖惧；使之哀鳏寡，养孤独，恤贫穷，诱孝悌，选贤举能。此七者修，则四海之内无刑民矣。上之亲下也如腹心，则下之亲上也如保子之见慈母也。上下之相亲如此，然后令则从、施则行。因民既迩者说，远者来怀。然后布指知寸，布手知尺，舒肘知寻。十寻而索。百步而堵，三百步而里，千步而井，三井而句烈，三句烈而距。五十里而对⑩，百里而有都邑。乃为畜积衣裘焉，使处者恤行者有兴⑪亡。是以蛮夷诸夏，虽衣冠不同，言语不合，莫不来至，朝觐于王。故曰：无市而民不乏，无刑而民不违。毕弋田猎之得，不以盈宫室也；征敛于百姓，非以充府库也。慢⑫恒以补不足，礼节以损有余。故曰：多信而寡貌。其礼可守，其信可复，其迹可履其于信也，如四时春秋冬夏。其博有万民也，如饥而食，如渴而饮，下土之人信之夫⑬！暑熟冻寒，远若迩；非道迩也，及其明德也。是以兵革不动而威，用利不施而亲。此之谓'明主之守也，折冲乎千里之外'，此之谓也。"曾子曰："敢问：何谓三至？"孔子曰："至礼不让而天下治，至赏不费而天下之士说，至乐无声而天下之民和。明主笃行三至，故天下之君可得而知也，天下之士可得而臣也，天下之民可得而用也。"曾子曰："敢问何谓也？"孔子曰："昔者明王以尽知天下良士之名，既知其名，又知其数；既知其数，又知其所在。明主因天下之爵，

以尊天下之士,此之谓'至礼不让而天下治'。因天下之禄,以富天下之士,此之谓'至赏不费而天下之士说'。天下之士说,则天下之明誉兴,此之谓'至乐无声而天下之民和'。故曰:所谓天下之至仁者,能合天下之至亲者也。所谓天下之至知者,能用天下之至和者也。所谓天下之至明者,能选天下之至良者也。此三者咸通,然后可以征。是故仁者莫大于爱人,知者莫大于知贤,政者莫大于官贤。有土之君修此三者,则四海之内拱而俟,然后可以征。明主之所征,必道之所废者也。彼废道而不行,然后诛其⑭君,致其征,吊其民,而不夺其财也。故曰:明主之征也,犹时雨也,至则民说矣。是故行施弥博,得亲弥众,此之谓'衽席之上乎还师'。"[大戴礼记·主言]

【注释】

①宋本讹作"闲",从《杨氏大训》当改"闻"。

②"主"当作"王",以下同。武英殿校本曰:王字篇内凡十九见,曰王言者二,曰明王者十六,曰霸王者一。程本、朱本、沈本并讹作"主"。刘本、袁本、高安本"昔者明王必尽知天下良士之名"此一处未讹,今据以订正。

③宋本讹作"焉"从,家语当改"马"。

④宋本讹作"地",从大训当改"道"。

⑤"麋"一作"眉"。按:麋,古"眉"字。

⑥"则贞"二字衍。

⑦正,政之讹。

⑧宋本讹作"是",从朱本当改"则"。

⑨如,而也。

⑩宋本讹作"兴",从大训当改"与"。⑪宋本讹作"慢",从大训当改"忧"。

⑫宋本"夫"上脱"若"字,从大训当增。

⑬"致其征",御览引作"改其政"。

⑭对封之讹。

孔子在家闲住，曾子在一旁陪侍。孔子说："曾参，现在的君子，所讲的话不出于士和大夫的言语之间，很少讲到君子的大道。唉！我有关君子的话恐怕还没说出来就要死了，真是可悲啊！"曾子站起来说："请问：什么叫'君子的话'？"孔子不理他。曾子害怕了，很严肃地提起衣服离开席位，恭敬地说："学生知道我有点不恭敬，我是因为老师难得空闲，所以敢请问的。"孔子还不理他。曾子更害怕了，退到墙边站着。孔子说："曾参！可以和你谈贤明君子的道理吗？"曾子说："我不以为自己有资格谈这问题，因为难得老师这么空闲，所以才敢请问的。"孔子说："我告诉你：道，是使德彰明，德，是使道尊贵。所以没有德，道就不能尊贵；没有道，德就不能彰明。虽然有国家，如果君主不施行教化，千里的国土是不能治理好的。虽然有广博的土地、众多的人民，不用道来教化，是不能成为霸主的。所以贤明的君王，对内教化七教，对外推行三至。七教教化好，就可以自保；三至推行了，就可以征战。七教不教化，虽想自保，可自己并不坚固；三至不推行，虽想征战，也不能使人臣服：所以贤明的君王自保，必使敌人远离国境；他征战，也必定能轻松获胜：所以对内教化七教，君王不会太辛苦，对外推行三至，国家财富就会消耗不大，这就是贤明君王的道理。"曾子说："请问：君王做到国家财富消耗不大、自己不用太多力气，就可以算是贤明吗？"孔子脸色一变说："曾参！你以为贤明的君王一定要用尽自己的力气吗？从前舜有禹和皋陶辅佐他，他不用自己行动而天下就治理了，所定的政令不好，这是君主的过错。政策很好，命令不能执行，那就是底下人的罪过了。贤明的君王为什么一定要用尽自己的力气呢？从前贤明的君王在界门上，只询问检查而不取费用，在市场上，只收摊位的税而不收货物的税，在田税方面，只收取收成的十分之一，要人民服劳役，每年不超过三天，砍柴打鱼，规定适当的时节，时节不适当禁止砍柴打鱼，但是政府并不收砍柴打鱼的税，这六件是政府取财的方法。贤明的君王舍弃了关、市、山、泽的税收，节省了田税和民力，贤明的君王怎么能让国家的财富消耗太大呢？"曾子说："请问：什么是七教?"孔子说:"居上位的人尊敬老人,下面的人就格外孝顺,居上位的人尊重长幼之序,下面的人就格外尊敬兄长,居上位的人喜欢施德于人,下面的人就格外真诚信实,居上位的人亲近贤者,下面的人就能够选择朋友,居上位的人爱好有德行的人,下面的人就不会隐藏贤者,居上位的人厌恶贪婪,下面的人就羞于争夺,居高位的人择善固执,下面的人就明廉知耻。人们都能辨别,就人心坚定,邪恶不为,做君王的就无须用尽气力来治理了,这就叫作七教。七教,是治民的根本,教育成功,那人们就不会作恶了。居上位的人,是人民的榜样。榜样正确了,还有什么东西不正确呢? 所以君王先立身于仁爱,那么大夫自会忠诚,士自会信实,人民自会敦厚,做工的人自会朴质,商人自会谨悫,未嫁的少女自会天真,已婚的妇女自会谦虚和顺,这七种是教育成功的标志。这七种人散布天下而不觉其细小,纳入于寻常人家而不觉其庞大。所以圣人用礼来显示人的层次,用义来处理人的事宜,用顺来实践人的道理,而人民的舍弃邪恶如同清洗污秽。"曾子说:"老师讲的道理很好,可我还不够了解。"孔子说:"曾参! 你先别说话,我还有话。从前贤明的君王治理人民是有办法的,将国土分为许多区域,设立官员分别治理人民的事务,这样贤良的人民没有隐蔽,暴乱的人民没法匿藏;派有职权的官吏经常检查,而且定期考核,年年都发现提拔贤能的人,这样就使好人亲附,而坏人害怕;又教人民哀怜鳏夫、寡妇,抚养孤儿、无子女的老人,救济穷苦的人,表扬孝顺父母,兄弟和睦的人,选拔贤良的人,举荐能干的人。这七件事做好了,那么就没有受刑罚的人了。居上者亲爱居下者如心腹一样,那么居下者亲附居上者就如孩子看到慈母一样。上下相亲,如果发出政令,人民就会听从,有所律令,人民就会奉行。因而人民自然是近的悦服,远的归顺。然后伸开手指就知道寸有多长,伸开手就知道尺有多长,舒开臂肘就知道寻有多长。十寻而数尽,尽了量度的能事。百步为亩,三百步为里,千步为井,三井为句烈,三句烈为距。五十里立起土界,百里就有都邑。为人民储存起衣服毛裘,使居家的人关心旅途人的有无。所以中国境内各族的人民,虽然服饰不同,言语不通,无不前来,朝拜君王。所以说:虽然没有买卖货物的市场,人民也不会匮乏,虽然没有严刑峻法,人民也不会违背政令。君王打猎所得,并不是用来充满宫室的;从人民那里征求敛取的,也不是用来装满公家的府库。君王经常拿出府库所藏,来救济百姓,经常用礼仪规范来约束自己生活的过度与有余。所以说:内心的诚信越多,外形的虚饰越少。他的礼可以遵行,他的信用可以证明,他的行迹可以从履行诚信上看出,如同春夏秋冬四季一样明显。他众多的人民,饥饿时可以食,口渴时可以饮,人民非常信仰他了。君王的教化温暖像热天一样,严峻像寒冬一样,不论远近,人民都蒙受他的教化。并不是因为道路近,而是受到光明的德教。所以他不用武力而使人畏服,不给人民封赏而人民依然亲附。这就是所谓'贤明君主自保,能使敌人远离国境',就是这个道理。"曾子说:"请问:什么叫作三至?"孔子说:"礼到了极致,不用谦让而天下就治理了;赏到了极致,不用花费而天下的人才就高兴了;音乐到了极致,没有声音而天下的人民都和睦了。贤明的君王推行三至,所以各国的首领都知道他们的底蕴,天下的人才都可以招揽来做官员,天下的人民都可以接受指挥了。"曾子说:"请问这是什么意思?"孔子说:"以前贤明的君王知道天下贤能人才的名字,既知道他们的姓名,又知道他们的人数;既知道他们的人数,又知道他们住在哪里。贤明的领袖凭着爵位,使贤能的人才尊贵,这就是所谓的'礼到极致,不用谦让而天下就治理了';凭借着俸禄,使贤能的人富裕,这就是所谓的'赏到极处,不用私人花费而天下的人才就都喜悦了';天下的人才都喜悦了,贤明的声誉就兴起来了,这就是所谓的'乐到极处,没有声音而天下的人民都快乐了'。所以说:天下最仁爱的人,是能团结天下成为最亲爱的人。天下最聪敏的人,是能够使天下分歧的意见和谐的人。天下最明察的人,是能够选拔天下最贤能的人。这三件都做到了,就可以征讨了。所以仁者的作为,没有比爱人再大了,智者的作为,没有比知道贤能的人再大了,为政者的作为,没有比任用贤能的人再大了。有土地的君王将这三件事做好,那么四海以内的人都听从他的领导,就可以征讨了。贤明的君王所征讨的,一定是放弃正道的人。他们废弃正道而不行,然后诛杀他们的君王。引导他们走正道,安慰他们的人民,而不夺取他们的财物。所以说:贤明君王的征讨,像适时的雨一样,降临了人民就喜悦。所以执行、实施征讨的范围越广,得到拥护的人民也越多。这就是所谓的'轻

松获得胜利,班师而回'。"

【原文】

鲁哀公问于孔子曰:"吾欲论①吾国之士,与之为政,何如者取之?"孔子对曰:"生乎今之世,志古之道;居今之俗,服古之服。舍此而为非者,不亦鲜乎?"哀公曰:"然则今夫章甫、句②屦、绅带而缙笏者,此皆贤乎?"孔子曰:"否,不必然。今夫端衣、玄裳、冕而乘路者,志不在于食荤;斩衰、简屦杖而歠粥者,志不在于饮食。故生乎今之世,志古之道;居今之俗,服古之服;舍此而为非者,虽有,不亦鲜乎?"哀公曰:"善!何如则可谓庸人矣?"孔子对曰:"所谓庸人者,口不能道善言,而志不邑③邑;不能选贤人善士而托其身焉,以为己忧。动行不知所务。止立不知所定;日选于物,不知所贵;从物而流,不知所归;五凿为政,心从而坏;若此,则可谓庸人矣。"哀公曰:"善!何如则可谓士矣?"孔子对曰:"所谓士者,虽不能尽道术,必有所由焉;虽不能尽善尽④美,必有所处焉。是故知不务多,而务审其所知;行不务多,而务审其所由;言不务多,而务审其所谓;知既知之,行既由之,言既顺⑤之,若夫性命肌肤之不可易也,富贵不足以益,贫贱不足以损。若此,则可谓士矣。"公曰:"善!何如则可谓君子矣?"孔子对曰:"所谓君子者,躬行忠信,其⑥心不买⑦;仁义在己,而不害不知;闻志广博,而色不伐;思虑明达,而辞不争;君子犹然如将可及也,而不可及也。如此,可⑧谓君子矣。"哀公曰:"善!敢问:何如谓⑨贤人矣?"孔子对曰:"所谓贤人者,好恶与民同情,取舍与民同统;行中矩绳,而不伤于本;言足法于天下,而不害于其身;躬⑩为匹夫而愿⑪富贵,为诸侯而无财⑫。如此,则可谓贤人矣。"哀公曰:"善!敢问:何如可谓圣人矣?"孔子对曰:"所谓圣人者,知通乎大道,应变而不穷,能测万物之情性者也。大道者,所以变化而凝成万物者也。情性也者,所以理然、不然、取、舍者也。故其事大,配乎天地,参乎日月,杂于云蜺,总要万物,穆穆纯纯,其莫之能循;若天之司,莫之能职;百姓淡然,不知其善。若此,则可谓圣人矣哀。"公曰:"善!"孔子出,哀公送之。[大戴礼记·哀公问五仪]

【注释】

①论,选也。

②句,絢也。

③案:邑、恺古字通。

④一本无"尽"字。

⑤顺,一作谓。

⑥其,一作而。

⑦买,当作惠。

⑧"可"上一本有"则"字。

⑨宋本"谓"上脱"可"字。

⑩躬,读为穷。

⑪文撰注:所引"愿"上有"不"字。

⑫"财"上,一本有"宛"字。

【释义】

鲁哀公问孔子说:"我想了解一下我国的士人,让他们来从政,要怎样选取呢?"孔子回答说:"生活在当代,倾慕古代的道德;住在这个社会,穿古代的服饰。自认是士而为非作歹的,不是很少吗?"哀公说:"然而现在戴章甫冠、穿屦、拖着绅带而插笏的人,都是贤人吗?"孔子说:"不,不一定。现在穿着端衣、玄裳,戴着冕,而坐着车的人,想不到吃荤食;穿着斩衰、营屦的丧服,扶着杖,而饮稀粥的人,想不到喝酒吃饭。所以生活在现在,倾慕古代的道艺;住在这个社会,穿着古代的服饰;这样的人如果还为非作歹,虽然有,但不也是很少吗?"哀公说:"好!怎样才可以说是庸人呢?"孔子回答说:"所谓庸人,嘴不能讲善良的话,而心志散漫;不能选择贤人善士,将自己托付给他们,为自己带来忧虑。行动的时候,不知道自己所做的是什么,停止的时候,不知道

使自己安定的是什么;天天在财物上打算,不知道应该尊重什么;随物欲而摆动,不知道怎样回归正道;只为满足物欲和从政的目标,心地跟着败坏;这样的人,就可以说是庸人了。"哀公说:"好! 怎么样才可以说是士呢?"孔子回答说:"所谓士,虽然不能得到道艺的全部,必然有所遵从;虽然不能做到尽善尽美,必然有所依据。所以知道的不一定多,而一定会详细了解所知道的是什么;实行的不一定多,而一定会详细了解所遵从的是什么;说得不一定多,而一定会详细了解说的内容是什么。知道的既然是道艺,实行的既然经由的是道艺,讲的既然遵行的是道艺,就像生命肌肤一样不可移动,富贵不能使他增加什么,贫贱不能使他减少什么。像这样的人,就可以说是士了。"哀公说:"好! 怎么样才可以说是君子呢?"孔子说:"所谓君子,亲身去实践忠信,他的心不以忠信收买别人的心;尽力去实现仁义,不伤害人,也不嫉妒人;听到的、记住的知识很渊博,可是没有一点骄矜的脸色;思想很开明,考虑很通达,没有争执的言辞;君子好像是可以赶得上的,而终究是无法赶上的。像这样的人,可以说是君子了。"哀公说:"好! 请问:怎么样才可以说是贤人呢?"孔子说:"所谓贤人,喜好和厌恶与人民的心情相同,取用或丢弃与人民的行为相同;行为合乎标准,但并非与本性冲突;言论可为天下的法则,又不会伤害到自身;自己是一个平民,却想有财有势,一直做到诸侯,自己却仍是个穷人。像这样的人,就可以说是贤人了。"哀公说:"好! 请问:怎么样才可以说是圣人呢?"孔子说:"所谓圣人,智慧能通彻天地的大道,适应变化而不困顿,能够了解万物的性情。所谓大道,就是表现出变化以及由变化而凝成万事万物的道理。至于性情,则是理出是与非、取与舍的根源。所以圣人的事业很大,配合于天地,光明普照不亚于日月,他被人民所仰望有如云,万事万物都是敬慎、恳诚的样子,那是没有人能照着他做的;好像天所主管的事,是没有人能够掌管的;可是百姓受到了他的恩惠,还不知道是谁给他们的。像这样的人,就可以说是圣人了。"哀公说:"好!"孔子离开时,哀公送他出门。

【原文】

哀公问于孔子曰:"大礼何如? 君子之言礼,何其尊也?"孔子曰:"丘也小人,何足以知礼？"君曰："否！吾子言之也！"孔子曰："丘闻之也：民之所由生，礼为大。非礼无以节事天地之神明也，非礼无以辨君臣、上下、长幼之位也，非礼无以别男女、父子、兄弟之亲。昏姻、疏数之交也，君子以此之为尊敬然。然后以其所能教百姓，不废其会节。有成事，然后治其雕镂文章黼黻以嗣。其顺之，然后言其丧算，备其鼎俎，设其豕腊，修其宗庙，岁时以敬祭祀，以序宗族，则安其居处，丑其衣服，卑其宫室，车不雕几，器不刻镂，食不贰味，以与民同利，昔之君子之行礼者如此。"公曰："今之君子，胡莫之行也？"孔子曰："今之君子，好色无厌，淫德不倦，荒怠傲慢，固民是尽，忤其众以伐有道，求得当欲，不以其所。古之用民者由前，今之用民者由后。今之君子，莫为礼也！"［大戴礼记·哀公问于孔子］

【释义】

哀公问孔子说："礼是什么意思？君子言礼，为什么这么重要？"孔子说："我是平民百姓，怎么会知道礼呢？"哀公说："不是这样的，你还是讲讲。"孔子说："我听说，人在社会中生存，礼是根本，没有一定的礼仪，就不能侍奉天地神灵，不能分辨君臣、上下、长幼的位置，不能分别男女、父子、兄弟的亲疏，以及不能进行婚姻、人与人之间的交往。君子由此懂得仪礼的重要性。所以用来教导百姓，使人们不废弃各种祭祀活动。有了成效之后，再雕刻各种花纹图案。顺利之后，再考虑丧期的时间安排，准备各种祭祀器具，猪、腊等祭品，修建宗庙，每年都祭祀，以表示对宗族的尊敬。使人们各安其位，注意衣服的奢华程度，以及宫室的豪华程度。车上不雕饰，器物上不雕刻，食物不丰盛，以此与百姓同利。从前君子的礼节就是这样。"哀公说："如今的君子为什么做不到呢？"孔子说："现在的君子，喜欢财富贪得无厌，放纵倦怠，荒怠傲慢，索取无度，违背民意而侵犯有道之人，贪求私欲，不顾百姓流离失所。从前君子用百姓是前面的情况，现在君子用百姓是后面的情况。所以说，现在的君子不懂礼。"

【原文】

孔子侍坐于哀公。哀公曰："敢问人道谁为大？"孔子愀然作色而对曰："君及此言也,百姓之德也,固臣敢无辞而对。人道政为大。"公曰:"敢问:何谓为政?"孔子对曰:"政者,正也。君为正,则百姓从政矣。君之所为,百姓之所从也。君所不为,百姓何从?"公曰:"敢问:为政如之何?"孔子对曰:"夫妇别,父子亲,君臣严,三者正,则庶民从之矣。"公曰:"寡人虽无似也,愿闻所以行三言之道。可得而闻乎?"孔子对曰:"古之为政,爱人为大,所以治。爱人,礼为大,所以治。礼,敬为大;敬之至也,大昏为大,大昏至矣。大昏既至,冕而亲迎,亲之也;亲之也者,亲之也。是故君子兴敬为亲,舍敬是遗亲也。弗爱不亲,弗敬不正;爱与敬,其政之本与?"公曰:"寡人愿有言,然冕而亲迎,不已重乎?"孔子愀然作色而对曰:"合二姓之好,以继先圣之后,以为天地社稷宗庙之主,君何谓已重乎?"公曰:"寡人固。不固,焉得闻此言也? 寡人欲问,不得其辞,请少进。"孔子曰:"天地不合,万物不生。大昏,万世之嗣也,君何以谓已重焉?"孔子遂有言曰:"内以治宗庙之礼,足以配天地之神明;出以治直言之礼,足以立上下之敬。物耻足以振之,国耻足以兴之。为政先礼。礼者,政之本与!"孔子遂言曰:"昔三代明王之政,必敬其妻、子也有道。妻也者,亲之主也,敢不敬与? 子也者,亲之后也,敢不敬与? 君子无不敬也,敬身为大。身也者,亲之枝也,敢不敬与? 不能敬其身,是伤其亲;伤其亲,是伤其本;伤其本,枝从而亡。三者,百姓之象也,身以及身,子以及子,配以及配,君子行此三者,则忾乎天下矣。大王之道也如此,国家顺矣。"公曰:"敢问:何谓敬身?"孔子对曰:"君子过言,则民作辞;过动,则民作则。君子言不过辞,动不过则,百姓不命而敬恭。如是,则能敬其身;能敬其身,则能成其亲矣。"公曰:"敢问:何谓成亲?"孔子对曰:"君子也者,人之成名也。百姓归之名,谓之'君子之子',是使其亲为君子也,是为成其亲名也已。"孔子遂言曰:"古人为政,爱人为大;不能爱人,不有其身;不能有其身,不能安土;不能安土,不能乐天;不能乐天,不能成身。"公曰:"敢问:何谓成身?"孔子对曰:"不过乎物?"公曰:"敢问:君[1]何贵乎天道也?"孔子对曰:"贵其不已。如日月西东相从而不已也,是天道也;不闭其久也,是天道也;无为物成,是天道也;已成而明,是天道也。"公曰:"寡人蠢愚冥烦,子识之心也!"孔子蹴然避席而对曰:"仁人不过乎物,孝子不过乎物,是仁人之事亲也如事天,事天如事亲,是故孝子成身。"公曰:"寡人既闻是言也,无如后罪何?"孔子对曰:"君^①之及此言也,是臣之福也!"[大戴礼记·哀公问于孔子]

【注释】

①"君"下,高安本有"子"字,宋本脱。

【释义】

孔子陪坐在哀公旁边,哀公问:"人伦之道什么最重要?"孔子严肃地回答道:"您能提出这样的问题,真是百姓的福气。孤陋之臣认真地回答:人伦之道中,政务最重要。"哀公问:"那什么是政务?"孔子回答说:"政,就是正。国君行得正,百姓就会跟从。国君的所作所为,是百姓跟从的对象。国君不做典范,百姓怎么跟从呢?"哀公说:"那如何为政呢?"孔子说:"夫妇有别,父子相亲。君臣相敬,这三者正,百姓就都会跟从。"哀公说:"我虽然没像你说的那样,但愿意了解三者能够实行的方法。可以讲讲吗?"孔子说:"古代为政,爱人是最重要的。要做到爱人,礼是最重要的。要做到礼,敬是最重要的。敬的最高境界,大婚是最重要的,大婚之礼是最高的。大婚的时候,穿着礼服亲自迎娶,表示亲爱。自己亲爱对方,对方也亲爱自己。所以君子提倡人们要相敬为亲。没有了敬重,也就没有了亲爱。没有爱,就没有亲,没有亲,就没有敬。爱和敬,不是政的根本吗?"哀公说:"我想问,穿着礼服亲自迎接,是不是太隆重了?"孔子严肃地回答道:"合二姓之好,传承先人的后代,夫妻一起主持天地、宗庙、社稷的祭祀,怎么能说太隆重呢?"哀公说:"我孤陋寡闻了。不孤陋寡闻,怎么会这么说呢?我还有问题,但没有恰当的词语,请再解释一下。"孔子说:"天地阴阳不合,万物不生。大婚,是为了有继承的后代。怎么能说太隆重了呢?"孔子接着说:"内以宗庙之礼,体现天地阴阳的神明;外以教令之礼,体现上下相敬之道。这样,国家衰败也可以兴起,国体衰微也可以强盛,为政先要用礼,礼难道不是政的根本吗?"孔子接着说:"从前三代的明君为政,都敬爱自己的妻子和儿子,这是有道理的。妻子,是亲人的主体,能不敬爱吗?儿子,是亲人的后代,能不敬爱吗?君子没有不敬爱的,敬爱自身是最重要的。身体,是父母的分支,能不敬爱吗?不能敬爱自身,就是伤害了父母。伤害了父母,就伤害了根本。伤害了根本,分支就会消亡。这三者,是百姓的榜样。爱护自身延伸到爱护他人,爱护自己的儿子延伸到爱护别人的儿子,爱护自己的妻子延伸到爱护别人的妻子。君子能做到这三点,并将其扩展到天下,就是先王的治理之道。能做到这样,国家就太平了。"哀公说:"请问什么叫爱护自身?"孔子回答说:"君子说错话,百姓也会跟着说错话,君子行为不当,百姓也会跟着行为不当。君子言行得当,行为没有过失,百姓就不用命令而能恭敬顺从,这样就能爱护自身。能爱护自身,就能成就父母的名声。"哀公说:"请问怎样才能成就父母的名声?"孔子回答道:"君子,是人有德行的称谓。百姓给予他这个名称,称他为君子之子,也就能使其父母被人称为君子,也就成就了父母的名声。"孔子接着说:"古代为政,以爱人为最重要的事。不能爱人,就不能爱自身。不能爱自身,就不能守土。不能守土,就不能乐天。不能乐天,就不能成就自身。"哀公说:"请问怎样才能成就自身?"孔子回答道:"凡事无过失。"哀公说:"请问君子为什么重视天道?"孔子回答道:"是看重它的生生不息。像日月一样相从而不息,这是天道。畅行无阻,这是天道,无为而成功,这是天道,成物而明白,这是天道。"哀公说:"我愚蠢昏庸,你的话我都记住了。"孔子严肃地离开座位说:"仁人中庸行事,小子中庸行事。所以仁人侍奉双亲就像侍奉天地,侍奉天地就像侍奉双亲,所以孝子成就自身。"哀公说:"我听说了这些话,如果没做到会怎么样?"孔子说:"国君能担忧以后的过失,这是臣子的福气。"

【原文】

孔子曰:"君子之道,譬犹防与?夫礼之塞,乱之所从生也;犹防之塞,水之所从来也。故以旧防为无用而坏之者,必有水败;以旧礼为无所①用而去之者,必有乱患。"故婚姻之礼废,则夫妇之道苦,而淫辟②之罪多矣。乡饮酒之礼废,则长幼之序失,而争斗之狱繁矣。聘射之礼废,则诸侯之行恶,而盈溢之败起矣。丧祭之礼废,则臣子

之恩薄,而倍死忘生之礼③众矣。凡人之知,能见已然,不能见将然。礼者,禁将④然之前;而法者,禁于已然之后。是故法之用易见,而礼之所为生⑤难知也。若夫庆赏以劝善,刑罚以惩恶,先王执此之正,坚如金石,行此之信,顺如四时,处此之功,无私如天地尔,岂顾不用哉?然如⑥曰礼云礼云,贵绝恶于未萌,而起敬于微眇,使民日徙善远罪而不自知也。[大戴礼记·礼察]

【注释】

①一本无"所"字。

②"辟"读为"僻"。

③礼,徒之讹。

④一本"将"上有"于"字。

⑤生,至之讹。

⑥"如"读为"而"。

【释义】

孔子说:"做君王的道理,就好像筑堤吧? 礼如果阻塞不行,祸乱就会发生;就好像堤坝阻塞了,洪水就会泛滥一样。所以认为旧堤防没有用而毁弃它,一定会遭到水灾;认为旧礼教没有用而废弃它的,一定会引发大动乱。"如果婚姻的礼教废弃了,夫妻就很难相处,而淫乱苟且的事就发生了。大家喝酒的礼废止了,长幼的次序就丧失,而争夺打斗的事就多起来了。聘射的礼废弃了,诸侯就肆意作恶,而骄奢蛮横的灾祸就发生了。丧祭的礼废弃了,为人臣、为人子的就薄情寡义,因而背叛死者忘记祖先的人就多了。一般人的智慧,能看到已经发生的事情,不能看到将要发生的事情。礼,是在恶事发生之前加以禁止;而法,是在恶事发生之后加以惩治。所以法的作用很容易看到,而礼的作用却很难被人知道了。至于用奖赏来鼓励人行善,用刑罚来惩罚人作恶,先王把握这一原则就如金石一样坚定,推行这一原则就如四季轮回一样忠诚,对这原则所采取的立场就如天地一样公正无私,怎么会不用赏罚呢?然而所谓礼,就是在罪恶还没有产生前就先消灭它,从极微小的地方培养起诚信,使百姓一天天接近善良,远离罪恶,而自己并不知道。

孔①子曰:"少成若性,习贯之为常。"[大戴礼记·保傅]①《贾子新书·保傅》文小异。

【释义】

孔子说:"孩提时期养成的习惯,成人以后似乎本性就如此。"

【原文】

子曰:"可人①也,吾任其过;不可人也,吾辞其罪。《诗》云:'有子七人,莫慰母心。'子之辞也。'夙兴夜寐,无忝尔所生',言不自舍也。不耻其亲,君子之孝也。"[大戴礼记·曾子立孝]

【注释】

①"人"当作"入",下同。宋本皆讹作"人"。

【释义】

孔子说:"劝谏的话,说进去,我就承担那过错;不能说进去,我就责备自己的罪过。《诗经》说:'有子七人,莫慰母心。'这是儿子责备自己的话。'夙兴夜寐,无忝尔所生',是说一刻也不放松自己。不把耻辱加到父母的身上,这就是君子的孝啊!"

【原文】

乐正子春下堂而伤其足,伤瘳,数月不出,犹有忧色。门弟子问曰:"夫子伤足瘳矣,数月不出,犹有忧色,何也?"乐正子春曰:"善如①尔之问也。吾闻之曾子,曾子闻

诸夫子曰:'天之所生,地之所养,人为大矣。父母全而生之,子全而归之,可谓孝矣;不亏其体,可谓全矣。故君子顷②步之不敢忘也。'今予忘夫孝之道矣,予是以有忧色。"[大戴礼记·曾子大孝]

【注释】

①"如"读为"哉"。
②"顷"当为"跬"。

乐正子春

【释义】

乐正子春下堂损伤了脚,伤愈之后,好几个月没出门,脸上有忧虑的神色。弟子说:"你的脚已经好了,几个月没出门,脸上有忧虑的神色,这是为什么?"乐正子春说:"你问得很好。我听曾子说,曾子曾听孔子说:'天之所生,地之所养,没有比人更大的。父母生下完美的我,我们也得完整地回归天地,这叫作孝。身体不损毁,不受侮辱,这叫作全。'所以君子每走一步路都不忘记孝道。现在我却忘了孝道,所以有忧虑的神色。"

【原文】

夫①子曰:"伐一木,杀一兽,不以其时,非孝也。"[大戴礼记·曾子大孝]

【注释】

①庐注云:夫子,孔子。

【释义】

孔子说:"砍伐一棵树,宰杀一头兽,不按一定的时节,也不符合孝道。"

【原文】

曾子曰:"参尝闻之夫子曰:'天道曰圆,地道曰方,方曰幽而圆曰明;明者吐气者也,是故外景;幽者含气者也,是故内景。'"[大戴礼记·曾子天圆]

【释义】

曾子说:"我曾经听孔夫子说过:'天的道理如圆形,地的道理如方形,方静之道是幽深,而圆通之道是光明;光明的一面吐出元气,所以它显示万物的影像是在本体之外;幽深的一面接受元气,所以它显示万物的影像是在本体之内。'"

【原文】

卫将军文子问于子贡曰:"吾闻夫子之施教也,先以诗世;道①者②孝悌,说之以义,而观诸体③,成之以文德;盖受教者七十有余人。闻之,孰为贤也?"子贡对,辞以不知。文子曰:"吾子学焉,何谓不知也。"子贡对曰:"贤人无妄,知贤则难,故君子曰:'智莫难于知人',此以难也。"文子曰:"若夫知贤,人莫不难;吾子亲游焉,是敢问也。"子贡对曰:"夫子之门人,盖三就焉;赐有逮及焉,有未及焉,不得辩④知也。"文子曰:"吾子之所及,请问其行也。"子贡对曰:"夙兴夜寐,讽诵⑤崇礼;行不贰过,称言不苟,是颜渊之行也。孔子说之以《诗》,《诗》云:'媚兹一人,应侯顺德。永言孝思,孝思惟则。'故国⑥一逢有德之君,世受显命,不失厥名,以御于天子以申之。在贫如客,使其臣如借;不迁怒,不探⑦怨,不录旧罪,是冉雍之行也。孔子曰:'有土君子,有众使也,有刑用也,然后怒;匹夫之怒,惟以亡其身。'《诗》云:'靡不有初,鲜克有终。'以告之。不畏强御,不侮矜寡;其言曰性,都其富哉⑧,任其戎,是仲由之行也。夫子未⑨知以文也,《诗》⑩云:'受小共大共,为下国恂蒙。何天之宠,传奏其勇。'夫强乎武哉,文不胜其质。恭老恤孤,不忘宾旅,好学省物而不⑪勀,是冉求之行也。孔子因而语之曰:'好学则智,恤孤则惠,恭老则近礼,克笃恭以天下,其称之也,宜为国老。'志通而好礼,摈相两君之事,笃雅其有礼节也,是公西赤之行也。孔子曰:'礼义三百,可勉能也;威仪三千,则难也。'公西赤问曰:'何谓也?'孔子曰:'貌以摈礼,礼以摈辞,是之谓也。'主人闻之以成。孔子之语人也,曰:'当宾客之事则通矣。'谓门人曰:'二三子欲学宾客之礼者,于赤也。'满而不满,实如虚,通⑫之如不及,先生难之;不学其貌,竟其德,敦其言;于人也,无所不信,其桥大人也,常以皓皓,是以眉寿,是曾参之行也。孔子曰:'孝,德之始也;弟,德之序也;信,德之厚也;忠,德之正也。参也,中夫四德者矣哉。'以此称之也。业功不伐,贵位不善,不侮可侮,不佚可佚,不敖无告,是颛孙之行也。孔子言之曰:'其不伐则犹可能也,其不弊百姓者,则仁也。《诗》云:"恺悌君子,民之父母。"'夫子以其仁为大也。学以深,厉以断,送迎必敬,上友下交,银手⑬如断,是卜商之行也。孔子曰:'《诗》云:"式夷式已,无小人殆。"而⑭商也其可谓不险也。'贵之不喜,贱之不怒;苟于民利矣,廉于其事上也,以佐其下,是澹臺灭明之行也。孔子曰:'独贵独富,君子耻之,夫也中之矣。'先成其虑,及事而用之,是故不忘,是言偃之行也。孔子曰:'欲能则学,欲知则问,欲善则讯,欲给则豫,当是⑮如偃也得之矣。'独居思仁,公言言义;其闻之《诗》也,一日三复'白圭之玷',是南宫绍之行也。夫子信其仁,以为异姓。自见孔子,入户未尝越屦,往来过人不履影;开蛰不杀,方长不折;执亲之丧,未尝见齿,是高柴之行也。孔子曰:'高柴执亲之丧则难能也,开蛰不杀则天道也,方长不折则恕也,恕则仁也;汤恭以恕,是以日跻也。'此赐之所亲睹也,吾子有命而讯,赐则不足以知贤。"文子曰:"吾闻之也,国有道则贤人兴焉,中人用焉,百姓归焉。若吾子之语审茂,则一诸侯之相也,亦未逢明君也。"子贡既与卫将军文子言,适鲁,见孔子曰:"卫将军问二三子之行于赐也,不一而三,赐也辞不获命,以所见者对矣;未知中否,请尝以告。"孔子曰:"言之。"子贡以其质⑯告。孔子既闻之,笑曰:"赐,汝伟为知人,赐!"子贡对曰:"赐也焉能知人? 此赐之所亲睹也。"孔子曰:"是女所亲也。吾语女耳之所未闻,目之所未见,思之所未至,智之所未及者乎?"子贡曰:"赐得则愿闻之也。"孔子曰:"不克不忌,不念旧恶,盖伯夷、叔齐之行也。晋平公问于祁傒曰:'羊舌大夫,晋国之良大夫也,其行如何?'祁傒对,辞曰:'不知也。'公曰:

'吾闻女少长乎其所,女其阉知之。'祁傒对曰:'其幼也恭而逊,耻而不使其过宿也;其为侯大夫也悉善而谦,其端也;其为公车尉也信而好直,其功也;至于其为和容也,温良而好礼,博闻而时出,其志也。'公曰:'乡者问女,女何曰弗知也?'祁傒对曰:'每位改变,未知所止,是以不知。'盖羊舌大夫之行也。畏天而敬人,服义而行信,孝乎父而恭于兄,好从善而敩往,盖赵文子之行也。其事君也不敢爱其死,然亦不亡⑰其身,谋其身不遗其友,君陈则进,不陈则行而退,盖随武子之行也。其为人之渊泉也,多闻而难诞也,不内辞⑱足以没世;国家有道,其言足以生;国家无道,其默足以容,盖桐提伯华之行也。外宽而内直,自设于隐栝之中,直己而不直人,以善存,亡汲汲,盖遽伯玉之行也。孝子⑲慈幼,允德稟义,约货去怨,盖柳下惠之行也。其言曰:君虽不量于臣,臣不可以不量于其君。是故君择臣而使之,臣择君而事之。有道顺君,无道横命,晏平仲之行也。德恭而行信,终日言不在尤之内,在尤之外,贫而乐也,盖老莱子之行也。易行以俟天命,居下位而不援其上;观于四方也,不忘其亲;苟思其亲,不尽其乐;以不能学为己终身之忧,盖介山子推之行也。"[大戴礼记·卫将军文子]

【注释】

①道,导也。

②者,读为诸。

③体,一作礼。

④辩,读为偏。

⑤诵,一作诗。

⑥国,一作回。

⑦探,一作深。

⑧哉,读为材。

⑨未知,当作知未。

⑩"诗"上脱"曰"字。

⑪案不字衍。

⑫过，宋本讹作通。

⑬乎，宋本讹作手。

⑭而，读为如。

⑮是如，当作如是。

⑯质，读为实。

⑰亡，元本作忘。

⑱辞，恐乱之讹。

⑲子，从方本当为老。

【释义】

　　卫将军文子问子贡说："我听说孔子施教，先教学生诵读诗篇；引导学生实行孝悌，以义理告诉他们，而在礼法中观察他们，以道艺德行完成其人格；大约受教的有七十多人。我听说是这样，那到底谁是最贤的人呢？"子贡回答时，推说不知道。文子说："你在孔子门下学习，怎么会不知道呢？"子贡回答说："称赞别人贤能不可虚妄，了解贤才是件难事。所以君子说：'智慧，没有比知人更难的了'，因此我感到困难。"文子说："说到知贤，没有人不感到困难；你亲身在孔门学习，我才敢问你。"子贡答说："老师的学生，大概有三种成就；有的我能赶得上，有的赶不上，不能全知道啊。"文子说："就你所知道的，请问他们的行为。"子贡答说："早起晚睡，诵读诗篇，崇尚礼法；不犯同样的过失，言谈称呼不随便，这是颜渊的行为。孔子引用《诗经》评价他，《诗经》说：'进用于天子，在国君左右，能成就他的德行；增长孝道，是用来做人的法则。'所以遇到有德的国君，就世代受到显达的爵位，名声不坠，进而天子便器重他。身处贫困却如同做客，使用臣仆如同借力；不转移怒气，不找寻怨恨，不记旧恶，这是冉雍的行为。孔子说：'有土地的领导者，有大众可使用，有刑法可利用，然后可以发怒；个人的怒气，只会自取灭亡。'《诗经》说：'没有不开始，很少能有结果。'以这两句话告诉他。不畏强暴，不欺侮矜寡，言谈出自天性，非常美妙，这样的人可以担任军事家，这是仲由的行为。孔子知道他未受礼乐熏陶，《诗经》说：'受小法大法，下国在蒙受他的福惠。上天宠爱他，赋予他勇敢。'这人刚强勇敢，礼乐熏陶还没胜过他的本质。尊敬老人，抚恤孤儿，不忘以待客之礼待客，好学并仔细观察事物而不觉得劳苦，这是冉求的行为。孔子因而告诉他：'好学就是智，恤孤就是惠，敬老近于礼，能以忠厚恭敬对待天下人，被举荐时，应该能担任卿相。'触类旁通而好礼，两君相会时，担任礼相，公正而有礼节，这是公西赤的行为。孔子说：'礼经三百，可以早起勤学；在三千人面前有威仪，就比较困难了。'公西赤问：'这是什么意思呢?'孔子说：'容貌用来辅助礼制，礼制用来辅助辞令，就是这意思。'从别人的立场看，公西赤对礼法已有成就了。

孔子告诉别人说：'接待宾客的礼仪，公西赤是明白了。'告诉学生说：'各位想要学接待宾客的礼节，找公西赤去。'充实而不自满，实有也当作空虚，超过仿佛不及，老师做到这些也有困难；不图表面上的样子，而是实践君子的德行，言谈敦厚；对于他人，非常诚信。出自真心地孝敬父母，使父母长寿，这是曾参的行为。孔子说：'孝是道德的开端，悌是道德的次序，信是道德的充实，忠是道德的正轨。曾参，具备这四种德行了。'以此来称赞他。有功劳而不自夸，居高位而不自喜，不欺侮可以欺侮的，不丢失可以丢失的，不凌傲穷困无告的人，这是颛孙的行为。孔子说：'他的不自夸，一般人还能做到，他的不伤百姓，则是仁道了。《诗经》说："欢乐平易的领导者，有如百姓的父母。'"夫子以他的仁心为大。求学能深究其中，性格严厉而果断，送迎宾客毕恭毕敬，上下交流，严格而有限制，这是卜商的行为。孔子说：'《诗经》说："以公正交友就好，别和小人交往而生危险。"卜商的交友，可以说不会有危险。'让他居高位，不会因此而高兴，让他居卑职，不会因此而愤怒；只要对百姓有好处，宁可对在上的人俭省，来帮助在下的人，这是澹台灭明的行为。孔子说：'独享富贵，是君子的耻辱，这个人做到这点了。'做事先定计划，面对情况灵活应用，因此没有漏洞，这是言偃的行为。孔子说：'想做到就要多学习，想知道就要多问，想做好就要请教，想充足就要预备，言偃做到了。'独居时思考仁道，在公家谈论义理；听到《诗经》时，一天三次思索'白圭之玷'一章,这是南宫绍的行为。孔子相信他的仁道,把侄女嫁给他。自从见过孔子后,进门没有将自己鞋子摆在他人鞋子的前面,经过别人身旁不踏人的影子;不杀害出土的昆虫,不折断成长中的植物;守父母的丧,从不曾露齿笑过,这是高柴的行为。孔子说:'高柴守父母之丧的表现,一般人很难做到。不杀出土的昆虫,是合乎天意,不折成长中的植物,是行恕道,恕就是仁;商汤恭敬而宽恕,所以德行日益提高。'这些是我亲眼看见的,因为你问起我就谈谈,对他人的贤处知道得还不够。"文子说:"我听说,国家有道时,贤人就兴起了,正人就被任用了,百姓也就归附了。像你所说实在是太美好了,那他们应该都是诸侯的官员,怕是没遇到明君吧!"子贡和文子谈过后,到鲁国,见到孔子说:"卫将军问我同学们的行为如何,再三问,我推辞不掉,就将亲眼看见地告诉他,不知是否恰当,请允许我向老师报告。"孔子说:"讲吧。"子贡于是原原本本地说了。孔子听完笑着说:"赐,你真是知人啊,赐。"子贡回答说:"我哪能知人呢? 这些是我亲眼见到的啊。"孔子说:"不错,是你亲眼见到的。我告诉过你不曾听到的,眼睛不曾见过的,思想不曾达到的,智慧不曾领会的吗?"子贡说:"我很愿意听听。"孔子说:"不好胜,不算计,不计较旧恶,大概是伯夷、叔齐的行为了。晋平公问祁傒说:'羊舌大夫是晋国的良大夫,他的行为如何?'祁傒回答,推辞说:'不知道。'平公说:'我听说你从小在那地方长大,你应该知道的。'祁傒回答说:'他自幼恭敬而顺从,知羞耻而时刻改正自己的错误;当他是侯大夫时,尽力做到善良而谦虚,这是他做事的开始;当他是公车尉时,诚信而正直,这是他的事功;至于他应酬时温良而喜好礼节,博学而应对得时,这是他的志节。'平公说:'刚才问你,你怎么说不知道呢?'祁傒回答说:'他每在不同的官位都有改变,不知到底止于哪里,因此不知。'这大概是羊舌大夫的行为了。对天恐惧而谨慎人事,服从义理而实行信用,孝顺父母而恭敬兄长,喜欢遵从善道而效法过去,这大概是赵文子的行为了。侍奉国君,不敢爱惜生命,但也不会为不义而牺牲,为自身考虑而不遗弃朋友,国君实行他的德教就出来做官,否则就引退,这大概是随武子的行为了。为人深沉静默,博学而不狡诈,一生可以不内疚;国家有道,他的言论可以使国家新生,国家无道,他的沉默又可以保全自己,这大概是桐提伯华的行为了。外貌平和而内心正直，自觉置身于法律规矩之内，纠正自己，不必等别人来纠正，以善道生活，而不急匆匆地追求出人头地，这大概是遽伯玉的行为了。敬老爱幼，崇信道德，坚持义理，舍弃财物，消除怨恶，这大概是柳下惠的行为了。他说：国君虽然可以不衡量臣子，臣子却不可不衡量国君。所以国君固然可以选择臣子来差遣，臣子也是可以选择国君来侍奉；国君有道则顺从君命，无道则权衡君命，这是晏平仲的行为。德性恭谨而行为忠诚，整天所谈的不在过失之内，而在过失之外，贫也安乐，大概是老莱子的行为了。以平静的行为来等待天命，居下位而不攀上；随文公流亡四方，还不忘他的尊亲；一想念尊亲，就不能继续欢乐；以不能学习为自己终身的遗憾，这大概是介之推的行为了。"

【原文】

宰我问于孔子曰："昔者予闻诸荣伊，令^①黄帝三百年。请问黄帝者人邪？抑非人邪？何以至于三百年乎？"孔子曰："予！禹、汤、文、武、成王、周公，可胜观邪！夫黄帝尚矣，女何以为^②？先生难言之。"宰我曰："上世之传，隐微之说，卒业之辨，暗昏^③忽之，意非君子之道也，则予之问也固矣。"孔子曰："黄帝，少典之子也，曰轩辕。生而神灵，弱而能言，幼而彗^④齐，长而敦敏，成而聪明。治五气，设五量，抚万民，度四方；教熊罴貔豹虎，以与赤帝战于版泉之野，三战然后得行其志。黄帝^⑤黼黻衣，大带黼裳，乘龙扆云，以顺天地之纪，幽明之故，死生之说，存亡之难。时播百谷草木，故^⑥教化淳鸟兽昆虫，历离日月星辰；极畎土石金玉，劳心力耳目，节用水火材物。生而民得其利百年，死而民畏其神百年，亡而民用其教百年，故曰三百年。"宰我："请^⑦问帝颛顼。"孔子曰："五帝用记^⑧，三王用度，女欲一日辨^⑨闻古昔之说，躁哉予也。"宰我曰："昔者予也闻诸夫子：'小子无有宿问。'"孔子曰："颛顼，黄帝之孙，昌意之子也，曰高阳。洪渊以有谋，疏通而知事；养材以任地，履时以象天，依鬼神以制义；治气以教民，絜诚以祭祀。乘龙而至四海：北至于幽陵，南至于交阯，西济于流沙，东至于蟠木，动静之物，大小之神，日月所照，莫不祗^⑩励。"宰我曰："请问帝喾。"孔子曰："元嚣之孙，蟜极之子也，曰高辛。生而神灵，自言其名；博施利物，不于其身；聪以知远，明以察微；顺天之义，知民之急。仁而威，惠而信，修身而天下服。取地之财而节用之，抚教万民而利诲之，历日月而迎送之，明鬼神而敬事之。其色郁郁，其德嶷嶷，其动也时，其服也士。春夏乘龙，秋冬乘马，黄黼黻衣，执中而获天下；日月所照，风雨所至，莫不从顺。"宰我曰："请问帝尧。"孔子曰："高辛之子也，曰放勋。其仁如天，其知如神；就之如日，望之如云；富而不骄，贵而不豫；黄黼黻衣，丹车白马。伯夷主礼，龙、忧⑰教舞，举舜、彭祖而任之，四时先民治之。流共工于幽州，以变北狄；放驩兜于崇山，以变南蛮；杀三苗于三危，以变西戎；殛鲧于羽山，以变东夷。其言不贰，其德不回，四海之内，舟舆所至，莫不说夷。"宰我曰："请问帝舜。"孔子曰："蟜牛之孙，瞽叟之子也，曰重华。好学孝友，闻于四海；陶家⑪事亲，宽裕温良。教⑫敦而知时，畏⑬天而知时，畏天而爱民，恤远而亲亲⑭。承受大命，依于倪皇；睿明通知，为天下工。使禹敷⑮土，主明山川，以利于民；使后稷播种，务勤嘉谷，以作饮食；羲和掌历，敬授民时；使益行火，以辟山菜⑱；伯夷主礼，以节天下；夔作乐，以歌钥舞，和以钟鼓；皋陶作士，忠信疏通，知民之情；契作司徒，教民孝友，敬政率经。其言不惑，其德不慝，举贤而天下平。南抚交阯、大、教，鲜⑯支、渠庾、氐、羌，北山戎、发、息慎，东长乌夷、羽民。舜之少也，恶悴劳苦，二十以孝闻乎天下，三十在位，嗣帝所，五十乃死，葬于苍梧之野。"宰我曰："请问禹。"孔子曰："高阳之孙，鲧之子也，曰文命。敏给克济，其德不回，其仁可亲，其言可信；声为律，身为度，称以上士；亹亹穆穆，为纲为纪。巡九州，通九道，陂九泽，度九山。为神主，为民父母；左准绳，右规矩；履四时，据四海；平九州，戴九天，明耳目，治天下。举皋陶与益，以赞其身，举干戈以征不享、不道、元德之民；四海之内，舟车所至，莫不宾服。"孔子曰："予！大者如说，民说至矣；予也，非其人也。"宰我曰："予也不足，诚也，敬承命矣。"他日，宰我以语人，有为道诸夫子之所。孔子曰："吾欲以颜色取人，于灭明邪改之；吾欲以语言取人，于予邪改之；吾欲以容貌取人，于师邪改之。"宰我闻之，惧，不敢见。［大戴礼记・五帝德］

【注释】

①言,宋本为令,当从《史记》索隐引改。

②"为"下当有"问"字。

③戴氏校本删"昏"字。

④彗,慧古假借,通用。

⑤"帝"字衍。

⑥"故教"二字衍。

⑦"请"上戴氏校本增"曰"字。

⑧记,一作说。

⑨辨,遍古通。

⑩砥砺,表本为祇励,当从朱本改。

⑪家,朱本、卢本作渔。

⑫教敦,宋本之讹,当作敦敏。

⑬"畏天而知时"五字衍。

⑭亲,朱本作近。

⑮敷,分也。

⑯"鲜"上当有"西"字。

【释义】

宰我问孔子说:"以前我听荣伊说,黄帝留传三百年。请问黄帝是人呢? 还是不是人呢? 为什么会三百年呢?"孔子说:"予! 禹、汤、文、武、成王、周公的事迹,可以够看了! 黄帝年代更久远,你为什么问这个? 这是前人们都难以说清楚的。"宰我说:"上古的传说,是不详尽的说法,事迹虽过但至今尚有争论,因模糊不清而忽略,不是君子应有的态度,所以当然要提问。"孔子说:"黄帝,是少典氏的孩子,名轩辕。生来神奇灵异,很小就会说话,幼年才智敏捷,长大后敦厚勤勉,成年后很聪明。调理五气,设定五量,安抚百姓,量度四方;训练熊黑貔貅豹虎;用来和赤帝在版泉之野交战,三战后才打败赤帝。黄帝制定黄色的上衣,衣上绣黼黻,束大带,下身是绣有黼的裳,骑着龙,屏风绘有云彩,以顺应天地的纲纪、阴阳的气数、死生的理论、存亡的辨别。按时节播种百谷草木,德化遍布于鸟兽昆虫,修历法分别日月星辰;整治四境以内的土石金玉,劳苦自己的心力耳目,教百姓依时节取用水火财物。生时百姓蒙受他的利益百年,死后百姓敬畏他的神灵百年,亡后百姓遵用他的教化百年,因此说是三百年。"宰我说:"请问帝颛顼。"孔子说:"五帝的事迹,从现存的传记里可以知道,三王的事迹,从现存的法度里可以知道,你想一天内听遍从前的事,太急躁了啊。"宰我说:"我从前听老师说:'学生不要把问题留到第二天。'"孔子说:"颛顼是黄帝的孙子,昌意的儿子,叫高阳。他博大精深而有谋略,通达而明白事理;培养生物依据土地的肥瘠,实行政令效法天道,依从鬼神而制定义理;调治阴阳来教化万民,洁净虔诚以祭祀。骑龙巡行四夷:北到幽陵,南到交阯,西渡流沙,东到蟠木,动物、植物、大神、小神,凡日月所照到的,无不均平。"宰我说:"请问帝喾。"孔子说:"他是元嚚的子孙,蟠极的儿子,叫高辛。生来神奇灵异,自己叫自己的名字;广施恩惠,利于万物,不厚养自身;他的聪明足以知远察微;顺应天时,知道百姓的苦痛。仁德而威严,慈爱而忠信,修养自身而天下服从。取地上的财物而节制使用,安抚百姓又教诲他们,观察日月的运行而迎送它们,明白鬼神的道理而敬事它们。他的神情肃穆,品德高尚,举动顺应天时,所穿的是士服。春夏骑龙,秋冬骑马,穿黄色绣黼黻的上衣,执守中道而得天下;凡日月所照,风雨所至的地方,无不顺从。"宰我说:"请问帝尧。"孔子说:"他是高辛的儿子,叫放勋。他的仁德如天一般,智慧如神;亲近他如太阳般的温暖,远望他如云彩般灿烂;富有而不骄傲,高贵而不放逸;穿黄色绣黼黻的上衣,乘丹漆的车,骑白色的马。让伯夷主持礼仪,命龙、忧教导乐舞,任用舜和彭祖,传授百姓四时的节令。流放共工于幽州,以变化北狄;放逐鹱兜于崇山,以变化南蛮;除掉三苗于三危,以变化西戎;放逐鲧于羽山,以变化东夷。他的话不用怀疑,品德不邪恶,四海之内,

舟车所到的地方,无不悦服安定。"宰我说:"请问帝舜。"孔子说:"他是蟜牛的孙子,瞽叟的儿子,叫重华。爱学习又尊重朋友,名传四海;做陶器,侍奉双亲,宽裕温良。敦厚勤勉而知时宜,敬畏天命而知时宜,敬畏天命而爱护百姓,抚恤远方而亲近双亲。承受天命,为倪皇所倚重;圣明知人,为天下所归往。命禹划分天下,主持山川的命名,以便利百姓;让后稷教民播种,务必为粮食的成熟而劳作,以供应饮食;羲和掌管历法,敬慎地告诉百姓时令;命益放火,以开辟山泽草莱;伯夷主持礼仪,以节制天下;夔作乐,作为钥舞的歌,并与钟鼓相应;皋陶做首领,忠信通达,了解民情;契做司徒,教百姓孝顺友爱,敬重政事,遵循伦理。舜的言辞不惑乱,德行不邪恶,任用贤人而天下太平。南方安抚到交阯、大、教,西方鲜支、渠庾、氐、羌,北方山戎、发、息慎,东方长夷、鸟夷、羽民。他年少时憔悴劳苦,二十岁以孝闻名于天下,三十岁被任用,后来代尧理政,到五十年才死,葬在苍梧的郊野。"宰我说:"请问禹。"孔子说:"他是高阳的孙子,鲧的儿子,叫文命。做事敏捷,品德高尚。仁慈让人亲近,言语让人信赖;声音合音律,身体合尺度,可以说是一个德行最高的人;勤勉恭敬,以纲纪治理天下。巡看九州,开通九道,建筑九泽的堤岸,测量九山的高低。做百神的祭主,做百姓的父母;用规矩标准来约束自己;履行四时节令,安定四海人民;平定九州,尊崇九天,使耳目聪明,治理天下。任用皋陶和益来帮助他,动干戈,征伐不献神、不正直、无道的人;四海之内,凡舟车所到的地方,无不朝贡顺服。"孔子说:"予!关于五帝的重大事迹就如以上所说,人们都说五帝的德行是极致了,你还不够资格谈这些。"宰我说:"我还不够资格,很显然,我遵从老师的教诲。"不久,宰我把听到的向别人讲,有人告诉了孔子。孔子说:"我想以颜色取人,澹台灭明使我改变了想法;我想以语言取人,宰我使我改变了想法;我想以容貌取人,子张使我改变了想法。"宰我听说后,心里害怕,不敢再见孔子。

【原文】

孔子曰:"吾尝终日思矣,不如须臾之所学。吾尝跂而望之,不如升高而博见也。

升高而招,非臂之①长也,而见者远;顺风而呼,非声加疾也,而闻者著;假车马者,非利足②,而致千里;假舟楫者,非能水也,而绝江海;君子之性非异也,而善假于物也。"
[大戴礼记·劝学]

【注释】

①之,一本作加。

②"足"下宋本脱"也"字。

【释义】

孔子说:"我曾经整天思索,却不如片刻学到的知识多。我曾经踮起脚远望,却不如登到高处看得广阔。登到高处招手,胳膊没有比原来加长,可是别人在远处也看得见;顺着风呼喊,声音没有变得洪亮,可是听的人却听得很清楚:借助车马的人,并不是脚走得快,却可以日行千里,借助舟船的人,并不善于游泳,却可以横渡江河。君子的资质跟一般人没什么不同,只是君子善于借助外物罢了。"

【原文】

孔子曰:"野①哉!君子不可以不学,见人不可以不饰。"不饰无貌,无貌不敬,不敬无礼,无礼不立。夫远而有光者,饰也;近而逾明者,学也。譬之如洿耶,水潦灂焉,莞蒲生焉,从上观之,谁知其非源泉也。[大戴礼记·劝学]

【注释】

①野哉当作鲤。

【释义】

孔子说:"鄙俗啊!君子不可不学,看到人不可以不修饰。"不修饰就没有仪容,没有仪容就意味不恭敬，不恭敬就意味没有礼貌，没有礼貌就立不住。离人远而有光彩的，是修饰；靠人近而更明亮的，是学习。譬如浊水不流的地方，雨水、流潦都归到那里，莞草、蒲草都生长在那里，从上面看下去，谁知道它不是活水的源泉呀。

【原文】

子贡曰："君子见大川必观，何也？"孔子曰："夫水者，君子比德焉：偏与之而无私，似德；所及者生，所不及者死，似仁；其流行痹①下，倨句②皆循其理，似义；其赴百仞之溪不疑，似勇；浅者流行，深渊不测，似智；弱③约危通，似察；受恶不让，似贞④；苞里⑤不清似入，鲜洁以出，似善化；必⑥出，量必平，似正；盈不求概，似厉⑦；折必以东西⑧，似意，是以见⑨。[大戴礼记·劝学]

【注释】

①痹，当作卑。

②句，当作钩。

③弱约危通，当作绰约微达。

④贞字衍。

⑤里，一作裹。

⑥必字衍。

⑦厉当作度万，此文旧脱烂，唯存度上广合于万字之首，为成厉字。

⑧西字衍。

⑨见下。诸本有"大川必观焉"五字。四部丛刊本为附注。

【释义】

子贡说："君子看到大河大川，必要观望，为什么？"孔子说："水，君子拿来比喻德行；给予万物未必周全，但是没有私心，这像德；被它碰到就生长，碰不到就死亡，这像仁;流行在卑下的地方,直行或曲行都遵循着条理,这像义;它奔赴深谷,毫不迟疑,又像勇;在浅处灵活运行,在深渊里又使人不可测度,这像智;遇到微弱的地方就旋绕,遇到危险的地方就通达,这像祭;碰到污秽而不逃避,这像贞;容纳污秽的东西,将之变成清洁的东西,这像善化;当流行时必流行,流到凹凸的地方,水面是平的,这像公正;盈满了不须用盖来平抑,这像严谨;曲折必定分东西,这又像意愿。所以看到大河大川,必要观望了。"

【原文】

子张问入官于孔子。孔子曰:"安身取誉为难也。"子张曰:"安身取誉如何?"孔子曰:"有善勿专,教不能勿搢①,已过勿发,失言勿踦。不善辞勿遂,行事勿留。君子入官,自行此六路者,则身安誉,至而政从矣。且夫忿数者狱之所由生也,距谏者虑之所以塞也,慢易者礼之所以失也,堕怠者时之所以后也,奢侈者财之所以不足也,专者事之所以不成也,历者狱之所由生也。君子入官,除②七路者,则身安誉至,而政从矣。故君子南面临官,大城而公治之,精知而略行之,合是忠信,考是大伦,存是美恶,而进是利,而除是害,而无求其报焉,而民情可得也。故临之无抗民之志,胜之无犯民之言,量之无狡民之辞,养之无扰于时,爱之勿宽于刑;言③此则身安誉至,而民自得也。故君子南面临官,所见迩,故明不可弊④也;所求迩,故不劳而得也;所以治者约,故不用众而誉至也;法象在内,故不远。源泉不竭,故天下积也;而木不寡短长,人得其量,故治而不乱。故六者贯乎心,藏乎志,形乎色,发乎声,若此则身安而誉至,而民自得也。故君子南面临官,不治则乱至,乱至则争,争之至又反于乱。是故寡裕以容其民,慈爱以优柔之,而民自得也已。故躬行者政之始也,调悦者情之道也。善政行易则民不怨,言调悦则民不辨法,仁在身则民显以佚之也。财利之生微⑤矣,贪以不得;善政必简矣,苟以乱之;善言必听矣,详⑥以失之;规谏日至,烦以不听矣。言之善者在所日闻,行之善者在所能为。故上者民之仪也,有司执政⑦民之表也,迩臣便辟者群臣仆之伦也。故仪不正则民失誓,表弊则百姓乱,迩臣便辟不正廉而群臣服汙矣,故不可不慎乎三伦矣。故君子修身反道察说，而迩道之服存焉；是故夫工女必自择丝麻、良工必自择齐材、贤君良上必自择左右始⑧。故佚诸取人，劳于治事；劳于取人，佚于治事。故君子欲誉则谨其所便⑨，欲名则谨于左右。故上者辟⑩如缘木者务高，而畏下者滋甚。六马之离必于四面之衢，民之离道必于上之佚政也。故上者尊严而绝⑪，百姓者卑贱而神。民而⑫爱之则存，恶之则亡也。故君子南面临官，贵而不骄，富恭有本能图，修业居久而谭；情迹畅而及乎远，察一而关于多。一物治而万物不乱者，以身为本者也。故君子莅民，不可以不知民之性⑬，达诸民之情；既知其以⑭生有习，然后民特从命也。故世举则民亲之，政均则民无怨。故君子莅民，不临以高，不道以远，不责民之所不能。今临之明⑮王之成功，则民严而不迎也；道以数年之业，则民疾，疾则辟⑯矣。故古者冕而前旒，所以蔽明也；统⑰紞塞耳，所以弇聪也。故水至清则无鱼，人至察则无徒。故枉而直之，使自得之；优而柔之，使自求之；揆而度之，使自索之；民有小罪，必以其善以赦其过，如死⑱使之生，其善也，是以上下亲而不离。故惠者政之始也，政不正则不可教也，不习则民不可使也。故君子欲言之见信也者，莫若先虚其内也；欲政之速行也者，莫若以身先之也；欲民之速服也者，莫若以道御之也。故不先以身，虽行必隣⑲也；不以道御之，虽服必强矣。故非忠信，则无可以取亲于百姓矣；外内不相应，则无可以取信者矣。四者治民之统也。"[大戴礼记·子张问入官]

【注释】

①播，当作进。

②"除"下一本有"此"字。

③言，若之讹。

④弊，当作蔽。

⑤徵，一作微。

⑥详，读为佯。

⑦"政"下大训有"者"字。

⑧始字衍。

⑨便,当作使。

⑩辟读为譬。

⑪绝,当作危。

⑫而,读为若。

⑬"性"下一本有"而"字。

⑭以,已也。

⑮"明"上一本有"以"字。

⑯辟,避也。

⑰黄本,宋本为统。

⑱死,一本作此。

⑲隣,方本作遴。

【释义】

　　子张向孔夫子请教做官的方法。孔子说:"取得稳固的职位和声誉是最难的。"子张说:"那怎么才能取得稳固的职位和声誉?"孔子说:"已经取得的成果不要独占,教育工作能力差的人不要急倦,对于他人已经犯下的过错不要张扬,别人说了错话不要得理不让人。不善的行为不要再做下去了,应该做的事情不要拖延。君子入世做官,做到这六个方面,就能有稳固的职位和美好的名声,而政事随着教化就会实行。而且怨数是牢狱产生的原因,阻止劝谏是思虑堵塞的原因,傲慢轻视,礼节因此丧失,怠慢懒惰,因此总赶不上时机,贪图奢侈浪费,财物因此而不足,专制独裁,事情因此不能成功,严厉苛刻,是牢狱产生的原因。君子入世做官,消除了这七种行为,那么职位稳固而声名鹊起,而且政绩斐然了。所以君子面朝南居在官位,面对百姓进行治理时,要做到"大诚而公",理解"精知而略行"的大道理,凡事合乎忠信,辨别是否合乎伦理,体察什么是好的什么是坏的,更进而兴利除害,不索求百姓的报答,这样,百姓的

真情便可得到了。所以管理百姓时,没有虐待他们的心,在说服百姓时,没有逼迫他们的话,在衡量百姓时,没有狡诈地说辞,让百姓富足,得让他们有充足的生产时间,应爱护百姓,但不过分纵容。如果能这样做,那么不但自身安定,而赞誉也来了,自然也得到了百姓的心。所以君子面向南居于官位,应从近处去观察,所以他看得清楚,不会被蒙蔽;从近处去寻求,不须费事,就能获得;治理百姓的办法很简单,所以用不着去役使民众,而赞誉就来了;一切的法则都是从在位者本身做起,所以取则不远。这就像永不竭尽的泉源一般,天下的人才都聚积过来;就像树木不乏长短一样,可以随心所欲地衡量才能而加以利用,所以得以治理而不纷乱。所以把六种善行时刻记在心中,牢记在脑子里,表现在日常的举止言谈上,这样做,不但自身安定而赞誉也来了,百姓的心自然也得到了。所以君子面朝南居在官位,不能治理,乱事便起了,乱事起来,争斗便会产生,争凶斗狠便会导致动乱了。所以能以坦荡的胸怀来包容百姓,心存着慈爱来安抚百姓,百姓的心也就能得到了。所以,以身作则是为政的开始,和颜悦色是和百姓沟通的途径。好的政令推行容易,不会引起百姓的怨恨,对百姓讲话和颜悦色,百姓就不会违抗法纪,身行仁道,百姓便能尊重他而使他安乐。社会财富已经增长,如果贪婪搜刮反而不能得到财宝;好的政治要清简,如果苟且马虎,就会引起乱子;好的意见要接受,如果考虑太多,反而不能实行;规谏的话天天听,会感觉厌烦而不能听从。但是好话是要天天听的,好事是要能够做到的。所以国君是百姓的表率,卿大夫是百姓的准则,侍从人员是供职的一类人。所以表率不当,百姓就要失去法制,准则坏了,百姓就会作乱,侍从亲近的人不公正、不廉洁,那些大臣就要做坏事了,所以这些人的行为不可不谨慎。因此,君子要能修身,反省自己的行为,检查自己的言论,那么那些贴近的事就能做到了;好比女工要从选择丝麻开始,好的工匠要从选择木质开始,贤明的君主要从选择左右开始。所以用人不费力,办起事来就吃力;用人费些力,办起事来就不吃力。因此君子要想取得他人的赞赏,就要谨慎选择他所亲近的人,要想博取声名,就要谨慎地去选择身边的官员。居上位者正如爬树一样,越想往上爬,越怕跌下来。六匹马的跑散,一定是在四通的道路上,百姓的离经叛

道,必然是由于居上位者不费力办理政事。所以居上位者虽然尊贵,反而和百姓隔绝,百姓虽然卑贱,却是最有潜力的。百姓爱戴你,你就可以存在,百姓厌恶你,你就要灭亡了。所以君子面向南居于官位,地位尊贵而不骄傲,钱财多还能谦让,能为自身着想,建立事业,能够维持长久宏大;感情不但同靠近的人沟通,而且能够感染远处的人,彻底弄明白了一件事,就可推知许多事。整理了一件事,经历再多事也不会乱的,这些都是以修养自身为根本的。所以君子管理百姓时,不可不知道百姓的本质,不可不了解百姓的心理;知道了他们的心理和习惯,百姓就能服从你的政令。所以说,国家治理得好,百姓便爱戴你,政治清明,百姓自然没有怨尤。所以君子管理百姓时,理想不可太高,目标不可定得太远,不要责求百姓做力所不及的事。如果用前贤圣人取得的成功来要求百姓,恐怕百姓要敬而远之了;要求他们未来遥远的目标,百姓如果做得痛苦,就会躲避。所以古代帝王的冠冕上,垂挂着一串玉,是为了警惕自己,不可看得太明察了;用棉絮塞耳朵,是为了警惕自己,不可听得太细了。所以水太清澈,鱼就无法生存,人太精明,就没有人跟随你了。所以把百姓的坏事改正过来,使他们心安理得;用教导来引导百姓,使他们寻求自身的完美;衡量百姓的资质,让他们自己找到前途;百姓偶然犯了过错,必要找出他的好处来赦免他,如果要判死刑,要想法子让他活下去,这样他就会变好了,这样才能上下打成一片,不分离了。所以说仁惠是施政的前提,施政不当,就没法教导百姓,百姓不学习,就无法驱使他们。所以君子要让人家相信他的话,不如先虚心检讨一下自己:要政令迅速推行,不如先自己做出榜样;要百姓很快地服从,不如用自己的德行来引导。所以如果不能以身作则,虽发了政令,也是推行不远的;不能用"道"来驾驭,虽表面服从,心里也是勉强的。所以不存忠信之心,就无法让百姓来亲近你;言行不一,就无法让百姓信赖你。这四项,就是管理百姓的要旨了。"

【原文】

公曰:"千乘之国,受命于天子,通其四疆,教其书社,循①其灌庙,建其主②,设其

四佐，列其五官，处其朝市，为仁如何？"子曰："不仁，国不化。"公曰："何如之谓仁？"子曰："不淫于色。"子曰："立妃设如太庙然，乃中治；中治，不相陵；不相陵，斯庶嫔違；違，则事上静；静，斯洁信在中。朝大夫必慎以恭；出会谋事，必敬以慎言；长幼小大，必中度，此国家之所以崇也。立子设^㉘宗社，宗社先示威，威明显见；辨爵集德，是以母弟官子咸有臣志，莫敢援于外，大夫中妇私谒不行，此所以使五官治，执事政^③也。夫政以教百姓，百姓齐以嘉善，故蛊佞不生，此之谓良民。国有道则民昌，此国家之所以大遂也。卿设如大门，大门显美，小大尊卑中度。开明闭幽，内禄出灾，以顺天道，近者闲焉，远者稽焉。君发禁宰^④而行之，以时通于地，散布于小。理天之灾祥，地宝丰省，及民共饻其禄，共任其灾，此国家之所以和也。国有四辅，辅，卿也。卿设如四体，毋易事，毋假名，毋重食。凡事尚贤进能，使知事爵不世，能^⑤之不愆。凡民戴名以能，食力以时成，以事立^⑥，此所以使民让也。民咸孝弟而安让，此以怨省而乱不作也，此国之所以长也。下无用，则国家富；上有义，则国家治；长有礼，则民不争；立有神，则国家敬；兼而爱之，则民无怨心；以为无命^⑦，则民不偷。昔者先王立此六者，而树之德，此国家所以茂也。误^㉙其四佐而官之；司徒典春，以教民之不则时不若不令，成长幼老疾孤寡以时通于四疆。有阁而不通，有烦而不治，则民不乐生，不利衣食。凡民之藏贮，以及山川之神明加于民者，发国^⑧功谋。齐戒必敬，会时必节。日历巫祝，执伎以守官，俟命而作。祈王年，祷民命，及畜谷蜇征庶虞草^⑨。方春三月，缓施生育，动作百物，于时有事，享于皇祖皇考，朝孤子八人，以成春事。司马司夏，以教士车甲。凡士执伎论功，修四卫。强股肱，质射御，才武聪慧，治众长卒，所^⑩以为仪缀于国。出可以为率，诱于军旅。四方诸侯之游士，国中贤余秀兴^⑪阅焉。方夏三月，养长秀蕃庶物。于时有事，享于皇祖皇考，爵士之有庆者七人，以成夏事。司寇司秋，以听狱讼，治民之烦乱，执权变民中。凡民之不刑，崩^⑫本以要^⑬闲，作起不敬以欺惑憧愚。作于财贿六畜五谷曰盗。诱居室家有君子曰义^⑭。子女专曰娆。饬五兵及木石曰贼。以中情出，小曰闲，大曰讲^⑮。利辞以乱属曰谗。以财投长曰贷^⑯。凡犯天子之禁，陈刑制辟，以追国民之不率上教者。夫是故一家三夫道行，三人饮食，哀乐平，无狱。方秋

三月，收敛以时。于时有事，尝新于皇祖皇考，食农夫九人，以成秋事。司空司冬，以制度制地事，准揆山林，规表衍沃，畜水行，衰濯浸，以节四时之事。治地远近，以任民力，以节民食，太古食壮之食，攻老之事。"公曰："功事不少，而餕粮不多乎？"子曰："太古之民，秀长以寿者，食也。在今之民，羸丑以齰者，事也。太古无游民，食节事时，民各安其居，乐其宫室^⑰，服事信上，上下交信，地移民^⑱在。今之世，上治不平，民治不和，百姓不安其居，不乐其宫；老疾用财，壮狡用力，于兹民游。薄事贪食，于兹民忧。古者殷书为成男成女名属升于公门，此以气食得节，作事得时，劝^⑲有功；夏服君事不及喝，冬服君事不及冻；是故年谷不成，天之饥馑，道无殣者。在今之世，男女属散，名不升于公门，此以气食不节，作事不成^⑳；天之饥馑，于时委民，不得以疾死。是故立民之居，必于中国之休地，因寒暑之和，六畜育焉，五谷宜焉；辨轻重，制刚柔，和五味，以节食时事。东辟之民曰夷，精以侥，至于大远，有不火食者矣。南辟之民曰蛮，信以朴，至于大远，有不火食者矣。西辟之民曰戎，劲以刚，至于大远，有不火食者矣。北辟之民曰狄，肥以戾，至于大远，有不火食者矣。及中国之民，曰五方之民。有^㉑安民^㉒和味，咸有实用利器，知通之，信令之。及量地度^㉓居，邑^㉔有城郭，立朝市。地以度邑，以度民，以观安危。距封后利，先虑久固，依固可守，为奥可久。能节四时之事，霜露时降。方冬三月，草木落。庶虞藏，五谷必^㉕人于仓。于时有事，蒸于皇祖皇考，息国老六人，以成冬事。民咸知孤寡之必不末^㉚也，咸知有大功之必进等也，咸知用劳力之必以时息也。推而内之水火，人^㉖也弗之顾矣，而况有强适^㉗在前，有君长正之者乎？"公曰："善哉。"[大戴礼记·千乘]

【注释】

①修，宋本讹循。

②"主"上朱本有"宗"字。

③政，一作正。

④"宰"下大训有"受"字。

⑤ "能"下大训有"官"字。

⑥ "立"字当在"以事"之上。

⑦ 无命，戴氏校本改曲令。

⑧ 国，图之讹。

⑨ "草"上一本有"百"字。

⑩ 所，大训作可。

⑪ 兴，一作与。

⑫ 崩，萌之讹。

⑬ 要，安之讹。

⑭ 有君子曰义，方本作及幼子曰不义。

⑮ 讲，当作谍。

⑯ 贷，读为货。

⑰ 大训无"室"字。

⑱ "民"下方本有"聚"字。

⑲ "劝"上大训有"民"字。

⑳ 成，大训作时。

㉑ "有"上大训有"成"字。

㉒ 民，大训作居。

㉓ 度，读为宅，居也。以下同。

㉔ "邑"字，从戴氏校本，当在地以度下。

㉕ 必、毕通用。

㉖ 人，卢本作入。

㉗ 适，读为敌。

㉘ "设"下大训有"如"字。

㉙ 误，设之讹。

㉚未,末之讹。

【释义】

鲁哀公说:"有一千辆兵车的国家,接受了周天子的册封,政令能够贯穿四方,对于百姓讲习军旅诗书的事,顺着庙来排定昭穆的次序,建立起对宗族的领导,设立四佐,并在四佐之下,列置五官,为百姓设置市场,像这样施行仁政,怎么样呢?"孔子说:"不实行仁政,国家就不能被教化。"鲁哀公说:"怎么样才算仁呢?"孔子说:"不沉迷在女色里。"

孔子接着说:"册立后夫人,要像设置

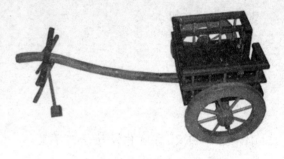

春秋时期的战车

太庙一样小心,因为她是要治理内宫的;内宫能治理好,嫔妃间就不相互欺凌;嫔妃间不相互欺凌,那地位就分明;地位分明,侍奉国君就能相安;能相安,宫中就能洁净诚信。和大夫在朝廷里相见,一定要恭谨;出国和诸侯会商,一定要恭敬慎言;长幼的序次,一定要合乎理法,这样,国家才能得到别人的尊崇。册立太子要建造宗庙社稷,宗庙社稷是告诉百姓法则,法则明确,百姓才能听服;册立太子,要按照爵位的尊卑、品德的高下,其他的人才能顺服,不敢向外国求援进行颠覆,而平日受着宠幸的大臣、嫔妃,才不敢相互勾结作乱。这样,才能使得五官服从管理,任职的都遵循正道。政治是在教化百姓,百姓接受教化而乐于行善,那么蛊惑、邪佞之事就不会发生,这便叫良民。国家有道,百姓就兴旺,这样国家就能昌兴。卿的设置犹如宫中的大门,大门有威仪的气象,小大贵贱皆合礼制。打开时明亮,关闭后幽暗,内以纳福,外以除灾,顺应天道,使就近的人轻松,远方的人有所稽考。国君发布政令,宰相就去施行,要顺应天时,将仁德的心推广到细小的物上。看到上天降示的灾祥,和土地作物的丰减,和百姓共享安乐,共担灾祸,国家才会安乐。国家有四个辅佐的大臣,辅佐的大臣,就是卿。设这四卿,好比人的四肢,不可把国家大事看得简单,不可假借名义乱来,不可一味看重官禄。凡事都尊尚有贤德的人，提拔有才干的人，使大家都知道职务和官爵不是世袭的，只要有能力，就有机会表现。凡百姓有才能，有声名，各种行业的人都顺应天时，发挥力量。这样才可让百姓知道谦让。百姓都孝顺亲长，友爱兄弟，并且相安、互让，这样就能减少怨恨，而为非作乱的事也不会发生了，这样国家就会长久。居下位者浪费，国家自然富足；居上位者有仪法，国家自然能治理；长者能礼让，百姓自然没有争执；立祀如有神明，人们自然都能恭敬；对所有的事物都怀有亲爱之心，百姓自然没有怨恨；不持命中注定的观念，百姓自然没有苟且的心。以前圣王依据这六项，来建立德政，这样国家才会兴盛。设置四位辅佐，委以官位：司徒掌管春官的事宜，百姓不顺应天时，不服从政令，不做好事，要教导他们；长幼老病孤寡的人，要给他们妥善地照顾。如果百姓有隐情而不能通达，有烦乱而不能解决，那么百姓就不能生活安乐，衣食恐怕也要出现问题了。几百姓贮藏在山林川谷的资源，用于祭祀保佑百姓的山川神明，以及那些对国家有功劳的人。斋戒时一定要恭敬，祭祀时要合于礼仪。而那些掌卜筮、祭祀的人，要用他们的技艺各尽其职，随时等待命令来工作。祈求国家平安，祷告百姓生活顺遂，甚至于牲畜谷物、树木花草都得到祈祷。春天三月，要使生养之事缓慢施行，生物都得到滋长，在有祭事的时候，能祭享于皇祖皇考，并召见为国死难者的子女八人，来完成春时的政事。司马掌管夏官的事，教士兵学习作战打仗。凡是士，要熟练武功，打造四境的防卫。锻炼臂力，使射御成为长处，才武聪慧的人要治理众人，成为国家的仪表。司马出征时，可以成为帅，发号施令。四方诸侯的游士，国家卿大夫中贤能的人，推荐到司马这里的人才，都要好好考察。夏季的三月，万物生养、滋长、繁殖。在行夏天的祭礼时，享祭皇祖皇考，对士中有吉庆的人七位赐以爵位，以完成夏时的政事。司寇掌管秋官的事，处理诉讼、牢狱的事务，治理百姓的烦乱，把握百姓的变化。凡是不守法的百姓，总是要败坏法律，利用法律的漏洞，做不守法的事，来欺骗没有知识的百姓。诈取人家的钱财、家畜、谷物的，叫作强盗；拐诱有夫之妇的，叫作奸；女子自作主张、不听父母之命的，叫作妖；私藏武器的，叫作贼；把国家机密泄露给外国，轻微的叫作反间，大的叫作间谍；巧言强辩，颠倒是非的，叫作谗；靠钱财结交上司，叫作贿赂。凡触犯天子的禁令，就得利用刑法，制裁罪犯，用以管治那些不遵天子教令的人。因此，一家只要有三个人去工作，三个人吃饭，便能够苦乐均平，没有讼狱。秋天中的三月，要适时收割，在有祭事的时候，要尝祭于皇祖皇考，请乡里的耆老九人会宴，以完成秋时的政事。司空掌管冬官的事，用制度来规划土地，度量山林，将平坦的灌溉区规划分明，储蓄水源，疏导沟渠，调节灌溉的水量，来调节农家四时的事。依据地域的远近，来分配百姓的劳役，调理百姓的口粮，使百姓吃青年人的那份食粮，而服老年人那样的劳役。"鲁哀公说："不会劳役的事做得少了，粮食给得多了吧？"孔子说："上古的人们，长得俊秀强壮，而且长寿，因为他们吃得好啊。而今天的人们瘦弱、丑陋，又早死，是因为劳役太苦。上古时没有游手好闲的人，粮食得到调配，耕作顺应时节，百姓都各得其所，喜欢他们的家室，服从命令，信任长官，上下相互信赖，虽然地域不同，百姓也能聚集在一起。今天的社会，在位的施政不公，治理百姓不和谐，他们不能各得其所，也不喜欢自己的家室；老年人、残废的人还要用钱财，健壮的人还要出劳力，这样百姓就流离逃亡了。成天为劳役所逼迫，吃也吃不饱，百姓就会忧愁痛苦。古时把成年的男女登记在政府的户籍中，以此作为分配食物的依据，使农事进行得符合时宜，让百姓努力工作；夏天为公家做事，不会过劳而中暑，冬天为公家做事，不会因受寒而冻坏。所以一年收成不好，遇到天灾，道路上也没有饿死的人。现在的社会，男女都流散了，户籍也没有登记在政府里，食物也得不到配给，农事的进行也不符合时宜。遇到天灾，百姓流离失所，病死都不能在家了。所以建百姓的住所，一定要在好的地方，顺应寒暑的调和，使六畜兴旺，五谷宜于播种；权衡事情的轻重，制定刚柔的标准，调和食物的味道，使粮食得到适当的分配，耕作按时节而进行。东方偏僻的人们叫夷，精悍而狡猾，到了很远的地方，还有吃生食的人了。南方偏僻的人们叫蛮，诚实而朴实，到了很远的地方，还有吃生食的人了。西方偏僻的人们叫戎，强劲而刚直，到了很远的地方，还有吃生食的人了。北方偏僻的人们叫狄，肥胖而乖戾，到了很远的地方，还有吃生食的人了。再加上住在中原的人们，总称为五方之民。他们有一定的居处，有适宜的口味，有实用的工具，要借助翻译来传达他们的情意,用诚信来领导他们的行为。至于量度土地,规划百姓的居处,使每座城邑都有城郭,又建起城市。土地要用来规划城邑,以安定百姓,观察他们的吉凶。要先注意形势,而后才想到地利,要先考虑到长久而牢固,依据牢固的地势,才可固守。作为深渊大泽,才可守得长久。能够调节四时的事情,露霜依时而降。冬天中的三月,草木凋零。山林川泽的作物已经藏贮,五谷全归入仓库。在有祭事的时候,要蒸祭于皇祖皇考,养息国老六人,以完成冬时的政事。能让百姓都知道孤寡的人不会受到轻待,有大功的人一定能得以晋升,有劳役的事一定会得到适时的休息。那么,即使让他们赴汤蹈火,他们也会义无反顾,更何况有强敌当前,有君长领导着他们呢?"鲁哀公说:"讲得真好。"

【原文】

公曰:"四代之政刑,论①其明者,可以为法乎?"子曰:"何哉？四代之政刑,皆可法也。"公曰:"以我行之,其可乎?"子曰:"否,不可。臣愿君之立知而以观闻也。四代之政刑,君若用之,则缓急将有所不节;不节,君将约之;约之,卒将弃法;弃法,是无以为国家也。"公曰:"巧匠辅绳而斲,胡为其弃法也?"子曰:"心未之度,习未之狃,此以数逾而弃法也。夫规矩准绳钩衡,此昔者先王之所以为天下也。小以及大,近以知远,今日行之,可以知古,可以察今,其此耶！水火金木土谷,此谓六府,废一不可,进一不可,民并用之;今日行之,可以知古,可以察今,其此耶！昔夏、商之未兴也,伯夷谓此二帝之眇。"公曰:"长国治民恒干;论政之大体,以教民辨;历大道,以时地性;兴民之阳德,以教民事;上服周室之典,以顺事天子;修政勤礼,以交诸侯。大节无废,小眇其后乎?"子曰:"否,不可后也。《诗》云:'东有开明,于时鸡三号,以兴庶虞,庶虞动,蛰征作。啬民执功,百草咸②淳,地倾水流之。'是以天子盛服朝日于东堂,以教敬示威于天下也。是以祭祀,昭有神明;燕食,昭有慈爱;宗庙之事,昭有义;率礼朝廷,昭有五官;无废甲胄之戒,昭果毅以听;天子曰崩,诸侯曰薨,大夫曰卒,士曰不禄,庶人曰死,昭哀。哀爱无失节,是以父慈子孝兄爱弟敬。此昔先王之所先施于民也,君

而后此,则为国家失本矣。"公曰:"善哉,子察教我也。"子曰:"乡也,君之言善,执国之节也。君先眇而后善中备,以君子③言,可以知古,可以察今。奂然而兴④,民壹⑤始。"公曰:"是非吾言也,吾一闻于师也。"子吁焉其色曰:"嘻,君行道矣。"公曰:"道耶?"子曰:"道也!"公曰:"吾未能知人,未能取人。"子曰:"君何为不观器视才?"公曰:"视可明乎?"子曰:"可以表仪。"公曰:"愿学之。"子曰:"平原大薮,瞻其草之高丰茂者,必有怪鸟兽居之,且草可财也,如艾而夷之,其地必宜五谷;高山多林,必有怪虎豹蕃孕焉;深渊大川,必有蛟龙焉;民亦如之,君察之,此可以见器见才矣。"公曰:"吾犹未也。"子曰:"群然、戚然、颐然、睾然、**蹗**然、柱然、抽然、首然、佥然、湛然、渊渊然、淑淑然、齐齐然、节节然、穆穆然、皇皇然。见才色修声不视闻,怪物恪⑥命不改志,舌不更气。君见之举也,得之取也,有事事也。事必与食,食必与位,无相越逾。昔虞舜天德嗣尧,取相十有六人如此。"公曰:"嘻,美哉。子道广矣。吾恐惛而不能用也。何以哉?"曰⑦:"由德径径。"公曰:"请问图德何尚?"子曰:"圣,知之华也;知,仁之实也;仁,信之器也;信,义之重也;义,利之本也。委利生孽。"公曰:"嘻,言之至也。道天地以⑧民辅之,圣人何尚?"子曰:"有天德,有地德,有人德,此谓三德。三德率行,乃有阴阳;阳曰德,阴曰刑。"公曰:"善哉,再闻此矣!阳德何出?"子曰:"阳德出礼,礼出刑,刑出虑,虑则节事于近,而扬声于远。"公曰:"善哉!载事何以?"子曰:"德以监⑨位,位以充局,局以观功,功以养民,民于此乎上。"公曰:"禄不可后乎?"子曰:"食为味,味为气,气为志,发志为言,发言定名,名以出信,信载义而行之,禄不可后也。"公曰:"所谓民与天地相参者,何谓也?"子曰:"天道以视,地道以履,人道以稽⑩。废一日失统,恐不长飨国。"公愀然其色。子曰:"君藏玉惟慎用之,虽⑪慎敬而勿爱,民亦如之。执事无贰,五官有差,喜无并爱,卑无加尊,浅无测深,小无招大,此谓楣机。楣机宾荐不蒙,昔舜徵荐此道于尧,尧亲用之,不乱上下。"公曰:"请问民征。"子曰:"无以为也。难行。"公曰:"愿学之,几⑫必能。"子曰:"贪于味不让,妨于政。愿富不久⑬,妨于政。慕宠假贵,妨于政。治民恶众,妨于政。为父不慈,妨于政。为子不孝,妨于政。大纵耳目,妨于政。好色失志,妨于政。好见小利,妨于政。变从无节⑭,挠弱不

立,妨于政。刚毅犯神,妨于政。鬼神过节,妨于政。幼勿与众,克勿与比,依⑮勿与谋,放勿与游,徼勿与事。臣闻之弗庆⑯,非事君也。君闻之弗用,以乱厥德,臣将庆其简者。盖人有可知者焉,貌色声众有美焉,必有美质在其中者矣。貌色声众有恶焉,必有恶质在其中者矣。此者⑰伯夷之所后出也。"子曰:"伯夷⑱建国建政,修国修政。"公曰:"善哉。"〔大戴礼记·四代〕

【注释】

①论,选也。

②咸,感也。

③子,大训作之。

④兴,当作与。

⑤壹,当作更。

⑥恪,大训作怪。

⑦"曰"上脱"子"字。"曰由德径径"当属"何以哉"之下。

⑧以,与也。

⑨监,莅也。

⑩稽,同也。

⑪虽,惟之讹。

⑫几,期也。

⑬久当作以,以、已通。

⑭"节"下高安本有"妨于政"三字,宋本脱。

⑮依当作旅,旅读为鲁。

⑯庆,大训作荐,以下同。

⑰者,高安本作皆。

⑱"夷"下大训有"曰"字。

【释义】

鲁哀公说:"古时四代的政令刑法,选择好的,也可以用来效法吗?"孔子说:"还要选什么呢? 四代的政令刑法,都是值得效法的。"鲁哀公说:"以我当前的情况,来实行四代的政令刑法,你看行吗?"孔子说:"不,不行。我希望您能将所知道的保留着,来观察所见所闻。四代的政令刑法,您如果去用,恐怕轻重缓急不能适应;不合适,您再用刑法来约束;约束到头,终将导致律法无效而废弃;废弃了律法,国家就无法治理了。"鲁哀公说:"巧妙的工匠也得靠绳墨的帮助,才能够削斫,怎么能说废弃律法的呢?"孔子说:"心中还不能分辨清楚,也还没有练习娴熟,这样就常越了常规而废弃了律法。规矩、准绳、均衡,这些都是以前圣王用来治理天下的。可以从小及大,由近及远,现在用来实行,可以推知古代,也可以检查现在,就是这样。水、火、金、木、土、谷,这叫作六种库藏,缺一不可,多一也不可,百姓全得用它们;今天用来实行,可以推知古代,也可以察知现在,就是这样。以前夏朝、商朝还没有建立的时候,伯夷就是用它辅佐二帝而成功的。"鲁哀公说:"领导国家、治理百姓的常理是:规定政制的大纲,教导百姓伦常的道理;观看自然的天道,来顺应土地的特性;启发百姓,来教百姓从事生产;上从周代的法典,来服侍天予;修治政制,勤行礼节,来结交诸侯。这些重大的事都做到了,那些小事可以慢点了吧?"孔子说:"不行,不可以延后的。《诗经》说:'东方有启明星,那时鸡起来叫了几次,山林川泽的百物跟着活跃起来,农夫拿着农具,从事农活。农夫们播种着,五谷繁衍生长着,雨水灌溉着、滋润着。'因此,天子穿戴着威严的衣冠,在东堂行春分时的祭祀,是要教导天下人,告诉天下人仪礼。所以行祭祖的礼,是显示神鬼的存在;宴请亲长,是显示有慈爱的心;祭祀宗庙,是显示大义;遵循朝廷班列的礼制,是显示各种政务的不同;不忘记国防的警戒,是显示要克敌制胜的心意;天子死叫作崩,诸侯死叫作薨,大夫死叫作卒,士死叫作不禄,庶人死叫作死,是表达哀痛。哀痛而又不失礼节,所以父亲慈爱,儿子孝顺,兄长友爱,弟弟恭敬。这些都是以前圣王教导百姓的,如果您把这些缓慢实行,那就使国家失去根本啦。"鲁哀公说："很好,你这样教导我。"孔子说："您方才讲的也不错,也是治国的道理。您先从看来是渺小的事做起,使内在完备,从您的话可以知道古代的情状,可以检查现在的情况。国家就能兴盛起来,百姓就能专注于根本的道理了。"鲁哀公说："这些话不是我讲的,是我从老师那里听来的。"孔子惊喜地说："呀,您是在实行治国的大道理啊。"鲁哀公说："是大道理吗?"孔子说："是大道理。"鲁哀公说："我还不能知人善任。"孔子说："您为什么不看人的学识与才能呢?"鲁哀公说："看才识人准确吗?"孔子说："可以作为衡量人才的标准。"鲁哀公说："希望学到这些道理。"孔子说："宽广的平原川泽,草长得高大茂密,里头一定藏有珍禽异兽,而且那些草也是有用的材料。如果把它们刈平,那土地一定适宜五谷的生长;崇山峻岭林木茂盛,一定有很多虎豹在其中繁衍生息,很深的河川山谷,一定藏有蛟龙;百姓也是一样的,您到百姓里去观察,就可以看出谁有才能了。"鲁哀公说："我还不十分明白。"孔子说："要看与人相处的样子、与人相亲的样子、喜悦的样子、宽广的样子、勤敏的样子、特别的样子、超群的样子、正直的样子、赞同的样子、安闲的样子、深刻的样子、清静的样子、恭敬的样子、检束的样子、肃穆的样子、伟大的样子。对于美色和美声不看、不听,山鬼神怪和好坏变化不能改变他的情志,别人的花言巧语不能改变他的行为。您见到这样的人就应该选拔他,得到他就要任用他,有事就让他去做。他的俸禄一定要和他做的事相符,爵位也要和俸禄相当,不可超越限度。以前虞舜以他伟大的德性继承尧的帝位,便是这样任用辅佐他的十六个人。"鲁哀公说："啊,说得真好。你的道理实在很博大。可惜我怕自己糊涂,不能实行,怎么办呢?"孔子说："用道德去实行,就和走捷径一样快了。"鲁哀公说："请问修养德行,什么是最重要的呢?"孔子说："圣是智慧的花朵;知是仁爱的果实;仁爱是诚信的工具;诚信是道义的内容;道义是取利的根本。总是在利上打主意,就要生祸害了。"鲁哀公说："啊,您说得真是好极了!要通于天地的道理,用百姓来辅佐,圣人以何为先呢?"孔子说："有天德,有地德,有人德,这叫作三德。遵循三德去实行,才有所谓阴阳;阳叫德,阴叫刑。"鲁哀公说："好啊,我又学了这些。那么,阳德会引发什么呢?"孔子说："阳德产生礼仪,礼仪产生刑法,刑法产生思虑,思虑就能减少近处的事,使好的声名传到远方。"鲁哀公说:"好啊!拿什么成就这些事呢?"孔子说:"用德行来受爵位,用爵位来推广各部门的工作,用各部门的工作来考查官吏的业绩,用官吏的业绩来养护百姓。百姓自然会爱戴居高位的人了。"鲁哀公说:"俸禄不可以延后吗?"孔子说:"食禄为五味,五味为气血,气血为心志,抒发心志而成言语,发出言语而为号令,用号令来表示诚信,诚信建立在道义上,才能行得通。所以俸禄是不可以延后的。"鲁哀公说:"百姓和天地的德行有关系,是什么意思呢?"孔子说:"天道是用来看的,地道是用来实践的,人道是用来考查的。少了一样,就是失去纲纪,恐怕不能长久地保有国家。"鲁哀公突然改变了脸色。孔子说:"您珍藏着美玉,谨慎地用它,虽谨慎而不吝惜,百姓也是这样的。对执政的官吏不要有猜疑的心,五官的任用要有差别,不要因为喜欢某人而变成了滥爱,不要让少欺长,不要以资历浅的衡量资历深的,不要以小的去危害大的,这是用人的要理。用人的要理是要谨慎地利用,从前舜便是阐明这道理,告诉帝尧的,帝尧亲自用这道理,所以上下井然有序。"鲁哀公说:"请问怎么样才可从百姓那里看出征兆呢?"孔子说:"不问也罢。很不容易做到的。"鲁哀公说:"我愿意学学,希望能做得到。"孔子说:"贪图食禄而不谦让,政事就很难推行。老想富贵而不愿贫穷的,政事就很难推行。美慕别人受宠,也想谋求高位的,政事就很难推行。治理百姓,却暴虐他们,政事就很难推行。父亲不知慈爱子女的,政事就很难推行。子女不孝敬亲长的,政事就很难推行。成天纵情于耳目声色之欲的,政事就很难推行。爱好美色,使意志消沉的,政事就很难推行。好贪小利的,政事就很难推行。一天到晚老在改变的,政事就很难推行。处理事情不能当机立断,政事就很难推行。心性强悍,不敬信鬼神的,政事就很难推行。信奉鬼神太过分的,政事就很难推行。年纪轻的人,不可让他治理百姓。好胜的人,不和他比较。愚笨的人,不和他计谋。任性放纵的人,不和他交游。没有见识的人,不可和他谈事。臣子有所闻,而不进言给国君的,不是服侍国君的道理。进于国君而没被采用,使得品德不正,臣子应再进上比较简约的。人有可知的地方,容貌、声音、风度大家都说好的,一定会有美好的本质。容貌、声音、风度大家都说不好的,他的本质一定不好。这就是伯夷以后所采用的道理。"孔子说:"伯夷认为,建立国家要建立政制,治理国家要治理政事。"鲁哀公说:"好啊。"

【原文】

公曰:"昔有虞戴德何以?深虑何及?高举安取?"子曰:"君以①闻之,唯丘无以更也。君之闻如②未成也,黄帝慕修之。"曰:"明法于天明,开③施教于民;行此以上明于天化也,物必④起,是故民命⑤而弗改也。"公曰:"善哉!以天教于民,可以班⑥乎?"子曰:"可哉。虽可而弗由,此以上知所以行斧钺也。父之于子,天也。君之于臣,天也。有子不事父,有臣不事君,是非反天而到⑦行耶?故有子不事父,不顺;有臣不事君,必刃。顺天作刑,地生庶物,是故圣人之教于民也,率天如⑧祖地,能用民德。是以高举不过天,深虑不过地,质知而好仁,能用民力,此以三常之礼明而名不塞。礼失则坏,名失则悟。是故上古不讳,正天名也;天子之官四通,正地事也;天子御珽,诸侯御荼,大夫服笏,正民德也;敛此三者而一举之,戴天履地,以顺民事。天子告朔于诸侯,率天道而敬行之,以示威于天下也。诸侯内贡于天子,率名溆⑨地实也,是以不至必诛。诸侯相见,卿为分⑩。以其教士毕行,使仁⑪守会,朝于天子。天子以岁二月为坛于东郊,建五色,设五兵、具五味、陈六律、品⑫奏五声,听明教。置离,抗⑬大侯规鹄,坚⑭物。九卿佐三公,三公佐天子。天子践位,诸侯各以其属就位。乃升诸侯,诸侯⑮之教士,教士执弓挟矢,揖让而升,履物以射其地⑯。心端色容正,时以激伎。时有庆以地,不时有让以地。天下之有道也,有天子存;国之有道也,君得其正;家之不乱也,有仁父存。是故圣人之教于民也,以其近而见者,稽其远而明者。天事曰明,地事曰昌,人事曰⑰比,两以庆。违此三者,谓之愚民。愚民曰奸,奸必诛。是以天下平而国家治,民亦无贷⑱。居小不约,居大则治;众则集,寡则缪⑲;祀则得福,以征则服;此唯官民之上德也。"公曰:"三代之相授,必更制典物,道乎?"子曰:"否。猷⑳德保㉑,保惜乎前,以小继大,变民示㉒也。"公曰:"善哉!子之察教我也。"子曰:"丘于君唯无言,言必尽,于他人则否。"公曰:"教他人则如何?"子曰:"否,丘则不能。昔商老彭及仲傀，政之教大夫，官之教士，技之教庶人。扬则抑，抑则扬，缀^㉓以德行，不任以言，庶人^㉔以言。犹以夏后氏之衬怀袍褐也，行不越境。"公曰："善哉！我则问政，子事教我！"子曰："君问已参黄帝之制，制之大礼也。"公曰："先圣之道，斯为美乎？"子曰："斯为美。虽有美者必偏。属于斯，昭天之福，迎之以祥；作地之福^㉕，制之以昌；兴民之德，守之以长。"公曰："善哉。"[大戴礼记·虞戴德]

【注释】

①以，大训作已。

②如，而也。

③"开"字当在下文"物必起"之上。

④必，一作毕。

⑤"命"上一本有"听"字。

⑥班，齐也。

⑦到，即倒也。

⑧如，而也。

⑨敎效古，通用。下同。

⑩分，卢本作介。

⑪"仁"下御览引有"者"字。

⑫品字衍。

⑬抗，张也。

⑭坚，大训作竖。

⑮"诸侯"二字衍。

⑯"地心"方本作"心志"。

⑰"曰"下宋本脱"乐"字。

⑱贷，忒也。

⑲缪与穆通。

⑳猷，由也。

㉑保当作桀纣字之误。

㉒示，视也。

㉓缀，表也。

㉔"庶人"疑当作"度人"。

㉕福，大训作稽。

【释义】

鲁哀公说："以前帝舜推行德政，用的什么办法呢？深谋远虑，想的是什么呢？崇高的行为，又得到了什么呢？"孔子说："您已听我讲完四代的政制了，我也没什么可说的了。如果您觉得知道得还不够，那么就研究黄帝的大道吧。"孔子接着说："效法自然，弄懂这些现象，对百姓进行教化，用这些教化来表现天地间变化的道理，万物跟着兴起，所以百姓听政府的命令，而不改变。"鲁哀公说："好啊！但是以自然的道理教导百姓，大家能接受吗？"孔子说："可以的。虽说可以，但他们不理您这一套，这就是为什么国君也要用刑罚了。父亲对于儿子来说，是天。国君对于臣下来说，也是天。子女不孝于父亲，臣子不忠于国君，这不是把是非颠倒过来，违反天道的行为吗？所以有子女不孝于父亲的，要治以大罪；有臣子不忠于国君的，要处以重刑。顺天道而制定刑法，顺地道而养万物，所以圣人施教化于百姓时，要遵循天道而效法地道的，是要能发掘百姓的美德。因此，再崇高的行为也超不过天，再深远的谋虑也超不过地，以智慧为本质又爱好仁道，善于运用民力，又能发挥天、地、人这三种常道的礼制，那么号令的施行就不困难了。失去礼制，国家就要腐败，失去号令，国家就要混乱。所以上古不避讳，以天的号令为准则；天子的明堂四面通达，是以地的业绩为准则：天子使用斑筹，诸侯使用茶筹，大夫使用竹筹，以端正百姓的德行；这三样一起施行，头戴着天，脚履着地，来顺应百姓的心性。天子在十二月时告诉诸侯农耕的时节，遵循自然的现象而谨慎地推行,用以告示天下人。诸侯向天子进贡,说明服从号令,贡献土产,所以不来进贡的,一定要加以诛伐。诸侯彼此之间相见,这时就以卿作为介绍人。朝见天子时,得把本国的教士带去,让仁厚的人留守国家,然后一起朝见天子。天子在每年的二月,在东郊设坛,摆放五色的旌旗,设置五种兵器,准备五味的肴馔,演奏六律,吹奏五声的音乐,听取政教的情况。设置位置,竖起国君用的大箭靶子,并画出射击位置的线。九卿辅佐三公,三公辅佐天子。天子登上坛台,诸侯率他们的随从站在北面的位置。于是让诸侯、诸侯的教士走上前,诸侯的教士执弓挟矢,互相揖让走上射坛,站到画着射击位置的线里,来射那靶子。澄神凝志,端正姿势,以这样来考验他们的技艺。射中了有喜庆,赏赐他们封地,射不中有责任,削减他们的封地。天下太平,由于有天子的存在;国家政治清明,由于国君做得正当;家庭安定,由于有慈父存在。所以圣人教化百姓,要以他周围看见的好事情、好德行,来研究那些远的大道。天道叫作明,地道叫作昌,人事叫作比。以人事配以天道、地道,就有喜庆。违背了这三者,叫愚弄百姓。愚弄百姓的人,叫作奸邪,奸邪的人一定要加以诛杀。这样天下太平,国家安定,百姓也没有了过失。积蓄少而不穷困,积蓄多而能平治;百姓多而能安乐,百姓少而能安详;祭祀便得到神的降福,征伐便能将叛逆降服;这是治理百姓的最高道德。"鲁哀公说:"继承三代,一定要更改法制、服色,这也是道吗?"孔子说:"不是。是想要以德政平定天下,安定前朝的混乱,以小国的诸侯继承天子的大位,是一种改变百姓视听的手法。"鲁哀公说:"好啊。你这样明白地告诉我。"孔子说:"我对您,只是没什么说的,但所说的必然都倾尽我所知。如果是别人,可不是这样了。"鲁哀公说:"教别人又怎样呢?"孔子说:"不行,我还做不到。以前商朝的大夫彭咸和仲傀,教大夫治理政事,教士做官吏,教庶人各种技艺。太张扬就压抑他们,不及就推进他们,同时培养他们的德行,不因会讲话而派他们工作,不会拿讲话的好坏来衡量他们。这就好比夏后氏穿着粗糙的褐色衣服,怀藏着美玉,那他们就无法过境。"鲁哀公说:"好啊。我请教你政制,你却事事告诉我。"孔子说:"您问的已包括黄帝的政制,那是政制的大体。"鲁哀公说:"以前圣人治理天下的道理,这是最好的吗?"孔子说:

"这是最好的了。即使还有好的，也不完备。能用这种道理，就能显示天道的福泽，而得到安详；因顺地道的福泽，而能昌盛；发扬百姓的德行，爱护国家而使其久长。"鲁哀公说："好啊。"

【原文】

公曰："诰志无荒，以会民义，斋戒必敬，会时必节，牺牲必全，齐①盛必洁，上下裡祀，外内无失节，其可以省怨远灾乎？"子曰："丘未知其可以省怨也！"公曰："然则何以事神？"子曰："以礼会时。夫民见其礼则上下援②，援则乐，乐斯毋忧，以此怨省而乱不作也。夫礼会其四时，四孟四季，五牲五谷，顺至必时其节也，丘未知其可以远灾也。"公曰："然则为此何以？"子曰："知仁合则天地成，天地成则庶物时，庶物时则民财敬③，民财敬以时作④；时作则节事，节事以动众，动⑤众则有极；有极以使民则劝，劝则有功，有功则无怨，无怨则嗣世⑥久，唯⑦圣人！是故政以胜众，非以陵众；众以胜事，非以伤事；事以靖民，非以征民；故地广而民众，非以为灾长之禄也。丘闻周太史曰：'政不率天，下⑧不由人，则凡事易坏而难成。'虞史伯夷曰：'明，孟也。幽，幼也。明幽，雌雄也。雌雄迭兴而顺至，正之统也。日归于西，起明于东；月归于东，起明于西。'虞夏之历，正⑨建于孟春。于时冰泮发蛰，百草权舆，瑞雉无释⑩。物乃岁俱生于东，以顺四时，卒于冬万⑪。于时鸡三号，卒⑫明。载于青色，抚⑬十二月节，卒于丑。日月成岁历，再闰以顺天道，此谓岁⑭虞汁月。天曰作明，曰与，维天是戴。地曰作昌，曰⑮与，惟地是事。人曰作乐，曰⑯与，惟民是嬉。民之动能⑰，不远厥事；民之悲⑱色，不远厥德。此谓表里时合，物之所生，而蕃昌之道如此。天生物，地养物，物备兴而时用常节，曰圣人，主祭于天曰天子。天子崩，步于四川，代⑲于四山，卒葬曰帝。天作仁，地作富，人作治。乐治不倦，财富时节，是故圣人嗣则治。文王治以俟时；汤治以伐乱；禹治以移众，众服，以立天下；尧贵以乐治时，举舜；舜治以德使力。在国统民如⑳恕，在家抚官而㉑国。安之勿变，动之勿沮，民咸废恶如㉒进良。上诱善而行罚，百姓尽于仁而遂安之，此古之明制之治天下也。仁者为圣，贵次，力次，美次，射御。次古之治天下者必圣人。圣人有国，则日月不食，星辰不陨，勃㉓海不运，河不满溢，川泽不竭，山不崩解，陵不施㉔谷，川浴㉕不处，深渊不涸。于时龙至不闭㉖，凤降忘翼，鸷兽忘攫，爪鸟忘距，蜂虿不螫婴儿，蝥虻不食夭㉗驹，雏出服㉘，河出图。自上世以来，莫不降仁，国家之昌，国家之臧，信仁。是故不赏不罚，如民咸尽力；车不建戈，远迩咸服；胤㉙使来往，地宾㉚毕极；无怨无恶，率惟懿德。此无空礼，无空名，贤人并忧㉛，残毒以时省；举良良，举善善，恤民使仁，日教㉜仁宾也。［大戴礼记·诰志］

【注释】

①齐，当作粢。

②"两援"上大训有"不"字。

③敬，大训作侄侄，聚也。

④作，用也。

⑤大训不叠出"动众"。

⑥大训叠出"世久"。

⑦唯，一作惟。

⑧大训无"下"字，《史记》作又。

⑨《晋书》引此文，"正"在"建"下。

⑩无释当作先湟，竝形之误。

⑪万，大训作方。

⑫卒，一作平，又作斯。

⑬抚，循也。

⑭大训无"岁"字。

⑮⑯曰，日之伪。

⑰能，读为态。

⑱悲，当作斐。

⑲代，大训作伐。

⑳如，而也。

㉑而，如也。

㉒如，而也。

㉓勃，大训作孛。

㉔施，读为随。

㉕浴，当作谷。

㉖闭，当作闪。

㉗"夭疑"当为"虞"之省。

㉘服，疑版之误。

㉙胤，继也。

㉚宾，滨也。

㉛忧，读为优。

㉜敎，效，古通用。

【释义】

鲁哀公说："告示臣民的政令，不使其荒废，以适应百姓的要求，斋戒时一定心存敬慎，祭祀时一定有节度，祭祀用的畜牲一定很完备，所使用的祭器一定很干净，以虔诚来祭享天地神灵，对于祭祀对象没有失礼的行为，这样可以减少鬼神的不满，而远离灾祸吗？"孔子说："我不知道这样做能不能减少鬼神的不满。"鲁哀公说："那该怎么侍奉鬼神呢？"孔子说："祭祀的时候要有隆重的礼仪。百姓看到这样隆重的礼仪，就会互相亲近，相亲就能安乐，安乐就没有忧患，这样一来便减少了鬼神的不满，而乱事也不会起来。用礼仪为四时祭祀，如四盂月、四季月，并用五畜牲、五谷物，按照礼制进行，不可失去时节，但我可不知这样做能不能远离天灾。"鲁哀公说："那么该怎么做才能远离天灾呢？"孔子说："智慧与仁道相合，便成就了天地，成就了天地，万物就可以按时节生长,万物按时节长生,百姓的财富就能积累起来;百姓积累了财富,就能顺应时节作业;百姓能应时节作业,做事就有节度,做事有节度,就可以让民众劳动,让百姓劳动,得有个限度;有限度,百姓就得到鼓励,得到鼓励,就可以有功效,有功效,就没有怨言,没有怨言,国家就可以长久继承。能做到这些,只有圣人。所以劳役的事情要分给百姓一起做,不是借此来压迫百姓的;百姓来分担事情,不是来败坏事情的;劳役的事情是用来安抚百姓的,不是用来惩罚百姓的;所以土地广大,百姓众多,并不是灾害,而是国君的福禄。我听周朝的太史说:'建立朝政而不遵循天道,也不顺从人心,那么凡事都容易败坏而难以成功。'虞史伯夷说:'阳明在先,阴幽在后。明幽是和雌雄一样,雌雄的更迭兴作,循序而行,是正朔的统纪。太阳从西边落下去,从东边升上来;月亮从东边落下去,从西边升上来。'虞夏的历法,是以孟春作为正月。这时冰冻融化,冬眠的万物开始复苏,百草也开始生长,祥瑞的野鸡也开始啼叫了。万物和岁星都从东方升起,遵循着四时的顺序,终于冬分。这个时候鸡叫了三次,天就亮了。从东方开始,循着十二个月份,到丑的月份结束了。以日月的运行来推断一年的历法,再把剩下来的日数合计成闰月,而顺天道的循环,这叫作用岁星量度而配合月球的运行。天道叫作作明,叫作生,只有天道才可乘载万象。地道叫作昌,叫作生,只有地道才可从事生养。人性叫作作乐,叫作生,只有百姓追求安逸。百姓的生活状态,不违背地事;百姓的脸色表情,不违背天德。这叫作内外都符合事物的规律,万物的生养,繁衍昌盛的道理就是这样:上天产生万物,土地养活万物,万物都能生养,而用时常常有节制,这叫作圣人,主祭天帝的人,叫作天子。天子死了叫崩,四川的祭祀,叫步,四山的祭祀,叫代,最后殡葬了,叫帝。天创造仁道,地创造财富,人创造安宁。能够乐于平治而不倦怠,那么就能富有,天时就可以调节,所以圣人承继,就天下太平了。周文王治理天下,是等待成熟的时机;商汤治理天下,是征伐乱国;夏禹治理天下,是发动百姓,平治洪水,使大家悦服,因而得到天下;帝尧以音乐治理天下,最后推举舜;舜以德行领导群臣治理百姓,而治理天下。在朝廷做事,治理百姓,要宽恕,在家操持家务,要像在朝廷里做事一样地认真。使百姓的生活安定,不要随意改变他们，劝勉他们做好事，不要随意去打击他们的信心，能这样，百姓都会抛弃坏的行为，而一心向善。在上位的人能引导百姓行善，而且处罚不良的人，百姓就都能爱人，而且生活安乐，这些都是古代的贤明君主平治天下的措施。爱人的人是圣人，其次是有爵位的人，又次是有功绩的人，再次是才学好的人，再次是有技艺的人。古代平治天下的人，一定是圣人。圣人治理国家的时候，日月不亏蚀，星辰不陨落，大海不改变。河水不泛滥，川泽不枯竭，高山不崩塌，山陵不塌陷，川谷不壅塞，深渊不干涸。这时龙络绎不绝地来到，凤凰也不愿飞走，猛兽和凶禽都忘记了攫取和残杀，毒蜂不会用毒针去刺婴儿，蚊子和牛虻也不叮幼小的马，洛水出现了《洛书》，河水出现了《河图》。从上古以来，治国的君主没有不崇尚仁道的，国家的昌盛美好，全系在仁道上。所以不用奖赏惩罚，百姓都尽力生产；战车不必装备戈戟，近远的国家都来归服；信使相继不绝地往来，连偏远地方的人也都来了；没有怨恨和恶意，都遵循美好的德行。没有虚伪的礼仪和名望，贤人都在忧虑国事，想害人的人因此就减少了；推荐贤良的人，百姓都跟着学会贤良，推荐行为美好的人，百姓的行为也都跟着美好起来，爱护百姓，使他们心存仁道，每天以仁道教导百姓。

【原文】

公曰："寡人欲学小辨，以观于政，其可乎？"子曰："否，不可。社稷之主爱日，日不可得，学不可以辨。是故昔者先王学齐大道，以观于政。天子学乐辨风，制礼以行政；诸侯学礼辨官政以行事，以尊事天子；大夫学德别义，矜行以事君；士学顺，辨言以遂志；庶人听长辨禁，农以行力。如此，犹恐不济，奈何其小辨乎？"公曰："不辨则何以为政？"子曰："辨而不小。夫小辨破言，小言破义，小义破道，道小不通，通道必简。是故循弦以观于乐，足以辨风矣；尔①雅以观于古，足以辨言矣。传言以象，反舌皆至，可谓简矣。夫道不简则不行，不行则不乐。夫亦②固十祺③之变，由④不可既也，而况天下之言乎？"曰："微子之言，吾壹乐辨言。"子曰："辨言之乐，不若治政之乐。辨言之乐不下席，治政之乐皇于四海。夫政善则民说，民说则归之如流水，亲之如父母；诸侯初入而后臣之,安用辨言?"公曰:"然则吾何学而可?"子曰:"礼⑤乐而力忠信,其君⑥其习可乎?"公曰:"多与我言忠信而不可以入患。"子曰:"毋乃既明忠信之备,而口倦其⑦君则不可。而有明忠信之备,而又能行之,则可立待也。君朝而行忠⑧信,百官承事,忠满于中而发于外,刑于民而放于四海,天下其孰能患之?"公曰:"请学忠信之备。"子曰:"唯社稷之主实知忠信。若丘也,缀学之徒,安知忠信?"公曰:"非吾子问之而焉也?"子三辞,将对。公曰:"疆,避!"子曰:"疆,侍。丘闻,大道不隐。丘言之君,发之于朝,行之于国,一国之人莫不知,何一之疆辟?丘闻之,忠有九知:知忠必知中,知中必知恕,知恕必知外,知外必知德,知德必知政,知政必知官,知官必知事,知事必知患,知患必知备。若动而无备,患而弗知,死亡而弗知,安与知忠信?内思毕必⑨曰知中,中以应实曰知恕,内恕外度曰知外,外内参意曰知德⑩,以柔政曰知政。正义辨方曰知官,官治物则曰知事,事戒不虞曰知备,毋患曰乐,乐义曰终。"[大戴礼记·小辨]

【注释】

①尔,迩也。

②亦,盖古文借为"奕"字。

③祺,大训作棋。

④由,犹也。

⑤"礼"上大训有"行"字。

⑥"君"上戴氏校本删"其"字。

⑦其,疑当作与。

⑧忠,中也。

⑨必,戴氏校本作心。

⑩"德"下宋本脱"德"字。

　　鲁哀公说："我想要学习小辨给，用这种方法来检查国政，行吗？"孔子说："不，不行。治理国家的君王应当爱惜时间，时间是一去不复返的，不可以学习小辨给。所以以前的君王都是学习大道，来检查政事的。天子学习音乐用来辨别各地的风俗，制定礼制来推行政令；诸侯学习礼制、划分政务来推行事宜，来侍奉天子；大夫学习修养品格、辨别义理，谨慎地为国君服务；士人学习敬顺，分析言辞来达成志愿；百姓顺从长上，辨别禁令，致力于农事。即使这样，还担心做不好，怎么可以学习小辨给呢？"鲁哀公说："不懂辨别又如何从政呢？"孔子说："要能辨别，但不是小辨给。因为小辨给会损害言辞，琐碎的言辞会损害义理，琐碎的义理又会损害道理，而琐碎的道理是不通达的，通达的道理必定是简单的。所以抚摩琴弦来审察音乐，就足够辨别风俗了；以现代语言来审察古语，就足以辨别言辞了。凭翻译来传话，说各种不同语言的人都来了，这道理可以说简单极了。要是道理不简单就行不通了，行不通就不愉快。就像下棋，十着棋以后的种种变化，还不能够算尽，何况是天下的言语呢？"鲁哀公说："要不是你这席话，我会一心一意去学辨析语言了。"孔子说："辨析语言的乐趣，是不如治理政事的乐趣。辨析言语的乐趣局限在室内的小范围里，治理政事的乐趣是全天下的。政治清明，人们就喜悦，人们喜悦，就会像水一样归附过来，像对父母那样亲爱君王；诸侯也会先归附而后臣服的，何必在辨析语言上下功夫呢？"鲁哀公说："那么我该学什么呢？"孔子说："推行礼乐而致力于忠信，您就学这些可以吗？"鲁哀公说："请跟我多说点忠信而不至于陷入祸患的道理吧。"孔子说："不能透彻明白忠信的道理，只是嘴里乱说，这不行。能透彻明白忠信的道理，又能切实去做，那么这道理立刻就能充实起来。在朝廷里本着忠信去做，百官依你的命令行事，内心全是忠诚，而表现在外，被百姓所效法，而普及到四海之内，这样，天下还有谁会构成祸患呢？"鲁哀公说："请让我向您学习忠信的道理吧。"孔子说："只有主持国家的君王才懂得忠信的道理。像我，不过是个偶尔学习的人，怎么知道忠信的道理呢？"鲁哀公说："我不问你，问谁呢?"孔子谦让了三次,正要回答。鲁哀公说:"疆,你回避一下。"孔子说:"疆还是留在这儿好。我听说,大道理是公开的。我向你讲过后,就在朝廷表现出来,然后推行到全国,全国的人没有不知道的,为什么独独要疆一个人回避呢? 我听说,要知道忠的道理,有九句话:知道尽忠就必定了解自己的内心,了解自己的内心就必定明白宽恕,明白宽恕就必定知道外界的事物,知道外界的事物就必定知道道德,知道道德就必定知道政治的道理,知道政治的道理就必定知道官员的职责,知道官员的职责就必定知道公共的事务,知道公共的事务就必定知道祸患发生的原因,知道祸患发生的原因就必定知道如何去防备。如果行动时而没有防备,祸患发生时也不知道,死亡临头也不知道,怎么能知道忠信的道理呢? 尽心去想就会知道自己的内心,内心以诚相待就会知道宽恕,内心宽恕就能替别人设想,就会知道外界的事物,沟通外物和内心,就会知道道德,以这种德行来从事政治,就会知道政治的道理。能端正名义使官有常道,就会知道官员的职责,官员使事物都依常法,就会知道公共的事务,凡事都提防意外发生,就会知道防备,没有祸患就会安乐,乐于道义,就会有好的结果。"

【原文】

公曰:"用兵者,其由不祥乎?"子曰:"胡为其不祥也? 圣人之用兵也,以禁残止暴于天下也;及后世贪者之用兵也,以刈百姓,危国家也。"公曰:"古之戎兵,何世安起?"子曰:"伤害之生久矣,与民皆^①生。"公曰:"蚩尤作兵与?"子曰:"否! 蚩尤庶人之贪者也,及利无义,不顾厥亲,以丧厥身。蚩尤惛慾而无厌者也,何器之能作? 蜂虿挟螯而生,见害而校,以卫厥身者也。人生有喜怒,故兵之作,与民皆生。圣人利用而弥^②之乱,人兴之丧厥身。《诗》云:'鱼在在藻,厥志在饵。鲜民之生矣,不如死之久矣。校德不塞,嗣武孙^③武子。'圣人爱百姓而忧海内,及后世之人,思其德,必称其仁^④,故今之道尧舜禹汤文武者犹威致王^⑤,今若存。夫民思其德,必称其人,朝夕祝之,升闻皇天,上神歆焉,故永其世而丰其年也。夏桀商纣嬴^⑥暴于天下,暴极不辜,杀戮无罪,不祥于天,粒食之民,布散厥亲,疏远国老,幼色是与,而暴慢是亲,谗贷^⑦处谷⑧,法言法行处辟。妖替天道,逆乱四时,礼乐不行,而幼风是御。历失制,摄提失方,鄹⑨大无纪。不告朔于诸侯,玉瑞不行,诸侯力政,不朝于天子,六蛮四夷交伐于中国。于是降之灾,水旱臻焉,霜雪大满,甘露不降,百草歹焉⑩黄,五谷不升,民多夭疾,六畜悴胄⑪,此大上之不论不议也。妖伤厥身,失坠天下,夫天下⑫之报殃于无德者,必与其民。"公惧⑬焉,曰:"在民上者,可以无惧乎哉?"[大戴礼记·用兵]

【注释】

①皆,偕也。以下同。

②弥,卢本作弭。

③孙武,元本作于孙。

④仁,大训作人。

⑤致王当作至于。

⑥赢,大训作赢。

⑦贷,当作货。

⑧谷,禄也。

⑨鄹大当作孟陬。

⑩歹焉,当作蔫。

⑪胄,大训作訾。

⑫"下"字衍。

⑬惧,当读瞿。

【释义】

鲁哀公说:"使用武力,是件不吉祥的事吗?"孔子说:"为什么使用武力不吉祥呢? 圣人使用武力,是用来禁止天下残杀暴虐的事情;到了后代,贪功的人使用武力,就用来残杀百姓,危害国家了。"鲁哀公说:"古人使用武力,是从什么时候开始的器的人吗?"孔子说:"不是,蚩尤不过是普通人中有贪心的人,遇到利益就不顾道义,不顾他的亲长,以致丧命。蚩尤不过是个迷恋贪欲而不知满足的人,怎么能发明兵器呢? 蜂、蝎一类的毒虫都带着毒针而生,受到危害就行毒报复,来保护自己。人类有喜怒的感情,发怒就有战斗,所以兵器的发明是一有人类就有的事。圣人把它用到好的地方来防止祸乱的发生,普通人发展它却丧失了性命。《诗经》说:'鱼在水草里悠然自得,却偏偏要去追求那诱饵。那些生活在战祸里的百姓,还不如早些死掉好。只知道兴兵违反德教,还将武事传给子子孙孙。'圣人爱护百姓而心忧天下,后代人想起他们的德泽,就赞美他们的为人,所以现代还有人称道尧舜禹汤武,好像他们还活在现代。凡是人民想念他们的恩德,必定也赞美他们的为人,早晚都为他们祈福,祈求的声音升到上天,天神很欣喜,所以使他们的后代长久而收成丰收。到了夏桀商纣,对天下人凶残,虐待无辜的人,杀戮无罪的人,连对上天都不怀好意,百姓不能安居而和亲人离散,疏远有经验的老年人,接近年轻献媚的人,和暴虐轻慢的人亲密,邪恶的人处在禄位,正言正行的人反而被治罪。歪曲废弃了天道,扰乱了四时的节序,礼乐都废止了,只喜欢听靡靡之音。历法失去了制度,以致摄提星所指的方位不正确,而什么时候是正月也没有固定的顺序。不能将历法颁给诸侯,也不能颁布圭给诸侯以确定他们的爵位,诸侯之间各自以力相争,不再朝觐天子,四周的野蛮部落纷纷侵犯中原。于是上天就降下了灾害,水灾、旱灾都来了,霜雪下得过了头,甘露又不降,百草枯黄,五谷都没收成,人民多夭折疾病,六畜也病倒长瘤,这些是上古时代的人都没有提到的事。而暴君本身也受到伤害,丧失了他们的天下,天下给予这些无德暴君的报应,必定是依照他的民意的。"鲁哀公恐惧了,说:"在人民之上当君主的人,怎么能够不警惕呢?"

【原文】

公曰:"今日少闲,我请言情于子。"子愀焉变色,迁席而辞曰:"君不可以言情于臣,臣请言情于君,君则不可。"公曰:"师之而不言情焉? 其私不同。"子曰:"否。臣事君而不言情于君则不臣,君而不^①言情于臣则不君。有臣而不臣犹可,有君而不君,民无所错手足。"公曰:"吾度其上下咸通^②之,权其轻重居之;准民之色,目既见之;鼓民之声,耳既闻之;动民之德,心既和之;通民之欲,兼而壹之;爱民亲贤而教不能,民庶说乎?"子曰:"说则说矣,可以为家,不可以为国。"公曰:"可以为家,胡为不可以为国? 国之民,家之民也。"子曰:"国之民诚家之民也;然其名异,不可同也。同名同食,曰同等。唯不同等,民以知极。故天子昭有^③神于天地之间,以示威于天下也;诸侯修礼于封内,以事天子;大夫修官守职,以事其君;士修四卫,执技论力,以听乎大夫;庶人仰视天文,俯视地理,力时使,以听乎父母。此唯不同等,民以可治也。"公曰:"善哉! 上与下不同乎?"子曰:"将以时同,时不同;上谓之闲,下谓之多疾。君时同于民,布政也;民时同于君,服听也;上下相报,而终于施。大犹^④已成,发其小者;远犹已成,发其近者;将行^⑤重器,先其轻者。先清而后浊者,天地也。天政曰正,地政曰生,人政曰辨。苟本正,则华英必得其节以秀乎矣,此官民之道也。"公曰:"善哉! 请少复进焉。"子曰:"昔尧取人民^⑥状,舜取人以色,禹取人以言,汤取人以声,文王取人以度,此^⑦四代五王之取人以治天下如此。"公曰:"嘻! 善之不同也。"子曰:"何为其不同也?"公曰:"同乎?"子曰:"同。"公曰:"人状可知乎?"子曰:"不可知也。"公曰:"五王取人,各有以举之,胡为人之不可知也?"子曰:"五王取人,比而视,相而望。五王取人,各以己焉,是以同状。"公曰:"以子相人何如?"子曰:"否,丘则不能五王取人。丘也传闻之以委于君,丘则否能^⑧,亦又不能。"公曰:"我闻子之言始蒙矣。"子曰:"由君居之,成于纯,胡为其蒙也? 虽古之治天下者,岂生于异州哉? 昔虞舜以天德嗣尧,布功散德制礼。朔方幽都来服;南抚交阯,出入日月,莫不率俾,西王母来献其白琯。粒盒之民昭然明视,民明教,通于四海,海外肃慎、北发、渠搜、氐^⑨、羌来服。舜崩,有禹代兴。禹卒受命,乃迁邑姚姓于陈。作物配天,修德使力。民明教,通于四海,海之外,肃慎、北发、渠搜、氐、羌来服。禹崩,十有七世,乃有末孙桀即位。桀不率先王之明德,乃荒耽于酒,淫洪于乐,德昏政乱。作宫^⑩高台汙池,土察,以民为虐,粒食之民悟焉几亡。乃有商履代兴,商履循礼法,以观天子。天子不说,则嫌于死。成汤卒受天命,不忍天下粒食之民刈戮,不得以疾死,故乃放移夏桀,散亡其佐,乃迁姒姓于杞。发厥明德,顺民[11]天心啬[12]地,作物配天,制典慈民。咸合诸侯,作八政,命于总章。服禹功以修舜绪,为副于天。粒食之民昭然明视,民明教,通于四海,海之外肃慎、北发、渠搜、氐、羌来服。成汤卒崩,殷德小破,二十有二世,乃有武丁即位。开先祖之府,取其明法,以为君臣上下之节,殷民更眩[13],近者说,远者至,粒食之民昭然明视。武丁年[14]崩,殷德大破,九世,乃有末孙纣即位。纣不率先王之明德,乃上祖夏桀行,荒耽于酒,淫泆于乐,德昏政乱。作宫室高台汙池,土察,以焉民虐,粒食之民忽然几亡。乃有周昌霸,诸侯以佐之。纣不说诸侯之听于周昌,别[15]嫌于死,乃退伐崇许魏,以客事天子。文王卒受天命,作物配天,制元[16]用,行三明,亲亲尚贤。民明教,通于四海,海之外肃慎、北发、渠搜、氐、羌来服。君其志焉,或侯将至也。"公曰:"大哉!子之教我政也。列五王之德,烦烦如[17]繁诸[18]乎!"子曰:"君[19]无誉臣,臣之言未尽,请尽臣之言,君如财[20]之。"曰:"于此有功[21]匠焉,有利器焉,有措扶焉,以时令其藏必周密。发如[22]用之,可以知古,可以察今;可以事亲,可以事君;可用于生,又用之死。吉凶并兴,祸福相生,卒反生福,大德配天。"公愀然其色曰:"难立哉!"子曰:"臣愿君之立知,如以闲[23]观也;时天之气,用地之财,以生杀于民。民之死,不可以教。"公曰:"我行之,其可乎?"子曰:"唯此在君。君曰足,臣恐其不足;君曰不[24],举其前必举其后,举其左必举其右。君既教矣,安能无善?"公吁焉其色曰:"大哉!子之教我制也。政之丰也,如[25]木[26]之成也。"子曰:"君知未成,言未尽也。凡草木根鞍伤,则枝叶必偏[27]枯,偏枯是为不实。谷[28]亦如之,上失政,大及小[29]人畜谷。"公曰:"所谓失政者,若夏商之谓乎?"子曰:"否,若夏商者,天夺之魄,不生德焉。"公曰:"然则何以谓失政?"子曰:"所谓失政者:疆菱[30]未亏,人民未变,鬼神未亡,水土未绌;糟者犹糟,实者犹实,玉者犹玉,血者犹血,酒者犹酒。优以继惛[31],政出自家门,此之谓失政也。非天是反,人是[32]反。臣故曰君无言情于臣,君无假人器,君无假人名。"公曰:"善哉。"[大戴礼记·少闲]

【注释】

①大训无"不"字。

②通,达也。

③有常作百。

④犹、猷同。下同。

⑤行,一作持。

⑥民,大训作以。

⑦戴氏校本省此字。

⑧注首能字,宋本混入,卢本无。

⑨氐,卢本作氏,以下同。

⑩"宫"下朱本有"室"字。

⑪民天心,汪照补注本省"民心"二字。

⑫嵇与稽通。

⑬眩,大训作服。

⑭年,大训作卒。

⑮别,则之讹。

⑯元用疑当作典要,无盖典之讹。

⑰如,读为而。

⑱诸,读为者。

⑲君,如汪拔贡《大戴礼记》正误作而君。

⑳财、裁古字通用。

㉑功,当作巧。

㉒如,朱本作而。

㉓闲观,朱本作观闻。

㉔汪拔贡《大戴礼记》正误足下，补"臣则曰足"四字。

㉕如，当作知。

㉖木，大训及元本作未。

㉗偏，一作偏，下同。

㉘谷，恐政之误。

㉙小人字当倒置。

㉚蓑，孙氏《大戴礼记》补作禹，禹即宇之借字。

㉛慆，湛也。

㉜是，朱本作自。

【释义】

鲁哀公说："今天闲一些，我想向你说说我的心情。"孔子变了脸色，离开座席推辞说："君主不可以向臣子诉说心情，臣子可以向君主诉说心情，君主不可以这么做。"鲁哀公说："对老师也不能说自己的心情吗？这和君臣之间的私人谈话不同。"孔子说："不。臣子侍奉君主而不向君主表白他的心情，就不能成为臣子，君主也向臣子表白心情，就不成为君主。有的臣子不像臣子，还过得去，做君主不像君主，百姓就是举手投足也不知该怎么办了。"鲁哀公说："我区别尊卑，使上下都能互相通达，权衡轻重，使臣子处于应处的地位；观察百姓的生活，眼睛已经看到了；鼓励人们说话，耳朵已经听到了；发扬人们的德性，心意已协和了；沟通人们的愿望，把它们归纳起来；爱护百姓，亲近贤人，帮助那些无能的人，百姓也许会喜悦吧？"孔子说："喜悦是会有的，只是可以用来治理家，而不能用来治理国。"鲁哀公说："可以用来治家，为什么不能用来治国呢？国家中的人，也就是家庭中的人啊。"孔子说："国家中的人当然也就是家庭中的人；但是他们的地位名声不同，就不可混为一谈。名位、食禄相同，才是同等。由于不同等，人们知道怎么做才适当。所以天子祭祀天地间的神祇，让天下人懂得天子的威严；诸侯在封地内修明礼仪，来事奉天子；大夫治理政事，恪守职分，来事奉国君；士

要做好保卫四境的事,维持他们技艺比赛的能力,来听从大夫的指示;百姓仰头观看天象的变化,低头观看地理的变化,尽力做各季节中该做的事,来听从父母的吩咐。正因为有各种不同的等级,所以人们可以治理。"鲁哀公说:"好啊!君和臣有不同吗?"孔子说:"有时候相同,有时候不相同;就像国君订些规则来预防祸患,臣子却以为太麻烦。君有时和民相同,就像君主施政时;民有时和君相同,就像臣民服从政令时。上下是相对的,但其极致是只求施予。伟大计划的完成,是先从小的地方着手的;长远计划的完成,是先从近的地方着手的;要送贵重的礼物,是先从轻微的礼物送起的。天地的生成,是先清而后浊的。上天的职责是定下原则,土地的职责是生成万物,人类的职责是辨别事物。要是根本正确。那么花朵必定能按时节而生长,这就是管理人们的道理了。"鲁哀公说:"好啊!请为我做进一步的说明。"孔子说:"从前尧凭面貌来选择人才,舜凭表情来选择人才,禹凭言语来选择人才,汤凭声音来选择人才,文王凭器度来选择人才,这是四代五王选择人才来治理天下的方法。"哀公说:"啊!五王取人的好处很不同。"孔子说:"怎么说不同呢?"鲁哀公说:"相同吗?"孔子说:"相同。"鲁哀公说:"从人的外貌可以了解他们吗?"孔子说:"不能了解。"鲁哀公说:"五王选拔人才,都各有所举荐,还有什么人是不可知的呢?"孔子说:"五王选拔人才,先

成汤

与他们亲近再来观察,仔细衡量再加以察望。五王选拔人才,都各以他们自己认为的善为标准,所以选拔的都是同样的人。"鲁哀公说:"你来相人怎么样呢?"孔子说:"不行,我不能像五王一样选拔人才。我不过是传达我所知的道理给您,我自己不能看人,也不能像五王一样来考察别人。"鲁哀公说:"我听你的话,开始有点糊涂了。"孔子说:"您处在选择贤良的地位,只要专心就会成功,怎么会糊涂呢?即使古代治理天下的人,难道他们是生在别的世界吗?从前虞舜以他天赋的品德继承尧的帝位,施展天功,发扬九德,制定五礼。远在北方的幽也都来归顺;又安抚南方的交阯,东西一直

到日出月入的地方，没有不归从听命的，连西王母也来献上白玉的管子。百姓对事理都看得明白，人们都发扬圣人的教化，流传到四方荒远的地区，连边远的肃慎、北发、渠搜、氐、羌都来归顺。舜帝逝世，又有大禹接着兴起＝禹终于接受天命，就把姚姓迁到陈邑。创造了一些合于天意的事物，修明文德，努力建设。人们都能发扬禹的教化，流传到四方荒远的地方，连边远的肃慎、北发、渠搜、氐、羌都来归顺。大禹去世，传了十七代，有末代王孙桀继承王位。桀不遵循先王的光明德性，反而沉迷于酒，放纵于靡靡之乐，德性昏迷，政治紊乱。还兴建了宫室高台，挖了酒池，虐待百姓，百姓几乎不能生存。于是有商履接着兴起，商履遵循礼节法制，做给夏桀看。夏桀不高兴，还几乎杀了商履。成汤最后接受上天的使命，不忍心天下的百姓受到杀戮，不能因病而死，于是就把夏桀放逐了，而且把辅佐夏桀的大臣也遣散放逐，把姓姒的子孙都迁到杞去。他发扬光明的德性，顺从天意，努力耕作，创造许多合乎天意的事物，制定法制来爱护人民。把诸侯团结起来，创造了八种政治制度，自己在堂屋下达命令。重现大禹的功绩，重修帝舜的事业，来帮助天道的弘扬。天下的百姓对这些看得清清楚楚，人们都发扬汤的教化，传播到四方荒远的地区，连边远的肃慎、北发、渠搜、氐、羌都来归顺。成汤逝世，殷代的德教稍微破损了一些，传了二十二世，又有武丁即位。武丁打开成汤的档案，拿出汤王那完善的法制，作为君臣上下的准则，殷代的人民就更加顺服了，近处的人都觉得愉悦，而远方的人也都纷纷归附，天下的人民也都看得清清楚楚。武丁逝世，殷代的德教受到严重的破坏，又传了九代，于是有末代子孙纣王即位。纣王不遵循先王的光明德性，反而去效法古时夏桀的行为，沉迷于美酒音乐，德性昏迷，政治紊乱。还兴建许多宫室高台，掘了酒池，把百姓当作粪土一样不在意，虐待百姓，百姓一下子变得活不下去了。于是有周昌起来领导诸侯，许多诸侯都帮助他。纣王不喜欢诸侯服从周昌，周昌就退下，讨伐无道的崇侯和许魏，仍然恭敬地服侍天子。文王最终接受了上天赋予他的使命，创立了一些配合天意的事，禁止奢侈浪费的器物，祭祀天上的日月星，接近亲族，尊敬贤人。百姓都发扬文王的教化，流传到四方荒远的地区，连边远的肃慎、北发、渠搜、氐、羌都来归顺。只要您立定志向，以前圣王政治的实现,只不过是早晚的事情。"鲁哀公说:"伟大啊! 你教我的这些政治道理。陈述五位圣王的德教,头绪多得像蚕丝一样。"孔子说:"您先别称赞我,我的话还没说完,等我说完之后,您再裁断吧。"孔子又说道:"现在有工巧的匠人,很精细的工具,有得力的帮手,把握时机,好好隐藏着,必定要藏得很周密。到了发动起来运用它,就可以知道往古,察见当今;可以用来事奉亲长,可以用来侍奉君主;可用于服务生人,又可用于纪念死者。吉凶是相对发生的,祸福也是循环相生的,能够终于反祸为福,就要靠那合于天意的大德了。"鲁哀公的表情变得很凝重,说:"真难办啊。"孔子说:"我希望您能确立您的知识,以此为标准来观察事物;把握天气的变化,利用土地的生产,来教育人们或诛杀。那些被诛杀的人,是无法教化的人。"鲁哀公说:"我照这样做,行吗?"孔子说:"只有您才能这么做。您如果认为足够了,我却还担心有不够的地方;您如果认为不足够,我却要鼓励您已经足够了。任用了前面的人,也别忘了后面的,任用了左边的人,也别忘了右边的。您既然教化了他们,哪会还有不善的人呢?"鲁哀公换了口气说:"伟大啊! 您教了我这些法制。政治的兴盛,正如树木的成长,不是一下子就可以长成的啊。"孔子说:"您知道的还不全,我的话还没有说完。凡草木的根本受到伤害,那么枝叶必定会枯萎,枝叶枯萎了就不会结果。为政的道理也是一样,君主的政治失去正道,就会影响到老百姓和牲畜谷物了。"鲁哀公说:"您所说的政治失去正道,就像夏桀商纣那样子吗?"孔子说:"不是,像夏桀商纣那样,根本就是上天夺走他们的魂魄,连一点德性都谈不上。"哀公说:"那么怎样才是政治失去正道呢?"孔子说:"所谓政治失去正道,是指国家的领土完整,人民仍然爱国,祖先的宗庙还在,水土还没有涸塞;而糟还是糟,实还是实,玉还是玉,血还是血,酒还是酒。只是君主寻欢作乐而且乐此不疲,政令由大夫来下达,这才叫作失政。这不是天意反常,而是自己反常而已。所以我说,君主不可以向臣子抒发他的情绪,君主不要将权势落在别人手里,不要将威望落在别人身上。"鲁哀公说:"很好。"

【原文】

子曰:"夫易之生,人、禽、兽、万物昆虫各有以生。或奇或偶,或飞或行,而莫知其

情。惟达道德者,能原本之矣。"天一,地二,人三。三三而九,九九八十一。一主日,日数十,故人十月而生。八九七十二,偶以承奇,奇主辰,辰主月,月主马,故马十二月而生。七九六十三,三主升①,升主狗②,狗三月而生。六九五十四,四主时,时主豕,故豕四月而生。五九四十五,五主间,音主猿,故猿五月而生。四九三十六,六主律,律主禽鹿,故禽鹿六月而生也。三九二十七,主③星,星主虎,故虎七月而生。二九十八,八主风,风之④虫,故虫八月化也。其余各以其类也。鸟鱼皆生于阴而属于阳,故鸟鱼皆卵;鱼游于水,鸟飞于云。故冬燕雀入于海,化而为蚧。万物之性各异类:故蚕食而不饮,蝉饮而不食,蜉蝣不饮不食,介鳞夏食冬蛰。齩蚕⑤者八窍而卵生,咀嚼者九窍而胎生。四足者无羽翼,戴角者无上齿。无角者膏而无前齿,有羽者脂而无后齿。昼生者类父,夜生者类母。凡地:东西为纬,南北为经。山为积德,川为积刑。高者为生,下者为死。丘陵为牡,溪谷为牝。蚌蛤龟珠,与月盛虚。是故坚土之人肥,虚土之人大,沙土之人细,息土之人美,耗土之人丑。是故食水者善游能⑥寒,食土者无心而不息,食木者多力而拂,食草者善走而愚,食桑者有丝而蛾,食肉者勇敢而捍⑦,食谷者智惠而巧,食气者神明而寿,不食者不死而神。故曰:有羽之虫三百六十,而凤凰为之长;是有毛之虫三百六十,而麒麟为之长;有甲之虫三百六十,而神龟为之长;有鳞之虫三百六十,而蛟龙为之长;倮之虫三百六十,而圣人为之长。此乾坤之美类,禽兽万物之数也。故帝王好坏巢破卵,则凤凰不翔焉;好竭水搏鱼,则蛟龙不出⑧焉;好刳胎杀夭,则麒麟不来焉;好填溪塞谷,则神龟不出焉。故王者动必以道。静必以理;动不以道,静不以理,则自夭而不寿,訞孽⑨数起,神灵不见,风雨不时,暴风水旱并兴,人民夭死,五谷不滋,六畜不蕃息。[大戴礼记·易本命]

【注释】

①升升斗斗之讹。

②"狗"下宋本脱"故"字。

③"主"上同上脱"七"字。

④之，主之讹。

⑤蚕，吞之讹。

⑥能读为耐。

⑦捍，丁校改悍。

⑧出，高安本作至。

⑨孽，卢本作孽。

【释义】

孔子说："阴阳互易导致生生不息，人类、禽、兽、万物昆虫各有他们生长的道理。或者是奇，或者是偶，或者是飞，或者是走，很难明白其中的原因。只有懂得自然的大道，才能研究出这些道理的本源。"宇宙的生成首先有天，然后有了地，然后有了人，人和天地相配而为三。以三自乘，得出数字的极限"九"，以极限的九自乘而得八十一。一代表太阳，太阳又统摄了十天干，所以人恰好怀胎十月而诞生。以八乘九是七十二，所得的尾数是二，二是偶数，偶数是跟着奇数而来的，而时辰正好是东南西北各三，是奇数，所以奇数主导时辰，而时辰有十二个，月份也有十二个，因此时辰主导月，月主导马，因此马是怀胎十二月而诞生。以七乘九是六十三，而斗星有三部分，应了三的尾数，且斗星正好指着戌方，而戌就是狗，因此狗是怀胎三月而诞生的。以六乘九是五十四，一年正好有春、夏、秋、冬四时，应了四的尾数，而猪最能感觉季节变化的，所以猪是怀胎四月而生的。以五乘九是四十五，而全音阶正好有五等，应了五的尾数，而猿又是最善于啼叫的动物，所以猿是怀胎五月而生的。以四乘九是三十六，而乐律正好有六阳律，应了六的尾数，乐律随节气而变化，鹿角也是如此，所以麋鹿是怀胎六月而生的。以三乘九是二十七，天上的二十八星宿是平均分在四方，各方正好七星，应了七的尾数，而虎纹斑斓，恰如星光，所以老虎是怀胎七月而生的。以二乘九是十八，风有八种，应了八的尾数，而昆虫是受空气而孵化的，所以昆虫从产卵到孵化正好是八个月。其余动物也分别受各种自然现象的支配。鸟和鱼都是生于阴，而长于阳的，因此鸟和鱼都是卵生。而鱼孵化后却游于水中，鸟则飞翔于云上。由于它们禀性类似，所以燕雀在冬天就飞进海里，变成和鱼一样生存于水中的蛤蜊。万物的性质形成不同的类别，因此蚕只是吃而不会喝，蝉只是喝而不会吃，蜉蝣却不吃不喝，有壳或长鳞甲的动物是夏天才吃食而冬天则蛰伏不动。用喙啄了囫囵吞的禽类只有八个孔窍而是卵生的，咀嚼了咽下去的兽类却有九个孔窍，而且都是胎生的。有四条腿的走兽没有翅膀，头上长了角的就没有锐利的牙齿。没有角的走兽都肥腴，没有发达的门牙，长了角的走兽肥肉少些，没有发达的犬齿。白天生的孩子像父亲，夜里生的像母亲。地理的划分：由东到西的横线叫纬，从南到北的纵线叫经。山岭是阳，积恩德，河川是阴，含刑罚。高地仿佛充满了生机，而低处像有死亡的危险。丘陵象征着雄性，溪谷象征着雌性。蚌蛤龟珠都属阴，所以随着月的盈亏而充满或虚空。所以生长在坚实土地上的人肥壮，生长在高地上的人高大，生长在沙土上的人瘦小，生长在肥沃土地上的人美丽，生长在粗劣土地上的人丑陋。因此吃水的动物善于游泳且耐寒，吃土的动物没有脑袋且不呼吸，吃树木的动物力气大且脾气暴躁，吃草的动物跑得快但愚昧，吃桑叶的动物会吐丝并会蜕变成蛾，吃肉的动物勇敢而强悍，吃五谷的动物有知识有爱心，且很灵巧，吃气的人精神奕奕且长寿，什么都不吃的就长生不老，变成神了。所以说，长着羽毛的动物有三百六十种，而以凤凰为领袖；长着毛发的动物有三百六十种，而以麒麟为领袖；长着甲壳的动物有三百六十种，而以神龟为领袖；长着鳞片的动物有三百六十种，而以蛟龙为领袖；光着身子的动物也有三百六十种，而以圣人做它们的领袖。这些都是天地的杰作，全部动物的总领。所以如果帝王喜欢拆散鸟巢，打破鸟蛋，那么凤凰就不会在天空飞翔了；喜欢放干水来捉鱼，那么蛟龙就不会出现了；喜欢残杀怀孕的兽类取出胎儿，或残杀幼小的兽类，那么麒麟就不会前来了；喜欢填塞溪谷，那么神龟就不会出现了。所以天子行动的时候，一定要守天道。静思的时候，一定要思索事理，如果行动不守天道，静思不思考事理，那么本身固然会短命，而且各种亡国的凶兆也会时常发生，神灵不显灵了，风雨不在合适的节气来到了，暴风、水灾、旱灾同时发作，人们都短命而死，五谷不生长，六畜不繁殖了。

【原文】

孔子受业而有疑，捧手问之，不当避席。[《孔子三朝记》文选东都赋注引]

【释义】

孔子学习时有所疑问，恭敬地拱手问老师，并离开座位。

【原文】

春王正月，戊申，宋督弑其君与夷及其大夫孔父。[春秋·桓公二年]

【释义】

春天，周历的正月，戊申这天，宋国的华父督杀了宋殇公、与夷以及大夫孔父嘉。

【原文】

宋杀其大[1]夫。[春秋·僖公二十五年]

【注释】

[1]《谷梁传》云：其不称名姓，以其在祖之位尊之也。○孔子之祖也。

【释义】

宋国杀了它的大夫。

【原文】

夏四月己丑，孔丘卒。[春秋续经·哀公十六年，左氏传所载]

【释义】

夏季,四月十一日,孔丘死了。

【原文】

宋穆公疾,召大司马孔父而属殇公焉。[左氏传·隐公三年]

【释义】

宋穆公病重了,召见大司马孔父而把殇公托给他。

【原文】

宋华父督见孔父之妻于路,目逆而送之,曰:"美而艳。"[左氏传·桓公元年]

【释义】

宋国的华父督在路上看到孔父的妻子,看着她从对面走过来,又回头目送她离开,说:"既美丽又动人。"

【原文】

春,宋督攻孔氏,杀孔父而取其妻。公怒,督惧,遂弑殇公。(中略)宋殇公立,十年十一战,民不堪命。孔父嘉为司马,督为大宰,故因民之不堪命,先宣言曰:"司马则然。"已杀孔父而弑殇公。[左氏传·桓公二年]

【释义】

二年春天,宋卿华父督攻打孔氏,杀死了孔父而霸占了他的妻子。宋殇公大怒,华父督害怕了,就把殇公也杀了。宋殇公即位以后,十年内发动了十一次战争,百姓苦不堪言。孔父嘉做了司马,华父督做太宰。华父督由于百姓不能忍受,就先宣传说:"这都是司马所造成的。"不久就杀了孔父和殇公。

【原文】

冬,会于温。(中略)此会也,晋侯召王,以诸侯见,且使王狩。仲尼曰:"以臣召君,不可以训。故书曰:天王狩于河阳。"[左氏传·僖公二十八年]

【释义】

冬季,僖公和其他人在温地会见。这次会见,晋文公请周襄王前来,并且带领诸侯朝见他,又让周襄王打猎。孔子说:"以臣下的身份请君主,是不能作为榜样的。"所以书上记载说:天王狩于河阳。

【原文】

仲尼曰:"臧文仲,其不仁者三,不知者三。下展禽,废六关,妾织蒲,三不仁也。作虚器,纵逆祀,祀爰居,三不知也。"[左氏传·文公二年]

【释义】

孔子说:"臧文仲,不仁爱的事情有三件,不聪明的事情有三件。使展禽居于下位,设立六个关口,小妾织席贩卖,这是三件不仁爱的事情。迷信卜卦,纵容不当的祭祀,祭祀爰居,这是三件不聪明的事情。"

【原文】

晋灵公不君。(中略)宣子骤谏。公患之,使锄麑贼之。晨往,盛门闭矣。盛服将朝,尚早,坐而假寐。麑退,叹而言曰:"不忘恭敬,民之主也。贼民之主,不忠;弃君之命,不信。有一于此,不如死也。"触槐而死。秋九月,晋侯饮赵盾酒,伏甲,将攻之。

其右提弥明知之,趋登,曰:"臣侍君宴,过三爵,非礼也。"遂扶以下。公嗾夫獒焉,明搏而杀之。盾曰:"弃人用犬,虽猛何为?"斗且出。提弥明死之。(中略)乙丑,赵穿攻灵公于桃园。宣子未出山而复。太史书曰:"赵盾弑其君。"以示于朝。宣子曰:"不然。"对曰:"子为正卿,亡不越竟,反不讨贼,非子而谁?"宣子曰:"乌呼!'我之怀矣,自诒伊戚',其我之谓矣!"孔子曰:"董狐,古之良史也,书法不隐。赵宣子,古之良大夫也,为法受恶。惜也,越竟乃免。"[左氏传·宣公二年]

【释义】

晋灵公做事不符合为君之道。赵盾屡次进谏。晋灵公很讨厌他,派鉏麑去暗杀他。一天早晨,赵盾的室门已经打开了,他穿戴整齐准备上朝。因为时间还早,赵盾正坐着打瞌睡。鉏麑退出来,感叹地说:"不忘记恭敬,真是百姓的主人。刺杀百姓的主人,就是不忠;放弃国君的使命,就是不信。两件事情有了一件,就不如死了好了。"于是他撞在槐树上死了。秋季,九月,晋灵公请赵盾喝酒,埋伏了甲士,准备杀死赵盾。赵盾的车右提弥明察觉了,快步登上殿堂,说:"臣下侍奉国君饮酒,超过三杯,就不合礼了。"于是扶着赵盾下殿堂。晋灵公让恶狗扑过去,提弥明上前搏斗,把狗杀了。赵盾说:"不用人而用狗,虽然凶猛,又有什么用?"赵盾一边搏斗一边退了出去,提弥明被伏兵杀死。九月二十六日,赵穿在桃园杀死了晋灵公。赵盾没有走出晋国国境就回来再度做官。太史记载说:"赵盾弑其君。"在朝廷上公布。赵盾说:"不是这样的。"太史回答说:"您是正卿,逃亡而没有离开国境,回来不惩罚凶手,弑君的人不是你,那是谁?"赵盾说:"哎呀!'因为我的怀恋,给自己带来了忧患。'恐怕说的就是我了。"孔子说:"董狐,是古代的好史官,据事直书而不加隐讳。赵宣子,是古代的好大夫,因为法而蒙受恶名。太可惜了,要是走出了国境,就可以避免背上弑君的罪名了。"

【原文】

陈灵公与孔宁、仪行父通于夏姬,皆衷其衵服以戏于朝。泄冶谏曰:"公卿宣淫,民无效焉,且闻不令,君其纳之。"公曰:"吾能改矣。"公告二子,二子请杀之。公弗禁,遂杀泄冶。孔子曰:"《诗》云:'民之多辟,无自立辟。'其泄冶之谓乎。"[左氏传·宣公九年]

【释义】

陈灵公和孔宁、仪行父与夏姬通奸,都把夏姬的汗衣贴身穿着,而且在朝廷上开玩笑。泄冶进谏说:"国君和卿宣扬淫乱,百姓就无所效法,而且名声不好。国君还是把那件衣服收起来吧!"陈灵公说:"我能够改过。"陈灵公把泄冶的话告诉孔宁、仪行父两个人,这两个人请求杀死泄冶,陈灵公不加阻拦,于是就杀了泄冶。孔子说:"《诗经》说:'百姓多行邪恶,就不要再去自立法度。'这说的就是泄冶吧!"

【原文】

新筑人仲叔于奚救孙桓子,桓子是以免。既,卫人赏之以邑,辞。请曲县、繁缨以朝,许之。仲尼闻之曰:"惜也,不如多与之邑。唯器与名,不可以假人,君之所司也。名以出信,信么守器,器以藏礼,礼以行义,义以生利,利以平民,政之大节也。若以假人,与人政也。政亡,则国家从之,弗可止也已。"[左氏传·成公二年]

【释义】

新筑人仲叔于奚救了孙良夫,孙良夫因此幸免于难。不久,卫国人把城邑赏给仲叔于奚。仲叔于奚辞谢,而请求得到诸侯所用的乐器,并用繁缨装饰马匹来朝见,卫君允许了。孔子听说了这件事,说:"可惜啊,还不如多给他城邑。只有器物和名号,不能假借给别人,这是国君掌握的。名号用来赋予威信,威信用来保持器物,器物用来体现礼制,礼制用来推行道义,道义用来产生利益,利益用来治理百姓,这是政权中的大节。如果把名位、礼器假借给别人,这就是把政权给了别人。失去了政权,国家也就跟着失去了,这是无法阻止的。"

【原文】

齐庆克通于声孟子,与妇人蒙衣乘辇而入于闳。鲍牵见之,以告国武子,武子召庆克而谓之。庆克久不出,而告夫人曰:"国子谪我!"夫人怒。国子相灵公以会,高、鲍处守。及还,将至,闭门而索客。孟子诉之曰:"高、鲍将不纳君,而立公子角。国子知之。"秋七月壬寅,刖鲍牵而逐高无咎。(中略)仲尼曰:"鲍庄子之知不如葵,葵犹能卫其足。"[左氏传·成公十七年]

【释义】

齐国的庆克和声孟子私通,穿着女人衣服和女人一起坐辇进入宫中的夹道门,鲍牵见了,报告了国武子。武子把庆克招来告诉他。庆克躲在家里很久不出门,报告声孟子说:"国子责备我。"声孟子于是发怒了。国武子作为齐灵公的相礼参加会见,高无咎、鲍牵留守。等到回国,将要到达的时候,关闭城门,检查旅客。声孟子诬陷说:"高、鲍两人打算不接纳国君而立公子角,国子参与了这件事。"秋季,七月十三日,砍去了鲍牵的双脚,并驱逐了高无咎。孔子说:"鲍牵的聪明不如葵菜,葵菜还能保护自己的脚。"

【原文】

逼阳人启门,诸侯之士门焉。县门发,耶人纥抉之,以出门者。[左氏传·襄公十年]

【释义】

逼阳人打开城门,诸侯的将士乘机进攻。内城的人把闸门放下,耶县长官纥双手举门,把进攻城里的士兵放出来。

【原文】

孟献子以秦堇父为右,生秦丕兹,事仲尼。[左氏传·襄公十年]

【释义】

孟献子让秦堇父做车右。秦堇父生了秦丕兹,拜孔子为师。

【原文】

高厚围臧纥于防。师自阳关逆臧孙,至于旅松。耶叔纥、臧畴、臧贾帅甲三百,宵犯齐师,送之而复。[左氏传·襄公十七年]

【释义】

高厚把臧纥包围住了。军队从阳关出发,迎接臧纥,到达旅松。耶叔纥、臧畴、臧贾率领甲兵三百人,夜袭齐军,把臧纥送到旅松然后返回。

【原文】

仲尼曰:“知之难也。有臧武仲之知,而不容于鲁国,抑有由也。作不顺而施不恕也。《夏书》曰:‘念兹在兹。’顺事、恕施也。”[左氏传·襄公二十三年]

【释义】

孔子说:“聪明是很难的。像臧武仲那么聪明,而不能为鲁国所容纳,这是有原因的。因为他的所作所为不顺于事理,而所施不合于恕道。《夏书》说:‘想着这个,一心在干这个。’这就是顺于事理,合于恕道啊。”

【原文】

郑子展、子产帅车七百乘伐陈,宵突陈城,遂入之。(中略)郑子产献捷于晋,戎服将事,晋人问陈之罪。对曰:"昔虞关父为周陶正,以服事我先王。我先王赖其利器用也,与其神明之后也,庸以元女大姬配胡公,而封诸陈,以备三恪。则我周之自出,至于今是赖。桓公之乱,蔡人欲立其出,我先君庄公奉五父而立之,蔡人杀之。我又与蔡人奉戴厉公,至于庄、宣,皆我之自立。夏氏之乱,成公播荡,又我之自入,君所知也。今陈忘周之大德,蔑我大惠,弃我姻亲,介恃楚众,以冯陵我敝邑,不可亿逞。我是以有往年之告,未获成命,则又有我东门之役。当陈隧者,井堙木刊。敝邑大惧不竞,而耻大姬。天诱其衷,启敝邑之心。陈知其罪,授手于我。用敢献功!"晋人曰:"何故侵小?"对曰:"先王之命,唯罪所在,各致其辟。且昔天子之地一圻,列国一同,自是以衰。今大国多数圻矣!若无侵小,何以至焉?"晋人曰:"何故戎服?"对曰:"我先君武、庄,为平、桓卿士。城濮之役,文公布命,曰:'各复旧职!'命我文公戎服辅王,以授楚捷,不敢废王命故也。"士庄伯不能诘,复于赵文子。文子曰:"其辞顺,犯顺不祥。"乃受之。(中略)仲尼曰:"《志》有之:'言以足志,文以足言。'不言,谁知其志?言之无文;行而不远。晋为伯,郑入陈,非文辞不为功。慎辞也!"[左氏传·襄公二十五年]

【释义】

郑国的子展、子产率领七百辆战车攻打陈国,夜里发动攻击,就进了城。郑国的子产向晋国奉献战利品,穿着军装主持事务。晋国人质问陈国的罪过,子产回答说:"从前虞父做周朝的陶正,服侍我们先王。我们先王因为他能制作器物,于人有利,并且是虞舜的后代,就把大女儿太姬匹配给胡公,封他在陈地,以表示对黄帝、尧、舜后代的敬意。所以陈国是我周朝的后代,到今天还依靠着周朝。陈桓公死后发生动乱,蔡国人想立他们的后代,我们先君庄公侍奉五父而立了他,蔡国人杀死了五父。我们又和蔡国人侍奉厉公,至于庄公、宣公,都是我们所立的。夏氏的祸乱导致灵公死亡,成公流离失所,又是我们让他回国的,这是君王知道的。现在陈国忘记了周朝的大德,丢弃了我们的大恩,抛弃我们这个亲戚,倚仗楚国人多,以进逼我们敝邑,而且并不满足,我国因此而有去年请求攻打陈国的报告。没有得到贵国的命令,反倒有了陈国进攻我国东门的那次战役。在陈军经过的路上,水井被填塞,树木被砍伐。敝邑非常害怕敌兵压境,给太姬带来羞耻,上天诱导我们的心,启发了敝邑攻打陈国的念头。陈国知道自己的罪过,在我们这里得到惩罚。因此我们敢于奉献俘虏。"晋国人说:"为什么侵犯小国?"子产回答说:"先王的命令,只要是罪过所在,就要分别给予刑罚。而且从前天子的土地方圆一千里,诸侯的土地方圆一百里,以此递减。现在大国的土地多到方圆几千里,如果没有侵占小国,怎么能到这种地步呢?"晋国人说:"为什么穿上军服?"子产回答说:"我们先君武公、庄公做周平王、周桓王的卿士。城濮这一役后,晋文公发布命令,说:'各人恢复原来的职务。'命令我郑文公穿军服辅佐天子,以接受楚国俘虏献给天子,现在我穿着军服,这是因为不敢废弃天子命令的缘故。"士庄伯已经不能再质问,于是向赵文子回复。赵文子说:"他的言辞顺理成章,违背了情理不吉利。"于是就接受郑国奉献的战利品。孔子说:"《志》上说:'言语用来完成意愿,文采用来完成言语。'不说话,谁知道他的意愿是什么?说话没有文采,不能到达远方。晋国成为霸主,郑国进入陈国,不是善于辞令就不能成功。要谨慎地使用辞令啊!"

【原文】

六月丁未朔,宋人享赵文子,叔向为介。司马置折俎,礼也。仲尼使举是礼也,以为多文辞。[左氏传·襄公二十七年]

【释义】

六月初一,宋国人设享礼招待赵文子,叔向作为副手。司马把煮熟的牲畜切成块,放在盘子里,这是礼节。以后孔子看到了这次礼仪的记载,认为文辞太多。

【原文】

郑人游于乡校,以论执政。然明谓子产曰:"毁乡校,何如?"子产曰:"何为?夫人朝夕退而游焉,以议执政之善否。其所善者,吾则行之;其所恶者,吾则改之。是吾师也,若之何毁之? 我闻忠善以损怨,不闻作威以防怨。岂不遽止? 然犹防川,大决所犯,伤人必多,吾不克救也。不如小决使道,不如吾闻而药之也。"然明曰:"蔑也今而后知吾子之信可事也,小人实不才。若果行此,其郑国实赖之,岂唯二三臣?"仲尼闻是语也,曰:"以是观之,人谓子产不仁,吾不信也。"[左氏传·襄公三十一年]

【释义】

郑国人到乡校休闲聚会,议论政策的好坏。郑国大夫然明对子产说:"把乡校毁了,怎么样?"子产说:"为什么要毁掉? 人们早晚干完活儿到这里聚一下,议论一下政策的好坏。他们喜欢的,我们就推行;他们讨厌的,我们就改正。这是我们的老师,为什么要毁掉它呢? 我听说尽力做好事以减少怨恨,没听说过依仗权势来防止怨恨。难道很快制止这些议论不容易吗? 然而那样做就像堵塞河流一样,河水大决口造成的损害,伤害的人必然很多,我是挽救不了的。不如开个小口泄洪,听取这些议论后把它当作治病的良药。"然明说:"我从现在起才知道您确实可以成大事,小人确实没有才能。如果真的这样做,恐怕郑国真的就有了依靠,岂止是有利于我们这些臣子?"孔子听到了这番话后说:"照这些话看来,人们说子产不仁,我不相信。"

【原文】

(竖)牛立昭子而相之。(中略)昭子即位,朝其家众,曰:"竖牛祸叔孙氏,使乱大从,杀适立庶,又披其邑,将以赦罪,罪莫大焉。必速杀之。"竖牛惧,奔齐。孟、仲之子杀诸塞关之外,投其首于宁风之棘上。仲尼曰:"叔孙昭子之不劳,不可能也。周任有言曰:'为政者不赏私劳,不罚私怨。'《诗》云:'有觉德行,四国顺之。'"[左氏传·昭公四年及五年]

【释义】

竖牛立了昭子并辅佐他。昭子即位,召集家族上下人等来朝见,说:"竖牛给叔孙氏造成祸乱，搅乱了正常的秩序，杀死嫡子立庶子，又分裂封邑，将要以此逃避罪责，罪过没有比这再大的了。一定要赶紧杀死他！"竖牛害怕了，出奔齐国。孟丙、仲壬的儿子把他杀死在塞关之外，把脑袋扔在宁风的荆棘上。孔子说："叔孙昭子不酬劳竖牛，这是一般人做不到的。周任有话说：'掌握政权的人不赏赐对于私人的功劳，不惩罚个人的怨恨。'《诗经》说：'具有正直的德行，四方的国家都来归顺。'"

【原文】

孟僖子病不能相礼，乃讲学之，苟能礼者从之。及其将死也，召其大夫，曰："礼，人之干也。无礼，无以立。吾闻将有达者曰孔丘，圣人之后也，而灭于宋。其祖弗父何以有宋而授厉公。及正考父，佐戴、武、宣，三命兹益共，故其鼎铭云：'一命而偻，再命而伛，三命而俯，循墙而走，亦莫余敢侮。饘于是，鬻于是，以糊余口。'其共也如是。臧孙纥有言曰：'圣人有明德者，若不当世，其后必有达人。'今其将在孔丘乎？我若获没，必属说与何忌于夫子，使事之，而学礼焉，以定其位。故孟懿子与南宫敬叔师事仲尼。仲尼曰：'能补过者，君子也。'《诗》曰：'君子是则是效。'孟僖子可则效已矣。"〔左氏传·昭公七年〕

【释义】

孟僖子不满意自己对礼仪不熟悉，就学习礼仪，如果有精通礼仪的人就跟他学习。等到临死的时候，他召集手下的大夫，说："礼仪，是做人的根本。没有礼仪，就不能自立。我听说有一个将要得志的人叫孔丘，是聪明人的后代，而他的家族却在宋国灭亡了。他的祖先弗父何本来应当据有宋国，但让给了宋厉公。到了正考父，辅佐戴公、武公、宣公，三命而做了上卿就更加恭敬了，所以他的鼎铭说：'一命低头，二命弯身，三命把腰深深弯下，沿着墙赶快走，也没有人敢把我欺侮。稠粥在这里，稀粥也在这里，用来糊住我的口。'他的恭敬就像这样。臧孙纥有话说：'聪明人里具有明德的人，如果不能做国君，他的后代必然有显贵的。'现在恐怕会在孔丘身上吧！我如得以善终，一定把说和何忌托付给他老人家，让他们侍奉他而学习礼仪，以稳定他们的地位。"所以孟懿子和南宫敬叔把孔子作为老师来事奉。孔子说："能够弥补过错的，就是君子啊。《诗经》说，'要取法仿效君子'。孟僖子可以学习仿效了。"

【原文】

楚子狩于州来，次于颍尾，使荡侯、潘子、司马督、嚣尹午、陵尹喜帅师围徐以惧吴。楚子次于乾溪，以为之援。雨雪，王皮冠，秦复陶，翠被，豹舄，执鞭以出，仆析父从。右尹子革夕，王见之，去冠、被、舍鞭，与之语曰："昔我先王熊绎，与吕级、王孙牟、燮父、禽父并事康王，四国皆有分，我独无有。今吾使人于周，求鼎以为分，王其与我乎？"对曰："与君王哉！昔我先王熊绎，辟在荆山，筚路蓝缕，以处草莽。跋涉山林，以事天子。唯是桃弧、棘矢，以共御王事。齐，王舅也。晋及鲁、卫，王母弟也。楚是以无分，而彼皆有。今周与四国服事君王，将唯命是从，岂其爱鼎？"王曰："昔我皇祖伯父昆吾，旧许是宅。今郑人贪赖其田，而不我与。我若求之，其与我乎？"对曰："与君王哉！周不爱鼎，郑敢爱田？"王曰："昔诸侯远我而畏晋，今我大城陈、蔡不羹、赋皆千乘，子与有劳焉。诸侯其畏我乎？"对曰："畏君王哉！是四①国者，专足畏也，又加之以楚，敢不畏君王哉！"工尹路请曰："君王命剥圭以为鏚柲，敢请命。"王入视之。析父谓子革："吾子，楚国之望也！今与王言如响，国其若之何？"子革曰："摩厉以须，王出，吾刃将斩矣。"王出，复语。左史倚相趋过。王曰："是良史也，子善视之。是能读《三坟》《五典》《八索》《九丘》。"对曰："臣尝问焉。昔穆王欲肆其心，周行天下，将皆必有车辙马迹焉。祭公谋父作《祈招》之诗，以止王心，王是以获没于祗宫。臣问其诗而不知也。若问远焉，其焉能知之？"王曰："子能乎？"对曰："能。其诗曰：'祈招之愔愔，式昭德音。思我王度，式如玉，式如金。形民之力，而无醉饱之心。'"王揖而入，馈不食，寝不寐，数日，不能自克，以及于难。仲尼曰："古也有志：'克己复礼，仁也。'信善哉！楚灵王若能如是，岂其辱于乾溪？"〔左氏传·昭公十二年〕①孔疏云：四当为三。

一二四六

【释义】

楚灵王在州来打猎，驻扎在颍尾，派荡侯、潘子、司马督、嚣尹午、陵尹喜带兵包围徐国，以威胁吴国。楚灵王驻扎在乾溪，作为他们的后援。下雪了，楚灵王戴着皮帽子，穿着秦国的羽衣，披着翠羽披肩，脚穿豹皮鞋，手拿着鞭子走了出来，仆析父作为随从。右尹子革晚上去朝见，楚王接见了他，脱去帽子、披肩，放下鞭子，对他说："从前我们先王熊绎，和吕级、王孙牟、燮父、禽父一起事奉康王，齐、晋、鲁、卫四国都分赐了宝器，唯独我国没有。现在我派人到周，请求赏赐鼎，周天子会给我吗？"子革回答说："会给君王的啊！从前我们先王熊绎住在荆山僻处，乘柴车、穿破衣，以开辟丛生的杂草，跋山涉水以事奉天子，只能用桃木弓、枣木箭作为进贡。齐国，是天子的舅父。晋国和鲁国、卫国，是天子的同胞兄弟。楚国因此没有得到赏赐，而他们却有。现在是周朝和四国侍奉君王了，将会都听您的命令，难道还爱惜鼎吗？"楚灵王说："以前我的皇祖伯父昆吾，居住在旧许，现在郑国人贪利这里的土地，而不给我们。我们如果求取，他会给我们吗？"子革回答说："会给君王的啊！周朝不爱惜鼎，郑国还敢爱惜土地？"楚灵王说："从前诸侯认为我国偏僻而害怕晋国，现在我们修筑陈国、蔡国两个不羹城，每地都有战车一千辆，这你是有功劳的。诸侯会害怕我们吗？"子革回答说："害怕君王啊！光是这四个城邑，就足够使人害怕了，再加上楚国全国的力量，岂敢不怕君王呢？"工尹路请求说："君王命令破开圭玉以装饰斧柄，谨请发布命令。"楚灵王走进去察看。析父对子革说："您是楚国有名望的人。现在和君王说话，对答好像回声一样，国家将怎么办呢？"子革说："我磨快了刀刃等着，君王出来后，我的刀刃就将砍下去了。"楚灵王出来后，又和子革说话。左史倚相快步走过，楚灵王说："这个人是好史官，您要好好对待他，这个人能够读《三坟》《五典》《八索》《九丘》。"子革回答说："我曾经问过他。从前周穆王想要放纵自己的私心，周游天下，想要让天下到处都有他的车辙马迹。祭公谋父作了《祈招》这首诗来阻止穆王的私心，穆王因此得以善终于祗宫。下臣问他这首诗，他都不知道。如果问更远的事情，他哪里能知道？"楚灵王说："你能知道吗？"子革回答说："能。这首诗说：'祈招安祥和悦，表现有德者的声音。想起我们君王的风度，样子好像玉好像金。保存百姓的力量，而自己没有醉饱之心。'"楚灵王向子革作揖，便走了进去，送上饭来不吃，睡觉睡不着，有好几天，不能克制自己，所以终于遇上了祸难。孔子说："古时候有话说：'克制自己回到礼仪上，这就是仁。'真是说得好啊！楚灵王如果能够这样，难道还会在乾溪受到羞辱？"

【原文】

（八月）同盟乎平丘，（中略）令诸侯日中造于除。癸酉，退朝。子产命外仆速张于除，子大叔止之，使待明日。及夕，子产闻其未张也，使速往，乃无所张矣。及盟，子产争承，曰："昔天子班贡，轻重以列，列尊贡重，周之制也。卑而贡重者，甸服也。郑伯，男也，而使从公侯之贡，惧弗给也，敢以为请。诸侯靖兵，好以为事。行理之命，无月不至，贡之无艺，小国有阙，所以得罪也。诸侯修盟，存小国也。贡献无极，亡可待也。存亡之制，将在今矣。"自日中以争，至于昏，晋人许之。既盟，子大叔咎之曰："诸侯若讨，其可渎乎？"子产曰："晋政多门，贰偷之不暇，何暇讨？国不竟亦陵，何国之为？"（中略）仲尼谓："子产于是行也，足以为国基矣。《诗》曰：'乐只君子，邦家之基。'子产，君子之求乐者也。"且曰："合诸侯，艺贡事，礼也。"[左氏传·昭公十三年]

【释义】

八月，在平丘结成同盟。命令诸侯在中午到达盟会地点。初六，朝见晋国完毕。子产命令外仆赶紧在盟会的地方搭起帐篷，子太叔阻拦仆人，让他们等到第二天再搭。到晚上，子产听说他们还没有搭起帐篷，就派他们赶紧去，到那里已经没有地方可以搭帐篷了。等到结盟的时候，子产争论进贡物品的轻重次序，说："从前天子确定进贡物品的次序，是根据地位排列的。地位尊贵，贡赋就重，这是周朝的制度，地位低下而贡赋重的，这是距天子近的小国。郑伯，是男服。让我们按照公侯的贡赋标准，恐怕不能足数供应，竟敢以此作为请求。诸侯之间应当休息甲兵，友好行事。使者催问贡税的命令，没有一个月不来到。贡赋没有限度，小国不能满足要求而有所缺少，这就是得罪的原因。诸侯重温旧盟，这是为了使小国得以生存。贡赋没有限制，灭亡的日子将会马上到来。决定存亡的规定，就在今天了。"从中午开始争论，直到晚上，晋国人同意了。结盟以后，子太叔责备子产说："诸侯如果来讨伐，难道可以轻易地对待吗？"子产说："晋国的政事出于很多家族，他们不能一心一意，苟且偷安还来不及，哪里来得及讨伐别人？国家不和别国竞争，也就会遭到欺凌，还成个什么国家？"孔子说："子产在这次盟会中，足以成为国家的柱石了。《诗经》说：'君子欢乐，他是国家和家族的柱石。'子产是君子中追求欢乐的人。"又说："会合诸侯，制定贡赋的限度，这就是礼。"

【原文】

仲尼曰："叔向，古之遗直也。治国制刑，不隐于亲，三数叔鱼之恶，不为末减。曰义也夫，可谓直矣。平丘之会，数其贿也，以宽卫国，晋不为暴。归鲁季孙，称其诈也，以宽鲁国，晋不为虐。邢侯之狱，言其贪也，以正刑书，晋不为颇。三言而除三恶，加三利，杀亲益荣，犹义也夫！"［左氏传·昭公十四年］

【释义】

孔子说："叔向，有着古代流传下来的正直作风。治理国家大事使用刑罚，不包庇亲人，三次指出叔鱼的罪恶，不给他减轻。做事合于道义，可以说得上是正直。平丘的盟会，责备他贪财，以宽免卫国，晋国就做到了不凶暴。让鲁国季孙回去，称道他的欺诈，以宽免鲁国，晋国就做到了不凌虐。邢侯这次案件，说明他的贪婪，以执行法律，晋国就做到了不偏颇。三次说话而除掉三次罪恶，增加三种利益。杀死了亲人而名声更加显著，这也是合乎道义的吧！"

【原文】

秋，郯子来朝，公与之宴。昭子问焉，曰："少暤氏鸟名官，何故也？"郯子曰："吾祖也，我知之。昔者黄帝氏以云纪，故为云师而云名；炎帝氏以火纪，故为火师而火名；工氏以水纪，故为水师而水名；大嗥氏以龙纪，故为龙师而龙名。我高祖少嗥挚之立也，凤鸟适至，故纪于鸟，为鸟师而鸟名。凤鸟氏，历正也。玄鸟氏，司分者也；伯赵氏，司至者也；青鸟氏，司启者也；丹鸟氏，司闭者也；祝鸠氏，司徒也；鸣鸠氏，司马也；鸤鸠氏，司空也；爽鸠氏，司寇也；鹘鸠氏，司事也。五鸠，鸠民者也。五雉，为五工正，利器用、正度量，夷民者也。九扈为九农正，扈民无淫者也。自颛顼以来，不能纪远，乃纪于近，为民师而命以民事，则不能故也。"仲尼闻之，见于郯子而学之。既而告人曰："吾闻之：'天子失官，学在四夷。'犹信。"〔左氏传·昭公十七年〕

【释义】

秋季，郯子来鲁国朝见，昭公为他举办宴席。昭子询问他，说："少雎氏用鸟名作为官名，这是什么原因？"郯子说："他是我的祖先，我知道。从前黄帝氏用云记事，所以设置各部门长官都用云字命名。炎帝氏用火记事，所以设置各部门长官都用火字命名。共工氏用水记事，所以设置各部门长官都用水字命名。太皞氏用龙记事，所以设置各部门长官都用龙来命名。我的高祖少嗥挚即位的时候，凤鸟正好来到，所以就从鸟开始记事，设置各部门长官都用鸟来命名。凤鸟氏，就是掌管天文历法的官；玄鸟氏，就是掌管春分、秋分的官；伯赵氏，是掌管夏至、冬至的官；青鸟氏，是掌管立春、立夏的官；丹鸟氏，是掌管立秋、立冬的官；祝鸠氏，就是司徒；鸣鸠氏，就是司马；鸤鸠氏，就是司空；爽鸠氏，就是司寇；鹘鸠氏，就是司事。这五鸠，是鸠聚百姓的。五雉是五种管理手工业的官，是改善器物用具、统一尺度容量、让百姓得到平均的。九扈是九种管理农业的官，是制止百姓不让他们放纵的。自从颛顼以来，不能记述远古的事情，就从近古开始记述，做百姓的长官而用百姓的事情来命名，那已经是不能照过去办理了。"孔子听到这件事，进见郯子并向他学习古代官制。不久以后告诉别人说："我听说：'在天子那里失去了古代官制，官制的学问还保存在远方的小国。'这话可以相信。"

【原文】

琴张闻宗鲁死，将往吊之。仲尼曰："齐豹之盗，而孟絷之贼，女何吊焉？君子不食奸，不受乱，不为利疚于回，不以回待人，不盖不义，不犯非礼。"［左氏传·昭公二十年］

【释义】

琴张听说宗鲁死了，准备去吊唁。孔子说："齐豹之所以成为坏人，孟絷之所以被害，都是由于他的缘故，你为什么要去吊唁呢？君子不吃坏人的俸禄，不接受动乱，不为了利而受到邪恶的侵扰，不用邪恶对待别人，不袒护不义的事情，不做出非礼的事情。"

【原文】

齐侯田于沛，招虞人以弓，不进。公使执之，辞曰："昔我先君之田也，旃以招大夫，弓以招士，皮冠以招虞人。臣不见皮冠，故不敢进。"乃舍之。仲尼曰："守道不如守官，君子韪之。"［左氏传·昭公二十年］

【释义】

齐景公在沛地打猎，用弓召唤虞人，虞人没有来。齐景公派人扣押了他，虞人辩解说："从前我们先君打猎的时候，用红旗召唤大夫，用弓召唤士，用皮冠召唤虞人。下臣没有见到皮冠，所以不敢进见。"齐景公于是就释放了虞人。孔子说："遵守道义，不如遵守官制。君子认为说得对。"

【原文】

郑子产有疾，谓子大叔曰："我死，子必为政。唯有德者能以宽服民，其次莫如猛。

夫火烈，民望而畏之，故鲜死焉。水懦弱，民狎而玩之，则多死焉。故宽难。"疾数月而卒。大叔为政，不忍猛而宽。郑国多盗，取人于萑苻之泽。大叔悔之，曰："吾早从夫子，不及此。"兴徒兵以攻萑苻之盗，尽杀之，盗少止。仲尼曰："善哉！政宽则民慢，慢则纠之以猛。猛则民残，残则施之以宽。宽以济猛，猛以济宽，政是以和。《诗》曰：'民亦劳止，汔可小康。惠此中国，以绥四方。'施之以宽也。'毋从诡随，以谨无良。式遏寇虐，惨不畏明。'纠之以猛也。'柔远能迩，以定我王。'平之以和也。又曰：'不竞不絿，不刚不柔。布政优优，百禄是遒。'和之至也。"及子产卒，仲尼闻之，出涕曰："古之遗爱也。"［左氏传·昭公二十年］

【释义】

郑国的子产生病了，对子太叔说："我死以后，你必须执政。只有有德行的人能够用宽大来使百姓服从，其次就莫如严厉。火势猛烈，百姓看着就害怕，所以很少有人死于火。水性懦弱，百姓轻视并玩弄它，很多人就死在水中。所以宽大不容易。"子产病了几个月就死去了。子太叔执政，不忍心严厉却奉行宽大政策。郑国盗贼很多，聚集在芦苇塘里。太叔后悔了，说："我早点听从他老人家的话，就不至于到这一步。"于是发动士兵攻打藏在芦苇丛生的湖泽里的盗贼，全部杀死他们，盗贼稍稍收敛了一些。孔子说："好啊！政事宽大百姓就怠慢，怠慢就要用严厉来纠正。严厉了百姓就受到伤害，伤害了就实施宽大。用宽大调节严厉，用严厉调节宽大，因此政事调和。《诗经》说，'百姓已经很辛劳，差不多可以稍稍安康。赐恩给中原各国，用以安定四方。'这是实施宽大。'不要放纵随声附和的人，以约束不良之人。应当制止侵夺残暴的人，他们从来不怕法度。'这是用严厉来纠正。'安抚边远，柔服近邦，用来安定我国王。'这是用和平来安定国家。又说：'不争强不急躁，不刚猛不柔弱。施政平和宽裕，各种福禄都聚集。'这是和谐的顶点。"等到子产死去，孔子听到这消息，流着眼泪说："他的仁爱，是古人流传下来的遗风啊。"

【原文】

秋,晋韩宣子卒,魏献子为政。分祁氏之田以为七县,分羊舌氏之田以为三县。司马弥牟为邬大夫,贾辛为祁大夫,司马乌为平陵大夫,魏戊为梗阳大夫,知徐吾为涂水大夫,韩固为马首大夫,孟丙为盂大夫,乐霄为铜鞮大夫,赵朝为平阳大夫,僚安为杨氏大夫。谓贾辛、司马乌为有力于王室,故举之。谓知徐吾、赵朝、韩固、魏戊,余子之不失职,能守业者也。其四人者,皆受县而后见于魏子,以贤举也。魏子谓成鱄:"吾与戊也县,人其以我为党乎?"对曰:"何也?戊之为人也,远不忘君,近不逼同,居利思义,在约思纯,有守心而无淫行。虽与之县,不亦可乎?"(中略)贾辛将适其县,见于魏子。魏子曰:"辛来!(中略)今女有力于王室,吾是以举女。行乎!敬之哉!毋堕乃力!"仲尼闻魏子之举也,以为义,曰:"近不失亲,远不失举,可谓义矣。"又闻其命贾辛也,以为忠:"《诗》曰:'永言配命,自求多福。'忠也。魏子之举也义,其命也忠,其长有后于晋国乎!"[左氏传·昭公二十八年]

【释义】

秋天,晋国的韩宣子死了,魏献子执政。把祁氏的土地分割为七个县,把羊舌氏的土地分割为三个县。司马弥牟做邬大夫,贾辛做祁大夫,司马乌做平陵大夫,魏戊作梗阳大夫,知徐吾做涂水大夫,韩固做马首大夫,孟丙做盂大夫,乐霄做铜鞮大夫,赵朝做平阳大夫,僚安做杨氏大夫。认为贾辛、司马乌曾经给王室出过力,所以提拔他们。认为知徐吾、赵朝、韩固、魏戊是卿的庶子中不失职、能够保守家业的人。另外四个人,都先接受县的职务然后进见魏献子,是由于贤能而加以提拔的。魏献子对成鱄说:"我把一个县给了戊,别人会认为我是偏袒吗?"成鱄回答说:"哪里会呢?戊的为人,远不忘国君,近不逼同事,处在有利的地位上想到道义,处在困难之中想到保持纯正,有保持礼义之心而没有过度的行为,即使给了他一个县,不也是可以的吗?"贾辛将要到他的县里去,进见魏献子。魏献子说:"辛,过来!现在你为王室出了力,我因此提拔你。动身吧！保持着恭敬，不要损毁了你的功劳。"孔子听到魏献子提拔的事，认为合乎道义，说："提拔近的而不失去亲族，提拔远的而不失去应当提拔的人，可以说是合乎道义了。"又听说他命令贾辛的话，认为体现了忠诚，说："《诗经》说，'永远符合于天命，自己求取各种福禄。'这是忠诚。魏子提拔合乎道义，他的命令又体现了忠诚，恐怕他的后代会在晋国长享禄位吧！"

【原文】

冬，晋赵鞅、荀寅帅师城汝滨，遂赋晋国一鼓铁，以铸刑鼎，著范宣子所为刑书焉。仲尼曰："晋其亡乎！失其度矣。夫晋国将守唐叔之所受法度，以经纬其民，卿大夫以序守之。民是以能尊其贵，贵是以能守其业。贵贱不愆，所谓度也。文公是以作执秩之官，为被庐之法，以为盟主。今弃是度也，而为刑鼎，民在鼎矣，何以尊贵？贵何业之守？贵贱无序，何以为国？且夫宣子之刑，夷之蒐也，晋国之乱制也，若之何以为法？"［左氏传·昭公二十九年］

【释义】

冬季，晋国的赵鞅、荀寅带兵在汝水岸边筑城，于是向晋国的百姓征收了四百八十斤铁，用来铸造刑鼎，在鼎上铸着范宣子所制定的刑书。孔子说："晋国恐怕要灭亡了吧！失掉法度了。晋国应该遵守唐叔传下来的法度，作为百姓的准则，卿大夫按照他们的位次来维护它，百姓才能尊敬贵人，贵人因此才能守住他们的家业。贵贱的差别没有错乱，这就是所谓的法度。文公因此设立执掌官职位次的官员，在被庐制定法律，以作为盟主。现在废弃这个法令，而铸造了刑鼎，百姓都能看到鼎上的条文，还用什么来尊敬贵人？贵人还有什么家业可守住？贵贱没有次序，还怎么治理国家？而且范宣子的刑书，是在夷地检阅时制定的，是违犯晋国旧礼的乱法，怎么能把它当成法律呢？"

【原文】

秋七月癸巳,葬昭公于墓道南。孔子之为司寇也,沟而合诸墓。[左氏传·定公元年]

【释义】

秋季,七月二十二日,在墓道南面安葬昭公。孔子做司寇的时候,在昭公坟墓外挖沟扩大墓地,使它和先公的坟墓同在一个范围内。

【原文】

阳虎(中略)逃奔宋,遂奔晋,适赵氏。仲尼曰:"赵氏其世有乱乎?"[左氏传·定公九年]

【释义】

阳虎逃亡到宋国,又逃到晋国,归顺赵氏。孔子说:"赵氏恐怕世世代代都会有祸乱吧!"

【原文】

春,及齐平。夏,公会齐侯于祝其,实夹谷。孔丘相。犁弥言于齐侯曰:"孔丘知礼而无勇,若使莱人以兵劫鲁侯,必得志焉。"齐侯从之。孔丘以公退,曰:"士,兵之!两君合好,而裔夷之俘以兵乱之,非齐君所以命诸侯也。裔不谋夏,夷不乱华,俘不干盟,兵不逼好。于神为不祥,于德为愆义,于人为失礼,君必不然。"齐侯闻之,遽辟之。将盟,齐人加于载书曰:"齐师出竟,而不以甲车三百乘从我者,有如此盟。"孔丘使兹无还揖对曰:"而不反我汶阳之田,吾以共命者,亦如之。"齐侯将享公,孔丘谓梁丘据曰:"齐、鲁之故,吾子何不闻焉? 事既成矣,而又享之,是勤执事也。且牺象不出门,嘉乐不野合。飨而既具,是弃礼也。若其不具,用秕稗也。用秕稗,君辱,弃礼,名恶,子盍图之? 夫享,所以昭德也。不昭,不如其已也。"乃不果享。齐人来归郓、欢、龟阴之田。[左氏传·定公十年]

【释义】

春季,鲁国和齐国讲和。夏季,鲁定公在祝其会见齐景公,祝其也就是夹谷。孔丘相礼。犁弥对齐景公说:"孔丘懂得礼而缺乏勇,如果派莱地人用武力劫持鲁侯,一定可以如愿以偿。"齐景公听从了。孔丘领着定公退出,说:"士兵拿起武器攻上去! 两国的国君会见友好,而边远的东夷俘虏用武力来捣乱,这不是齐君对待诸侯的态度。边远地区不能图谋中原,东夷之人不能搅乱华人,俘虏不能侵犯盟会,武力不能逼迫友好,这些对于神明来说是大不吉祥的,对于德行来说是丧失道义的,对于人们来说是丢弃礼仪的,君王必定不会这样做。"齐景公听了以后,很快就让莱地人离开了。将要盟誓时,齐国人在盟书上加了一句话说:"如果齐军出境,而鲁国不派三百辆甲车跟随我们的话,有盟誓为证!"孔丘让兹无还作揖回答说:"你们不归还我们汶阳的土地,让我们用来供应齐国的需要,也有盟誓为证!"齐景公准备设享礼招待定公。孔丘对梁丘据说:"齐国、鲁国旧有的典礼,您为什么没有听说过呢? 事情已经完成了,而又设享礼,这是麻烦执事。而且牺尊、象尊不出国门,钟磬不在野外合奏。设享礼而具备这些东西,这是不合礼仪的。如果不具备,那就像秕子、稗子一样轻微而不郑重。像秕子、稗子一样的礼节,这是君王的耻辱。不合礼仪,就名声不好,您何不考虑一下呢? 享礼,是用来宣扬德行的。如果不能宣扬的话,不如不用。"于是最终没有设享礼。齐国人前来归还郓、欢、龟阴的土地。

【原文】

仲由为季氏宰,将堕三都,于是叔孙氏堕郈。季氏将堕费,公山不狃、叔孙辄帅费人以袭鲁。公与三子入于季氏之宫,登武子之台。费人攻之,弗克。入及公侧。仲尼

命申名须、乐颀下,伐之,费人北。[左氏传·定公十二年]

【释义】

仲由做了季氏的家臣,准备毁掉三都,因此叔孙氏毁掉了邱邑。季氏准备毁摔费邑,公山不狃、叔孙辄率领费邑人袭击鲁国国都。鲁定公和季孙等三个人躲进季氏的宫室,登上武子之台。费邑人进攻,没有攻下。费邑人已经攻到了定公的附近。孔子命令申句须、乐颀下台反击,费邑人被打败了。

【原文】

春,邾隐公来朝,子贡观焉:邾子执玉高,其容仰;公受玉卑,其容俯。子贡曰:"以礼观之:二君者皆有死亡焉。夫礼,死生存亡之体也。将左右周旋、进退俯仰于是乎取之,朝、祀、丧、戎于是乎观之。今正月相朝而皆不度,心已亡矣! 嘉事不体,何以能久? 高、仰,骄也;卑、俯,替也。骄近乱,替近疾。君为主,其先亡乎!"(中略)夏,五月壬申,公薨。仲尼曰:"赐不幸言而中,是使赐多言者也。"[左氏传·定公十五年]

【释义】

春季,邾隐公来鲁国朝见。子贡观礼:邾隐公把玉高高地举着,他的脸朝上;定公把玉低低地接过来,他的脸朝下。子贡说:"用礼来看这件事:两位国君都有死亡的预兆。礼,是死生存亡的主体。一举一动、或左或右以及进退、俯仰就从这里来选取,朝聘、祭祀、丧事、征战就从这里来观察。现在在正月相互朝见却都不合乎法度,两位国君的心中已经失掉礼了! 朝会不符合礼,怎么能够长久? 高和仰,是骄傲;卑和俯,是怠惰。骄傲接近动乱,怠惰接近疾病,君主是主人,大概会先死去吧!"夏季,五月二十二日,鲁定公死了。孔丘说:"赐不幸而说中了,这件事使他成为多嘴的人了。"

【原文】

孔子在陈,闻火,曰:"其桓、僖乎?"[左氏传·哀公三年]

【释义】

孔子在陈国,听说发生火灾了,说:"恐怕是桓公庙、僖公庙吧!"

【原文】

昭王有疾。卜曰:"河为祟。"王弗祭。大夫请祭诸郊,王曰:"三代命祀,祭不越望。江、汉、睢、漳,楚之望也。祸福之至,不是过也。不谷虽不德,河非所获罪也。"遂弗祭。孔子曰:"楚昭王知大道矣。其不失国也,宜哉!《夏书》曰:'惟彼陶唐,帅彼天常,有此冀方。今失其行,乱其纪纲,乃灭而亡。'又曰:'允出兹在兹。'由己率常可矣。"[左氏传·哀公六年]

【释义】

楚昭王得病了,占卜的人说:"黄河之神在作怪。"楚昭王不去祭祀。大夫们请求在郊外祭祀。楚昭王说:"三代时规定的祭祀制度,祭祀不超越本国的山川。长江、汉水、睢水、漳水,是楚国的大川。祸福的来到,不会超过这些地方。我即使没有德行,也不会得罪黄河之神。"于是就不去祭祀。孔子说:"楚昭王理解大道理。他不失去国家,是当然的了!《夏书》说:'那位古代的君王陶唐,遵循天道纲常,占有中国这地方。现在走到邪道上,搅乱了治国的大纲,于是就灭亡。'又说:'付出了什么,就会收获什么。'由自己来服从天道,这就可以了。"

【原文】

春,齐(中略)伐我,及清。季孙谓其宰冉求曰:"齐师在清,必鲁故也。若之何?"求曰:"一子守,二子从公御诸竟。"季孙曰:"不能。"求曰:"居封疆之间。"季孙告二子,二子不可。(中略)武叔呼而问战焉,对曰:"君子有远虑,小人何知?"懿子强问之,对曰:"小人虑材而言,量力而共者也。"武叔曰:"是谓我不成丈夫也。"退而蒐乘,

孟孺子泄帅右师。(中略)冉求帅左师。(中略)冉有以武城人三百为己徒卒。老幼守宫,次于雩门之外。五日,右师从之。公叔务人见保者而泣,曰:"事充政重,上不能谋,士不能死,何以治民? 吾既言之矣,敢不勉乎!"师及齐师战于郊。(中略)公为与其嬖僮汪锜乘,皆死,皆殡。孔子曰:"能执干戈以卫社稷,可无殇也。"冉有用矛于齐师,故能入其军。孔子曰:"义也。"[左氏传·哀公十一年]

【释义】

春季,齐国进攻我国,到达清地。季孙对他的家臣冉求说:"齐国驻扎在清地,必然是因为鲁国的缘故,怎么办?"冉求说:"您三位中间一位留守,两位跟着国君在边境抵御。"季孙说:"不行。"冉求说:"那就在境内近郊抵御。"季孙告诉了叔孙、孟孙,这两人不同意。……叔孙喊来冉求,问他关于作战的意见。冉求回答说:"君子有着深远的考虑,小人知道什么?"孟孙硬是问他,他回答说:"小人是考虑了才干而说话,估计了力量才出力的。"叔孙说:"这是说我成不了大丈夫啊。"退回去以后就检阅部队。孟孺子泄率领右军。……冉求率领左军。……冉有带着三百个武城人作为自己的亲兵,老的小的守在宫里,驻扎在雩门外边。过了五天,右军才跟上来。公叔务人见到守城的人就掉眼泪说:"徭役烦、赋税多,上面不能谋划,战士不能拼命,用什么来治理百姓? 我已经这么说了,怎么敢不努力呢?"鲁军和齐军在郊外作战。……国君为和他宠爱的小僮汪绮同坐一辆战车,结果一起战死,都加以殡敛。孔子说:"能够拿起干戈保卫国家,可以不作为夭折来对待。"冉有使用矛攻杀齐军,所以能攻破齐军。孔子说:"这是合乎道义的。"

【原文】

(卫大叔)疾娶于宋子朝,其娣嬖。子朝出。孔文子使疾出其妻而妻之。疾使侍人诱其初妻之娣,置于犁,而为之一宫,如二妻。文子怒,欲攻之。仲尼止之。(中略)孔文子之将攻大叔也,访于仲尼。仲尼曰:"胡簋之事,则尝学之矣。甲兵之事,未之闻也。"退,命驾而行,曰:"鸟则择木,木岂能择鸟?"文子遽止之,曰:"圉岂敢度其私,访卫国之难也。"将止。鲁人以币召之,乃归。[左氏传·哀公十一年]

【释义】

卫太叔疾娶了宋国子朝的女儿,她的妹妹受到宠爱。子朝逃亡出国,孔文子让太叔疾休了他的妻子,而把女儿嫁给他。太叔疾派随从引诱他前妻的妹妹,把她安置在犁地,为她造了一所房子,好像有两个妻子一样。孔文子发怒了,想要攻打太叔疾,孔子加以劝阻。……孔文子将要攻打太叔的时候,去征求孔子的意见,孔子说:"祭祀的事情,那是我曾经学过的;打仗的事情,我没有听说过。"退下去,叫人套上车子就走,说:"鸟可以选择树木,树木哪里能选择鸟?"孔文子立刻阻止他,说:"圉哪里敢自己打算,为的是防止卫国的祸患。"孔子打算留下来。鲁国人用财礼来召请他,于是他就回到鲁国了。

【原文】

季孙欲以田赋,使冉有访诸仲尼。仲尼曰:"丘不识也。"三发,卒曰:"子为国老,待子而行,若之何子之不言也?"仲尼不对。而私于冉有曰:"君子之行也,度于礼,施取其厚,事举其中,敛从其薄。如是则以丘亦足矣。若不度于礼,而贪冒无厌,则虽以田赋,将又不足。且子季孙若欲行而法,则周公之典在。若欲苟而行之,又何访焉?"弗听。[左氏传·哀公十一年]

【释义】

季孙想要按田亩征税,派冉有征求孔子的意见。孔子说:"我不懂得这个。"问了三次,最后说:"你是国家的元老,等着你的意见办事,为什么你不说话呢?"孔子不做正式答复,私下对冉有说:"君子推行政事,要根据礼来衡量,施舍要力求丰厚,事情要做得适当,赋税要尽量微薄。如果这样,那么照我看来也就够了。如果不根据礼来衡量,贪婪没有满足,那么虽然按田亩征税,还会不够的。而且季孙如果办事合乎法度,那么周公的典章就在那里。如果要随便办事,又何必征求意见呢?"季孙不听孔子的建议。

【原文】

夏五月,昭夫人孟子卒。(中略)孔子与吊,适季氏。季氏不绖,放绖而拜。[左氏传·哀公十二年]

【释义】

夏季,五月,鲁昭公夫人孟子死了。……孔子参加吊唁,到了季氏那里。季氏不脱帽,除掉丧服跪拜。

【原文】

冬十二月,螽。季孙问诸仲尼,仲尼曰:"丘闻之,火伏而后蛰者毕。今火犹西流,司历过也。"[左氏传·哀公十二年]

【释义】

冬季,十二月,蝗虫成灾。季孙向孔子询问这件事。孔子说:"我听说,大火星下沉以后,昆虫都蛰伏完毕。现在大火星还在经过西方,这是司历官的过错。"

【原文】

春,西狩于大野,叔孙氏之车子鉏商获麟,以为不祥,以赐虞人。仲尼观之曰:"麟也。"然后取之。[左氏传·哀公十四年]

【释义】

春季,在西部的大野打猎,叔孙氏的驾车人子鉏商猎获了一只麒麟,认为不吉利,赏赐给管山林的人。孔子细看后，说："这是麒麟。"然后收下它。

【原文】

（六月）齐陈恒弑其君壬于舒州。孔丘三日齐，而请伐齐三。公曰："鲁为齐弱久矣，子之伐之，将若之何？"对曰："陈恒弑其君，民之不与者半。以鲁之众，加齐之半，可克也。"公曰："子告季孙。"孔子辞。退而告人曰："吾以从大夫之后也，故不敢不言。"［左氏传·哀公十四年］

【释义】

六月，齐国的陈恒在舒州杀了他们的国君壬。孔子斋戒三天，三次请求攻打齐国。哀公说："鲁国被齐国削弱已经很久了，您攻打他们，打算怎么办？"孔子回答说："陈恒杀了他们的国君，百姓不亲附他的有一半。以鲁国的群众加上齐国不服从陈恒的一半，是可以战胜的。"哀公说："您告诉季孙吧。"孔子辞谢，退下去告诉别人说："我由于曾经列于大夫之末，所以不敢不说话。"

【原文】

孔子闻卫乱，曰："柴也其来，由也死矣。"［左氏传·哀公十五年］

【释义】

孔子听说卫国发生动乱，说："柴能回来，可是由死去了。"

【原文】

夏四月己丑，孔丘卒。公诔之曰："旻天不吊，不慭遗一老。俾屏余一人以在位，茕茕余在疚。呜呼哀哉！尼父，无自律。"子赣曰："君其不没于鲁乎！夫子之言曰：'礼失则昏，名失则愆。'失志为昏，失所为愆。生不能用，死而诔之，非礼也。称一人，

非名也。君两失之。"［左氏传·哀公十六年］

【释义】

夏季，四月十一日，孔子死了，哀公致悼辞说："上天不善，不肯留下这样一位国老，让他捍卫我一人居于君位，使我孤零零地忧愁成病。呜呼哀哉！尼父，我失去了律己的榜样。"子赣说："国君恐怕不能在鲁国善终吧！他老人家的话说：'礼仪丧失就要昏暗，名分丧失就有过错。'失去意志就是昏暗，失去身份就是过错。活着不能任用，死了又致悼辞，这不合乎礼仪，自称一人，这不合乎名分。国君把礼与名这两样都丧失了。"

【原文】

（宋）督将弑殇公，孔父生而存，则殇公不可得而弑也，故于是先攻孔父之家。殇公知孔父死，己必死，趋而救之，皆死焉。孔父正色而立于朝，则人莫敢过而致难于其君者，孔父可谓义形于色矣。［公羊传·桓公二年］

【释义】

宋国华父督将要杀殇公，孔父要是活着，殇公就不会被杀，于是就先攻打孔父的家。殇公知道孔父死了，自己肯定也会死，于是跑去救孔父，两个人都死了。孔父一脸正气地站在朝廷上，没有人敢对他的国君发难。孔父可以说是大义凛然表现在脸上。

【原文】

闵子要绖而服事。既而曰："若此乎古之道，不即人心。"退而致仕。孔子盖善之也。［公羊传·宣公元年］

【释义】

闵子戴着经带去办事。后来他说:"这样符合古人的原则,但不符合人心。"就退休了,把官位推给国君。孔子很认可他。

【原文】

十有一月庚子,孔子生。[公羊传·襄公二十一年]

【释义】

十一月庚子这天,孔子诞生了。

【原文】

伯于阳者何?公子阳生也。子曰:"我乃知之矣。"在侧者曰:"子苟知之,何以不革?"曰:"如尔所不知何?《春秋》之信史也,其序则齐桓、晋文,其会则主会者为之也,其词则丘有罪焉耳。"[公羊传·昭公十二年]

【释义】

在阳为伯的人是谁?是公子阳生。孔子说:"我现在知道了。"在旁边的人说:"如果你已经知道了,为什么不改正呢?"孔子说:"那你不知道的怎么办呢?《春秋》是一部信史,它的顺序是齐桓、晋文,聚会由每次开会的主持记下,至于文辞,我在上面也有错误。"

【原文】

昭公将弑季氏,告子家驹曰:"季氏为无道,僭于公室久矣,吾欲弑之,何如?"子家驹曰:"诸侯僭于天子,大夫僭于诸侯,久矣。"昭公曰:"吾何僭矣哉?"子家驹曰:"设两观，乘大路，朱干，玉戚，以舞《大夏》，八佾以舞《大武》，此皆天子之礼也。且夫牛马维娄，委己者也，而柔焉。季氏得民众久矣，君无多辱焉。"昭公不从其言，终弑而败焉。走之齐，齐侯唁公于野井，曰："奈何君去鲁国之社稷？"昭公曰："丧人不佞，失守鲁国之社稷，执事以羞。"再拜颡。庆子家驹曰："庆子免君于大难矣。"子家驹曰："臣不佞，陷君于大难，君不忍加之以铁锧，赐之以死。"再拜颡。高子执箪食舆四脡脯，国子执壶浆，曰："吾寡君闻君在外，馂饔未就，敢糗致于从者。"昭公曰："君不忘吾先君，延及丧人锡之以大礼。"再拜稽首以衽受。高子曰："有夫不祥，君无所辱大礼。"昭公盖祭而不尝。景公曰："寡人有不腆先君之服，未之敢服。有不腆先君之器，未之敢用，敢以请。"昭公曰："丧人不佞，失守鲁国之社稷，执事以羞，敢辱大礼，敢辞。"景公曰："寡人有不腆，先君之服，未之敢服，有不腆先君之器，未之敢用，敢固以请。"昭公曰："以吾宗庙之在鲁也，有先君之服，未之能以服，有先君之器，未之能以出，敢固辞。"景公曰："寡人有不腆先君之服，未之敢服，有不腆先君之器，未之敢用，请以飨乎从者。"昭公曰："丧人其何称？"景公曰："孰君而无称？"昭公于是噭然而哭，诸大夫皆哭。既哭以人为菑，以币为席，以鳖为几，以遇礼相见。孔子曰："其礼与其辞足观矣！"［公羊传·昭公二十五年］

【释义】

　　昭公要杀季孙氏，告诉子家驹说："季氏无道，他像僭越公室很久了，我想把他杀了，怎么样？"子家驹说："诸侯僭越天子，大夫僭越诸侯。已经很久了。"昭公说："我僭越天子了吗？"子家驹说："你宫门外设两座门楼，又常坐天子的大车，用红色的盾牌，玉石的斧头，表演《大夏》的舞曲，用八人跳《大武》的舞蹈，这都是天子的礼节。把牛马拴起来，就属于饲养它们的人，变得柔顺了。季孙氏得民心很久了，你何必自取其辱呢？"昭公不听他的话，想杀季氏但失败了。逃到齐国去，齐景公在野井慰问昭公，说："你为什么丢掉了齐国的社稷？"昭公说："丧失国家的人不幸，丢掉鲁国的社稷，让随从的人感到羞辱。"再次伏下磕头。齐景公祝贺子家驹说："祝贺你让国君免除大难。"子家驹说:"是我不好,让国君陷入危难,国君又不肯把刀放在我的脖子上,赐我死罪。"他也两次伏地叩头。齐国的高子拿着竹篮子里盛的饭食和四角的肉脯,国子拿着一壶浆水,说:"我们的国君听说你在外边,熟食也没有了,就让我们给您的随从送上食物。"昭公说:"你不忘我的先君,恩情延续到逃亡的人身上,用大礼赏赐我。"又两次叩头,用衣服接受礼物。高子说:"到处都有不好的人,您没有什么有辱大礼的。"昭公祭祀而不吃食物。齐景公说:"我有先君的衣服不敢穿,有先君的器物不敢用,敢请行礼。"昭公说:"逃亡的人不好,失去鲁国的社稷,使您感到羞耻,我敢辞谢大礼。"景公说:"我有先君的衣服不敢穿,有先君的器物不敢用,敢坚持请你行礼。"昭公说:"我的宗庙在鲁国,有先君的衣服不敢穿,有先君的器物不敢用,敢固辞行礼。"景公说:"我有先君的衣服不敢穿,有先君的器物不敢用,请你的随从享用吧。"昭公说:"逃亡的人怎么称呼呢?"景公说:"哪位国君能没有称呼呢?"昭公于是号啕大哭,随行的鲁国大夫也都哭了。哭完后,以人作墙,以车围作席,以马鞍作桌子,以国君相遇之礼相见。孔子说:"这种礼和它的文辞足以让人观看。"

【原文】

齐人曷为来归运、欢、龟阴田?孔子行乎季孙,三月不违,齐人为是来归之。[公羊传·定公十年]

【释义】

齐国人为什么送还运、欢、龟阴的田地呢?因为孔子的主张在季孙那里实行,三个月不违背,因此齐国人送还这些土地。

【原文】

孔子行乎季孙,三月不违,曰:"家不藏甲,邑无百雉之城。"于是帅师堕郈、帅师堕费。[公羊传·定公十二年]

【释义】

　　孔子的主张在季孙那里实行，三个月不违背，孔子说："大臣家里不能藏有甲兵，城邑不应该有上百雉的城墙。"

【原文】

　　春，西狩获麟。（中略）麟者，仁兽也。有王者则至，无王者则不至。有以告者曰："有麕而角者。"孔子曰："孰为来哉！孰为来哉！"反袂拭面涕沾袍。颜渊死，子曰："噫！天丧予。"子路死，子曰："噫！天祝予。"西狩获麟，孔子曰："吾道穷矣。"〔公羊传·哀公十四年〕

【释义】

　　十四年春天，在都城的西边，捕到一头麒麟。……麒麟是仁兽，有圣明的王者就来，没有圣明的王者就不来。有人把这件事告诉孔子说："有个长角的怪兽。"孔子说："为什么要来呀！为什么要来呀！"把衣襟翻过来擦眼泪。颜渊死了，孔子说："哎！上天要灭掉我。"子路死了，孔子说："哎！上天在诅咒我。"西边打猎得到麒麟，孔子说："我的道路走到头了。"

【原文】

　　《春秋》何以始乎隐？祖之所逮闻也，所见异辞，所闻异辞，所传闻异辞。何以终乎哀十四年？曰："备矣！"君子曷为为《春秋》？拨乱世，反诸正，莫近诸《春秋》。（中略）制《春秋》之义，以俟后圣。〔公羊传·哀公十四年〕

【释义】

　　《春秋》为什么开始于隐公？祖先的事情还没有听过，所看见的记载不一样，所听到的不一样,所传下来的也不一样。为什么到哀公十四年就结束了呢?回答说:"到此就完整了。"君子为什么做《春秋》呢?拨开乱世,回归正道,没有比《春秋》更接近这个道理的了。……制作《春秋》的义理,以等待后来的圣贤来体会。

【原文】

春,王正月戊申,宋督弑其君与夷(中略)及其大夫孔父。孔父先死,其曰及何也?书尊及卑,《春秋》之义也。孔父之先死何也?督欲弑君而恐不立,于是乎先杀孔父,孔父闲也。何以知其先杀孔父也?曰子既死,父不忍称其名,臣既死,君不忍称其名。以是知君之累之也。孔,氏,父,字,谥也。或曰其不称名,盖为祖讳也,孔子故宋也。[谷梁传·桓公二年]

【释义】

春天,周历的正月,戊申这天,宋国的华父督杀了宋殇公和夷……以及大夫孔父。孔父先死,为什么记"及孔父"呢?记载的顺序是由尊到卑,这是《春秋》的义理。孔父为什么先被杀死?华父督想弑君又怕争不到君位,于是先杀掉孔父,孔父是他的障碍。怎么知道先杀了孔父呢?儿子死了,父亲不忍心称他的名字,大臣死了,国君不忍心称他的名字。依此知道孔父先死,宋君跟着也死了。孔是氏,父是字,也是谥号。有人说不称呼他的名字,大概是为了避祖讳,孔子的祖先在宋国。

【原文】

孔子曰:"名从主人,物从中国。"[谷梁传·桓公二年]

【释义】

孔子说:"名跟随主人,物随从中原的叫法。"

【原文】

子贡曰："冕而亲迎,不已重乎?"孔子曰："合二姓之好,以继万世之后,何谓已重乎?"[谷梁传·桓公三年]

【释义】

子贡说："国君亲自迎亲,不是太隆重了吗?"孔子说："和二姓成婚好,以致延续万代,怎么能说隆重呢?"

【原文】

孔子曰："听远音者,闻其疾而不闻其舒;望远者,察其貌而不察其形。立乎定、哀,以指隐、桓,隐、桓之日远矣。"[谷梁传·桓公十四年]

【释义】

孔子说："听远处的声音,能听到激扬而听不到舒缓的;看远处的物体,能看到大体形貌但看不出具体的姿容。处于定公、哀公时代,指望隐公、桓公的事情,隐公、桓公的时代离得太遥远。"

【原文】

子曰："石,无知之物,鹢微有知之物。石无知,故曰之;鹢微有知之物,故月之。君子之于物,无所苟而已。"[谷梁传·僖公十六年]

【释义】

孔子说："石头是无知之物,鹢鸟是稍微有灵性的动物。石头无知,所以记下日期;鹢鸟稍微有灵性,所以记下月份。君子对于万物,没有随随便便的。"

【原文】

宋杀其大夫。其不称名姓，以其在祖之位，尊之也。［谷梁传·僖公二十五年］

【释义】

宋国杀了自己的大夫。不称大夫的名姓，是因为他在先祖的地位，尊敬他。

【原文】

梁山崩，壅遏河，三日不流。晋君召伯尊而问焉。伯尊来，遇辇者，辇者不辟。使车右下而鞭之。辇者曰："所以鞭我者，其取道远矣。"伯尊下车而问焉，曰："子有闻乎？"对曰："梁山崩，壅遏河，三日不流。"伯尊曰："君为此召我也。为之奈何？"辇者曰："天有山，天崩之。天有河，天壅之。虽召伯尊如之何？"伯尊由忠问焉，辇者曰："君亲素缟，帅群臣而哭之，既而祠焉，斯流矣。"伯尊至。君问之，曰："梁山崩，壅遏河，三日不流。为之奈何？"伯尊曰："君亲素缟，帅群臣而哭之，既而祠焉，斯流矣。"孔子闻之，曰："伯尊其无绩乎，攘善也！"［谷梁传·成公五年］

【释义】

梁山崩塌，堵住了河道，三天水不能流动。晋侯召见伯尊问这件事。伯尊在来的路上，遇到一个推车的人，不给他让路。伯尊让车右下车鞭打那个推车的人。推车的人说："打我的原因，是因为赶远路吧。"伯尊下车问他，说："你听说什么了吗？"回答说："梁山崩塌，堵住了河道，三天水不能流动。"伯尊说："国君因为这件事召见我，该怎么办呢？"推车人说："老天造了山，老天又让它崩塌。老天造了河，老天又让它阻塞。即使召见伯尊，又能怎么样呢？"伯尊诚恳地问他，推车人说："国君亲自穿着孝服，带领群臣一起哭，然后祭祀，水就会流动。"伯尊到了京城，国君问他说："梁山崩塌，堵住了河道，三天水不能流动。该怎么办呢？"伯尊说："国君亲自穿着孝服，带领群臣一起哭,然后祭祀,水就会流动。"孔子听了这件事后,说:"伯尊恐怕没有功劳吧,他盗用了别人的好主意。"

【原文】

(冬十月)庚子,孔子生。[谷梁传·襄公二十一年]

【释义】

冬季,十月,庚子日,孔子降生了。

【原文】

颊谷之会,孔子相焉。两君就坛,两相相揖。齐人鼓噪而起,欲以执鲁君。孔子历阶而上,不尽一等,而视归乎齐侯,曰:"两君合好,夷狄之民何为来?"为命司马止之。齐侯逡巡而谢曰:"寡人之过也。"退而属其二三大夫曰:"夫人率其君与之行古人之道,二三子独率我而入夷狄之俗,何为?"罢会,齐人使优施舞于鲁君之幕下。孔子曰:"笑君者罪当死!"使司马行法焉,首足异门而出。齐人来归郓、讙、龟阴之田者,盖为此也。因是以见虽有文事,必有武备,孔子于颊谷之会见之矣。[谷梁传·定公十年]

【释义】

颊谷之会,孔子担任礼相。两国国君登上土台,两国的礼相相互作揖。齐国人一起起哄,想抓住鲁国国君。孔子一步步登上台阶,只差最后一级没登,视死如归地看着齐景公说:"两国国君友好相见。夷狄之民为什么会来这里呢?"并命令司马官拦住齐人。齐景公退却谢罪说:"这是我的过错。"退下后对群臣说:"那个人领着国君行古代的礼节,你们为什么偏偏领着我行夷狄人的恶俗,这是为什么?"开会结束后,齐国又让优人在鲁国国君的帐下跳舞。孔子说:"戏弄国君的人该杀。"于是让司马官执行军法,把优人的头扔出大门。齐国人归还了郓、讙、龟阴的土地,大概就是因为这次大会。由此可见,即使是盟会,也一定要有武装准备,孔子从颊谷之会看出这个道理。

夫差

【原文】

吴王夫差曰:"好冠来!"孔子曰:"大矣哉!夫差未能言冠而欲冠也。"[谷梁传·哀公十三年]

【释义】

吴王夫差说:"好帽子拿来。"孔子说:"大胆呀!夫差说不出帽子的差别,还想戴帽子。"

【原文】

仲尼曰:"始作俑者,其无后乎!"[孟子·梁惠王上]

【释义】

孔子说:"第一个制作木偶用于陪葬的人,应该是没有后代吧!"

【原文】

仲尼之徒无道桓、文之事者。[孟子·梁惠王上]

【释义】

孔子的学生没有讲述、谈论齐桓公、晋文公霸业的人。

【原文】

孔子曰:"德之流行,速于置邮而传命。"[孟子·公孙丑上]

【释义】

孔子说:"仁德的流行,比驿站传递上级的政令还要迅速。"

【原文】

昔者曾子谓子襄曰:"子好勇乎?吾尝闻大勇于夫子矣:自反而不缩,虽褐宽博,吾不惴焉;自反而缩,虽千万人,吾往矣。"[孟子·公孙丑上]

【释义】

从前,曾子对子襄说:"你崇尚勇敢吗?我曾经听老师孔子说过关于勇气的论述:反躬自问后,知道道理不在自己一方时,即使对方是普通百姓,我也不会欺凌;但反躬自问后确信道理在我一方,即使对方有千万人,我也不会退缩。"

【原文】

宰我、子贡善为说辞,冉牛、闵子、颜渊善言德行。孔子兼之,曰:"我于辞命则不能也。"[孟子·公孙丑上]

【释义】

宰我、子贡擅长言辞,冉牛、闵子、颜渊以德行见长。孔子兼有他们的长处,却说:"我对于说话,不太擅长。"

【原文】

昔者子贡问于孔子曰:"夫子圣矣乎?"孔子曰:"圣则吾不能,我学不厌而教不倦

中华传世藏书

孔子家语
通解

孔子言行录

一二七三

也。"子贡曰："学不厌,智也;教不倦,仁也。仁且智,夫子既圣矣。"〔孟子·公孙丑上〕

【释义】

子贡曾经问孔子说："老师您是圣人吗?"孔子说："我还达不到圣人的地步,只不过是对于学习不厌倦,教诲别人不知疲惫罢了。"子贡说："学习不厌倦是智的表现,教诲别人不知疲惫是仁的表现。智仁兼备,老师您称得上是圣人了!"

【原文】

可以仕则仕,可以止则止,可以久则久,可以速则速,孔子也。自有生民以来,未有孔子也。〔孟子·公孙丑上〕

【释义】

可以做官时就做官,可以隐居时就隐居,可以久留时就久留,想急速离开就能急速离开,这是孔子的行事风格。自有人类以来,没出现过孔子这样伟大的人物。

【原文】

宰我曰:"以予观于夫子,贤于尧舜远矣。"〔孟子·公孙丑上〕

【释义】

宰我说:"以我对老师的观察,他远比尧舜优胜。"

【原文】

子贡曰:"见其礼而知其政,闻其乐而知其德,由百世之后,等百世之王,莫之能违也。自生民以来,未有夫子也。"〔孟子·公孙丑上〕

【释义】

　　子贡说:"看见一个国家的礼仪,就能知道这个国家的政治,听到一个国家的音乐,就能知道道德教化的状况。在百世之后,用这个标准去评价百世的王者,没有一个人能够违背这种礼乐的标准。自有人类以来,没有人具有像孔子这样的功德。"

【原文】

　　有若曰:"岂惟民哉?麒麟之于走兽,凤凰之于飞鸟,泰山之于丘垤,河海之于行潦,类也。圣人之于民,亦类也。出于其类,拔乎其萃,自生民以来,未有盛于孔子也。"〔孟子·公孙丑上〕

【释义】

　　有若说:"难道只有人类这样吗?麒麟对于走兽,凤凰对于飞鸟,泰山对于小土堆,河海对于小水塘,都是同类。圣人对于人民,也是同类。高出同类,超出群体,自从人类以来,没有谁比孔子更伟大。"

【原文】

　　以力服人者,非心服也,力不赡也;以德服人者,中心悦而诚服也,如七十子之服孔子也。〔孟子·公孙丑上〕

【释义】

　　以力服人,并不能使人从内心臣服,只是因为力量不如你;而以德服人,别人就会心悦诚服,就像孔子的弟子诚心归附孔子那样。

【原文】

　　诗云:"迨天之未阴雨,彻彼桑土,绸缪牖户。今此下民,或敢侮予。"孔子曰:"为

此诗者,其知道乎!"［孟子·公孙丑上］

【释义】

《诗经》上说:"趁着天还没下雨,把桑树根的皮剥下来,把门窗修理好。这样住在下面的人,谁敢来欺侮我呢?"孔子说:"作这首诗的人,真是知道治理国家的道理。"

【原文】

孔子曰:"里仁为美。择不处仁,焉得智?"［孟子·公孙丑上］

【释义】

孔子说:"邻居里有有仁德的人才是好的。如果你选择的住处没有有仁德的人,那怎么能算是明智呢?"

【原文】

孔子曰:"君薨,听于家宰,歠粥,面深墨,即位而哭,百官有司莫敢不哀,先之也。上有好者,下必有甚焉者矣。君子之德,风也;小人之德,草也。草上之风,必偃。"［孟子·滕文公上］

【释义】

孔子说:"君王去世,太子把政务都交给宰相代理,自己每天喝稀粥,面色深黑,一临孝子之住便哭泣,文武百官没有谁敢不悲哀,这是因为太子带了头。在上位的人有所喜好,下面的人一定会喜好得更厉害。领导的德行是风,百姓的德行是草。草受风吹,必随风倒。"

【原文】

孔子曰："大哉尧之为君！惟天为大,惟尧则之,荡荡乎民无能名焉。君哉舜也,巍巍乎有天下而不与焉。"［孟子·滕文公上］

【释义】

孔子说："尧作为帝王真是伟大！只有天最伟大,只有尧能效法天,他的圣德无边无际,百姓找不到恰当的词语来形容他。舜也是了不起的帝王,令人信服地管理天下,却并不占有它。"

【原文】

昔者孔子没,三年之外,门人治任将归,人揖于子贡,相向而哭,皆失声,然后归。子贡反,筑室于场,独居三年,然后归。他日,子夏、子张、子游以有若似圣人,欲以所事孔子事之,强曾子。曾子曰："不可。江汉以濯之,秋阳以暴之,皜皜乎不可尚已。"［孟子·滕文公上］

【释义】

从前孔子去世的时候,为他守孝三年后,弟子们准备收拾行李回家,去向子贡行礼告别,彼此相对而哭,都泣不成声,然后才离开。子贡又返回到孔子的墓地,重新筑屋,独自守墓三年,然后才离开。后来,子夏、子张、子游认为,有若的模样像孔子,便想用尊敬孔子的礼节来尊敬他,并希望曾子同意。曾子说："不行。就像用江汉的水洗过,又在盛夏的太阳下暴晒过,光明洁白没人比得上。"

【原文】

昔齐景公田,招虞人以旌,不至,将杀之。志士不忘在沟壑,勇士不忘丧其元。孔

子奚取焉？取非其招不往也。[孟子·滕文公下]

【释义】

从前齐景公打猎，用旌旗召唤看守猎场的小官，小官不来，齐景公准备杀了他。一个有志之士不怕弃尸山沟，一个勇士不怕丢掉脑袋。孔子赞扬小官哪一点？就是赞扬他敢于坚守礼仪，不接受不符合礼仪的召唤。

【原文】

传曰："孔子三月无君，则皇皇如也，出疆必载质。"[孟子·滕文公下]

【释义】

传记上说："孔子三个月无官可做，就惶惶不安，出国时，一定会带上拜见其他国家君主的见面礼。"

【原文】

阳货欲见孔子而恶无礼，大夫有赐于士，不得受于其家，则往拜其门。阳货瞰孔子之亡也，而馈孔子蒸豚；孔子亦瞰其亡也，而往拜之。[孟子·滕文公下]

【释义】

阳货想要孔子来拜见他，又害怕自己不懂礼仪，当时大夫如果赏赐士人东西，士人没有在家亲自接受的话，就得上大夫家去拜谢。阳货趁孔子不在家的时候，便赐给孔子一只蒸猪腿。孔子也趁阳货不在家的时候，前去拜谢。

【原文】

世衰道微，邪说暴行有作，臣弑其君者有之，子弑其父者有之。孔子惧，作《春

秋》。《春秋》,天子之事也。是故孔子曰:"知我者其惟《春秋》乎! 罪我者其惟《春秋》乎!"[孟子·滕文公下]

【释义】

世风衰微,王道荒废,邪说、暴行又随之兴起,臣子杀害君主的事情出现了,儿子杀害父亲的事情出现了。孔子深感忧虑,写了《春秋》。《春秋》写的是天子的事,因此孔子说:"将使世人了解我的恐怕只有《春秋》了,将使世人责怪我的恐怕只有《春秋》了。"

【原文】

孔子成《春秋》而乱臣贼子惧。[孟子·滕文公下]

【释义】

孔子写了《春秋》,那些乱臣贼子就感到害怕。

【原文】

孔子曰:"道二,仁与不仁而已矣。"[孟子·离娄上]

【释义】

孔子说:"治理国家的道义只有两条,实施仁政与不实施仁政。"

【原文】

孔子曰:"仁不可为众也。"[孟子·离娄上]

【释义】

孔子说:"仁德不是用人数来衡量的。"

【原文】

有孺子歌曰:"沧浪之水清兮,可以濯我缨;沧浪之水浊兮,可以濯我足。"孔子曰:"小子听之! 清斯濯缨,浊斯濯足矣。自取之也。"[孟子·离娄上]

【释义】

有小孩唱道:"清澈的水可以洗我帽子上的缨,浑浊的水可以洗我的脚。"孔子说:"你们听着! 清的水可以洗帽缨,浑的水可以洗脚。这是水本身决定的。"

【原文】

求也为季氏宰,无能改于其德,而赋粟倍他日。孔子曰:"求非我徒也,小子鸣鼓而攻之可也!"[孟子·离娄上]

【释义】

冉求做了季世的家臣,却没能力改变他的所作所为,而征收的谷物赋税比以前增加了一倍。孔子说:"冉求不是我的学生,你们可以大张旗鼓地声讨他。"

【原文】

仲尼不为已甚者。[孟子·离娄下]

【释义】

孔子不做过分的事。

【原文】

徐子曰:"仲尼亟称于水,曰:'水哉,水哉!'何取于水?"孟子曰:"源泉混混,不舍

昼夜,盈科而后进,放乎四海。有本者如是,是之取尔。"[孟子·离娄下]

【释义】

徐子说:"孔子多次赞美水,说:'水啊,水啊!'水有哪一点可取的?"孟子说:"有源的泉水滚滚向前,不舍昼夜,注满了洼地又向前,一直到大海。有源的都是这样,孔子取的就是这一点。"

【原文】

王者之迹熄而《诗》亡,《诗》亡然后《春秋》作。晋之《乘》,楚之《梼杌》,鲁之《春秋》,一也。其事则齐桓、晋文,其文则史。孔子曰:"其义则丘窃取之矣。"[孟子·离娄下]

【释义】

圣王们的事迹消失了,《诗经》就亡失了,《诗经》亡失了,《春秋》就产生了。晋国的《乘》,楚国的《梼杌》,鲁国的《春秋》,都是一样的。它们记载的都是齐桓公、晋文公争霸的事情,文字就是历史。孔子说:"《诗经》的微言大义,我在《春秋》中借用过来。"

【原文】

禹、稷当平世,三过其门而不入,孔子贤之。颜子当乱世,居于陋巷。一箪食,一瓢饮。人不堪其忧,颜子不改其乐,孔子贤之。[孟子·离娄下]

【释义】

禹、稷处于政治和平时代,三次经过自己家门都不进去,孔子称赞他们。颜子处于政治混乱时代,住在狭窄的巷子里,一箪饭,一瓢水,谁都受不了这种苦生活,他却自得其乐,孔子也称赞他。

【原文】

咸丘蒙问曰:"语云:'盛德之士,君不得而臣,父不得而子。'舜南面而立,尧帅诸侯北面而朝之,瞽瞍亦北面而朝之。舜见瞽瞍,其容有蹙。孔子曰:'于斯时也,天下殆哉,岌岌乎!'不识此语诚然乎哉?"孟子曰:"否。此非君子之言,齐东野人之语也。尧老而舜摄也。《尧典》曰:'二十有八载,放勋乃徂落,百姓如丧考妣,三年,四海遏密八音。'孔子曰:'天无二日,民无二王。'舜既为天子矣,又帅天下诸侯以为尧三年丧,是二天子矣。"〔孟子·万章上〕

【释义】

成丘蒙问道:"俗语说:'道德高尚的人,君主不能把他当臣子看,父亲不能把他当儿子看。'舜做了帝王,尧带领诸侯面北朝见他,瞽瞍也面北朝见他。舜看见瞽瞍,神情局促不安。孔子说:'这个时候,天下真是岌岌可危呀!'不知道这话是否属实?"孟子说:"不。这不是君子说的话,是齐国东部老百姓的话。尧老了,让舜接管天下。《尧典》说:'舜管理天下二十八年,尧才死去,百官像死了父母一样,天下三年之内没有音乐。'孔子说:'天上没有两个太阳,百姓没有两个君王。'要是舜当了君王,又带领天下诸侯为尧守孝三年,天下就有两个天子了。"

【原文】

孔子曰:"唐虞禅,夏后、殷、周继,其义一也。"〔孟子·万章上〕

【释义】

孔子说:"唐尧虞舜禅让,夏商周三代子孙相传,道理都是一样的。"

【原文】

万章问曰:"或谓孔子于卫主痈疽,于齐主侍人瘠环,有诸乎?"孟子曰:"否,不然也。好事者为之也。于卫主颜雠由。弥子之妻与子路之妻,兄弟也。弥子谓子路曰:'孔子主我,卫卿可得也。'子路以告。孔子曰:'有命。'孔子进以礼,退以义,得之不得曰'有命'。而主痈疽与侍人瘠环,是无义无命也。孔子不悦于鲁卫,遭宋桓司马将要而杀之,微服而过宋。是时孔子当阨,主司城贞子,为陈侯周臣。吾闻观近臣,以其所为主;观远臣,以其所主。若孔子主痈疽与侍人瘠环,何以为孔子?"[孟子·万章上]

【释义】

万章问道:"有人说孔子在卫国住在痈疽家里,在齐国住在瘠环家里,有这回事吗?"孟子说:"没有,不是这样的。这是好事的人捏造出来的。孔子在卫国住在颜雠由家里。弥子的妻子与子路的妻子是姐妹。弥子对子路说:'孔子要是住在我家,就能当上卫国的卿相。'子路告诉了孔子。孔子说:'这都是上天注定的。'孔子无论进与退都合乎礼仪,是否得到官位都说是'上天注定的'。如果住在痈疽和瘠环家里,就不符合道义和天命了。孔子在鲁国和卫国不开心,又遇上宋国的司马桓要截杀他,因此乔装通过。这时孔子正在蒙难,住在司城贞子家里,是陈侯周的臣子。我听说要观察朝中的大臣,就要观察他家里住的客人;要观察外来的远臣,就要观察他住在什么人家里。如果孔子住在痈疽和瘠环家里,那还是孔子吗?"

【原文】

孔子之去齐,接淅而行。去鲁,曰:"迟迟吾行也,去父母国之道也。"可以速而速,可以久而久,可以处而处,可以仕而仕,孔子也。[孟子·万章下]

【释义】

孔子离开齐国的时候,把已经下锅的米漉干就走。离开鲁国时,说:"我们慢慢走吧,这是离开祖国的做法。"该快走就快走,该时间久点就时间久点,改退隐就退隐,该做官就做官,这就是孔子的态度。

【原文】

孔子,圣之时者也。孔子之谓集大成。[孟子·万章下]

【释义】

孔子,是圣人中能合乎时宜的人。孔子是集大成的人。

【原文】

其交也以道,其接也以礼,斯孔子受之矣。[孟子·万章下]

【释义】

依据规矩来交往,依据礼节来接触,这样孔子也会接受礼物的。

【原文】

(孟子曰)孔子之仕于鲁也,鲁人猎较,孔子亦猎较。(中略)(万章)曰:"然则孔子之仕也,非事道与?"曰:"事道也。""事道奚猎较也?"曰:"孔子先簿正祭器,不以四方之食供簿正。"曰:"奚不去也?"曰:"为之兆也,兆足以行矣而不行,而后去;是以未尝有所终三年淹也。孔子有见行可之仕,有际可之仕,有公养之仕。于季桓子,见行可之仕也;于卫灵公,际可之仕也;于卫孝公,公养之仕也。"[孟子·万章下]

【释义】

孔子在鲁国做官时,鲁国人争取猎物,孔子也参加了。(中略)(万章)说:"那么孔子做官,不是为了实现道义吗?"孟子说:"是为了实现道义。"万章说:"那为什么要参加争取猎物的活动?"孟子说:"孔子用书籍文册来规范祭器,不用四方献来的食物祭祀。"万章说:"那孔子为什么不离开呢?"孟子说:"他要以此为开端,如果他的主张行得通,而国君不肯实施下去,他才会离开,所以他没在一个地方停留超过三年。孔子有见到道义可行而做官,有因礼遇而做官,有因国君养贤而做官。对于季桓子,是因为道义可行而做;对于卫灵公,是因为礼遇而做官;对于卫孝公,是因为国君养贤而做官。"

【原文】

孔子尝为委吏矣,曰:"会计当而已矣。"尝为乘田矣,曰:"牛羊茁壮长而已矣。"〔孟子·万章下〕

【释义】

孔子曾经做过仓库管理员,说:"账目清楚就行了。"曾经做过管理牲畜的小官,说:"牛羊膘肥体壮就行了。"

【原文】

齐景公田,招虞人以旌,不至,将杀之。志士不忘在沟壑,勇士不忘丧其元。孔子奚取焉?取非其招不往也。〔孟子·万章下〕

【释义】

从前齐景公打猎,用旌旗召唤看守猎场的小官,小官不来,齐景公准备杀了他。

一个有志之士不怕弃尸山沟，一个勇士不怕丢掉脑袋。孔子赞扬小官哪一点？就是赞扬他敢于坚守礼仪，不接受不符合礼仪的召唤。

【原文】

万章曰："孔子，君命召，不俟驾而行。然则孔子非与？"（孟子）曰："孔子当仕有官职，而以其官召之也。"［孟子·万章下］

【释义】

万章说："君主一召唤孔子，他不等马车套好就出发，那么孔子做得不对吗？"孟子说："孔子当时正做官，有官职在身，国君是靠职务召唤他的。"

【原文】

《诗》曰："天生蒸民，有物有则。民之秉彝，好是懿德。"孔子曰："为此诗者，其知道乎！"［孟子·告子上］

【释义】

《诗经》说："上天养育百姓，有物便有法则。百姓掌握常道，便喜欢美德。"孔子说："作这诗的人，大概懂得道理。"

【原文】

孔子曰："操则存，舍则亡；出入无时，莫知其乡。"惟心之谓与？［孟子·告子上］

【释义】

孔子说："把握它就存在，舍弃它就消亡。出入没有定时，不知道它在什么地方。"这说的就是心吧？

【原文】

孔子曰："舜其至孝矣,五十而慕。"［孟子·告子下］

【释义】

孔子说："舜算是最孝顺的人了,到五十岁还爱慕父母。"

【原文】

孔子为鲁司寇,不用,从而祭,燔肉不至,不税冕而行。不知者以为为肉也,其知者以为为无礼也。乃孔子则欲以微罪行,不欲为苟去。［孟子·告子下］

【释义】

孔子担任鲁国的司寇,不受重用,跟随国君去参加祭祀,祭肉却没有送到,孔子连祭祀的帽子也没脱就走了。不知道的人以为孔子是因为祭肉,知道的人明白孔子是因为没有按照礼节办事。于是孔子想在未酿成大错时离开,并不是随随便便地离开。

【原文】

孔子登东山而小鲁,登泰山而小天下。［孟子·尽心上］

【释义】

孔子登上东山觉得鲁国小,登上泰山觉得天下也小了。

【原文】

孔子之去鲁,曰："迟迟吾行也,去父母国之道也。"去齐,接淅而行,去他国之道也。［孟子·尽心下］

【释义】

孔子离开鲁国时，说："我们慢慢走吧，这是离开祖国的做法。"离开齐国时，把已经下锅的米漉干就走，这是离开他国的态度。

【原文】

君子之厄于陈、蔡之间，无上下之交也。〔孟子·尽心下〕

【释义】

孔子在陈国蔡国之间遭围困，是因为他跟这两国的君臣没有交往。

【原文】

《诗》云："忧心悄悄，愠于群小。"孔子也。〔孟子·尽心下〕

【释义】

《诗经》说："我忧虑烦恼，招致小人怨恨。"孔子就是这样的人。

五、子史所载孔子言行

【原文】

景公之时，雨雪三日而不齐，公被狐白之裘，坐堂侧陛①。晏子入见，立有间。公曰："怪哉！雨云②而天不寒。"晏子对曰："天不寒乎？"公笑。晏子曰："婴闻古之贤君，饱而知人之饥，温而知人之寒，逸而知人之努，今君不知也。"公曰："善！寡人闻命矣。"乃令出裘发粟,与饥寒。令所睹于途者,无问其乡;所睹于里者,无问其家;循国计数无言其名,士既事者兼月,疾者兼岁。孔子闻之曰:"晏子能明其所欲,景公能行其所善也。"[晏子春秋内篇谏上]

【注释】

①"陛"当作"阶"。
②"云雪"之讹。

【释义】

齐景公在位的时候,大雪下了三天而不停,景公披着白色的狐皮裘衣,坐在殿堂侧边的台阶上。晏子进宫拜见景公,站了一会儿,景公说:"怪啊! 大雪下了三天而天气竟然不寒冷。"晏子回答说:"天气果真不寒冷吗?"景公笑了笑。晏子说:"我听说古代的贤德君王,吃饱的时候能知道有人在挨饿,穿暖的时候知道有人在受寒,安逸的时候知道有人在辛苦。现在君王不知道民间的疾苦啊!"景公说:"说得对! 我听从您的教诲了。"于是就下令拿出衣物和粮食,发放给饥寒交迫的人。命令凡看见路途上有饥寒的人,不问他是哪个乡,看见在乡里有饥寒的人,不问他是哪一家。巡行全国统计发放数字,不必报他们的姓名。已任职的发给两月救济粮,生病的发给两年救济粮。孔子听到这件事后说:"晏子能够明白自己应做的事,景公能做他所高兴做的事。"

【原文】

晏子使于鲁,比其返也,景公使国人起大台之役,岁寒不已,冻馁之①者乡有焉,国人望晏子。晏子至,已复事,公迺②坐,饮酒乐。晏子曰:"君若赐臣,臣请歌之。"歌曰:"庶民之言曰:'冻水洗我,若之何! 太上靡散我,若之何!'"歌终,喟然欷而流涕。公就止之曰:"夫子曷为至此? 殆为大台之役夫! 寡人将速罢之。"晏子再拜。出而不言,遂如大台,执朴鞭其不务者,曰:"吾细人也,皆有盖庐,以避燥湿,君为一台而不速成,何为?"国人皆曰:"晏子助天为虐。"晏子归,未至,而君出今趣罢役,车驰而人趋。仲尼闻之,喟然叹曰:"古之善为人臣者,声名归之君,祸灾归之身。入则切磋其君之不善,出则高誉君之德义。是以虽事惰君,能使垂衣裳、朝诸侯,不敢伐其功。当此道者,其晏子是耶。"〔晏子春秋内篇谏下〕

【注释】

①"之"字"衍"。
②"乃"当作"延"。

【释义】

晏子出使鲁国,等到他回到齐国的时候,景公命令齐国的百姓服劳役修筑大台,到年终寒冬也不停息,挨冻挨饿的人每乡都有,齐国的百姓盼望晏子回国。晏子回到齐国后,汇报了出使鲁国的公事,景公邀请晏子坐下,喝酒取乐。晏子说:"您如果赏赐我,请让我唱歌给您听。"歌中唱道:"平民百姓说:'冰水将冻死我,怎么办? 上天要消灭我,怎么办?'"歌唱完了后,长长地叹了一口气,流出了眼泪。景公走上前制止晏子说:"您为什么要这样呢? 大概是为了修筑大台的劳役吧? 我将马上把工程停下来。"晏子拜了两拜,出门后也不说话,就往大台走去。拿起木棍,鞭打不做事的人,说:"我们是地位卑微的人,都有住屋,用来避免干燥和潮湿,现在国君要修筑一座大台却不赶快

晏子

修成,服的什么劳役?"齐国人都说:"晏子帮着老天作恶。"晏子回去,还没有到家,景公已发出命令,催促停止劳役,坐车的赶着马飞跑,走路的飞快地走。孔子听了后,叹

了一口气说："古代善于做臣子的人,好的名声归国君,灾祸归自身,朝堂上就相互研讨国君不好的方面,对外就极力称赞国君的道德仁义,因此,即使是侍奉懈怠的君主,也能使他无所事事却能治理好国家,使诸侯来朝见,而做臣子的不敢夸耀自己的功劳。与这种治国方法相称的,恐怕晏子就是啊!"

【原文】

景公之嬖妾婴子死,公守之,三日不食,肤著于席不去。左右以复,而君无听焉。晏子入,复曰："有术客与医俱言曰:'闻婴子病死,愿请治之。'"公喜,遽起,曰:"病犹可为乎?"晏子曰:"客之道也,以为良医也,请尝试之。君请屏,洁沐浴饮食,间病者之宫,彼亦将有鬼神之事焉。"公曰:"诺。"屏而沐浴。晏子令棺人入殓,已殓,而复曰:"医不能治病,已殓矣,不敢不以闻。"公作色不说,曰:"夫子以医命寡人,而不使视,将殓而不以闻,吾之为君,名而已矣。"晏子曰:"君独不知死者之不可以生耶?婴闻之,君正臣从谓之顺,君僻臣从谓之逆。今君不道顺而行僻,从邪者迩,导害者远,谗谀萌通,而贤良废灭,是以谄谀繁于间,邪行交于国也。昔吾先君桓公用管仲而霸,嬖乎竖刁而灭,今君薄于贤人之礼,而厚嬖妾之哀。且古圣王畜私不伤行,殓死不失①爱,送死不失哀。行荡则溺己,爱失则伤生,哀失则害性。是故圣王节之也。即。毕殓,不留生事,棺椁衣衾,不以害生养,哭泣处哀,不以害生道。今朽尸以留生,广爱以伤行,修③以害性,君之失矣。故诸侯之宾客惭入吾国,本朝之臣惭守其职,崇君之行,不可以导民,从君之欲,不可以持国。且婴闻之,朽而不殓,谓之僇尸,臭而不收,谓之陈胔。反明王之性,行百姓之诽,而内嬖妾于僇胔,此之为不可。"公曰:"寡人不识,请因夫子而为之。"晏子复:"国之士大夫,诸侯四邻宾客,皆在外,君其哭而节之。"仲尼闻之曰:"星之昭昭,不若月之喷曀,小事之成,不若大事之废,君子之非,贤于小人之是也。其晏子之谓欤!"［晏子春秋内篇谏下］

【注释】

①"失"上从孙校当补"哀"字。

②"即"上当补"死"字。

③"修"常作"循"。

【释义】

齐景公的一个最喜爱的姬妾婴子死了,齐景公守丧,三天不吃饭,坐在那里不离开,左右群臣多次劝说,他就是不听。晏婴进来说:"外面来了一个术士和一个医生都说:'听说婴子病死了,他们愿来救人。'"齐景公听了大喜,马上就起来了,说:"她的病可以治好吗?"晏婴说:"这是客人说的,他一定是良医,请他试试吧。但是他们来救人时,得请国君您离开这里,好好地去洗浴吃饭,他们还要在这里求鬼降神。"齐景公说:"好。"于是晏婴下令让棺人马上把死人入殓,入殓之后,他又对齐景公说:"医生治不了她的病,我们已经把她入殓,不敢不告诉您。"齐景公听了很不高兴,说:"您以医生看病为由让我离开,然后把死人入殓又不告诉我。我这个当国君的,已经有名无实了。"晏婴说:"您难道不知道死人不能复生吗?我听说,君王臣从叫作顺,君僻臣从叫作逆。现在君王不走正道而走邪道,跟着走邪道的人亲近,劝导做善事的就疏远,谄谀小人明目张胆地勾结,而贤德善良的人却废弃消失,所以阿谀谄媚的人在宫中繁衍,邪僻恶行的人交错于国内。过去先君桓公任用管仲而称霸,宠幸于竖刁而衰败。现在君王对贤人礼薄,而对宠妾厚爱。再说古代的君王畜养璧妾不损害德行,殡殓死者不过分钟爱,送葬死者不过分悲哀。损伤德行,就会沉溺于私欲,钟爱失度,就会伤害生理,悲哀过分就会损害性情。所以圣王能节制他们呀。人死了就要立即殡殓,不要有侥幸活过来的念头,棺椁的衣服耗费要适度,不要因此损害活人的衣食供养,哭泣哀伤,不能因此损害生存的原则。现在人死尸朽还想让她复生,哀伤害性,已经有失为君之道了。诸侯宾客听说您这样都不愿意出使我国,本朝大臣看到您这样也羞于当官。按照您的这种行为做事,不能引导好人民;顺从您的欲望,也不能保住国家。况且我听说,朽尸不入殓,叫作羞辱尸体。臭了不殡葬,叫作陈设腐肉。违背圣明君王的本性,做百姓非议的事情,而将宠妾置于陈尸受辱的地步,您这样是不对的。"齐景公说:"我不明白这些,请告诉我怎么做吧。"晏婴说:"国家的士大夫,诸侯四邻的宾客,都在外面等着见您,您要哭而节哀。"孔子听说后说:"群星灿烂,比不上被云遮住的月光,小事的成功,比不上大事的废弃,君子的过错,比小人做的好事还有一出,这说的就是晏子吧。"

【原文】

仲尼居处惰倦,廉隅不正,则季次、原宪侍;气郁而疾,志意不通,则仲由、卜商侍;德不盛,行不厚,则颜回、骞雍侍。[晏子春秋内篇问上]

【释义】

孔子居处困倦、举止随便的时候,季次、原宪就帮助他;精气拥塞,郁积生病,思想不顺畅时,仲由、卜商就帮助他;德义不昌盛,行为不勤勉时,颜回、骞雍就帮助他。

【原文】

景公问于晏子曰:"为政何患?"晏子对曰:"患善恶之不分。"公曰:"何以察之?"对曰:"审择左①右善,则百僚务得其所宜,而善恶分。"孔子闻之曰:"此言也信矣,善进,则不善无由入矣;不善进,则善无由入矣。"[晏子春秋内篇问上]

【注释】

①一本叠出"左右"二字。

【释义】

齐景公问晏子:"处理政务最担心什么?"晏子回答说:"担心善恶不分也。"齐景公问:"靠什么明察这个问题?"晏子回答说:"审慎地选择近臣。近臣善,那么百官就能明确各自应该做什么,善恶从而分明。"孔子听到这件事说:"这话确实不错啊!善的人得到任用,那么不善的人就无从进入(朝廷);不善的人得到任用,那么善的人就无从进入(朝廷)。"

【原文】

梁丘据问晏子曰:"子事三君,君不同心,而子俱顺焉,仁人固多心乎?"晏子对曰:"婴闻之,顺爱不懈,可以使百姓,强暴不忠,不可以使一人。一心可以事百君,三心不可以事一君。"仲尼闻之曰:"小子识之!晏子以一心事百君者也。"[晏子春秋内篇问下]

【释义】

梁丘据问晏子说:"你服侍了三个国君,三个国君的想法都不同,而你侍奉他们都很顺利,仁智的人有好几个心吗?"晏子说:"我听说,顺君爱民,可以驱使百姓,强暴不忠,不能使唤一个人。一心一意可以服侍好一百个君主,三心二意不能侍奉好一个君主。"孔子听后说:"你们记住了!晏子是用一颗心服侍一百个国君的人。"

【原文】

晋平公欲伐齐,使范昭往观焉。景公觞之,饮酒酣,范昭曰:"请君之弃樽①,更之。"樽觯具矣,范昭佯醉,不悦而起舞,谓太师曰:"能为我调成周之乐乎?吾为子舞之。"太师曰:"冥臣不习。"范昭趋而出。景公谓晏子曰:"晋,大国也,使人来将观吾政,今子怒大国之使者,将奈何?"晏子曰:"夫范昭之为人也,非陋而不知礼也,且欲试吾君臣,故绝之也。"景公为②太师子③曰:"何以不为客调成周之乐乎?"太师对曰:"夫成周之乐,天子之乐也,调之,必人主舞之。今范昭人臣,欲舞天子之乐,臣故不为也。"范昭归以报平公曰:"齐未可伐也。臣欲试其君,而晏子识之;臣欲犯其礼,而太师知之。"仲尼闻之曰:"夫不出于尊俎之间,而知千里之外,其晏子之谓也。可谓折冲矣!而太师其与焉。"[宴子春秋内篇杂上]

【注释】

①罇下从孙校,常补:公曰:"酌寡人之罇,进之于客。"范昭已饮,晏子曰:"彻罇。"二十字。

②"为","谓"之误用。

③"子曰"字倒。

【释义】

晋平公打算进攻齐国,便派大夫范昭去观察齐国的政治动态。齐景公设宴进行招待,当酒喝得兴致正浓时,范昭说:"请将国君用过的酒杯给我斟酒。"景公说:"那就用我的酒杯给客人进酒吧。"当范昭喝完自己杯中的酒,他假装喝醉了,不高兴地跳起舞来,并对齐国太师说:"能为我演奏一支成周乐曲吗?我将随乐而起舞。"太师回答说:"盲臣未曾学过。"范昭无趣地离开筵席后。齐景公责备臣下说:"晋国是个大国,派人来观察我国政局,如今你们触怒了大国的使臣,这可怎么办呢?"晏子说:"范昭的为人,并不是不懂礼法,他是故意试探我们君臣,所以我不能服从您的命令。"景公又对太师说:"你为什么不为客人演奏成周的乐曲呢?"太师说:"成周之乐乃是天子享用的乐曲,只有国君才能随之起舞。而今范昭不过是一大臣,却想用天子之乐伴舞,所以我不能为他演奏乐曲。"范昭回到晋国后,向晋平公报告说:"齐国是不可进攻的。因为我想羞辱其国君,结果被晏子看穿了;想冒犯他们的礼法,又被其太师识破了。"孔子听到这件事后,赞叹说:"不越出筵席之间,而能抵御千里之外敌人的进攻,晏子正是这样的人。而乐官也协助了这件事。"

【原文】

晏子使鲁,仲尼命门子①弟往观。子贡反,报曰:"孰谓晏子习于礼乎?夫礼曰:'登阶不历,堂上不趋,授玉不跪。'今晏子皆反此,孰谓晏子习于礼者?"晏子既已有事于鲁君，退见仲尼。仲尼曰："夫礼，登阶不历，堂上不趋，授玉不跪。夫子反此乎？"晏子曰："婴闻两楹之闲，君臣有位焉，君行其一，臣行其二。君之来速，是以登阶历堂上趋以及位也。君授玉卑，故跪以下之。且吾闻之，大者不逾闲，小者出入可也。"晏子出，仲尼送之以宾客之礼，不②计之义，维晏子为能行之。［晏子春秋内篇杂上］

【注释】

①"子弟"当作"弟子"。

②《初学记·文部》引不上有"反命斗弟子曰"六字。

【释义】

(孔子听说)晏子将要出使鲁国，便趁机打发自己的学生子贡去观察晏子的言行。子贡回来对孔子说："人们称赞晏婴是个熟习礼节的贤明之士，可我今日所见，并非如此。"孔子不信，便问："何以见得？"子贡说："礼书上写道：登阶梯时不能跨越，殿堂上不能快走，进献宝玉不应该跪着，可是晏婴的所为和上述规定相违背，可见他不过是个名不副实的贤士罢了。"晏子完成了拜见鲁国国君的事后，退出会见孔子。孔子说："礼仪有规定，登阶梯时不能跨越，殿堂上不能快走，进献宝玉不应该跪着，你违反了礼仪吧？"晏子说："我听说殿堂的东楹和西楹之间，国君和臣子之间有固定的位置，国君跨一步，臣子行两步。国君走得迅速，所以我登阶梯快走是为了及时到位。国君接受玉器时身子下倾，所以我跪下来授玉给他。况且我听说，大的规矩不超越，小的方面有点出入是可以的。"晏子离开时，孔子以宾客的礼仪送晏子出来，返回后，对弟子说："没有明文写上的礼仪，只有晏子能实行它。"

【原文】

晏子居晏桓子之丧，麤衰斩，苴绖带，杖，菅屦，食粥，居倚庐，寝苫，枕草。其家老曰："非大夫丧父之礼也。"晏子曰："唯卿为大夫。"曾子以问孔子，孔子曰："晏子

可谓能远害矣。不以己之是驳人之非,逊辞以避咎,义也夫!"[晏子春秋内篇杂上]

【释义】

晏子的父亲晏桓子死后,晏子居丧,穿着粗麻布做成的丧服,腰间拴着绳子,手里拿着丧杖,脚穿草鞋,喝粥,住在倚庐里,睡草席上,用草做枕头。他的老管家说:"这不是大夫丧父的礼仪。"晏子说:"只有卿才是大夫。"曾子将这件事告诉孔子。孔子说:"晏子可以说能远离祸害呀。不用自己的对去驳斥别人的错,而是用谦逊的言辞来避免祸害,这就是义。"

【原文】

仲尼曰:"灵公汙,晏子事之以整齐;庄公壮①,晏子事之以宣武;景公奢,晏子事之以恭俭。君子也!相三君而善不通下,晏子细人也。"晏子闻之,见仲尼曰:"婴闻君子有识于婴,是以来见。如婴者,岂能以道食人者哉!婴婴②宗族待婴而祀其先人者数百家,与齐国之间士待婴而举火者数百家,臣为此仕者也。如臣者,岂能以道食人者哉!"晏子出,仲尼送之以宾客之礼,再拜其辱。反,命门弟子曰:"救民之姓③而不夸,行补三君而不有,晏子果君子也。"[晏子春秋外篇重而异者]

【注释】

①"壮"当作"怯"。
②婴之之殷。
③"姓"与"生"古通。

【释义】

孔子说:"齐灵公行为放纵,晏子用整齐的行为规范侍奉他;齐庄公胆怯,晏子用扬威尚武来侍奉他;齐景公奢侈,晏子用恭身节俭来侍奉他。真是个君子!不过当了三位国君的宰相而善教不能下达到百姓，晏子终究是个见识短浅的人。"晏子听了这话，去会见孔子说："我听先生有规劝我的话，所以前来拜见。像我这样的人，哪里是用德行去向人乞食呢？我的宗族中等待我接济才能祭祀祖先的人有几百家，齐国无业的人等待我接济才能生活的有几百家，我是为了他们才去做官的。像我这样的人，哪里是用德行去向人乞食呢？"晏子出门，孔子用送宾客的礼仪送他，再次拜谢晏子的光临。孔子返回，对弟子们说："晏子救济百姓而不自夸，德行补益了三个国君而不自以为有功劳，晏子果然是君子呀。"

【原文】

仲尼之齐，见景公，景公说之，欲封之以尔稽，以告晏子。晏子对曰："不可。彼浩①裾自服，不可以教下；好乐绥②民，不可使亲治；立命而建③事，不可守职；厚葬破民贫国，久丧道④哀费日，不可使子⑤民。行之难者在内，而传⑥者无⑦其外，故异于服，勉于容，不可以道众而驯百姓。自大贤之灭，周室之卑也，威仪加多，而民行滋薄。声乐繁充，而世德滋衰。今孔丘盛声乐以侈世，饰弦歌鼓舞以聚徒，繁登降之礼，趋翔之节以亲众，博学不可以仪世，劳思不可补民，兼寿不能殚其教，当年不能究其礼，积财不能赡其乐，繁饰邪术么营⑧世君，盛为声乐以淫愚其民。⑨也，不可以示⑩；其教也，不可以导民。今欲封之，以移齐国之俗，非所以导众存民也？"公曰："善。"于是厚其礼而留其⑪，敬⑫见不问其道，仲尼乃行。[晏子春秋外篇不合经术者]

【注释】

①"浩裾"为"傲倨"之假。

②"绥"孙氏校本作"缓"。

③"建"常作"逮怠"之假。

④"道"当作"遁"，"遁"与"循"同。

⑤"子"读为"慈"。

⑥"传"当作"儒"。

⑦"无"为"抚"之假。

⑧"营"同"瞥惑"也。

⑨"民"下从孙氏校本当补"其道"二字。

⑩"示"下从孙氏校本当补"世"字。

⑪"其"下从孙氏校本当补"封"字。

⑫敬,苟之误,亟也。

【释义】

　　孔子到了齐国,拜见齐景公。景公很喜欢孔子,打算将尔稽封给他。景公将自己的想法告诉晏子。晏子回答说:"不行。他傲慢而自以为是,不能用来教导百姓;喜好礼乐而对百姓宽容,不能让他亲自治理百姓;修身从命而厌倦于事,不能使他勤于职守;主张厚葬破费钱财,而使国家贫困,丧期长久,哀悼不休,不能让他做官。德行修养的艰难在于内心,而儒者只注意外表的装饰,所以服装奇特,注意仪容举止,不能用来引导众人教化百姓。自从大贤之人死去后,周王室就衰微了,礼仪的细则增加了很多,百姓的行为却越加浅薄。歌舞礼乐繁冗充斥,而世间的德行却日渐衰微。现在孔子用盛大的歌乐来使世风奢侈,用弦歌鼓舞来聚集众人,用烦琐的上下尊卑礼仪、趋翔的礼节来使百姓效法。他们博学却不能为世人做榜样,思虑劳苦对百姓却没有益处,寿命加倍也不能完成他们的礼教,人到壮年还搞不清他们的礼仪,积蓄钱财不足以供给礼乐的费用,繁饰邪术来蛊惑国君,盛为声乐来愚弄百姓。他们的主张,不能用来示范于世。他们的学问,不能用来教育人民。现在打算封赏孔子,用他那一套来改变齐国的风俗,不是可以用来教育百姓保存人们的办法。"景公说:"好。"于是赠给孔子厚重的礼物,而留下封赏的土地,并很快会见了孔子,但不问他的学说,于是孔子就走了。

【原文】

仲尼游齐,见景公。景公曰:"先生奚不兑寡人宰乎?"仲尼对曰:"臣闻晏子事三君而得顺焉,是有三心,所以不见也。"仲尼出,景公以其言告晏子,晏子对曰:"不然!婴①为三心,三君为一心故,三君皆欲其国之安,是以婴得顺也。婴闻之,是而非之,非而是之,犹非也。孔丘必据虑此一心矣。"[晏子春秋外篇不合经术者]

【注释】

①"婴"上当有"非"字。

【释义】

孔子到齐国游说,拜见景公。景公说:"先生怎么不见我的宰相呢?"孔子回答说:"我听说晏子侍奉三位国君都很顺利,是有三个心,所以不见他。"孔子离开后,景公将孔子的话告诉晏子,晏子回答说:"不是这样。不是我有三个心,而是三位国君同有一个心意的缘故,三位国君都希望自己的国家安定,所以我能顺利地侍奉三位国君。我听说,把正确的说成错误的,把错误的说成正确的,这就等同于诽谤。孔子一定是根据这一点才说的。"

【原文】

仲尼之齐,见景公而不见晏子。子贡曰:"见君不见其从政者,可乎?"仲尼曰:"吾闻晏子事三君而顺焉,吾疑其为人。"晏子闻之曰:"婴则齐之世民也,不维其行,不识其过,不能自立也。婴闻之,有幸见爱,无幸见恶,讲誉为类,声乡相应,见行而从之者也。婴闻之,以一心事三君者,所以顺焉;以三心事一君者,不顺焉。今未见婴之行,而非其顺也。婴闻之,君子独立不惭于影,独寝不惭于魂。孔子拔树削迹,不自以为辱;穷陈蔡,不自似为约;非人不得其故,是犹泽人之非斥斧,山人之非纲罟也。出之其口,不知其困也,始吾望传^①而贵之,今吾望传而疑之。"仲尼闻之曰:"语有之:言发于尔^②,不可止于远也;行存于身,不可掩于众也。吾窃议晏子而不中夫^③人之过,吾罪几^④矣!丘闻君子过人以为友,不及人以为师。今丘失言于夫子,讥^⑤之,是吾师也。"因宰我而谢焉,然仲尼见之。[晏子春秋不合经术者]

【注释】

①"传"当作"儒",下同。

②"尔"与"迩"同。

③"夫"当作"诬"。

④"几"读为"危"。

⑤"讥"之上当更有"夫子"二字。

【释义】

孔子到齐国去,谒见景公却不去见晏子。子贡说:"谒见君主却不去见他的执政的人,可以吗?"孔子说:"我听说晏子侍奉三位君主而且都能顺从他们,我怀疑他的为人。"晏子听说这话以后说:"我家世世代代是齐国的平民,我难以保住自己的品行,难以知道自己的过错,不能自立于齐国。我听说过,运气好就受宠,运气不好就遭厌恶,遭诽谤或受赞誉都与自己的行为相随,就像回声和声音相应和一样,应该看清行为如何然后再决定是责备还是赞誉。我听说过,用一个心眼侍奉三位君主的,因而能顺从君主,用三个心眼侍奉君主的,不能顺从君主。现在还没有看到我的行为如何,就责备我顺从君主。我听说过,君子独自站立着,对身影不感到有愧;独自睡觉,对梦魂不感到有愧。孔子在大树下习礼,被人拔掉大树后就离开了,自己并不认为受辱,在陈国、蔡国绝粮,处于困境时,自己并不认为贫穷。责难人却找不到正确的原因,就如同住在水边的人认为斧刀没有用处而加以责难,住在山上的人认为渔网没有用处而加以责难一样。话从他的嘴里说了出来,他自己却不知道因此而陷入困境。当初我看见儒者很尊重他们，现在我看见儒者就开始怀疑了。"孔子听到这些话以后，说："俗语有这样的话'近处说的话，传到远处也不能停止；自己的所作所为，不能掩盖众人的耳目。'我私下议论晏子却没有说中他的过错，我的罪过不可避免了。我听说君子超过别人就把他当朋友，赶不上别人就把他当老师。现在我在他身上说错了话，他批评我，他就是我的老师啊。"于是通过宰我去向晏子道歉，然后孔子去会见晏子了。

【原文】

仲尼相鲁，景公患之，谓晏子曰："邻国有圣人，敌国之忧也。今孔子相鲁若何？"晏子对曰："君其勿忧。彼鲁君，弱主也；孔子，圣相也。君不如阴重孔子，设以相齐，孔子强谏而不听，必骄鲁而有①齐，君勿纳也。夫绝于鲁，无主于齐，孔子困矣。"居期年，孔子去鲁之齐，景公不纳，故困于陈蔡之间。〔晏子春秋外篇不合经术者〕

【注释】

①"有"常作"适"。

【释义】

孔子去鲁国当宰相，齐景公对此很担心，对晏子说："邻国有圣人，那可是敌国的忧患。如今孔子去鲁国当宰相会怎么样？"晏子回答说："您不要担心。鲁国的国君，是个软弱的君主；孔子，是圣人。您不如暗地里给孔子一些好处，暗示他来齐国当宰相。孔子强行进谏鲁君必不听，他肯定会对鲁国失望而对齐国有好感，到时候您不要接纳他。跟鲁国断绝，在齐国又没有后台，孔子就会陷入困境。"过了一年，孔子离开鲁国去齐国，景公不接纳，所以受困在陈、蔡之间。

【原文】

景公为大钟，将悬之。晏子、仲尼、柏常骞三人朝，俱曰："钟将毁。"冲之，果毁。

公召三子者而问之。晏子曰:"钟大,不祀先君而以燕,非礼,是以曰钟将毁。"仲尼曰:"钟大而悬下,冲之其气下回而上薄,是以曰钟将毁。"柏常骞曰:"今庚申,雷日也,音莫胜于雷,是以曰钟将毁也。"[晏子春秋外篇不合经术者]

【释义】

景公造了一口大钟,准备悬挂它。晏子、仲尼、柏常骞三人上朝,都说:"大钟将要毁坏。"撞击它,果然坏了。景公召见三人,问他们。晏子说:"钟太大,不用来祭祀祖先而用来做宴饮的乐器,不符合礼仪,所以钟将会毁坏。"孔子说:"钟太大而悬挂向下,撞击它的声音向下受阻,返回向上压迫,所以钟将毁坏。"柏常骞说:"今天是庚申,雷击的日子,钟声不能胜过雷声,所以钟将毁坏。"

【原文】

孔子为元宫仙。[酉阳杂俎卷二玉格]

【释义】

孔子是元宫仙。

【原文】

夫荣启期一弹,而孔三日乐,感于和。[淮南子主术训]

【释义】

荣启期弹奏一支乐曲,孔子听后快乐了三天,这是因为孔子受到了曲调平和之情的感染。

【原文】

孔子学鼓琴于师襄,而谕文王之志,见微以知明矣。[淮南子主术训]

【释义】

孔子向师襄学习鼓瑟弹琴,从中明白了周文王的志向,这是孔子通过音乐语言而领悟出的主题内涵。

【原文】

孔子之通,智过于苌弘,勇服于孟贲,足蹑郊菟,力招城关,能亦多矣。然而勇力不闻,伎巧不知,专行孝道,以成素王,事亦鲜矣。《春秋》二百四十二年,亡国五十二,弑君三十六,采善鉏丑,以成王道,论亦博矣。然而围于匡,颜色不变,弦歌不辍,临死亡之地,犯患难之危,据义行理而志不慑,分亦明矣。然为鲁司寇,听狱必为断,作为《春秋》,不道鬼神,不敢专己。[淮南子主术训]

【释义】

孔子算得上通才,他的智慧超过苌弘,勇力压倒孟贲,腿脚灵敏能追上野兔,力气能举起城门闩门的横木,他的才能够多的了。然而孔子的勇力并不为常人所知,孔子的技艺也并不为人们所了解,他专门推行政教之道,终被人们尊称为"素王",可见他的处事原则是强调简约的。《春秋》二百四十二年中,被灭亡的国家有五十二个,被臣下杀掉的国君有三十六,孔子收集善事、隐去丑事,编写《春秋》以弘扬王道,其中阐述的理论也够广博的。然而孔子在宋国被人围困,却面不改色,弦歌不停,身临死亡境地,遭受患难危险,仍根据义理行事而心无恐惧,这说明孔子对命运的理解也相当透彻的。到孔子担任鲁国司寇时,处理案件诉讼总能谨慎决断,著述《春秋》,又不言及鬼神,也不敢专任己意主观臆断。

【原文】

夫子见禾之三变也,滔滔然曰:"狐乡丘而死,我其首禾乎!"[淮南子缪称训]

【释义】

孔子看到庄稼由种子变成禾苗、又长出穗谷的生长过程后,感慨地说:"狐狸头朝着山丘而死,那么人类也不应忘本吧?"

【原文】

(闵子骞三年之丧毕,援琴而弹,其弦是也,其声切切而哀用。)夫子曰:"弦则是也,其声非也。"〔淮南子缪称训〕

【释义】

(当闵子骞在守完三年孝后,拿琴弹奏时,琴还是这把琴,但是琴声却是非常的哀痛。)孔子说:"琴还是这把琴,但弹出的琴声音调却不一样了。"

【原文】

子曰:"钧之哭也,曰:'子予奈何兮乘我何!'其哀则同,其所以哀则异。"〔淮南子缪称训〕

【释义】

孔子说:"子予说同样是哭,有什么不一样。我对他说:'子予,你这样的问题怎么奈何得了我呢! 尽管他们的哭是一样的,但哀哭的原因却是不一样的呀!'"

【原文】

鲁以偶人葬而孔子叹。〔淮南子缪称训〕

【释义】

鲁国用木偶人殉葬使孔子心痛叹息。

【原文】

子路撜溺而受牛谢。孔子曰:"鲁国必好救人于患。"子赣赎人,而不受金于府。孔子曰:"鲁国不复赎人矣。"子路受而劝德,子赣让而止善。孔子之明,以小知大,以近知远,通于论者也。[淮南子齐俗训]

【释义】

子路救起溺水者而接受主人作为答谢的牛,孔子对此事评论说:"鲁国一定会兴起助人为乐的好风气。"子赣用钱财赎救出奴隶而不接受官府的钱财,孔子对此事评论说:"鲁国再也不会有自己掏钱财来赎救人的事了。"子路接受谢礼而能鼓励人们修养善德,子赣推辞赏钱却停止了人们行善。孔子之所以伟大,是能从小处看到大处,从近处看到远处,在这个意义上说,孔子真是一位通晓事理的圣人。

【原文】

孔子谓颜回曰:"吾服汝也忘,而汝服于我也亦忘,虽然汝虽忘乎吾,犹有不忘者存。"[淮南子齐俗训]

【释义】

孔子对颜回说:"我以前的那些言行,你可以忘掉;你向我学到的那些言行,我也要忘掉。虽然如此,你忘掉以前的我,我还有可值得记取的新精神保存着呢!"

【原文】

晋平公出言而不当,师旷举琴而撞之,跌枉宫①壁。左右欲涂之,平公曰:"舍之,以此为寡人失。"孔子闻之曰:"平公非不痛其体也,欲来谏者也。"[淮南子齐俗训]

【注释】

①"宫"当作"中"。

【释义】

晋平公讲话不妥,师旷举起琴撞击平公,琴掠过平公的衣襟撞到墙上,平公身边的人准备将撞破的墙补上,平公说:"算了,别补了,蔺着它可以记着寡人的过失。"孔子听到此事后,说:"平公不是不爱惜自己的身体,而想要用这种宽宏大量的态度来鼓励群臣的进谏。"

【原文】

白公问于孔子曰:"人可以①微言?"孔子不应。白公曰:"若以石投水中,何如?"曰:"吴、越之善没者能取之矣。"曰:"以水投水,何如?"孔子曰:"蕾浊之水合,易牙尝而知之。"白公曰:"然则人固不可与微言乎?"孔子曰:"何谓不可? 谁知言之谓者乎! 夫知言之谓者,不以言言也。争鱼者濡,逐兽者趋,非乐之也。故至言去言,至为无为,夫浅知之所争者末矣。"白公不得也,故死于浴室。[淮南子道应训]

【注释】

①以赏作与。

【释义】

白公问孔子:"人可以密谋吗?"孔子不回答。白公又问:"假如石头扔到水里,怎么样?"孔子说:"吴越地区善于潜水的人可以把它捞起来。"白公又说:"假如水泼入水中,怎么样?"孔子说:"蕾水和渑水汇合一起,但辨味专家易牙能尝辨出来。"白公于是说:"这么说来,人就根本不能和他们密谋了?"孔子说:"怎么说不可以啊! 那些能明白你说话意思的人就可以和他密谋呀！但话又说回来，那些能明白你说话意思的人，你不去和他说，他也会明白。"争夺鱼的人没有不湿衣服的，追逐野兽的人没有跑得慢的，他们并不是乐意这样做，而是利欲之心驱动他们这样做。所以，最高妙的话是不说出来别人就已领悟，最好的行为是不做什么却能样样成功。那些才智浅薄的人才会去争夺那些枝末小利（才会想到与人密谋这样末流的事）。白公就是不懂这其中的道理，所以导致最后因事败走投无路而自缢于浴室之地。

【原文】

襄子攻翟而胜之，取尤人、终人。使者来谒之，襄子方将食，而有忧色。左右曰："一朝而两城下，此人之所喜也，今君有忧色，何也?"襄子曰："江河之大也，不过三日。飘风暴雨，日中不须臾。今赵氏之德行无所积，今一朝两城下，亡其及我乎!"孔子闻之曰："赵氏其昌乎!"［淮南子道应训］

【释义】

赵襄子攻打翟国而取得胜利，攻取尤人、终人两个都邑。使者来报告这个消息，襄子正准备吃饭，听后露出忧虑的神色。身边的人说："一个早上就灭掉两座城，这是人们所高兴的，现在您却显得忧愁，是为什么呢?"襄子说："长江黄河发大水，不超过三天就会退下去。狂风暴雨，太阳正顶，都不会持续很久。而赵氏的德行没有什么积蓄，现在一早上就攻下两座城，灭亡大概要让我赶上了吧!"孔子听到后说："赵氏大概会昌盛了!"

【原文】

孔子劲杓国门之关，而不肯以力闻。［淮南子道应训］

【释义】

孔子的力气能拉开城门门栓，却不肯以力气大而著称。

【原文】

鲁国之法:鲁人为人妾于诸侯,有能赎之者,取金于府。子赣赎鲁人于诸侯,来而辞不受金。孔子曰:"赐失之矣! 夫圣人之举事也,可以移风易俗,而受教顺可施后世,非独以适身之行也。今国之富者寡而贫者众,赎而受金,则为不廉;不受金,则不复赎人。自今以来,鲁人不复赎人于诸侯矣。"[淮南子道应训]

【释义】

鲁国的法律:鲁国人在别的诸侯国当人家的奴仆,有能够把他赎回来的,可以到国库领取金钱。子赣在别的诸侯国赎回鲁国人,回来后推辞不接受国库的金钱。孔子说:"端木赐做错了! 圣人做事情,可以移风易俗,而教训可以影响后世,不只是满足自身的行为。现在国中富裕的人少而贫困的人多,赎人回来接受金钱,就算是不廉洁;不接受金钱.则没有人再去赎人。从今以后,鲁国人不再到其他诸侯国赎人回来了。"

【原文】

颜回谓仲尼曰:"回益矣!"仲尼曰:"何谓也?"曰:"回忘礼乐矣。"仲尼曰:"可矣,犹未也。"异日复见曰:"回益矣。"仲尼曰:"何谓也?"曰:"回忘仁义矣。"仲尼曰:"可矣,犹未也。"异日复见曰:"回坐忘矣。"仲尼遽然曰:"何谓坐忘?"颜回曰:"隳支体,黜聪明,离形去知,洞于化通,是谓坐忘。"仲尼曰:"洞则无善也,化则无常矣。而夫子荐贤,丘请从之后。"[淮南子道应训]

【释义】

颜回对仲尼说:"我进步了!"仲尼说:"怎么进步了呢?"颜回说:"我忘记礼乐了。"仲尼说:"好啊,但还不够。"他日颜回又来拜见说:"我进步了。"仲尼说:"怎么进

孔子言行录

步了呢?"颜回说:"我忘记仁义了。"仲尼说:"好啊,但还不够。"他日颜回又来拜见说:"我坐忘了。"仲尼猝然变了脸色,说:"什么叫坐忘?"颜回说:"遗忘肢体,废弃聪明,离开形体,抛却智慧,明澈变化,这就叫坐忘。"仲尼说:"明澈则没有什么偏爱,变化则没有什么拘泥。你真是先贤啊,我愿意跟随在你的后面。"

【原文】

季子治亶父三年,而巫马期絻衣短褐,易容貌往观化焉。见夜鱼释之,巫马期问焉曰:"凡子所为鱼者,欲得也。今得而释之,何也?"渔者对曰:"季子不欲人取小鱼也。所得者小鱼,是以释之。"巫马期归以报孔子曰:"季子之德至矣!使人暗行若有严刑在其侧者。季子何以至于此?"孔子曰:"丘尝问之以治。言曰:'诚于此者刑于彼。'季子必行此术也。"[淮南子道应训]

【释义】

季子治理亶父三年了,巫马期穿着粗劣的麻布衣,改变容貌前去观察他的教化。看见打鱼人捕到鱼后又放掉,巫马期问打鱼人说:"你之所以要打鱼,是为了得到鱼。现在你得到鱼却放掉它,是为什么呢?"打鱼人回答说:"季子不希望人们捕取小鱼,所以放掉它。"巫马期回去报告孔子说:"季子的道德达到最高境界了!能使人夜晚独自行动也好像有严酷的刑罚在旁边监督一样。季子怎么会达到这种境界呢?"孔子说:"我曾经问他如何治理人民,他说:'在这里教诚,便等于在那里执罚。'季子一定是施行这种方法了。"

【原文】

荆有饮佽非,得宝剑于干队。远还反渡江,至于中流,阳侯之波,两蛟挟绕其船。佽非谓枪舡柂船者曰:"尝有如此而得活者乎?"对曰:"未尝见也。"于是饮佽非瞋目勃然攘臂拔剑曰:"武王可以仁义之礼说也,不可劫而夺也。此江中之腐肉朽骨,弃剑而已,余有奚爱焉!"赴江刺蛟,遂断其头。船中人尽活,风波毕除。荆爵为执圭。孔子闻之曰:"夫善载! 腐肉朽骨弃剑者,伙非之谓乎!"[淮南子道应训]

【释义】

楚国有个叫伙非的人,在干队得到一把宝剑。返回时渡过长江,船到中流,波浪涌起,有两条蛟龙挟持缠绕着船。伙非对船夫说:"碰到这种情况有人活下来吗?"船夫回答说:"没有见过。"这时伙非睁大眼睛,勃然大怒,捋起手臂,拔出宝剑说:"武勇之士可以用仁义之礼来劝说,而不能威迫抢夺。人总是要变为腐肉朽骨的,就是弃剑而能保全性命也没什么意义,所以生命又有什么吝惜的呢!"他跳入江中刺杀蛟龙,终于砍断它的头。船中人全都活了下来,风波也平息了。楚国君赐给他执圭的爵位。孔子听到后说:"好啊! 不因为吝惜生命而丢弃宝剑,说的就是伙非这样的人啊!"

【原文】

孔子观桓公之庙。有器焉,谓之宥卮。孔子曰:"善哉,予得见此器!"顾曰:"弟子取水。"水至,灌之,其中则正,其盈则覆。孔子造然革容曰:"善哉,特盈者乎!"子贡在侧曰:"请问持盈。"曰:"揖而损之。"曰:"何谓揖而损之?"曰:"夫物盛而衰,乐极则悲,日中而移,月盈而亏。是故聪明睿智,守之以愚;多闻博辩,守之以陋;武力毅勇,守之以畏;富贵广大,守之以俭。德施天下,守之以让。此五者,先王所以守天下而弗失也。反此五者,未尝不危也。"[淮南子道应训]

【释义】

孔子参观鲁桓公庙。庙中有一容器,叫作宥卮。孔子说:"好啊,我能见到这容器!"他回过头说:"弟子们拿水来。"水拿来了,灌了进去,灌得适中它就放得平正,灌满了就倾覆。孔子突然神情严肃说:"好啊,能保持盈满!"子贡在旁边问:"请问怎样保持盈满呢?"孔子说:"盈满了就得减损。"子贡又问:"为什么盈满了就得减损呢?"

孔子说："事物到了兴盛则走向衰亡，欢乐到了极点则变为悲哀，太阳到了中天则走向西斜，月亮到了盈满则走向亏缺。所以聪明有智慧，就用愚笨来持守；听闻广博，能言善辩，就用卑陋来持守；勇武刚毅有力气，就用畏惧来持守；富贵宽裕阔大，就用俭约来持守；德泽施及天下，就用谦让来持守。这五个方面，是先王所以能够持守天下而不丧失的道理。违反这五个方面，没有不危险的。"

【原文】

夫弦歌鼓舞以为乐，盘旋揖让以修礼，厚葬久丧以送死，孔子之所立也。［淮南子泛论训］

【释义】

演奏弦鼓乐器、唱歌跳舞来表达欢乐，用回旋周转、作揖谦让的仪式来修饰礼，用丰厚的陪葬、长久的服丧来送别死者，这是孔子所主张的。

【原文】

孔子辞廪丘，终不盗刀钩。［淮南子泛论训］

【释义】

孔子连廪丘的封地都辞去了，那他终身也不会去偷刀呀钩呀这些东西。

【原文】

孔子诛少正卯，而鲁国之邪塞。［淮南子泛论训］

【释义】

孔子杀少正卯，鲁国的歪门邪道就被堵住了。

【原文】

孔子读《易》至《损》《益》,未尝不愤然而叹曰:"益损者,其王者之事与!"事或欲以利之,适足以害之;或欲害之,乃反以利之。利害之反,祸福之门户,不可不察也。〔淮南子人间训〕

【释义】

孔子读《易》到《损》《益》的时候,无不愤然慨叹说:"对待益损,大概是王者的事情吧!"有的事情本来想使人得利,却恰好使人受害;有的事情本来想使人受害,却恰好使人得利。得利和受害的转变,祸福的门径,是不能不明察的。

【原文】

人或问孔子曰:"颜回何如人也?"曰:"仁人也,丘弗如也。""子贡何如人也?"曰:"辨人也,丘弗如也。""子路何如人也?"曰:"勇人也,丘弗如也。"宾曰:"三人皆贤夫子,而为夫子役,何也?"孔子曰:"丘能仁且忍,辨且讷,勇且怯。以三子之能,易丘一道,丘弗为也。"孔子知所施之也。〔淮南子人间训〕

【释义】

有人问孔子说:"颜回是怎样的人呢?"孔子说:"是仁慈的人,我不如他。""子贡是怎样的人?"孔子说:"是善辨的人,我不如他。""子路是怎样的人?"孔子说:"是勇敢的人,我不如他。"客人说:"这三个人都比先生贤能,但都成为您的弟子,为什么呢?"孔子说:"我能够仁慈而又可以容忍,善辨而又可以讷口少言,勇敢而又胆怯。用三个人的才能来交换我这处世之道,我还不愿呢。"孔子是懂得怎样做的人。

【原文】

孔子行游,马失,食农夫之稼。野人怒,取马而系之。子贡往说之,卑辞而不能得也。孔子曰:"夫以人之所不能听视人,譬犹以大牢享野兽,以《九韶》乐飞鸟也。予之罪也,非彼人之过也。"乃使马圉往说之。至见野人曰:"子耕于东海,至于西海,吾马之失,安得不食子之苗?"野人大喜,解马而与之。[淮南子人间训]

【注释】

①失佚通下同。

【释义】

孔子出游,马跑脱了,食了农夫的庄稼。农夫很生气,抓住马拴起来。子贡前去请求农夫放还马,言辞很谦卑却不能成功。孔子说:"用人家不喜欢的话去劝说人家,就好像用丰盛的肉食款待野兽,用《九韶》古乐招待飞鸟。这是我的过失,不是那个人的过错。"于是派马夫前去劝说。马夫去见了农夫说:"您耕种的田从东海直到西海,我的马跑脱了,哪能不食您的庄稼呀?"农夫非常高兴,解开马交回给他。

【原文】

昔者卫君朝于吴,吴王囚之,欲流之于海。说者冠盖相望,而弗能止。鲁君闻之,撤钟鼓之县①,缟素而朝。仲尼入见曰:"君胡为有忧色?"鲁君曰:"诸侯无亲,以诸侯为亲;大夫无党,以大夫为党。今卫君朝于吴王②,吴王囚之,而欲流之于海。孰③意卫君之仁义而遭此难也!吾欲免之而不能,为④奈何?"仲尼曰:"若欲免之,则请子贡行。"鲁君召子贡,授之将草之印。子贡辞曰:"赏⑤无益于解患,在所由之道。"敛躬而行,至于吴,见太宰嚭。太宰嚭甚悦之,欲荐之于王。子贡曰:"子不能行⑥说于王,奈何吾因子也!"太宰嚭曰:"子为知嚭之不能也?"子贡曰:"卫君之来也,卫国之半曰:不若朝于晋。其半曰:不若朝于吴。然卫君以为吴可以归骸骨也,故束身以受命。今子受卫君而囚之,又欲流之于海,是赏言朝于晋者,而罚言朝于吴也。且卫君之来也,褚侯皆以为耆龟兆。今朝于吴而不利,则皆移心于晋矣。子之欲成霸王之业,不亦难

乎！"太宰嚭入，复之于王。王报出令于百官曰："比十日而卫君之礼不具者，死。"子贡可谓知所以说矣。[淮南子人间训]

【注释】

①县悬也。

②王字衍。

③孰下一本有意字。

④为下一本有之字。

⑤赏一作贵。

⑥能行二字衍。

【释义】

以前卫出公入朝于吴国，吴王夫差把他拘囚起来，打算流放到海岛中。前去劝说的人车盖互相望得见，却不能使吴王改变主意。鲁哀公听到了，撤去悬挂的钟鼓，穿着丧服临朝。孔子进去朝见，问道："国君为什么显出忧虑的神色？"鲁哀公说："一个诸侯，没有亲近的人，就以其他诸侯作为亲人；一个大夫没有朋友，就以其他大夫作为朋友。现在卫出公朝见吴王，吴王把他拘囚起来，还打算流放到海岛中。谁想到卫出公如此仁义却遭这样的灾难！我想免除他的灾难却做不到。怎么办呢？"孔子说："如果想免除卫出公的灾难，那就请子贡去一趟吧。"鲁哀公召见子贡，把将军的印绶交给他。子贡推辞说："尊贵的地位对解除忧患没有好处，关键在所依据之道。"于是秘密前往，到了吴国，拜见太宰嚭。太宰嚭非常高兴，准备把子贡推荐给吴王。子贡说："您在吴王前不能推行自己的主张，我又怎么能依靠您呢！"太宰嚭说："您怎么知道我不行？"子贡说："卫国君来朝见的时候，卫国有一半的人说：不如朝见晋国。另一半的人说：不如朝见吴国。然而卫国君认为吴国是可以归还他的骸骨的，所以绑着自己前来听从命令。现在您接受了卫国君却拘囚他，还想把他流放到海岛，这是奖赏那些说要朝见晋国的人，而惩罚那些说要朝见吴国的人。况且卫国君来的时候，诸侯都把他的出行当作占卜的卦兆。现在见他朝见吴国而不吉利，那就都把归附之心转移到晋国了。您想帮助吴王完成霸主的功业，不也就难了吗！"太宰嚭进王宫，将这番话向吴王报告。吴王听后马上下令："等到十天，对卫国君的礼节还不完备的话，就要处死。"子贡可以说是懂得怎样游说了。

伯嚭

【原文】

孔子无黔突。[淮南子修务训]黔一作黔。

【释义】

孔子的烟囱没被熏黑过。

【原文】

夫项托七岁为孔子师，孔子有以听其言也。[淮南子修务训]

【释义】

项托七岁就做孔子的老师，孔子有听他说话的气度。

【原文】

孔子为鲁司寇，道不拾遗，市买不豫贾，田渔皆让长，而斑白不戴负，非法之所能致也。[淮南子泰族训]

【释义】

孔子当鲁国司寇,国内道路上没人拾取他人遗失的东西,市场上没有见机抬价的现象,耕田、捕鱼的都谦让长辈,而头发发白的老人不用头顶肩背重物,这就不是法律所能达到的。

【原文】

孔子曰:"小辩破言,小利破义,小艺破道,小见不达,必简。"[淮南子泰族训]

【释义】

孔子说:"小的辩说破坏言论,小的利益破坏大义,小的技艺破坏道,小的见识不能通达,一定要简约。"

【原文】

孔子欲行王道,东西南北,七十说而无所偶,故因卫夫人、弥子瑕而欲通其道。[淮南子泰族训]

【释义】

孔子想推行王道,东西南北奔波,七十次游说而没有被接受,所以借助卫夫人、弥子瑕以便推行他的学说。

【原文】

孔子修成、康之道,述周公之训,以教七十子,使服其衣冠,修其篇籍,故儒者之学生焉。[淮南子要略]

【释义】

孔子研究成、康王治国的道理,记述周公的教导,用来教育他的七十名学生,让他们穿戴先王衣冠,学习先王著作,于是儒家学说就产生了。

【原文】

项托年七岁,穷难孔子,而为之作师。[淮南子高诱注]

【释义】

项托年纪七岁时,(遇见孔子)极尽反驳质问他,并做了他(孔于)的老师。

【原文】

孔丘摄鲁相,七日而诛少正卯。门人进问曰:"夫少正卯,鲁之闻人也。夫子为政而先诛,得无失乎?"孔子曰:"居,吾语汝其故。人有恶者五,而窃盗奸私不与焉。一曰心达而险,二曰行僻而坚,三曰言伪而辨,四曰强记而博,五曰顺非而泽。此五者,有一于人,则不免君子之诛。而少正卯兼有之,故居处足以聚徒成群,言谈足以饰邪荧众,强记足以反是独立。此小人雄桀也,不可不诛也。是以汤诛尹谐,文王诛潘正,太公诛华士,管仲诛付里乙,子产诛邓析、史付。此六子者,异世而同心,不可不诛也。《诗》曰:'忧心悄悄,愠于群小。'小人成群,斯足畏也。"[尹文子大道下]

【释义】

孔子代理鲁国相国职务,七天后就诛杀了少正卯。孔子的弟子进门问孔子说:"少正卯是鲁国非常有名望的人,先生执政后首先就诛杀了他,恐怕有些失当吧?"孔子说:"坐下来,我告诉你们这里的原因。人有五种罪恶,不包括窃奸私之类。一类通晓事理但居心险恶,二是行为怪癖而本性固执,三是言辞虚伪而善于诡辩,四是记忆力极强且广闻博见,五是顺应错误并从中得到好处。这五种罪恶,只要有人具备其中一项,都不免遭到君子的诛杀。而少正卯却兼有这五种罪恶,所以他能在自己周围聚集成群的门徒,言辞话语足以掩饰邪恶、迷惑民众,良好的记忆力足以能标新立异。他是小人中最为突出的一个,不可不诛杀。因此,商君诛杀尹谐,周文王诛杀潘正,姜太公诛杀华士,管仲诛杀付里乙,子产诛杀邓析、史付。这六个人虽然处在不同时代,但思想却是相同的,所以不能不诛杀他们。《诗经》说:'心中忧愁呀,这些小人实在可恶。'小人成群,这足以使人畏惧害怕。"

【原文】

昔者,陈成恒相齐简公,欲为乱。惮齐邦鲍、晏,故徙其兵而伐鲁。鲁君忧也,孔子患之,乃召门人弟子而谓之曰:"诸侯有相伐者尚耻之,今鲁父母之邦也。丘墓存焉。今齐将伐之,可然一出乎?"颜渊辞出,孔子止之;子路辞出,孔子止之。子贡辞出,孔子遣之。[越绝书内传陈成恒第九]

【释义】

从前,陈成子做齐简公的相国,阴谋篡国作乱,但又害怕国内鲍氏、晏氏等大家族阻挠。所以派军攻打鲁国,企图建立功勋以压服群臣。鲁哀公非常忧愁,孔子也非常焦急,便召集学生和门客共商对策。孔子对大家说:"诸侯间互相攻打,我们都感到羞耻,鲁国是我们的父母之邦,大家的祖坟都埋在这里,如今齐君要来攻打鲁国,我能不派人出国奔走,以救国难吗?"颜渊听了,便向孔子请求接受任命,孔子制止了他;子路又向孔子请求接受任命,孔子又制止了他。子贡向孔子请求接受任命,孔子便派他出使各国。

【原文】

勾践伐吴,霸关东,从琅琊起观台,台周七里,以望东海。死士八千人,戈船三百艘。居无几,躬求贤圣。孔子从弟子七十人,奉先王雅琴,治礼往奏。勾践乃身被赐夷之甲,带步光之剑,杖物卢之矛,出死士三百人为阵关下。孔子有顷姚稽到越。越王曰:"唯唯,夫子何以教之?"孔子对曰:"丘能述五帝三王之道,故奉雅琴至大王所。"勾践哨然叹曰:"夫越性脆而愚.水行而山处,以船为车,以楫为马,往若飘风,去则难从,锐兵任死,越之常性也,夫子异则不可。"于是孔子辞,弟子莫能从乎。[越绝书外传记地传]

【释义】

勾践灭了吴国,称霸于关东,在琅琊修建起观海的高台,台的周围七华里,坐在台上就可以眺望东海。他的身边有八千名不顾生死的勇士,三百艘战船。在琅琊住下不久,他又亲自召求圣贤帮他治理国家。孔子听到消息,带着七十个弟子,捧着先王的古琴,按照朝见诸侯的礼仪去见勾践。勾践身披赐夷特制的铠甲,佩戴着步光宝剑,手中拿着物庐造的戈矛,带领三百名敢死的武士,在关下摆好迎宾的阵势。过了一会,孔子从远处向越王叩头行礼。越王勾践热情招呼道:"哎呀!老夫子远道而来,有何见教啊?"孔子回答说:"我能向您讲述五帝三王治国安民之道,所以捧着这张古琴来见大王。"越王勾践感慨地叹息道:"我们越国人生性轻薄而缺乏教养,他们久住深山惯行水路,把大船当车使.把小船当马骑,来来往往就像风一样飘忽不定,跑起来追也追不上,坚甲利兵生死不顾,越国人天生的个性就这样,老夫子想要改造他们恐怕是做不到的。"孔子听了便告辞而去,连同他的弟子也不肯听从勾践这一套做法。

【原文】

"子贡与夫子坐,告夫子曰:'太宰死。'夫子曰:'不死也。'如是者再。子贡再拜而问:'何以知之?'夫子曰:'天生宰嚭者,欲以亡吴,吴今未亡,宰何病乎?'后人来言不死。[越绝书外传]

【释义】

"子贡陪孔子坐着闲谈，告诉孔子说：'传说吴太宰伯嚭死了。'孔子说：'他不会死的。'这样重复了两次。子贡恭敬地向孔子叩了两个头，问道：'您怎么知道伯嚭不会死呢？'孔子说：'老天爷生下伯嚭，就是让他灭亡吴国，吴国还没有灭亡，伯嚭怎么会死呢？'事后吴国来人说伯嚭真的没死。

【原文】

孔子奉先王雅琴，语治礼。勾践乃身被啄禹之甲，带步光之剑。［越地传北堂书钞武功部九引］

【释义】

孔子捧着先王的古琴，按照朝见诸侯的礼仪去见勾践。勾践身披赐夷特制的铠甲，佩戴着步光宝剑。

【原文】

路妇，不知何处人也。孔子游行，见之头戴乌牙栉，谓诸弟子曰："谁能得之？"颜渊曰："回能得之。"即往，至妇人前跪曰："吾有徘徊之山，百草生其上，有枝而无叶；万兽集其裏，有饮而无食。故从夫人借罗纲而柿之。"妇人取栉舆之。颜渊曰："夫人不问由委，乃取栉与回，何也？"妇人答曰："徘徊之山，是君硕也；百草生其上，有枝而姆桑者，是君类也；离默集其裏者，是君虱也；借网捕之者，是吾栉也。以故取栉与君，何怪之有？"颜渊嘿然而退。孔子闻之曰："妇人之智尚尔，况于学士者乎！"［逸珝玉集十二古传］

【释义】

有位在路上行走的妇人，不知是哪里人氏。孔子一路游览，见到了这位妇人。见她头戴牙栉,孔子便对弟子们说:"谁能把妇人头上的牙栉取到手?"颜渊说:"我有办法。"他走到妇人跟前,跪着说:"我有徘徊的山,百草生在上面,有枝没有无叶;万兽集中在里面,有喝的没有吃的。因此想向夫人借罗网捕捉它。"妇人马上取下头上的栉给他。颜渊说:"夫人不问清楚原委,便取下栉给我,为什么呀?"妇人答道:"你讲的徘徊之山,是你的头;百草生其上,有枝而叶,是你的头发;万兽集其里者,是你头发的虱子;借网捕之者,是借我的牙栉。所以我才拿栉给你,这有什么可奇怪的呢?"颜渊沉默无言回到孔子身边。孔子听了,说:"这位妇人如此聪慧,你们读书人又该怎样呢?"

【原文】

孔子曰:"古之知法者能省刑,本也;今之知法者不失有罪,末矣。"又曰:"今之听狱者,求所以杀之;古之听狱者,求所以生之。"[汉书刑法志]

【释义】

孔子说:"上古执法的人能减除刑罚,防患于未然,所以是本;现在执法的人,只是听讼判罪,所以是末。"又说:"现在办案的人,谋求怎样杀人;古代办案的人,谋求使犯人获得生路。"

【原文】

孔子曰:"虽小道必有可观者焉。致远恐泥,是以君子弗为也。"[汉书艺文志]

【释义】

孔子说:"虽然只是小路而已,但是也一定会有值得欣赏的景色。如果走得太远恐怕就会有泥泞了,正因为这样,明智的人才不会这么做。"

【原文】

仲尼没而微言绝,七十子丧而大义乖。[汉书艺文志]

【释义】

孔子死后精微要妙之言断绝了,七十弟子死了诸经之要义四分五裂了。

【原文】

宓戏氏……始作八卦……文王……重易六爻,作上下篇。孔氏为之彖、象、系辞、文言、序卦之属十篇。[汉书艺文志]

【释义】

宓戏氏……始创了八卦……文王……重视《易》之六爻,于是作了上下两篇。孔子为之做了彖、象、系辞、文言、序卦之类的文章共十篇。

【原文】

尧知其贤才,立以为大农,姓之曰姬氏。姬者,本也。诗人美而颂之曰"厥初生民",深修益成,而道后稷之始也。

孔子曰:"昔者尧命契为子氏,为有汤也;命后稷为姬氏,为有文王也;太王命季历,明天瑞也;太伯之吴,遂生源也。"[史记三代世表]

【释义】

孔子说:"从前尧赐姓契为子氏,是为了他的后代有汤;赐姓后稷为姬氏,是为了他的后代有文王;大王为其子命名为季历,是表明上天的祥瑞所在;太伯逃到吴而没有回来,是为了让周朝的大统得以绵延不绝。"

【原文】

孔子闻卫乱,曰:"嗟乎!柴也其来乎?由也其死矣!"[史记卫康叔世家]

【释义】

孔子在鲁国听说卫国发生内乱,叹道:"哎!高柴会回到我这儿来吗?而仲由恐怕就会死掉了!"

【原文】

孔子适周,将问礼于老子。老子曰:"子所言者,其人与骨皆已朽矣,独其言在耳,且君子得其时则驾,不得其时则蓬累而行。吾闻之,良贾深藏若虚,君子盛德,容貌若愚。去子之骄气与多欲,态色与淫志,是皆无益于子之身。吾所以告子,若是而已。"孔子去,谓弟子曰:"鸟,吾知其能飞;鱼,吾知其能游;兽,吾知其能走。走者可以为罔,游者可以为纶,飞者可以为矰。至于龙吾不能知,其乘风云而上天。吾今日见老子,其犹龙邪!"[史记老子韩非列传]

【释义】

孔子来到周,将向老子问礼。老子说:"你所说的人,他的人和骨骸都已腐朽了,只有他的言论尚存世间。况且作为一个君子,如果得到从政机遇,就做官,坐马车,得不到从政机遇,就像蓬蒿一样,流移而行。我听说,会做生意的精明商人,把宝货严密地保藏,不让别人看见,仿佛什么也没有似的;而君子之人,德仁盛隆,其容貌应谦卑就像愚鲁之人似的。要把娇气与多欲,神态表情与过高的志向都去掉,这些对你都没有好处的。我要告诉你的,就是这些而已。"孔子离开周以后,回去告诉他的学生说:"鸟,我知道它能在天空中飞翔;鱼,我知道它能够在深水中游弋;走兽,我知道它能够在旷野奔跑。在旷野奔跑的走兽,可以用网去捕捉;深水的鱼,可以用钓线去钓;在天空中飞翔的鸟,可以用猎箭去射;至于龙,我不知道它是不是乘驾风云升天的。今天我看见老子,他大概就是龙吧!"